◎ 庄智象 著

外语教育探索

A Study of Foreign Language Education

上海外语教育出版社
外教社 SHANGHAI FOREIGN LANGUAGE EDUCATION PRESS

图书在版编目（CIP）数据

外语教育探索 / 庄智象著.
—上海：上海外语教育出版社，2015（2016重印）
ISBN 978-7-5446-3829-6

Ⅰ.①外… Ⅱ.①庄… Ⅲ.①外语教学－教学研究－文集
Ⅳ.①H09-53

中国版本图书馆CIP数据核字（2014）第244677号

出版发行：**上海外语教育出版社**
（上海外国语大学内）　邮编：200083
电　　话：021-65425300（总机）
电子邮箱：bookinfo@sflep.com.cn
网　　址：http://www.sflep.com.cn　http://www.sflep.com
责任编辑：许进兴

印　　刷：上海景条印刷有限公司
开　　本：720×1000　1/16　印张25.5　字数417千字　插图6页
版　　次：2015年5月第1版　2016年1月第3次印刷
印　　数：1 500册

书　　号：ISBN 978-7-5446-3829-6 / G·1197
定　　价：68.00元

本版图书如有印装质量问题，可向本社调换

在第四届全国大学英语院长/系主任高级论坛上发言

在改革开放三十年外语教育发展论坛上发言

在"外教社杯"2007新课标英语百科知识竞赛启动仪式上接受媒体采访

出席第二届"外教社杯"全国大学英语教学大赛启动仪式

在第四届全国英语专业院系主任高级论坛上发言

陪同美国驻沪总领事馆文化领事一行参观外教社

《英语类专业本科教学质量国家标准》上海研讨会

出席《英语类专业本科教学质量国家标准》上海研讨会

外教社建社三十五周年学术活动之
"十三五"英语类专业学科建设与发展研讨会

出席"十三五"英语类专业学科建设与发展研讨会

序一

屈指算来,我和庄智象教授相识四十多年,他在 20 世纪 70 年代末留校后我和他合作共事也已有三十余载。在他的新作《外语教育探索》付梓之时,他邀我为该书写序,我欣然应允。

庄智象教授是上海外语教育出版社(外教社)社长、总编辑,又是外语学界知名教授、学者和专家。他任外教社社长后带领全体员工奋发努力和立志拼搏,取得了非凡的成绩。当年一个仅 6 万元起家的小型出版社已发展成为我国最大、最权威的国际知名出版基地之一,出版的各级各类教材、教参、读物、学术著作、工具书、数字出版物等几乎占了我国高校外语教材和学术著作的半壁江山。外教社已成为我国大学出版社的佼佼者,实现了社会效益和经济效益双丰收。许多外语教师通过外教社这个平台出版了自己编纂的教材和撰写的学术专著,成了外语教学名师和外语教育领域的知名教授。这样,我们的外语教育事业就能继往开来,后继有人。庄智象教授和他的外教社团队为我国外语教育事业的改革和发展作出了卓越的贡献,功不可没。在此我向他们表示敬意。

作为一名优秀的企业家,庄智象教授多次得到嘉奖,入选"首批全国新闻出版行业领军人才",荣获"韬奋出版奖",被评为"中国百名优秀出版企业家"和"第三届中国出版政府奖优秀出版人物"。同时,外教社也被新闻出版总署评为"国家一级出版社"、"全国百佳图书出版单位",并在第二届中国出版政府奖的评选中荣获先进出版单位奖等。

作为外语学科一位知名教授和学者,庄智象教授三十多年来在繁忙的教学和出版业务工作之余依然笔耕不辍,出版《我国翻译专业建设:问题与对策》(获中国大学出版社图书奖首届优秀学术著作一等奖)等十余部著作,在全国学术刊物上发表语言研究、语言教学研究、教材编写、翻译、编辑出版等方面的学术论文八十余篇,其中不乏获奖作品,如《二十一世纪卖的就是品牌——出版社品牌建设若干思考》荣获第三届中华优秀出版物论文奖。此外,他还先后承担、主持和完成多项重大科研项目,并获得省(部)级和国家级嘉奖。《外语教育探索》从他众多的作品中选取了与外语教育主题相关的文章 43 篇,时间跨度超过三十余年,并按内容组成"教材建设"、"人才培养与学科建设"、"理论与实践"和"他山之石"四个篇章。

我仔细阅读了这本文集,感触良多,主要总结在以下几个方面:

一、 文集内容丰富,涵盖了外语教育的诸多领域

作者不仅从宏观和微观层面分析和总结了改革开放三十多年来外语教育的得失,而且以创新的思路提出如何解决外语教育领域出现的许多新问题。这些都可从收录在文集中的《我国外语教育发展的若干问题思考》、《翻译教学及其研究的现状与改革》、《国际化创新型外语人才培养的教材体系建设》等论文中得到佐证。此外,对构成外语教学的诸多因素——教师发展、教材建设、课程设置、教学方法、教学手段和教学反馈等,文集作了精辟的论述,让人读后颇受启发。庄智象教授与学界同行们一起分享了自己对这些热门话题的所思所行、所感所悟,使广大读者能了解我国外语教育的改革动向和发展趋势。

二、 在新形势下,提出新思路,化解外语教育发展过程中的诸多困惑

经过三十多年的改革和发展,我国外语教育在取得巨大成绩的背后也存在着诸多矛盾和困惑。在许多入选文集的文章中,庄智象教授建议采取有效的措施和政策,妥善处理好外语专业教学中存在的一些矛盾、

困难和问题,尤其要处理好规模与需求、数量与质量、标准与特色、教学与科研、回归与发展等诸方面的关系。他提出应该扬长避短,努力创造具有中国特色的外语专业教育办学模式、理论和实践,使高校外语专业教育继续按照学科发展的要求健康、稳定、可持续地发展。这些真知灼见振聋发聩,为解决外语教育事业在发展中出现的问题提供了有益的思路。

三、 前瞻规划,力促外语教学与时俱进

庄智象教授博闻强记,他随时在关注我国外语教学改革和发展的动向,紧跟时代的步伐。《我国多媒体外语教学的现状与展望》、《抓好网络教学试点,促进大学英语教学发展》等文章记录了他和同事们开展多媒体教学和网络教学的过程,并关注这些新的教学技术手段在外语教学中的运用,总结已取得的宝贵经验。文集还收录了发表在新世纪初的《大学英语教材立体化建设的理论与实践》等论文。当时在新形势下为顺应教育部改革大学英语教学的新思路,论文从理论和实践两个方面提出改革大学英语教材的编写理念。此后,《大学英语》几经修改,二十多年来已有逾千所高校先后使用该系列教材,在外语学界影响巨大。《大学英语》已成了外教社的经典产品。

2006年教育部根据形势发展要求,批准了复旦大学等四所高校开设本科翻译专业,在外语界引发热议。庄智象教授与时俱进,不失时机地撰写了《我国翻译专业的定位与任务》一文,不仅厘清了翻译专业与外语专业的关系,还就翻译专业的学科定位、翻译专业人才培养目标和翻译专业教学价值取向等问题提出了自己的见解,为翻译专业学科建设和健康发展提出了有益的建议,获得学界的好评。

四、 以外语教学理论指导课堂教学实践,启迪师生

文集的"理论与实践"和"他山之石"部分挑选了庄智象教授撰写或

编译的有关外语教学理论和课堂教学实践的文章,其中最早的文章发表在 1982 年。文集收录这部分内容的最大亮点是用现代外语教学理论来指导课堂实践。在《论交际语言教学》、《文化与阅读理解》、《外语教学与相关学科的关系》、《外语教学研究的三个层次》等文章中,庄智象教授用深入浅出的语言,言简意赅地介绍了外语教学的一些最新理论。他在另外一些入选的文章中则通过实例指导教师如何运用这些理论来提高自己的教学水平、教好自己的学生。相信广大外语教师能从《英语作文的词语选择》、《英语作文遣词造句原则探讨》、《作文疑难问题:分析与矫治》、《一种改进教师提问的体系》等文章中得到启发,把握正确的教学方法,提高教学效果。

多年来,我见证了庄智象教授在外语教育领域的不懈探索和追求,阅读了他在不同时期的学术专著和论文,感触虽颇多,但很难浓缩在一篇短序中。我想无论是外语学习者、外语教师和外语教育研究者都能从这本文集中获得教益,分享庄智象教授论外语教育的睿智之见。我期待庄智象教授不断有力作问世,使广大外语学界同仁能从中获益。

戴炜栋*

于上海外国语大学

2015 年 2 月

---

* 戴炜栋:上海外国语大学教授、博士生导师,曾任上海外国语大学校长、党委书记,教育部高等学校外语专业教学指导委员会主任委员、国务院学位委员会外语学科评议组召集人等职。

序二

　　中国是外语学习大国,据说学习者达 3 亿之众。这数字是否准确,无从考证,但各类人群学习外语之盛况,却是处处都能感受到的。不说研究生、大学生、中学生、小学生在潜心攻读,就连幼儿园、托儿所也不甘落后,急急乎给路都走不稳的娃娃们"喂"起了英语;还有不少退休老人,与衰退迅速的记忆力抗争,兴趣十足地补修ABC;也见一些旅游景点的普通农妇,没忘学习外语,还能用简单的洋文,把质朴的手工制品,推销给喜欢猎奇的外国游客。"全民学外语"之说,虽有些夸张,但基本符合事实。外语对现时的中国确实重要,因为中国正大步走向世界,而外语是与国际接轨的桥梁。

　　外语学习离不开外语教材,尤其是好教材。行家说,剧本,剧本,一剧之本。而外语教材之于外语学习,犹如剧本之于一剧。好的教材能提高外语学习效率;反之,则会使学习事倍功半。为此,教育部领导下的外语教学指导委员会和整个外语界,多年来都十分重视外语教材的建设和出版工作,不少人为此付出了不倦的努力,甚至用全部精力来打造为学习大众所欢迎的精品教材。上海外语教育出版社社长、总编辑庄智象教授就是这样一个人。近二十年来,他主持外教社工作,为外语教材建设殚精竭虑,与员工们一起奉献了供大学、中学、小学、幼儿园等各个层次使用的数亿册外语教材,给亿万外语学习者提供了优质养料,并使上海外语教育出版社成为我国数一数二的外语教材出版重镇。与此同时,他就外语教材和外语教育发表了多篇文章,结集出版,冠名《外语教育探索》。

　　庄智象教授论外语教材建设,有着常人所不具的优势,除了他目光敏锐、见解独到、熟悉二语习得理论,并有一定的教学实践经验等原因外,他还处于一个统揽全局、承上启下的有利地位。作为一家以出版教材为主的出版社社长兼总编辑,他既熟悉国家的政策导向,了解我国外语教育纲领性文件的精神,又出于工作需要,批阅各类教材无数,掌握国内外语教材编写实际,深知其长处和缺憾,以及改进的方法所在。所以他在论述教材建设时,既能高屋建瓴,抓住全局性、方向性问题,又能洞幽烛微,指出具体操作的方式方法。《构建具有中国特式的外语教材编写和评价体系》、《外语教材编写出版的研究》、《〈大学英语〉:从一部教材到一个产业链》、《英语专业本科生教材的一点思考》等,就是这样一些难得的好文章。文章在肯定我国多年来教材建设所取得的成绩的同时,指出了某些教材"低水平重复"、量多质差的问题,建议教材建设注重国情研究,围绕人才培养的总目标,将人的发展需要放在首位,把知识传授和技能训练有机结合起来,处理好课本与多元化教学资源的关系,编写具有针对性、科学性、完整性、系统性,富有中国特色的教材,"以质量为先",日积月累"磨"出优质教材,同时努力构建正确的外语教材评价体系。这些都是关于教材建设的真知灼见,涉及教材编写的核心问题,很值得政策制订者和教材编写者研究和参考。

《外语教育探索》中有多篇关于人才建设的文章,其中最引人注目的是有关国际化创新型外语人才培养的论述。作者用了四篇文章的篇幅,详尽探讨了这个当前外语界面临的重大课题,且不乏创见,如认为创新型外语人才必须具有"独立个性和个体特征"、"有坚韧不拔的毅力"、"有创新的激情"、"有开放的心态和团结协作精神"等观点,突破了传统思维的框框,揭示了创新型外语人才应当具备的基本素质。

论文集中有几篇是译文,如果我们以历史主义的态度来审视的话,这些问世于 20 世纪 80 年代的"他山之石",确实起了"可以攻玉"的"启蒙"作用。如阅读技巧中关于"skimming, scanning, comprehensive reading, critical reading 的介绍"、"语言实验室的建立和操作方法"和"写作的批改不仅要注意语言的准确性,还要注意语言的生动性和有效性"等论述,不但对当时处于懵懂状态的中国英语教学有着一定的引领意义,而且在今天仍不失其参考价值。

《外语教育探索》是作者多年来从事教材出版工作的总结,也是一部

熔英语教育理论和实践于一炉的著作,对我国的英语教学和教材建设都
有所启示,值得我们关注。

黄源深*

2015 年 1 月 14 日

于紫藤斋

---

* 黄源深:上海对外经贸大学教授、博士生导师,曾担任教育部全国高校外语教学
指导委员会委员、中国澳大利亚研究会会长、上海翻译家协会副会长等职。

自序

1977 年 2 月,我从上海外国语大学英语系(原上海外国语学院)毕业,分配留校,在英语系从事教学工作。此后,先后任《外国语言教学资料报导》(《外语界》的前身)期刊编辑部负责人,《外语界》编辑部主任、副主编,上海外语教育出版社副总编辑、副社长、常务副社长、社长兼总编辑等职。

光阴荏苒,转瞬数十年逝去,忙忙碌碌中,不知不觉步入了花甲之年。我在上海外国语大学近四十年的工作、学习、生活中,经历了我们国家的沧桑巨变:"文革"后的拨乱反正;改革开放的兴起、发展和深化;国民经济由濒临崩溃的边缘,到以经济建设为中心;由计划经济转轨为市场经济,加入世界贸易组织,到步入世界第二大经济体。同样,我国的外语教育的发展、普及和提升亦伴随着共和国前进的步伐发展迅猛,有力地支撑和服务于改革开放,服务于外贸、外交、经济、科技、文化、教育等各项事业的发展与进步,有力地促进了对外交流和交往的开展。同时,服务于外语教育事业进步和发展的外语出版业,紧跟着外语教育事业发展的节奏和步伐,始终全心致力于我国外语教育事业的发展,服务于外语学科建设、学术繁荣、文化传承与传播、人才培养。在近四十年的历程中,我所从事的工作与我国的外语教育、外语出版紧密相关,无论是英语教学工作、《外语界》的期刊编辑出版,还是外语出版物的编辑出版、出版社的经营管理等,都与外语学科的建设与发展、学术研究、文化传播和人才培养、队伍建设息息相关。针对外语教育和外语出版的发展需求,遇到问题、困难与挑战,或前瞻性的预判,我和同事们勤奋学习,努力工作,积极探索,从不熟悉到熟悉,从不懂到弄懂，从外行变成内行。通过学习、调查、分析、探寻，就外语教育、外语出版开展科研工作，项目研究，先后撰写发表了八十余篇论文和文章。

本书四十余篇论文和文章（除个别新作外）是从已出版和发表的八十多篇文章中选取的，将与外语教育相关的文章结集在一起，组成"教材建设"、"人才培养与学科建设"、"理论与实践"和"他山之石"四个篇章。这些文章得益于在外语教学、期刊编辑、教材编写策划、组织协调、图书编辑、数字产品等的出版、理论学习与探索、经营与管理等工作中长期积累，集腋成裘。有的是学习心得和学习练习（部分译作）；有的是教学的体会；有的是工作的体验；有的是实践的提炼；有的是项目的成果，其中不乏有我的老师指导的成果；还有的是同事的指点、同仁们的智慧和实践的结晶，以及领导的指引、支持和帮助的结果。这些学习、工作和探索中的所感所悟，很难说得上有多少学术价值和借鉴意义，但具有鲜明的时代特征，留下了时代的烙印，反映了某个特定时期的外语教学、外语期刊、外语图书等出版物的编辑出版与经营管理等方面的状况和特点，反映了大家所关心和探讨的问题。有的数十年前发表的文章，现在看来难免肤浅和幼稚，甚至连基本的学术规范都达不到，但也从某个侧面反映了我国学术期刊的发展过程和轨迹。从中亦可看出，我国改革开放在取得巨大成就的同时，学术期刊和学术著作的编辑出版也在不断规范和完善，无论是内容和形式都日益接近和达到国际水平。

在四十多年的学习、工作生涯中，我由衷感谢在安徽凤阳"五七"干校与我们朝夕相处的所有老师。他们的谆谆教导、循循善诱，把我领进了英语的殿堂；由衷感谢英语系曾经和我一起工作过的老师，他们的教诲、指导使我懂得了应该如何工作，并懂得工作的意义；由衷感谢和我一起创办《外语界》的同事们，是他们的支持和不懈努力，得以使这份学术期刊成为我国外语学术的名刊；由衷感谢上海外国语大学和外语教育出版社的历任领导和同事们，他们对我工作的热情支持、无私帮助和紧密配合，才使得出版社各项工作得以顺利完成，并得以健康、稳定、快速、可持续发展，取得了骄人的业绩，为我国外语教育事业的发展作出了贡献。同样，由衷感谢全国外语界各学术团体的领导、专家、学者，出版界的同仁和领导，每每我在工作中遇到困难时，他们都给予了鼎力相助。可以这么说，外教社的每一步成绩、每一步发展、每一项成果都饱含着上级领导以及外语界、出版界的同仁和领导、外教社全体员工和社会各界的汗水和智慧。

最后我要特别感谢：我的导师戴炜栋教授和我的前辈和好友黄源深教授为拙作作序；我的同事孙静老师、许进兴老师和蒋浚浚老师为本书的编辑出版提出了许多很好的建议并替我做了很多文章收集、整理和编辑工作。

为保持文章的原貌，作者未对所收入的文章进行改动，仅对个别错误作了修正和个别论文题目做了文字和技术上的调整。由于时间跨度较大，有些文章难免显得粗浅、简陋，缺陷和不足在所难免，敬请读者惠予指正。

庄智象
于上海外国语大学
2015 年 2 月

目 录

教材建设

人才培养与学科建设

理论与实践

他山之石

教材建设

构建具有中国特色的外语教材编写和评价体系

一、引言

我国高等院校历来有根据学生和教学需要教师自己编写教学材料(讲义、练习题)或制作教学用具的传统。无论是在建国初期还是改革开放以来21世纪的今天,高校一直将此当做一项重要的任务列入工作计划,并且将教材的编写出版、更新和创新视作学科建设的重要任务。尤其是最近几个"五年规划"期间,由国家教育部和有关部委立项的国家级规划教材,每一个五年的出书总数几乎都以两位数以上的速度增长。外语教材亦概莫能外,无论是中小学外语(主要是英语)教材、大学英语教材、高职高专英语教材还是高校英语专业教材,甚至更高层次的研究生公共英语教材和英语专业的研究生教材,都呈现了一派繁荣的景象。可以说,无论是教材的编写者、高校的行政领导,还是出版机构或上级主管部门,对外语教材的编写出版和组织协调的积极性是空前的。这一方面,说明我国政府和外语界的专家学者及行政领导十分重视外语学科的建设,重视教学材料的建设和创新,积极支持编写出版更多更好的外语教材,满足各级各类外语学习者的需求,普及和提高我国全民族的外语教育水平;另一方面,全国有三亿多人学习外语,这一巨大的市场亦不可避免地吸引众多的编写者和出版者去开发、开拓、耕耘。于是,无论是否有合适的编写者,还是出版者是否有资质,都一拥而上,一哄而起,不管是否具备条件,都来组织编写和出版外语教材。于是乎,专业外语出版社当然首当其冲,主要承担起了外语教材的组织编写和出版任务,综合性出版社亦不落后,尽量多出外语教材,一些其他专业性较强的出版社也紧紧跟上。据统计,全国五百多家出版社,几乎没有不出版外语图书的,其中教材和教辅是主要品种。当然,这么多的编写者、这么多的出版社热衷于教材的编写出版,不能否认,其中不乏精品之作,尤其是专业外语出版社,对外语教材的出版倾注了全部精力,力求打造精品,不断在编写内容、形式、手段上创新,制定标准和样板,出版了一批高质量的、很有特色的、有一定创造性的教材,为我国外语教育水平的提高作出了积极的贡献。然而,这么多的编写者,如此多的出版单位都争先恐后出版外语教材,其中难免鱼龙混杂、质量参差不齐,对外语教材建设的健康发展,对外语教学质量的提高以及对教材的选用都带来了不少隐患。尽管我国每年要出版一大批外语教材,但外语教材编写的理论和实践方面的研究相当薄弱。尽管不少外语学术期刊发表过一些外语教材的编写理论、编写方法、手段、教材的介绍、评价,亦从使用的角度对一些教材的编写实践进行一些分析和总结,也有不少教材使用者从教学实践中的感悟、体会出发,对一些教材展开了一些评论,分析了一些教材的特点、优势和不足。这些工作无疑对我国外语教材的编写理论和评价体系的建立作出了积极的努力,也取得了一些十分有益的成果。然而,这些总结、分析、介绍或评论都缺乏系统性,亦未能提炼成某种理论观点,更没有形成理论体系。无论是论文数量和质量,还是专著的发表与出版都与我国大量的、丰富的教材编写实践不相吻合。即使在海外,有关外语教材编写理论与实践方面的论著,尤其是高等院校英语教材编写理论与实践方面的学术著作和论文亦不是太多,笔者曾经从网上或请海外的学者推荐或查寻这方面的论著,结果令人失望。有鉴于此,开展外语教材编写理论和实践方面的研究,特别是高校大学英语教材编写理论与实践研究尤为紧迫和意义重大。我国每年必修大学英语课程的学生多达数千万,人数之多、影响之广,可谓独一无二。可以说,这门课程与我国高级人才培养、未来经济、社会和各项事业的发展息息相关。如果我们能够从实践出发,孜孜以求,积极努力探索和总结高校英语教材编写的实践,使之上升为理论,构建科学的、系统的、完整的、具有中国特色的外语教材编写理论和评价体系,无论是对教材的编写、教材质量和水平的不断提高,还是对教材的评价和选择指导以及人才培养、社会发展都具有十分重要的现实意义和深远的历史意义。

二、我国外语教材编写和评价体系面临的问题与挑战

应该说,我国高校的专家、学者、教授长期以来有着非常丰富和成功的教材编写实践经验,也十分注意在实践中不断进行总结,使其上升至理论,又反过来指导实践。然而,至今我们很难找到外语教材编写理论和实践研究及评价方面较为完整、系统的论著,尤其是专著,这不能不说是件令人遗憾的事情。出现目前的状况,笔者以为其主要原因是:

1. 重实践、轻理论。如前所述,我国高校教师一直有自己编写教材的传统。其中亦编写出版了不少非常优秀的教材,有的获得国家级的大奖,如《大学英语》系列教材、《新编英语教程》、《核心英语》、《新英语教程》等等。但是令人遗憾的是,每次教材编写出版后,无论是编写者还是使用者或是有关职能部门,都未能重视教材编写理论方面的总结和提炼,往往仅仅对教材编写的一些具体事务进行总结。更有甚者,认为教材编写无理论可言,前人怎么编写,我也怎么编写;同类教材这么编写,我也这么编写。司空见惯的是,每当准备编写教材时,通常仿照同类教材的编写体系和方法,甚至照搬照抄别人的内容和模式。当然在编写教材时,作些调查研究工作,研究一下前人或同类教材的编写体系、模式和方法是完全必要的,也是可取的。但是,这种研究不应该是简单的模仿或刻意照抄、照搬,而是应该根据一定时期内人才培养目标和培养模式、课程设置的需求,来确定教材的内容和编写体系及模式,总结前人和同类教材的利弊,扬长避短,尤其是注意将前人或同类教材的有益实践和经验提升到理论层次,以此来指导教材的编写。长期坚持实践→理论,理论→实践,不断提升,不断完善,必能构建具有中国特色的外语教材编写理论体系。总之,至今外语教材编写方面的高质量的学术论文不多见,理论专著则更是寥若晨星,这与我们重实践、轻理论,不重视理论积累、提升和研究不无关系。

2. 盲目照搬、照抄国外的模式和方法,缺乏国情研究。编写外语教材参考国外的语文教材很重要,也非常必要,一来可以了解国外教材编写的模式、方法和体系;二来可以借鉴其成功的经验和方法为我所用;三则可以探究其发展趋势。总之,了解、跟踪、借鉴国外的经验和理论以及模式和方法对编写外语教材是必不可少的,尤其是该语言为母语的国家

的经验和理论、模式、方法和体系则更是必需的。但是,这种了解、借鉴必须是有目的、有分析、有选择的,而不是盲目的,一概的全盘吸收或全部照搬。而非常普遍的现象是,每当我们编写教材时,总是说国外现在最新的或最流行的教材采用何种教学方法编写。国外采用听说法,我们也采用听说法;国外使用交际法,我们也使用交际法;国外运用任务教学法,我们也运用任务教学法;国外提倡学生为中心,我们也来个学生为中心;国外说应该是学习为中心,我们也跟着说应该是学习为中心,而不是学生为中心;一会儿说折衷法是最好的教学法,我们也紧随其后相附和。当然,积极关注和吸收国外先进的教材编写理念和教学方法是十分重要和完全必要的。但是任何国外理论和方法的学习和借鉴都必须充分考虑到中国的国情。首先,我们学习英语或德语、法语等语言都是外国语而不是第二语言,更不是英美人或欧洲人的母语;英美人或欧洲人所编的很多教材的授课对象不是第二语言,而是母语,语言环境、学习环境和方法及过程往往与外语学习不尽相同。其次,如该教材是为第二语言或母语学习者而编写的,则其学习的过程和认知心理特点,甚至是主题和语料也与该教材为外语学习者所编写的有诸多的不同和差异。第三,由于上述的差异,所采用的教学方法和手段亦是有较大的不同和有其独特的个性。改革开放以来,我国外语教材的编写和出版取得了长足的进步,亦加强和密切了与国外同行的交流与合作,取得了不少优秀的成果。但是在这一过程中,我们往往对我国学生学习外语的需求、过程、方法、特点以及语言环境、年龄特点、知识结构和层次等方面缺乏足够的研究和认识。编写教材时,未能给予足够的重视,更未能作为编写理论、原则、指导或特点列入编写大纲,这恐怕也与外语教学的"高耗低效"有着一定的关系吧。

3. 缺乏科学的、完整的、系统的、实用的、可操作的教材评价体系。如上所述,我国学者有着十分丰富的外语教材编写实践,且积累了丰富的经验,但是对于如何评价教材,如何科学地、完整地、系统地评价外语教材,缺乏足够的重视和研究。一套或数套教材出版后,编写者常常会召开一些会议或发表一些教材编写的指导思想、原则,谈论编写体系和方法及特点的演讲或文章,使用者也会在研讨会上或在期刊上发表一些使用的体会和经验,让更多的教师和学生了解其特点、长处及不足。但一种教材或一套教材究竟应该从哪几个方面去评价? 评价的依据是什么? 科学性标准是什么? 完整性、系统性怎么看? 实用性又是以何为标准？合乎哪几条标准的可视作上乘教材？对于这些，一直以来我们没有形成或建立一套检测标准或评估体系。如果我们有一套科学的、完整的、系统的、实用性较强且可操作、合乎实际需要的评估体系或标准，则十分有利于和有益于外语教材的建设和发展，也便于教学单位、教师和学生选择教材。

三、外语教材编写和评价体系涉及的几个方面

外语教材编写理论和评价体系涉及诸多方面和因素，诸如教育学、应用语言学、社会语言学、认知语言学、教学方法和手段、师资队伍等等，同时必须考虑市场和社会需求分析、读者对象的定位，以人为本，以学习者或学习为中心，全程服务于受众；充分考虑到受众的学习心理特点和过程，以及教材编写的一些基本理论、指导思想、原则及方法。

1. 以教学大纲为依据，以需求分析为基础

编写外语教材，当然也包括其他教材，其依据是教学的指导性文件——教学大纲（syllabus）。教学大纲一般由教育行政部门制订或委托有关学术团体研制，并由教育行政部门颁布，主要规定课程的目的、内容和要求，对教学模式和教学方法进行指导或提出建议。教学大纲一般可分为结果性大纲、过程性大纲、综合型大纲和分析型大纲。综合型大纲下还可细分为语法大纲等；分析型大纲又可细分为情景大纲、功能大纲、意念大纲；过程性大纲也可细分为程序型大纲、任务型大纲、内容型大纲等等。教学大纲与教材编写有着十分密切的关系。教学大纲主要规定课程的目的、内容和要求，对教学方法和教学模式进行指导。一般认为，教材的编写是以教学大纲的要求为依据的，同时在教材的编写体系中又必须体现一种或若干种教学理论体系或教学方法，使教学大纲规定的教学目标、内容和要求在教材中得到充分的体现，以保证教学大纲所规定的目标的实现、任务的完成和要求的达到。教材的编写除了要依据教学大纲规定的目标、内容和任务外，还应充分考虑受众即教材使用者（学习者）的需求。当然，教育行政部门或学术团体在研制教学大纲时已经对

学习者的需求作了充分的调查和分析,但这种需求的调查分析往往只能以大多数学习者的需求为依据,很难充分考虑到某一特殊群体或某一地区、某一特殊时期的学习者的需求。要以一个大纲规定和统一全国所有学校的教学,是很难做到的。因此在研制大纲时往往是留有一定的弹性和灵活性,也就是所谓的按不同地区、不同学校、不同学习群体,实施分类指导。有鉴于此,在外语教材的编写时,仍然须作充分的、较全面的需求调查和分析,在确定了教材的受众后,就必须对这一群体展开充分的、全面的需求调查,在取得充足数据的基础上进行分析。需求调查采样,不仅应在在校学生中进行,还应对已毕业学生中进行,而且毕业生对原来的教学目标、任务、要求更有发言权,因为实践是对教学的最好检验,可从他们的实践中得到很多十分宝贵的、有益的启示和建议。除了对学生进行需求调查外,还应对教师和用人单位进行调查。从教师的调查中,可以获取教学实践中的教学需求和意见、建议;从用人单位的调查中,可了解到现行大纲和教材的优点和不足,有利于作出弥补和调整。对社会和发展需求的调查和预测,不但可了解和认识今天的需求,还可预测明天和未来的需求,做到有一定的前瞻性。需求调查的范围不应局限于本地,还应扩大至全国乃至国际,这样不但了解局部,而且更了解全局。调查的学校应包括多种类型,不但有最好的学校,还应有一般的,更应有比较差的学校,这样可做到对各级各类学校的需求心中有数,有利于准确定位。经过充分调查、严谨分析后,就可确定教材的受众、编写理念、指导思想、原则、教材的内容、教学方法和手段、教材的定位(起点、过程和终点)、教材的种类等等。教材编写以大纲为依据,充分理解和吃透大纲精神,熟悉和掌握大纲规定的教学目标、任务和要求,开展充分的需求调查和分析是编写好教材十分重要的、必不可少的基础工作。

2. 以人为本,服务于学习者人格的塑造,素质的培养和智力的开发

外语教学材料的编写和选择同课程设置一样是为人才培养目标服务的。《高等学校英语专业英语教学大纲》(2000)指出:"高等学校英语专业培养具有扎实英语语言基础和广博的文化知识并能熟练地运用英语在外事、教育、经贸、文化、科技、军事等部门从事翻译、教学、管理、研究等工作的复合型英语人才。……21世纪我国高等院校英语专业人才的培养目标和规格:这些人才应具有扎实的基本功、宽广的知识面、一定

的相关专业知识、较强的能力和较高的素质。"英语专业的教学大纲对人才培养目标和规格进行了描述和界定。而对于非英语专业大学生必修的公共英语课,《大学英语教学大纲》(1999)指出:"大学英语教学的目的是:培养学生具有较强的阅读能力和一定的听、说、写、译能力,使他们能用英语交流信息。"《大学英语课程教学要求(试行)》(2004)则指出:"大学英语的教学目标是培养学生的英语综合应用能力,特别是听说能力,使他们在今后工作和社会交往中能用英语有效地进行口头和书面的信息交流,同时增强其自主学习能力,提高综合文化素养,以适应我国社会发展和国际交流的需要。"教学材料的编写和选择要围绕着人才培养的总体目标,服务于人才培养规格。英语专业培养的是适合各行业的复合型英语人才,具备扎实的语言基本功、宽广的知识面、一定的相关知识、较强的能力和较高的素质,所有教学材料的编写和选择都应符合这些要求。教学材料除了打好语言知识、语言技能、文化知识基本功外,应始终将学习者的人的发展、健康的成长、人格的塑造、综合能力和素质的培养及智力的开发放在突出的位置,给予十分的重视。即使在语言知识和技能的学习、传授和训练中,也应充分注意和重视语言认知和习得的规律、特点,使其合乎人的发展规律和需要。无论是语言习得的过程、习得的环境和方法都必须有利于人的发展。大学英语作为一门课程,它的教学材料的编写和选择,除了内容深度、数量、课目等与英语专业不同外,其要有利于学习者的人格的塑造、素质的培养和智力的开发是一致的。也就是说,我们在进行教材编写理论的研究时或在实践运用中,必须将人的发展需要放在首位。一切都要围绕着高尚人格的塑造、优秀素质的培养和智商、智力的充分开发。

3. 以针对性、科学性、完整性、系统性为原则

首先,教学材料编写首先应有较强的针对性,明确为谁编写、为何目的编写。为英语专业学生编写的教材就必须充分考虑作为专业的要求和特点,起点、过程和终点须十分明确;若为大学英语(公共英语)学生编写的教材就必须充分考虑到作为非专业、仅是一门课程的要求和特点,有限的课时和大班学习、工具性和综合素质的一部分以及各校、各地区之间的不平衡等许多特点,起点和终点各校各地区亦未必一致等因素。这更要求编写者有明确的、准确的定位,要有具体、个性化的定位。大而

统、所谓人人可用的教材,缺乏准确定位恐怕是很多教材不受欢迎的一个重要原因。其次,必须有较强的科学性,也就是说教材的编写要合乎学习规律,适应和符合学习者的认知心理过程和特点,充分考虑到外语学习的语言环境、文化因素等,采用针对性的、合乎实际的编写体系和理论指导原则,无论是教学方法和选材原则,还是练习的设计都应遵循语言习得规律,尤其要充分考虑英语作为外语学习的许多特点和因素,坚持外语教材编写的"真实性原则、循序渐进原则、趣味性原则、多样性原则、现代性原则和实用性原则"。第三,教学材料应有较好的完整性。教学材料在内容、目标和要求等诸方面应该体现出一个完整知识和技能的体系和系统性。语言知识、语言技能、文化知识、相关专业知识等内容应相互结合、相互渗透、相互支撑,形成一个有机的完整的体系。语言知识的教材应该是一个完整的体系,而不应是支离破碎、七零八落的、残缺不全的片言只语。同样,语言技能的教材也应覆盖所有的语言技能,听、说、读、写、译全面发展,互为依存、互为促进,而不是片面的、厚此薄彼、一高一低的跛脚技能。文化知识、相关知识也应该是一个完整的体系,应是互为补充、互相促进的完整的知识结构,要有利于学生掌握完整的知识结构和技能体系。第四,教学材料应该有较好的系统性,无论是语言知识的教材、语言技能的教材还是文化知识或相关知识的教材的编写,都应十分注意其系统性。中国人学外语往往十分注重学习和掌握整个语言的体系,因为从某种意义上说,只有具备了语言能力,才能具备交际能力,外语学习若不掌握整个语言体系,则不能说是掌握了这门语言,其交际能力亦是受到限制的。因此,教学材料的编写一定要注意和突出系统性,语言知识、技能、跨文化交际、学习策略、学习情感等应形成一个完整的系统。同时根据时代的发展,应尽可能从系统性进而做到立体化,配套齐全,而不是残缺不全、不成体系。

4. 以倡导健康、奋发向上的人文精神为导向,服务和促进人的发展

教学材料的编写,应始终坚持正确的导向,宣扬和传授积极的、促人奋发向上的精神,将人类优秀的文化、优秀高尚的思想道德和情操通过语言学习潜移默化地传授给学习者,促进学习者心智的健康发展。因此,教材的内容、教材的舆论导向、教材所倡导的东西,往往对学习者产生深刻久远的作用,直接影响到学习者的世界观的形成。教材思想内容

方面提倡什么、反对什么,尤其对青年学生会打下深刻的烙印。教材编写中无论是选材或是练习设计,乃至教学活动等都必须坚持正确的导向原则,服务并促进学习者心智的健康发展和成长。

5. 以稳定性、共同性为原则,兼顾特殊性和可选择性

我国外语教材的编写和选择,应首先考虑到该语言是作为外语来教和学的,而不是作为第二语言。其学习的语言环境、文化差异、心理认知过程都具有中国语言文化的特殊性。当然,作为外语教材或英语教材应该是给学生提供一个完整的语言和技能体系。这个语言和技能体系应该是基本稳定的,应该定位在大多数学习者所应掌握的基本的语言共核,也就是常言所说的基本的语言知识与技能——语言基本功。也就是说,任何外语教材无论怎么编,采用何种理论体系、何种教学方法、何种形式都应让该语言的基本的语音、词汇、语法体系和听、说、读、写等语言知识和技能在教材中全面完整地通过课文和练习及教学活动得以实现,最终使学习者能够获取较强的交际能力。此外,还应充分考虑到教材受众的个性差异和特点,有一定的内容和项目应当由教师和学生根据各自的特点和需要而选择。不但在一套教材中要有一定的可供教师和学生选择的余地,甚至一册书中、一个单元中亦应该安排一定的内容和项目是供选择的。这样既可满足一般的需要,又可满足不同个性的需要,更有利于因材施教和分类指导。

四、目前亟须研究的一些课题

1. 我国外语教材编写的基本理论和评价体系研究

长期以来,我国编写出版了许多外语教材,其中有些教材编得非常好,深受教师和学生的欢迎,促进了教学的发展,培养了成千上万的外语人才和既掌握专业又懂外语的人才,不少教材因此亦荣获国家级和省部级以上各类奖项。但是我们没有将这些丰富的经验进行很好的总结和提炼,使它上升到理论水平。现在十分有必要对这些教材的编写基本理论进行研究,形成具有中国特色的外语教材编写的基本理论和评价原则

及体系,用于指导日后教材的编写。

2. 对国外第二语言或外语教材编写理论和特点的研究

改革开放以来,我国与国外教育界的交往日益频繁,引进的外语教材成百上千,其中不乏质量上乘的教材。通过引进、借鉴、消化,促进和丰富了我国外语教材编写的实践和理论。开展对这些教材编写理论和特点的研究,探索其采取的基本理论体系、原则和方法,归纳或提炼其特点,则有助于我们提高对引进外语教材的鉴别力和判断力,同时也有助于我们了解和熟悉国外教材的理论研究的新发展和通常采用的编写理论、方法和手段,有助于我们知己知彼、洋为中用。

3. 对国内现行英语教材的编写理论与实践研究

近20年来,我国编写出版了几十套供英语专业和大学英语教学所用的教材。有的昙花一现,用了没几年就因各种原因寿终正寝,有的仅在很小的范围内使用,使用的人数有限。大浪淘沙,经过数十年的教学检验和市场考验,现今有了数套广泛使用的英语专业教材和大学英语教材。由于其定位准确、教学理念先进、教学方法合乎国情、内容贴近时代、选材广泛、体裁多样、练习设计和教学活动符合学习者心理认知特点,有助于学习者系统地掌握整个语言体系和语言能力,打下扎实的语言基本功。而且这些教材均因教材、教参、多媒体、网络配套齐全而深受师生们的欢迎和喜爱。因此十分有必要对这些现行教材的编写理论和实践进行专题研究,有所发现、有所借鉴,为指导实践、创新理论作出积极的贡献。

4. 对国外主要英语教材的分析和研究

目前,我国各出版社引进出版和合作出版的英语教材繁多,且有不断上升的趋势。面对这么多品种和数量的引进教材,这些教材编写的理念是否先进? 教学的对象是否明确? 定位是否准确? 教学材料是否反映时代特点? 题材、体裁配置是否恰当? 编写方面有哪些鲜明的特点?

适用于哪一群体的学习者？教材的设计和编排上有何创新？练习设计和教学活动是否合乎学习者的心理认知过程和规律？是否合乎国情？等等。这些都是很值得我们进行研究和探讨的问题，以便我们对引进教材有一个清晰的了解和认识，他山之石，可以攻玉。

5. 传统概念的教材与多媒体、立体化、网络化教材的关系与匹配研究

近十年来，随着科学技术的发展，电脑的普及、计算机辅助教学的发展方兴未艾，如火如荼。将原本单调的语言知识的讲解与传授、语言技能的机械操练和目的语国家的文化的讲解和传授，以多媒体和网络技术搞得生动活泼、形式多样，语言操练形式丰富，人机互动，趣味盎然，效果显著，异国文化的讲解更是生动、直观、资料丰富、检索便捷。但是多媒体、立体化、网络化教材的发展将对传统概念的教材产生多大影响？带来多大冲击？传统概念的教材还有多大优势？如何将纸质教材与电子化、网络化有效匹配，各司其职，充分发挥各自的优势和特点？在教材设计时如何处理好各自的关系？如何有效配置？课堂上如何使用不同载体的教学材料和资源？诸多课题很值得我们作进一步的探讨和研究，为搞好计算机辅助教学、促进教学效果和质量的提高作出积极的努力和贡献。

6. 课本与多元化教学资源的关系研究

传统的外语教材通常由课本、练习册、教学参考书、教师用书组成。多元化教学资源的开发和使用，使得教学材料、教学资源更为丰富，来源亦更加多元化、多渠道。无论是语言知识、语言技能的课本或教材，还是文化知识与相关知识的课本，其载体都比以往更加丰富、更加多样化。如何将不同的载体——纸质的、音像的、多媒体光盘、网络的资源与课本——作有效配置和充分利用，一体为主、相互依存、互为促进、互为补充，各自发挥其优势与特点，而不是仅仅将纸质的内容搬上音像的、多媒体的或网络的载体；如何将课本与多元化的教学资源的关系处理好，更有效地合理配置，开拓教学资源，使教学的开展超越时空。这些问题亟须研究。

7. 外语教材的评价体系研究

改革开放以来,外语教材的编写出版日趋繁荣,可供选择的教材越来越多。国内编写出版的、从境外引进的,只要想得到,几乎都找得到。但是其编写水平和质量参差不齐,选用者不易鉴别良莠。为了不断提高外语教材的编写水平和质量,为使用者提供选择教材的标准,亟须外语教师和外语教育的研究人员积极开展外语教材评价体系的研究,就外语教材的评价原则、评价方法、评价标准、评价内容等方面研制出科学的、客观的、实用的、可操作的体系,供教师和学生在选用教材时作为参考的依据。

8. 教材编写内容、形式、手段等方面创新研究

以往外语教材的编写,往往较多参考同类教材的编写体系、内容、方法和形式,或研究一下国外教材有何可借鉴之处。比较多地关注选材、练习设计、课堂活动等,这些都是必要的。但是针对中国学生的需求,我们在编写外语教材时应更多地考虑中国人学习外语的一些特点,如他们的语言认知特点、文化知识水平等。在选材时应充分考虑他们生活的时代特点、已具备的文化水平、认知特点,以及其他学科的内容。练习设计则更应按教学和认知要求来设计,应具有趣味性、互动性、针对性,服务和促进语言和文化的习得。现在的一种倾向是太贴近某一种全国性的测试。当然有一定的联系让学生熟悉一下题型未必不可,但须掌握一个度。编写的形式、手段等如何适应时代发展的需要,这些问题都很值得外语教师、教材编写者和出版者共同探讨和研究。

五、结束语

构建具有中国特色的外语教材编写和评价体系是一个紧迫而十分有意义的课题。这一课题与我国外语教材编写体系的建立、评价标准的设立、外语教材编写理论水平的提高、外语教材编写水平和质量的提高,以及教材的选择和使用都有着密切的关系。但它又是一项涉及面广、内

容繁多而又复杂的系统工程,有很多方面都应开展专门的调查和研究。由于目前对这一领域的研究成果不是太多,可借鉴的资料有限,本文所谈及的现状分析、存在的问题和论述的理论和原则、提出的建议和设想都是十分肤浅的,看法亦未必正确,涉及的层面亦难免挂一漏万。笔者发表这些看法,仅就这些问题求教于外语界的同行们,并希望起到抛砖引玉的作用。

参考文献

[1] Brain K. Lynch. *Language Assessment and Programme Evaluation* [M]. Edinburgh: Edinburgh University Press, 2003.

[2] Ian McGrath. *Materials Evaluation and Design for Language Teaching* [M]. Edinburgh: Edinburgh University Press, 2002.

[3] 程晓堂. 英语教材分析与设计[M]. 北京:外语教学与研究出版社,2002.

[4] 《大学英语教学大纲》修订组. 大学英语教学大纲(修订本)[M]. 上海:上海外语教育出版社,1999.

[5] 高等学校英语专业教学指导委员会英语组. 高等学校英语专业英语教学大纲[M]. 上海:上海外语教育出版社,2000.

[6] 教育部高等教育司. 大学英语课程教学要求(试行)[M]. 上海:上海外语教育出版社,2004.

[7] 束定芳,庄智象. 现代外语教学——理论、实践与方法[M]. 上海:上海外语教育出版社,1996.

——本文发表于《外语界》2006 年第 6 期

外语教材编写出版的研究

今年是我国改革开放 30 周年。在中国社会不断深化改革、不断推进开放的过程中,出现了对各类外语人才前所未有的渴求,对外语教学和外语教材的需求也在持续快速增长。我们这些年来外语教材编写和出版建设取得的丰硕收获,既是改革开放事业深入发展的必然结果,同时又对我国改革开放的历史进程产生了不容忽视的影响。深入回顾和梳理我们在这方面形成的经验、存在的问题和面临的新挑战,对于我们继续做好这方面的工作,更好地服务于当前仍需要我们继续大力推进的改革开放事业,具有重要意义。

一、简要的历史回溯和若干启示

外语教材建设作为教学改革的重要内容之一,直接关系着教学质量、学科发展与人才培养。因而,教材的出版工作承载着很多的社会责任与教育期望,影响着我国几亿学生的学习质量与成长发展。中国出版人本着一种科学、严谨、负责的态度,在探索和建设科学、系统并具有中国特色的外语教材编写与出版体系方面,进行了持续不断的探索和努力。

改革开放初到 20 世纪 80 年代中叶,可以说是我国外语教材建设的积累阶段,当时优质的外语教材已无法满足社会的爆发性需求。1986 年国家教育部颁布了统一的大学英语教学大纲,一批以"文理工相通"、突出阅读技能培养为特色的英语教材相继问世,如董亚芬教授主编的《大学英语》、杨惠中教授主编的《大学核心英语》、陆慈教授主编的《新英语教程》、与国外合作编写的《现代英语》等,这些教材在我国改革开放以来的英语教育中发挥了不可磨灭的历史作用。80 年代末,国家教育部先后颁布了英语专业基础阶段和高年级阶段的教学大纲,于是外语教材建设又进入了一个新的发展时期:李观仪教授主编的《新编英语教程》、李筱菊教授主编的《交际英语教程·核心课程》、黄源深教授主编的《高等师范英语》、胡文仲教授主编的《大学英语教程》等进一步推动了英语学科的教材建设和学科发展。90 年代后期开始,我国高等教育的规模又有了进一步的扩展。国家教育部采取了一系列深化教学改革的举措,包括大学外语教学大纲的修订,网络教学的试点等,我国的外语教材建设开创了历史新局面,涌现出诸如《大学英语》(全新版)、《大学英语》(修订版)、《新世纪大学英语》、《21 世纪大学英语》、《新视野大学英语》等大量各具特色的新教材,并从纸质平面教材向以多媒体网络为依托的立体化教材方向发展。

在近几个"五年计划"期间,国家教育部立项的国家级规划教材几乎是以两位数以上的速度在增长。另一方面,经济全球化与国际交流的深入开展,外语与计算机成为 21 世纪人类"学会生存"与"适应生存"的两大需求。全国有三亿多人在学习外语,这一巨大的市场亦不可避免地吸引众多的编写者和出版者去从事教材的开发、出版工作。尽管我国每年要出版一大批外语教材,但外语教材编写出版理论和实践方面的研究仍然比较薄弱,众多的编写者、出版社热衷于教材、教辅的出版,其中难免出现质量不过关的情况。这对教材的选用,教材建设的健康发展和外语教学质量的提高带来了隐患。

教材开发是一项需要慎重对待的系统工程,它必须服务于我国的改革开放和教学改革。如何从实际出发,不断总结与反思外语教材出版新的理念和方法以及存在的问题,探索科学、系统并具有中国特色的外语教材编写与出版体系,这对外语教材质量和水平的提高、对促进外语学科建设与人才培养都具有重要的现实意义。编写外语教材,必须以教学大纲为依据,以需求分析为基础。这个问题的重要性我想无须多说。其次是要以人为本,服务于学习者人格的塑造、素质的培养和心智的发展。教材的内容、教材所倡导的观点,往往会对学习者产生深远的影响。外语教材的出版,应始终坚持正确的导向,宣扬和传授积极的向上的精神。外语教学材料除了帮助学习者打好语言知识、语言技能、文化知识等基本功外,还应始终关注人的发展,关注学习者健康的成长、人格的塑造、综合能力和综合素质的培养及心智的成熟。要坚持"质量为先",切忌急功近利。教材不是一般的出版物,稍有差错就可能影响千千万万的学习者,所以从事教材出版必须有"如履薄冰"的感觉。教材质量是教材出版的第一要素,"质量为先"是教材出版遵循的重要原则。我认为,优质的教材一定是"磨"出来的。急功近利或一蹴而就做不出好教材。

二、外语教材出版的新趋势及其意义

在知识快速更新的今天,教材出版者必须具有敏锐的反应能力和前瞻性,必须密切关注市场与教学的变化,随时满足社会与市场需求,满足教学需求,否则教材出版就难以做到有效地服务教学改革、服务学科建设、服务人才培养。结合近几年外语教材出版的快速发展,结合外教社教材出版的实践体会,我认为以下几点体现了外语教材出版日渐成熟的发展趋势:

1. 不断适应社会需求,变被动出版为主动出版

传统出版的做法是书稿由编辑组稿或是作者投稿,然后出版社进行选题论证,决定是否采用。在这种情况下,图书的内容与风格基本上由作者自主决定,出版社处于被动地位,即便是审读中发现一些问题,也多半是局部的或文字等方面的问题,整部教材的编写理念与结构不可能再作根本性改变,因为此时木已成舟。外教社的某些出版物仍然沿袭了传统出版做法,但在教材出版上已有了质的变化,即由被动等待书稿或寻找书稿转变为出版社根据社会和市场需求、教学需要和人才培养目标与规格的变化进行自主研发和组织编写。教材的出版战略、编写理念与思路、市场定位、整体框架等由出版社及编辑根据调研和分析结果预先设定,出版社在教材的编写出版上拥有了更多的主动权和发言权,虽然教材的编撰者是专家而非出版社的编辑,但编辑们应了解教学,熟悉教材编写的理论、方法与流程,了解教学规律与特点,掌握市场变化和要求,所策划、编写的教材应做到理念先进、定位准确、特点鲜明,这有利于提升教材的整体质量。

2. 坚持以针对性、科学性、系统性、稳定性为原则，兼顾特殊性和可选择性

首先，外语学习有循序渐进的规律，有的外语教材出现了"四代同堂"的局面，小学、初中、高中、大学甚至英语专业都在使用同一种教材，难以满足不同教育群体的学习需求。这就要求外语教材应具有准确和具体的目标定位。其次，外语教材要有较强的科学性，教材的编写出版要符合学习规律，适应学习者的认知心理过程与特点，充分考虑外语学习的环境、条件与实际情况，坚持外语教材出版的"真实性原则、循序渐进原则、趣味性原则和实用性原则"。第三，外语教材应给学生提供一个完整的语言和技能训练体系。中国人学习外语十分注重学习和掌握整个语言的体系，因为从某种意义上说，只有具备了语言能力，才能具备交际能力，外语学习如果不掌握整个语言体系，则不能说是掌握了这门语言，其交际能力亦是受到限制的。外语教材所涵盖的语言知识、语言技能、文化知识等内容都应是相互结合、相互渗透的整体，不能七零八落，也不能厚此薄彼。第四，教材是教学内容的主要载体，教材的相对统一和稳定是必要的，否则难以保证正常的教学秩序和一定的教学效果。外语教材的出版应考虑一定的稳定性，提供给学生语言和技能。学习体系也应该相对稳定，但这并不是说教材不该随着社会发展和教学需求的变化而变化。此外，外语教材还要兼顾特殊性和可选择性，要考虑教材使用者的差异和特点，有一定的内容和项目应当由教师和学生根据各自的需要而选择，有利于因材施教与分类指导。令人高兴的是，这些基本的理念正在成为越来越多的外语教材编写和出版工作者的共识。

三、外语教材出版建设仍需研究解决的课题

1. 对我国外语教材编写出版的理论和评价体系的研究

长期以来，尽管我国外语界的专家、学者在教材建设和编写方面倾注了大量的心血，已编写出版了不少优秀的教材，但遗憾的是，有关教材编写出版的理论体系尚未形成。有的教材编写出版过程，缺乏理论指导，前人怎么编写，后人也怎么编写，亦未能很好地将实践和经验提炼成

理论,并反过来用理论指导教材出版。另外,对于如何科学、客观地评价外语教材,也缺乏系统的评估体系与标准。因此,有必要对教材的编写及出版过程进行研究,形成具有中国特色的外语教材出版基本理论和评价体系,用于指导今后外语教材的编写出版,也便于教学单位、教师和学生选择教材。

2. 教材出版的"拿来主义"与本土化研究

改革开放以来,我国与国外教育界、出版界的交流与合作日益频繁,引进出版了大量优秀的外语教材。但从以英语为母语的国家引进的原版教材并不一定符合我国学生学习英语的认知特点和学习方法及习惯,也不一定会获得理想的教学效果。文化、思维、学习方式、教学方法等诸方面的差异,导致相当部分原版教材与我国外语教学实际不相符。任何国外理论与方法的学习、借鉴都必须充分考虑中国国情,结合中国的实际。在引进国外原版语言教材时,一定要对国外教材的定位、编写模式、读者对象、编写特点、使用情况等作深入的了解,提高对引进外语教材的鉴别力与判断力,或者结合我国外语教学的实际需要对教材进行"本土化"改造,使之"洋为中用",服务于我国的外语教学。

3. 传统概念的教材与教材出版的立体化、数字化研究

现代信息技术的迅速发展对传统出版业产生了巨大的影响,外语教材出版已不局限于传统的纸质教材开发,而呈现出多媒体、立体化、网络化、数字化发展趋势。1998年,外教社开始为教材配备立体化教学光盘,新技术的运用大大拓展了纸质教材的发展空间,为教师和学习者提供了更多的内容资源。一方面,我们应认识到计算机辅助教学、网络等先进教育手段所具有的优势;另一方面,也应考虑如何将纸质教材与数字化教材进行有效匹配,各司其职,充分发挥各自的优势与特点,在教材的设计与使用过程中处理好两者的关系等。

以上这些课题仍值得我们作进一步的探讨与研究。希望我国外语教育界、出版界的同行,能够共同深入研究、探讨外语教材出版发展过程中的经验与问题,更好地承担起外语教材出版的使命与责任,开创外语

教材建设的新局面,为外语教学改革和新世纪外语人才的培养作出我们应有的贡献。

——本文发表于《文汇报》2008 年 6 月 23 日,标题略有改动。

国际化创新型外语人才
培养的教材体系建设

我们前期的研究分析了国际化创新型外语人才的内涵、规格和培养目标,阐述了国际化创新型外语人才培养涉及的各种要素,如课程、师资、教材、教法、教学管理模式等(庄智象等,2011,2012a,2012b,2012c)。在诸多要素中,教材集中体现国际化创新型外语人才培养的目标规格和课程体系的要求,教材建设是人才培养的重要环节。由此,本文拟对国际化创新型外语人才培养中的教材体系建设进行专门的探讨,论述如何针对国际化创新型外语人才培养构建特色鲜明的高质量教材体系。

1. 国际化创新型外语人才的定义

随着我国融入国际社会、参与国际事务进程的加快,国家对外语专业水平好、文化知识素养高、具有国际视野、通晓国际规则、能够参与国际事务和竞争的国际化创新型外语人才的需求越来越迫切。国际化创新型外语人才应具有以下特征:(1)良好的语言基本功。这是外语专业人才首要的业务素质,没有扎实的语言基本功,国际化也就成了空中楼阁;(2)完整、合理的专业知识结构。这要求外语专业人才具有全面的知识结构,通晓国际惯例,熟悉、掌握相关领域专业知识;(3)创新思维能力和分析解决问题的能力。外语专业人才的创新型应该说更多地表现为他们的批判性思维能力以及在学习、生活和工作中的独立思考、分析和解决问题的能力;(4)具有国际视野,通晓国际规则,能够参与国际事务和国际竞争。这要求外语专业人才具有较强的跨文化沟通能力。当然,在经受多元文化冲击之时,外语专业人才还需具备较高的政治思想素质和健康的心理素质,以正确、妥当地应对和处理各种情况(庄智象等,2011)。

从上述特征来看,国际化创新型外语人才培养与以往的外语人才培养在目标、要求等方面都明显不同,尤其是对知识、技能、综合素质的要求都较以往更高,特色上鲜明突出国际化与创新型素质培养。这些特征都应在课程体系中得以体现,在教材体系中得以落实。

2. 国际化创新型外语人才培养中教材建设的重要性

教材建设是教学中一个不可或缺的重要环节。不少国际著名教学专家(如:Swales, 1980; Hutchinson & Torres, 1994; Gary, 2000)都从不同角度肯定了教材的作用,认为教材服务于一定的教学目的,不仅为教学提供较系统的课堂教学安排,而且还提供较好的语言输入,既有助于解决教师自身水平不一的问题,又能使教学质量得到统一保障(转引自冯辉,张雪梅,2009)。我国外语教学的一些指导性文件,如《高等学校英语专业英语教学大纲》、《英语课程标准》等都指出了教材建设的重要性,并对教材的编写、选择、使用提出了指导性建议。

教材在教学改革与创新型人才培养中的重要性也经常被研究者与学者提及。例如,上海外国语大学"关于我国外语教学'一条龙'改革研究"课题组的张慧芬教授就指出:"教材建设是外语教学改革的重要环节,教材的改革将带来教学方法的改变。优秀的教材是教育思想、目标、内容和方法的体现"(戴炜栋等,2002:28)。教材在其他教学相关领域也同样发挥着重要作用。比如,清华大学教务处处长段远源认为,教材建设在研究型大学建设中具有重要意义,高水平、高质量的教材可以引导和支持教师的研究型教学,也可以引导学生乐于探索的学习(段远源,冯婉玲,2008)。

为实施国际化创新型外语人才培养,教学上要进行相应的课程体系改革与创新,课程体系改革则必然促使支撑课程体系的教材体系发生重构。因此,培养国际化创新型人才必须构建相应的课程资源体系及其核心——教材体系。本文提出构建从中小学到大学的国际化创新型外语人才培养"一条龙"教材体系,重点阐述其与以往教材的不同之处,特别强调其结构、特色、质量等方面要求的提升。

3. 国际化创新型外语人才培养中小学阶段教材体系构建

中小学阶段属于基础教育阶段,具有这一阶段的基础性、循序渐进等共同特征。国际化创新型外语人才"一条龙"培养的中小学阶段也是如此,并还应体现国际化创新型外语人才培养的要求,在培养目标、课程与教材建设、教材编写出版形式方面体现鲜明特色。

3.1 培养目标

当前指导我国中小学英语教学的文件是《英语课程标准》。这一标准对中小学英语教材的编写制定了指导性原则,提出了一系列具体要求。培养国际化创新型人才的中小学阶段教材一方面应该遵循《英语课程标准》中大量合理的原则,另一方面又应该体现自身特色,以实现如下学生能力培养目标:(1)学生在中学毕业时具备良好的外语能力,能够在进入大学后快速适应使用外语进行专业课程学习;(2)学生具有开放、包容的态度,具有良好的跨文化交际能力与国际意识、国际视野;(3)学生具有较强的自主学习能力、创新的思维能力与良好的分析、解决问题能力(庄智象等,2012b)。因此,培养国际化创新型人才的中小学英语教材涵盖的语言技能水平应比《英语课程标准》高,具体可参考借鉴《大学英语课程教学要求》的较高要求、《高等学校英语专业英语教学大纲》的基础阶段要求等,并注重对学生思辨能力、跨文化交际能力、创新意识培养及国际视野拓展。

3.2 课程与教材建设

培养国际化创新型外语人才的中小学课程体系既要在课程设置、学时分配等方面体现对外语人才培养的侧重,又要积极调用课内外教学资源,全方位培养学生的相关知识与技能。根据人才培养特色和课程教学实际,教材体系可分为不同的子系列及其具体品种。主干教材可根据《英语课程标准》的语言技能、语言知识、情感态度、学习策略、文化意识五维目标编制,在语言技能、语言知识方面明确提出更高要求,在情感态度、学习策略、文化意识方面也根据国际化人才培养的需要突出特色。各系列、各品种教材要充分反映国际化人才培养的特色。为向学生提供自主选择和自我发展的机会,《普通高中英语课程标准(实验)》就已倡导鼓励在高中阶段开设一系列"任意选修课"。国际化创新型人才培养作为高规格培养模式,应该在各个学段都开设选修课,并且应具有鲜明的国际化、创新型特点。例如,可以开设英语以外的其他外语、英语演讲与辩论、外国影视欣赏、西方文明史、国际市场等课程。从语言知识与技能发展、素质培养到专业知识预备等各级各类课程都可以根据实际需要开设,进行相应教材建设后开展教学。

此外,各类显性与隐性课程、各种课外活动也是课程体系的有机组成部分。除了目前部分中小学已经开展的英语周、国际文化节、姐妹学校互访、国际游学、模拟联合国等活动以外,培养国际化创新型外语人才的课程体系还可以增加特色课程、社团活动、国际化活动等。同时,可将上述课程与课外活动具有共性的部分编写成特色教材进行推广,进一步补充完善基础性、整体性和多样性的中小学特色课程体系和教材建设。

3.3 教材编写出版形式

培养国际化创新型外语人才的中小学英语教材的编写出版是一项系统工程,需要整合运用国内外资源来实施推进。首先,在主干教材的编写方面,可以考虑采取国际合作模式,发挥国内外专家、出版社的各自优势,成立专门的编制团队甚至机构来保障主干教材的有序、有效开发与编制。其次,在各种非主干教材、课程活动开发方面,可采用更灵活的方式,既可以采用国际合作模式,也可以利用国外现有的质量好、有特色、受欢迎的教材,或者鼓励国内专家、具有国际化人才培养经验的一线教师开发编写教材,在试用成功后进一步推广。

国际化创新型外语人才培养中小学英语教材体系不仅应包括传统的纸质教材,还应包括立体化、动态化的配套教材。在过去十多年里,我国中小学英语教材立体化开发已积累不少经验,多媒体课件、学习网站等在英语教学中得到了一定程度的应用。国际化创新型外语人才培养中小学英语教材体系构建更应符合数字化和信息化这一教材编写、出版、使用的国际潮流,实现现代信息技术与英语教学的有机结合。具体而言,除纸质教材之外,应开发配套多媒体课件、助学光盘或网络系统,建立教学互动网站、网络社区等,开发整合视频课程,建设网络资源库。当前,国内各地教育部门正在积极试验各种新形教学硬件与环境,如上海正在开发电子书包项目等。培养国际化创新型外语人才的教材也可充分利用最新教学成果,增进师生、生生在教学中的交流互动,促进学生学习的个性化与自主性。

近年来,网络上可供学习与人才培养的教学资源已颇为丰富,如国内外名校在网上公开的课程、各类专业网站提供的资源与服务等。在培养国际化创新型人才的课程设置和教材建设中,可以开设有针对性的相关课程和编制相应教材,帮助学生了解这些资源,并培养其甄别、选择、运用资源的能力,使这些资源真正成为针对性强、有效性高的学习材料。

4. 国际化创新型外语人才培养大学阶段教材体系构建

大学阶段是国际化创新型外语人才培养的关键阶段。与基础性中小学阶段不同,大学阶段是国际化创新型外语人才特质的塑造时期。在这一阶段,课程与教学完全按照国际化创新型外语人才培养的要求来设置,在培养目标、课程与教材建设、教材编写出版形式等方面形成创新特色。

4.1 培养目标

现行《高等学校英语专业英语教学大纲》将英语专业课程细分为专业技能、专业知识和相关专业知识三种类型。专业技能课程指综合训练课程和各种英语技能的单项训练课程,如基础英语、听力、口语等;专业知识课程指英语语言、文学、文化方面的课程;相关专业知识课程指与英语专业有关联的其他专业知识课程,如外交、经贸、法律等。该大纲强调一、二年级基础阶段的主要教学任务是传授英语基础知识,培养学生实际运用语言的能力,为进入高年级打下扎实的专业基础;三、四年级高年级阶段除继续打好语言基本功外,还要学习英语专业知识和相关专业知识,进一步扩大知识面,增强对文化差异的敏感性,提高综合运用英语进行交际的能力。

对国际化创新型外语人才培养整个体系而言,如果在大学阶段实施现行英语专业教学大纲的任务、目标和要求,是远远不能满足人才培养需求的。我们先前已经指出,在国际化创新型人才培养体系中,英语专业本科阶段教学大纲提出的一、二年级基础阶段教学目标应该下移到中学阶段,即学生高中毕业便需打下扎实的语言基本功,初步具备国际视野、跨文化沟通能力和创新能力。这样,大学阶段能够继续发展学生在中学阶段已经获得的各种能力,提升和完善培养目标,并根据学生的特点和兴趣着重发展他们某一领域的专业知识与能力,从而实现与中学阶段的有效衔接,使人才培养"一条龙"体系发挥功效。

作为人文学科,外语专业的国际化创新型人才培养的主要目标是培养某一学科专业的拔尖和领军人才,专业领域可以是外交、文学(英语创作)、新闻、高级翻译(特别是汉译外)、跨文化交际等。这类人才能够在国际平台参与学术、文化交流,发出中国的声音,进而成为某一学科专业的国际领军人才。

4.2 课程与教材建设

4.2.1 "语言中心"模式——学术技能培养

对中学毕业时已打下扎实英语语言基本功的学生而言,进入大学之后基本具备了将英语作为工具学习学科专业的能力。对他们的培养,除了在课程设置上加大写、译课程的比例外,应将更多的精力放在专业知识课程教学上,以拓宽其知识面,培养其独立思考与分析解决问题的能力。由此,我们认为在培养国际化创新型人才的课程体系中,大学阶段应缩减现有英语专业教学大纲中的技能课程。当然,缩减并非摒弃,而是优化技能课程的质量和要求。我们建议在技能课程教学阶段实施"语言中心"(language center)课程模式,为学生提供短期强化的学术英语听、说、读、写等技能训练。学生根据自己的实际情况选择课程,通过提升专业技能夯实基本功,为进入专业学习打下基础。

　　"语言中心"的课程与教材在设计上可以借鉴国外高校语言课教学要求,把重点放在学生学术能力提升上,培养学生有效进行高层次学术活动的能力,具体可开发以下主要教材品种。

　　学术英语听力。课程目标是使学生听懂学术讲座、大型学术会议和活动的发言,具备边听边记笔记的能力。配套教材的语料主要选择各类学术活动的听力内容,可覆盖语言学、商务、市场、心理、经济等领域。学术英语听力教学不同于中学阶段以日常生活为主要内容的听力教学,语料要求真实,内容长度增加,教学活动设计、学术词汇选择、讲座模式等方面逐渐向培养高端学术活动能力要求过渡。

　　学术英语口语。课程目标为培养学生参与学术活动并有效表达的能力。教材内容主题较为宽泛,可涉及健康、环境、媒体、网络等;教学活动设计注重培养学生参与学术讨论、发表观点并从不同角度支持自己观点的能力。

　　学术英语阅读。课程目标是培养学生从事学术活动时高效查阅各类资料,并对海量信息进行整理、归纳、总结的能力。教材设计注重发展学生的阅读策略,使学生熟悉学术文章结构,培养学生对文本进行分析和批判性思考的能力,尤其要培养他们针对一个学术项目开展学术调研,收集信息并形成观点的能力。

　　学术英语写作。课程目标为发展学生从事学术活动所需的写作能力。教材设计注重培养学生的语言技能、阅读学术语篇和批判性思维能力,强调以笔头形式表达观点能力的培养。

　　"语言中心"还可以设置语音课程,对学生的英语发音进行正音。学生准确地道的发音不仅能够提高其听力水平,而且有助于其记忆和联想学术文章中的单词,清晰阐述自己的观点,顺利开展各类国际性学术或交流活动。

　　当然,仅仅依靠"语言中心"提供的课程来提高各种能力是远远不够的,学生还需利用大量课余时间,通过网上查阅、课外实践等多渠道进行学习和提高。因此,"语言中心"还应涵盖阅读中心、资源链接、模拟现场等功能,为培养国际化创新型人才构建完整的学习体系。

4.2.2 人才培养方向——专业知识学习

　　学生完成"语言中心"学习之后,应根据各自特点和专业发展需要,进行专业分科学习。英语学科的国际化人才培养方向大体可分为以下几类:对外交往(外事、外交、同声传译等);文学(文学翻译、创作等);学术研究(语言学、文学、跨文化研究等);新闻传媒(国际媒体采编等)。

针对对外交往方向的学生,应提供较多的外交事务与国际政治、经济、文化等专业课程,配以大量实践活动,使他们熟悉国际规则,了解国际间交往运作的规律,为今后参与国际竞争和国际活动打下基础。教材则不仅是包含理论和案例的纸质材料,还有多媒体化的模拟课程资源。

文学方向的学生应学习世界各国文学、历史,大量阅读各国文学作品,增强中英文语言转换能力和文学写作能力。这一方向学生的努力目标是成为英文作家或翻译家,能用英语直接进行文学创作,把国内作品译成外文,扩大中国文化的影响,或者把国外文化介绍给国人。实现这一培养目标的教材以引进教材为主,如文学史、文学选读、世界历史、英文读写、创意写作等课程的教材都可以选择引进。

针对学术研究方向的学生,应注重其学术能力、研究能力和创新能力培养。该方向的课程以专业理论学习为主,教材以各类引进专业教材和学术专著为主。除学习课程之外,学生要多参与学术会议,了解国际学术发展动态和前沿信息,不断创新,持续积累,构建自身学术体系,进而提升国家在各个学术研究领域的综合水平。

新闻传媒方向学生是国际化创新型人才培养的一个重要领域,学生毕业后将担负起塑造、传播中国形象的重任。这一方向的教学可开设新闻知识、理论和实践课程,以提高学生的新闻专业水平和写作能力。该方向的教材可以引进,也可以原创,但必须体现立体化学习过程的特点,特别要注意新闻体裁的多样性和新闻内容的时效性,开展多种新闻传媒实践活动来完善课程设置。

4.2.3 人文素养提升——通识课程建设

国际化创新型人才培养还需注重学生人文素养提升。我们建议除开设专业知识课以外,设置大量的人文通识课程以扩大学生的知识面,增强他们分析和解决问题的能力。这些课程及其教材应涉及经济、政治、理工农医等广泛的学科领域,使学生构建更广博的知识空间。

综上所述,培养国际化创新型外语人才的课程体系构建应该强化英语技能课程,增加专业知识课程,开设人文通识课程,致力于实施人文教育。课程体系建设的具体目标是建立以对外交往、文学创作、学术研究和新闻传媒方向为主体,以学科教育而不是技能训练为导向,丰富学科专业知识,提高学习能力、思辨能力、创新能力和研究能力的课程体系。所有课程的教材都应围绕这一课程体系建设目标来开发和编写。

4.3 教材编写出版形式

国际化创新型外语人才培养大学阶段所需的教材可以邀请国内兼具专业知识和语言能力的专家担纲编写,也可以大量引进国外优秀教材,使学生广泛涉猎。同时,在多媒体数字技术迅猛发展的时代,为培养国际化创新型外语人才所配置的教材不能仅仅停留于纸质形式,应采取纸质教材与多媒体数字资源结合使用的方式,并且强调课内与课外教学资源相结合,为学生的发展提供更多实践学习机会。因此,此处所指的教材其实只是国际化创新型外语人才培养所需教学资源的一部分。这部分教学材料聚焦于理论、知识和常用技能,其他教学材料则还用于课外学习与实践。

5. 结语

本文探究了在国际化创新型外语人才培养中如何构建特色鲜明的高质量教材体系。文章主要从培养目标、课程与教材建设、教材编写出版形式等方面分别讨论了中小学阶段、大学阶段的教材如何体现特色,如何保障高质量,希望能对这一领域的工作起到推动作用。当然,关于国际化创新型外语人才培养教材体系建设这一探索性工作仍有大量问题需要继续深入研究解决,从而使教材体系构建在汲取以往经验的基础上走出一条崭新的道路,取得丰硕成果。

参考文献

[1] Gray J. The ELT coursebook as cultural artefact: How teachers censor and adapt [J]. *ELT Journal*, 2000, (3):274-283.

[2] Hutchinson T. & Torres E. The textbook as agent of change [J]. *ELT Journal* , 1994, (4)：315-328.

[3] Swales J. M. ESP：The textbook problem [J]. *The ESP Journal* , 1980, (1):11-23.

[4] 戴炜栋等. 对外语教学"一条龙"改革的思考——专家访谈摘录[J]. 外语界, 2002,（1）:26—31,46.

[5] 段远源,冯婉玲. 研究型大学教材建设相关问题思考[J]. 中国大学教学,2008, （12）:80—83.

[6] 冯辉,张雪梅. 英语专业教材建设的回顾与分析[J]. 外语界,2009,（6）:63—69.

[7] 高等学校外语专业教学指导委员会英语组. 高等学校英语专业英语教学大纲 [Z]. 上海:上海外语教育出版社,2000.

[8] 教育部. 普通高中英语课程标准(实验)[Z]. 北京:人民教育出版社,2003.

[9] 庄智象等. 关于国际化创新型外语人才的几点思考[J]. 外语界,2011,（6）: 71—78.

[10] 庄智象等.试论国际化创新型外语人才的培养[J]. 外语界,2012a,（2）:41—48.

[11] 庄智象等. 国际化创新型外语人才培养的思考——教学大纲、课程体系、教学方法与手段[J]. 外语界, 2012b,（4）:61—67.

[12] 庄智象等. 探索适应国际化创新型外语人才培养的教学管理模式[J]. 外语界, 2012c,（5）:68—72.

——本文发表于《外语界》2013 年第 5 期，标题略有改动。

作者：庄智象、韩天霖、谢宇、孙玉、严凯、刘华初

英语专业本科生
教材建设的一点思考

　　我国经济、社会的迅速发展,申奥、申博的成功,国际交往的日益频繁,各行各业对高层次的、能够参与国际竞争的创新外语人才的需求日益迫切。如何更快、更好地培养出一大批高素质、高层次的外语人才,更好地为我国的改革开放、经济建设和社会发展服务,已成为全国外语界和政府有关部门十分关注的课题。造就高素质的外语人才离不开一支高水准的、有敬业和奉献精神的师资队伍,同时必须有能够满足当前和今后数年中人才培养规格需要的教材。也就是说,能否培养出优秀的外语人才,与是否有一流生源、优秀的师资队伍和优质的教材密切相关。本文拟就我国英语专业本科生教材的建设谈一点个人的看法,以求教于广大英语教师和英语科研及出版工作者。

一、英语专业本科生教材编写出版的历史与现状

　　新中国诞生后,党和政府十分关心和重视高校外语教材的建设工作。在专业外语教材编委会的领导下,各语种的统编教材相继问世,各外语院系还根据自己的特点自编了不少教材。据不完全统计,至今我国已出版的高校外语教材近千种,有力地支持和促进了外语教材的建设和教学水平的提高。其中 20 世纪 50 年代编写出版的英语专业教材有《大学英语课本》(陈琳、王宗光等编)。

60 年代编写出版的有《英语》(1—4 册,许国璋主编);《英语》(5—6 册,俞大絪主编);《英语》(7—8 册,徐燕谋主编);《英语语法手册》(薄冰、赵德鑫合编);《实用英语语法》(张道真编)等等。70 年代由于"文革",外语教材建设受到了很大的干扰和破坏,几乎没有编写出版成套的英语专业教材。80 年代编写出版的有《英语》(1—4 册,上海外国语学院李观仪、薛蕃康主编);《交际核心英语》(1—4 册,广州外国语学院李筱菊主编);《功能英语教程》(1—3 册,黑龙江大学英语系编);《英语》(1—4 册,北京外国语学院胡文仲主编);《英语》(1—4 册,北京大学西语系编);《英语基础教材》(山东大学吴富恒主编);《高级英语》(1—2 册,北京外国语学院张汉熙主编);此外还编写出版了几十种英语语言知识、文学和文化方面的教材,如《英语语法要略》(南京大学吕天石主编);《新编英语语法(上、下)》(上海外国语学院章振邦主编);《美国英语应用语音学》(广州外国语学院桂灿昆主编);《英语语音学引论》(四川大学周考成主编);《简明英语语言学》(上海外国语学院戴炜栋主编);《英语词汇学》(复旦大学陆国强主编);《英语词汇学》(武汉大学林承璋主编);《实用英语词汇学》(大连外国语学院和上海外国语学院汪榕培、李冬合著);《英语听力入门》(华东师范大学张民伦主编);《英语应用文》(上海外国语学院钱维藩主编);《英国文学史》(1—4 册)、《英国文学作品选》(1—3 册)、《美国文学选读》(1—2 册)、《20 世纪欧美文学史》(均由南京大学陈嘉主编);《英国文学史》(五卷本,北京外国语学院王佐良主编);《英国文学选读》(1—3 册,复旦大学杨岂深主编);《现代英国小说史》(上海外国语学院侯维瑞主编);《英美文学选读》(南京师范大学桂扬清主编);《美国 20 世纪小说选读》(华东师范大学万培德主编);《当代美国文学》(1—2 册)、《英国短篇小说选读》、《美国短篇小说选读》(均由上海外国语学院秦小孟主编);《心理语言学》、《语言学概论》(广州外国语学院桂诗春主编);《语言问题探索》(中山大学王宗炎主编);《英语文体学引论》(北京外国语学院王佐良主编);《英语文体学入门》(华中师范大学秦秀白主编);《英语语言史》(北京大学李赋宁主编);《英语文化读本》(北京外国语学院许国璋主编);《欧洲文化入门》(北京外国语学院王佐良主编);《英汉翻译教程》(解放军外国语学院张培基主编);《汉英翻译教程》(西安外国语学院吕瑞昌主编)等等。这些教材的编写出版极大地推动了英语专业的教材建设,推动了学科的发展,繁荣了学术研究,培养了师资队伍。可以说,这一时期的教材建设,既缓解了"文革"后一度出现的英语教材短缺的矛盾,又推出了一大批学术成果和一大批人才,有力地促进了英语教学和科研水平的提高。有相当一部分的教材至今仍经久不衰,被众多外语院系广泛使用。

进入90年代后,教材建设又进入了一个新的发展时期,有些英语主干教材进行了修订,有的在原有基础上配套齐全,同时又编写出版了一批语言学和应用语言学方面的教材,如《新编英语教程》(1—8册,上海外国语学院李观仪主编);《交际英语教程·核心课程》(1—4册,广州外国语学院李筱菊主编);《高等师范院校英语》(1—4册,上海师范大学黄次栋主编);《高等师范院校英语》(1—8册,黄源深主编);《英语泛读》(1—4册,解放军外国语学院曾肯干主编);《新编英语泛读教程》(1—4册)、《新编英语口语教程》(1—4册,南京大学王守仁主编);《现代大学英语精读》(北京外国语大学杨立民主编);《大学英语教程》(1—2册,北京外国语学院胡文仲主编);《精读英语教程》(复旦大学沈黎主编);《英美文学史》(河北师范大学吴伟仁主编);《美国文化简史》(南开大学袁海旺等编);《英美现代文论选》(四川大学朱通伯编);《英美文学工具书指南》(北京外国语学院钱青主编);《实用英语口译教程》(北京外国语学院吴冰主编)等等。这一阶段的英语教材建设既编写出版了英语主干课程的教材,同时也随着英语学科建设的发展,扩展了教材的范围,增加了不少语言学科和文学方面的选题,而且一般主干教材都配有教师用书等。此外,这一时期随着对外交往的频繁和扩大,引进了不少教材作为自编教材的补充。同时,大批赴国外留学的人员学成归来,将一些新学科引入了我国的英语教学,并编写出版了如认知语言学、语用学、语义学、社会语言学、应用语言学、国情学、语言学习理论、修辞学、语法学、学术论文写作、文化交际学、测试学、生成语法、功能语法、翻译学等方面的教材,加快了英语学科的建设,拓宽了教师的视野,进一步推动了英语学科的教材建设和学科发展。

二、新形势对英语专业本科生教材建设提出了新的要求

进入21世纪以后,我国的社会主义建设更是日新月异,申奥、申博的成功,党的"十六大"的胜利召开,"全心全意谋发展,一心一意奔小

康"方针的制订,更是强劲地推动了我国经济和社会各项事业的迅猛发展,同时也给英语学科的发展和教材建设带来了前所未有的大好机遇和严峻挑战。我国经济和社会各项事业的迅速发展,尤其是我国对外交往的频繁和扩大,我国在国际事务中的影响力日益增强,在国际事务中的地位和作用不断提升,社会各界对高层次、高素质的英语人才的需求不断高涨,为英语学科和教材建设带来了良好的机遇。然而,英语专业现有的课程设置、师资队伍、教材内容和表现手段等能否满足这种高要求的人才规格培养的形势的需要? 我们暂且不谈课程设置是否按社会需求变化而变化,或师资队伍是否能够满足教学要求,仅就教材的内容、种类和形式而言,社会对英语人才培养规格要求的变化也必然带来教材内容和形式的变化,尤其是从 21 世纪开始,有条件的小学都纷纷开设英语课;新的《中学英语课程标准》的颁布,对中学英语提出了新的要求;大学公共英语教学改革的快速发展,新的《大学英语课程教学要求》的制订和颁布;英语教学要求和水平的全面提升,对英语专业又提出了强劲的挑战。英语专业学科的建设和更新、教材内容的改革和提升已迫在眉睫。综观我国英语专业的教材建设,建国 50 多年来应该说已取得了令世人瞩目的成绩。但又不可避免地受到时代的限制,以往的英语教材可以说既多又少:一般性的、质量平平的教材多;高质量的精品少。在英语主干课程方面,各外语院校和综合性大学几乎都有自编的英语精读课教材或称为英语综合课教材。各校自编教材的优点是:因地制宜,个性比较突出,适合本校的特点和教学要求,且教材多样化,有利于百家争鸣、百花齐放;缺点是:编写力量分散,群体的优势未能发挥,学术优势不明显,定位不高,往往容易产生低水平的重复,各校采用各自编写的教材,导致教学理论、教学方法、教学经验的交流甚少,对教材的评论亦相应缺乏,不甚有利于教材编写水平和教学质量的提高,同时容易产生教学资源的浪费。以往英语教材的编写突出语言知识面的传授和语言技能的训练,从已经出版的英语主干课教材看,基本上都贯彻了循序渐进、反映了语言基本体系和稳定的语言共核、可帮助学生打下扎实的语言基本功的特点。建国后的英语专业本科生教材建设取得了卓越的成就,为我国社会主义建设和对外交流工作培养了一大批杰出的外语外事人才,为民族的振兴、强盛作出了积极的贡献。以往的英语专业本科生教材中,突出了语言知识的传授,强调语言技能的训练,这在英语作为外语的国度是必须的,不然很难想象怎样在比较短的时间内要求学生比较好地掌握英语的语言基本体系和共核。语言知识、语言技能的传授训练,在以后的教材编写中仍然必须十分重视并占据主要的位置,但是在以往的英语教材的编写中,我们似乎对人文科学和文化重视不够。教材内容中这方面的含量不足,这也是导致外语专业的学生知识面不甚宽广的一个原因。一般外语专业的毕业生语音语调都很好,语法用词都很正确,在一般性话题的讨论中尚可进行交流,但稍谈深一点或涉及某一个专业领域就可能无话可说。这可能是由于在以往的教学中,太注意语言知识的传授和语言技能训练,而对文化知识、人文科学的学习不够重视所致。语言毕竟是载体、外壳,思想、内容是它的被载体。如果没有被载的内容,载体就会显得十分苍白无力。面对新的形势、新的任务、新的需求,英语专业本科生教材如何突出专业特点? 关键是要能够帮助学生既打下扎实的语言功底,熟练地掌握语言技能,又通晓一定的人文科学,具备较广博的文化知识。因此当务之急是编写一套适合中国人学习英语所需要的、教学理念正确、方法科学、手段现代的立体化的英语教材,以满足培养成千上万能够参与国际竞争的高素质的英语创新人才的英语教学之需要,为我国的快速、稳定、可持续发展作出积极的贡献。

三、"新世纪高等院校英语专业本科生系列教材"的特点

《高等学校英语专业英语教学大纲》(以下简称《大纲》)指出:"高等学校英语专业培养具有扎实的英语语言基础和广博的文化知识并能熟练地运用英语在外事、教育、经贸、文化、科技、军事等部门从事翻译、教学、管理、研究等工作的复合型英语人才。"在谈到英语专业人才的培养目标和规格时《大纲》指出:"这些人才应具有扎实的基本功、宽广的知识面、一定的相关专业知识、较强的能力和较高的素质,也就是要在打好扎实的英语语言基本功和牢固掌握英语专业知识的前提下,拓宽人文学科知识和科技知识,掌握与毕业后所从事的工作有关的专业基础知识,注重培养获取知识的能力、独立思考的能力和创新的能力,提高思想道德素质、文化素质和心理素质。"《大纲》同时又对英语专业课程进行了描述,指出:"英语专业课程分为英语专业技能、英语专业知识和相关专业

知识三种类型，一般均应以英语为教学语言。"三种类型课程如下：

1. 英语专业技能课程：指综合训练课程和各种英语技能的单项训练课程，如基础英语、听力、口语、阅读、写作、口译、笔译等课程。

2. 英语专业知识课程：指英语语言、文学、文化方面的课程，如英语语音学、英语词汇学、英语语法学、英语文体学、英美文学、英美社会与文化、西方文学等课程。

3. 相关专业知识课程：指与英语专业有关联的其他专业知识课程，即有关外交、经贸、法律、管理、新闻、教育、科技、文化、军事等方面的专业知识课程。

《大纲》对英语专业人才的培养规格和课程设置进行了详细的界定和描述，为英语学科的建设、教材编写、人才培养等提出了明确的目标，具有很强的科学性、针对性和前瞻性。《大纲》于 2000 年 5 月由上海外语教育出版社和北京外语教学与研究出版社联合出版。为了适应英语专业本科生教学的发展需要，满足英语专业人才培养对教材的新要求，上海外语教育出版社按照《大纲》提出的 21 世纪英语专业人才的培养规格、课程设置、教学要求、教学原则、教学方法和教学手段、测试与评估等要求，及时地组织全国一流高校英语专家编写《新世纪高等院校英语专业本科生系列教材》，由全国高等学校外语专业教学指导委员会主任委员、上海外国语大学校长戴炜栋教授任总主编，该系列教材已被教育部列入普通高等教育"十五"国家级规划教材，从这套系列教材的策划设计和已出版的数十个品种来看，这套教材主要有以下几个显著的特点：

1. 理念正确、新颖。根据 2000 年 5 月出版的《高等学校英语专业英语教学大纲》的要求，充分考虑到我国在 21 世纪全面参与经济、科技、贸易、金融等各领域的国际竞争对英语人才的培养提出的更高要求，培养思维科学、心理健康、知识面广博、综合能力强、能娴熟运用英语的高素质创新人才。将英语教学定位于英语教育，不是单纯的英语语言培训或技能训练，而是以英语为主体，全面培养高素质的复合型创新人才，将教材的设计与编写紧紧扣住人才培养规格，并前瞻性地考虑到 21 世纪初我国经济和社会发展及我国申奥、申博的成功以及国际交往日益频繁所带来的人才需求的变化。

2. 融语言知识、技能、文化、人文科学于一体。整套教材共由语言知识、语言技能、语言学与文学、语言与文化、人文学科、测试与教学法等几个板块面组成，总数将超过 150 种。可以说，几乎涵盖了当前我国高校英语专业所开设的全部课程。英语复合型人才的教材(英语加专业)将另外组织编写。改变了以往英语专业的教材"语言知识+语言技能"的编写体系。整套教材除了充分突出英语在我国作为外语而不是第二语言的国情,着重帮助学生打好扎实的语音、语法、词汇和听、说、读、写、译基本功外,十分强调文化知识和人文科学的熏陶,着力培养学生分析问题、解决问题的能力,提高学生的人文科学素养和思辨能力,培养健康向上的人生观,使学生真正成为我国21世纪所需要的英语专业人才。在文化知识板块中,专门编写了涉及中国传统优秀文化的教材,改变了以往英语专业学生对所学语言国的了解大大甚于自己国家的状况,从而在对外交往中或在工作中既汲取英语国家优秀的文化和科技,亦能有效地将自己的民族优秀文化介绍给别人。

3. 体系完备,内容新颖。整套教材从英语专门人才培养规格出发,充分注意到未来英语专业人才应有的素质,将英语教学作为英语教育来观照,教材的整体设计和编写着眼于培养高素质、复合型创新人才的目标。从扎实的语言功底、熟练的应用英语技能、广博的文化知识,到熟悉的人文科学和一两门专业基础知识,几乎涵盖了当前英语专业本科教学所开设的所有课程,为英语专业选用教材提供了一份菜单,供其依据实际需要而选择。整套教材编写深入浅出,既体现了每一学科的稳定的基本体系和共核,又反映了各个学科领域的最新研究成果。编写体例采用国家最新有关标准,力求科学、完备、严谨。

4. 教学方法先进,合乎国情。整套教材(尤其是语言知识和语言技能板块的教材)的编写尽可能采用国际先进的教学理念和方法,但又不一味新、奇、特,而是充分考虑中国学生学习英语的特点,将我国成功的教学经验和方法融入教材之中。不以一种教学理论和方法贯彻始终,而是根据每一学科领域的特点,每一阶段的任务,综合各家长处,兼收并蓄,采用综合教学法,强调学生综合应用英语能力的培养,突出听说能力的训练,培养学生较强的交际能力,从而打下扎实的语言基本功。

5. 教学手段先进。整套教材一改传统英语教材的编写方法,除英语课本、练习册、教师用书外,还配有多媒体教学光盘。为了有利于教与学,分别研制助学和助教光盘,填补了以往英语专业本科生教材仅有纸质媒介而无电子媒介的空白,在条件成熟时还将研制网络版教材(局域网版和互联网版),为英语专业本科生教学超越时空的限制、为实现英语教学资源优化配置和利用开创了先河。

6. 强强联合,编写阵容强大,学术优势明显。整套教材由全国近 30 所主要外语院校和教育部重点大学英语院系的 50 多位英语教育专家组成编委会,其中多数是在各个领域颇有建树的专家,不少是高等学校外语专业教学指导委员会的委员。本教材的作者均由编委会专家遴选,并在仔细审阅编写大纲和样稿后确定,有的从数名候选人中遴选,总体上代表了我国英语教育的学术水准和最新研究成果及发展方向;充分发挥了群体学术优势、集体的智慧和力量,从而从组织上、学术力量上保证了该套教材的质量,以达到我国一流英语专业教材的水准,成为新世纪具有代表性的英语专业本科生教材的精品。

以上就我国英语专业本科生教材建设的历史与现状、新世纪教材建设所面临的机遇与挑战、"新世纪高等院校英语专业本科生系列教材"的特点作了一些阐述,因本人为材料、信息、眼光所限,难免有失偏颇、挂一漏万,如有不妥之处,敬请读者给予批评、指教。

参考文献

[1] Alan Cunningsworth. *Choosing Your Coursebook* [M]. Oxford: Macmillan Heineman English Language Teaching, 1995.

[2] 戴炜栋. 新世纪高等院校英语专业本科生系列教材总序[M]. 上海:上海外语教育出版社,2003.

[3] 付克. 中国外语教育史[M]. 上海:上海外语教育出版社,1986.

[4] 李良佑,刘犁(编). 外语教育往事谈——教授们的回忆[M]. 上海:上海外语教育出版社,1988.

[5] 李良佑,张日昇,刘犁. 中国英语教学史[M]. 上海:上海外语教育出版社,1988.

[6] 群懿,李馨亭. 外语教育发展战略研究[M]. 成都:四川教育出版社,1991.

[7] 高等学校外语专业教学指导委员会英语组. 高等学校英语专业英语教学大纲[Z]. 上海:上海外语教育出版社,2000.

——本文发表于《外语界》2005 年第 3 期,标题略有改动。

《大学英语》：从一部教材到一个产业链

　　《大学英语》系列教材由国家教育部组织，全国六所著名高校分工编写，复旦大学董亚芬教授任总主编，上海外语教育出版社出版发行。1986年出版试用本，1992年出版正式本，1998年出版修订本，2006年出版第三版。先后荣获全国高等学校第二届优秀教材特等奖，国家教委高等学校第二届优秀教材一等奖，被评为国家级精品教材、教育部大学英语类推荐使用教材，分别被教育部列入"十五"、"十一五"国家级教材规划。全国逾千所高校先后选用该系列教材。22年来，总发行量近5亿册，销售码洋近20亿元人民币。

一、试用本开创了公共英语教材编写的新体系

　　1985年2月国家教委颁布了《大学英语教学大纲》（高等学校理工科本科用），要求有关院校从1985年秋季起参照执行。同时下发的《通知》中说："《大纲》总结了我国大学英语教学的经验，同时汲取了国外语言学和英语教学的一些研究成果，是一份在广泛调查研究的基础上形成的教学大纲。它基本上体现了科学性、先进性、实用性和灵活性，是全面改革大学英语教学的一个重要尝试。"这一针对文理科本科学生的教学大纲除了具有理工科大纲的很多共同属性外，特别重视英语语言基础的教学及交际能力的培养，文理科通用，读、听、译、写、说分三

个层次列入教学目的,实行分级教学,注重定性、定量等。新大纲较之以前的公共英语教学大纲有了重大的改革和变化,有些具体要求和内容基本上是颠覆性的。如何贯彻新大纲,实现和完成《大纲》所制定的教学目际、要求和任务,师资和教材是关键。而当时尽管公共英语教材多而杂,但都存在着各种比较明显的缺陷。为此,急需编写出版一套以新大纲为依据、能满足教学需求的新教材。在广泛调研的基础上,根据国家教育委员会审定批准的《大学英语教学大纲(文理科本科用)》的要求,由复旦大学、北京大学、华东师范大学、中国人民大学、武汉大学和南京大学合作编写的《大学英语(文理科本科用)》于1985年底正式启动,共分精读、泛读、快速阅读、听力和语法练习等五种教程。按分级教学要求除语法与练习只编四册外,其他各教程各编六册,每级一册。精读、听力都配有录音和教师用书。后来又根据不少院校要求,编有精读预备级二册、泛读预备级二册。这一系列教材是大学英语教学史上一项空前巨大的工程。为保证教材的质量,国家教委还专门出资聘请两名外籍专职外语专家,参加编写和文字审定工作。各教程都由教学经验丰富、英文功底深厚的中年教师担任主编并聘请各主编学校的老专家担任主审。经过一年多的艰苦工作,1986年陆续出版各教程,供秋季开学试用。由于编写时间非常紧迫,定稿后印刷力量不足,为赶秋季开学试用,无奈之下打字后用小胶印印刷出版。这一系列教材问世后,对大学英语的教学产生了巨大的影响和冲击:首先,这是第一套根据新《大纲》要求编写的教材,无论从规模和系列上看已不亚于当时的英语专业教材;其次,《大学英语》系列教材完全不同于以往的公共英语仅要求学生具备一定的阅读能力的要求,而是对听、说、读、写、译都提出了具体要求;第三,尝试将文理打通,把教学重点放在语言共核上,坚持语言基础与教学能力培养并重,突出阅读技能培养,博采众长而不是偏向求“新”,同时三种教程既有分工又相互补充。可以说《大学英语(文理科本科用)》系列教材,是教材编写史上的一次革命,是教学理念的创新、教学方法和手段的革新,同时亦对师资队伍建设提出了新的要求。然而销售并不理想,一年下来还不到六千册,无奈之下,外教社决定自办发行,业务员们背着教材一个学校一个学校跑,进行宣传推广。通过艰苦的努力,终于打开了局面,接下来几年,发行量陡增,使用范围几乎覆盖了所有高校。为更好地使用教材,外教社积极开展师资培训,请主编解读编写的理念、原则,教材的特点,使用建议等;请一线的教师上示范课,交流使用的体会和经验,共同探讨教材使用中碰到的困难和问题;对教材中存在的问题和不足尽可能给予弥补;同时努力做好各项售后服务工作,维护和巩固了市场,成为一个时期最畅销和最受欢迎的大学英语教材。

二、正式本体系更完善，更成熟，质量更可靠

《大学英语(试用本)》推出后,外教社和编者们积极主动收集教材使用的反馈意见和建议,注意有关学术期刊对教材的评论文章。凡对教材提高质量和水平有关的意见和建议,都虚心听取,并作分析研究;凡有可能及时修改的,便及时处理;若碰到需伤筋动骨的问题,先做好预案,然后利用每一次举办教学研讨会的机会,召开教师座谈会,听取意见、建议和批评。经过六年的准备和努力,1992 年出版了《大学英语(正式本)》,较之试用本体系更完备,质量更可靠。在试用期间,有一部分院校提出这套教材很好,但全国高校差别较大,不可能所有院校都"齐步走",应该有更大的选择性,高校之间、院系之间的发展是不平衡的,一个学校学生之间也存在着差异,分级教学就是为了更好实现因材施教。根据这些意见和建议,出版社和编者们共同努力,在整个教材结构和体系上作了调整:补编《大学英语》精读预备级二册、泛读二册,以满足起点较低的学生的需要,高起点的学生可从第三册开始学习。这样便可满足各个层次学生的不同需求。同时,对有些不太适合时代的材料和练习进行更换和调整,对教师用书进行了充实,各科教程根据需要都配齐了教参、录音等。此外,修正了以前存在的各种编写、排版、印制等方面的差错,使这一系列教材质量提升,更加成熟。经过数年的试用,实践证明,该系列教材可满足各级各类高校的英语教学的需要,尤其是有利于学生打下扎实的语言基本功,体现了该教材的信息性、知识性、可教性和可思性的选材和练习编写特点,很多内容每教一遍都会有不同的感受、体会和回味,颇受师生的欢迎和好评。鉴于该教材的质量、特点和广泛的影响及各项首创性,1992 年在国家教委组织的教材评奖中,荣获全国高等学校第二届优秀教材特等奖,这是迄今为止外语教材中唯一的特等奖。

三、修订本与时俱进，不断创新

　　1992年《大学英语（正式本）》推出后，一时"洛阳纸贵"，被广大大学英语教师作为首选教材，全国800多所高校选用了该教材，无论它的体系和质量都有很好的口碑。一度教材的发行和使用相当稳定。1996年全国大学外语教学指导委员会，根据高等教育形势的发展和英语教学要求的变化，以及大学英语教学质量和水平的提高，按照教育部要求，修订已执行十多年的大学英语教学大纲，并将原来的理工科、文理科教学大纲整合为一。修订后的教学大纲，对教学目标、教学内容和教学要求都作了与时俱进的调整和更新。提出要求学生达到较强的阅读能力和一定的听、说、读、写、译能力，使他们能用英语交流信息，要求学生打下扎实的语言基础，掌握良好的语言学习方法，提高文化素养，以适应社会发展和经济建设需要。1998年高等教育步入大发展时期，大规模扩招，大规模圈地办大学城，硬件发展迅速，而师资队伍、教学设备、资料等软件无法同步跟上。作为大学基础必修课的大学英语教学亦同样遇到了这些困难和问题。如何解决这些难题，外语界的专家、学者们在思考。于是外教社的编辑们和《大学英语》的主编们对此前制定的修订方案和已修订完的教材，根据新的形势重新作了调整，提升了各语言技能的教学要求，更新了材料，包括课文和练习。由于在做万人问卷调查时，绝大多数教师都非常喜欢大部分的课文，且已积累了比较丰富的教学资料和经验，教学效果也不错，希望出版社和主编们在修订时不要替换太多的课文。故这次修订原则上每册替换两篇课文，但练习基本上重新编写。修订样稿完成后，经广泛征求意见，教师们颇感满意。但师资不足、教学资源缺乏的矛盾并没有得到解决。当时全国已开始试行和接受多媒体教学。受此启发，外教社的编辑们和主编们决定将修订本的主干教材配上多媒体教学光盘。经过全国招标和筛选，外教社选择了华南理工大学作为合作伙伴，联合开发《大学英语》精读教程的多媒体教学光盘，选择中国科技大学合作开发《听力》教程的多媒体教学光盘。经过一年半时间的艰苦努力，终于在1998年底制作出版了《精读》和《听力》教程的教学光盘，很多学校看演示后，爱不释手，纷纷选用，并向学校申请建立多媒体教室。可以说《大学英语（修订本）》不但更新了材料，提升了要求和水平,更为重要的是创新了手段,开了外语教材立体化、电子化的先河。这套教材的多媒体教学光盘先后获教育部优秀教学成果二等奖(一等奖空缺)、广东省优秀教材优秀成果一等奖,也为以后大型教材的数字化、网络化做好了铺垫。1998年《大学英语》出版修订后,因其材料更新、手段创新,使传统教材注入了新的活力,无论是使用学校数量还是销售量都达到了历史最高水平。

四、第三版更好地满足新世纪大学英语教学的特点和需要

进入21世纪以后,社会各界对掌握科技、精通外语、能够参与国际竞争的高层次高素质人才的需求不断高涨,为大学英语学科建设带来了良好的发展机遇。然而,我国高等教育的快速发展,连续数年以10%以上的规模扩招,从精英教育向大众教育转化,大学英语教学无论是课程设置、师资队伍、教学材料、教学方法和手段等都有待进一步改革和完善。全国连续几年的扩招,师资队伍的增长滞后于学生的增长,大学英语教师的负担不断加重,如何有效地开发和利用现代高新技术、提升大学英语的教学水平、全面提高学生的英语综合应用能力,尤其是增强学生的听说能力,是摆在大学英语教师和大学英语教学管理者面前的一个亟待解决的课题。为此,2002年秋季,教育部高教司启动了新一轮的大学英语教学改革工程,以《大学英语教学大纲》(修订本)为基础,研制《大学英语课程教学要求》。经过两年多的广泛调研、咨询、采样分析和研讨,教育部于2004年1月以文件形式颁发了《大学英语课程教学要求(试行)》(以下简称《课程要求》),对大学英语教学提出了新的要求,第一次提出不同的学校应有不同的要求:一般要求、较高要求和更高要求。对语言技能提出了更新更高的要求:"全面提高学生的英语综合应用能力,尤其是听说能力。"对计算机网络教学提出了更为具体的要求:"新的教学模式应以现代信息技术为支撑,特别是网络技术,使英语教学朝着个性化学习、不受时间和地点限制的学习、主动式学习的方向发展。"《课程要求》同时指出:"各高等学校应根据自身的条件和学习情况,设计出适合本校情况的基于单机或局域网以及校园网的多媒体听说教学和训练。

读、写、译课程的教学既可在课堂进行,也可在计算机上进行。"《课程要求》明确提出了新的教学模式:实施基于计算机和课堂的英语多媒体教学模式,开展网络教学,并明确了网络教学要借助计算机的帮助,较快提高英语综合应用能力,达到最佳学习效果。按照《课程要求》提出的改革措施和要求,外教社和主编们在认真阅读《课程要求》、充分理解的基础上,展开了《大学英语》再一次修订工作,以保持教材的科学性、先进性和适应性。在客观、深入地分析了前两次修订的经验与教训、长处与不足后,采取了更大范围的调研,并对现有的大学教材进行了比较和分析,综合各教材的优势,扬长避短。与此同时,外教社受教育部委托开始研制开发大学英语网络教学系统,并于2003年11月由教育部高教司组织的专家组对网络教学系统进行了评估验收,外教社的"新理念大学英语网络教学系统"获得专家组评审一致通过,并向全国各高校推荐使用。经过三年时间的修订、试用,2006年1月外教社召开了《大学英语(第三版)》的出版新闻发布会,正式推出《大学英语(第三版)》。与《大学英语(第三版)》纸质教材一起推出的还有多媒体教学与辅导助学光盘、助教光盘、电子教案、MP3光盘、大学英语分级试题库、大学英语口语考试系统局域网产品等,正在研发的有大学英语网络课件、外教社大学英语教学网等网络产品。教材正在由单一的纸质教材向立体化(CDROM、MP3、DVD)、网络(数字)化迈进,极大地增强了大学英语新的内涵,注入了很大的活力。这是使用了二十多年后的再次修订,仍然广受教师的好评,并仍占有相当可观的市场份额,年销售仍达到数百万册,这不能不说是一个奇迹。此后该套教材又被教育部评为国家精品教材。她的立体化、网络化教学手段再一次使其保持相当的竞争力和活力,为大学英语教学再作贡献,为出版事业的繁荣再作贡献。

五、从《大学英语》到一个产业链

外教社自1986年出版《大学英语(试用本)》至今二十余年,始终将出版高等院校所需的外语教材放在整个出版工作的重要地位。除不断维护、修订已出版的教材,不断创新、不断注入新的内涵和活力外,注重积累,根据教育形势发展的需要,研制和开发新的产品。经过二十多年的努力,外教社服务于高等教育的外语教材已形成规模,占领了教材编写的制高点。无论规模、特色和质量还是创新能力,都可以说是这一领域的示范和引领者。目前已出版的教材有:大学英语三套——《大学英语系列教材(第三版)》、《大学英语系列教材(全新版)》、《新世纪大学英语系列教材》;高职高专两套——《新世纪高职高专英语系列教材》、《新标准高职高专英语系列教材》,还有一套正在编写之中;英语专业三套——《新编英语教程》、《交际英语教程》、《新世纪高等院校英语专业本科生系列教材》,包括语言知识语言技能、文化知识和相关专业知识等;英语专业研究生系列教材一套;公外研究生英语系列教材一套;日语、德语、法语、俄语、西班牙语、阿拉伯语、韩语、意大利语等专业的本科生系列教材;全国外国语学校小学、初中、高中英语系列教材;翻译专业本科生系列教材;翻译专业硕士研究生系列教材;日、德、法、俄、西专业研究生教材等几十套教材逾千册,且大部分是"十五"和"十一五"国家级规划教材,有的是国家级精品教材。同时,与这些教材配套的教参和读物那就更多了。仅外教社出版的教材和教参总计不少于2 000种,已形成了一个板块,形成了规模,形成了一个强大的产业链。全国其他出版社出版的与此配套的教参(大部分都未得到授权),那就更不计其数。有一年订货会,我们用电脑进行统计,竟然发现,全国有250余家出版社出版此类教参。

回顾二十多年来外教社外语教材出版的历程,给予我们很多的思考和启示:像外教社这样专业性很强的大学出版社要求得生存和发展,唯有走专业化的道路才能显示竞争力、显示特点、显示内涵、显示优势、显示权威,才能打造品牌。只有不断创新才能求得生存与更好更快的发展;只有不断创新教材编写的理念、创立科学的合乎教材编写规律的标准和体系,才能引导教材市场,成为行业的领导者。外教社在二十多年教材编写出版和营销中,走过了这样一段不断发展、不断提升的道路:创新理念、建立标准和体系;从纸质教材到立体化、电子化、数字化、网络化;从单一课本到教材、教参、试题库、电子教案、资源库互相呼应,互相促进;从单一产品形成产品线,直至产品群;由教材编写割裂操作到纸质、电子、数字、网络、市场营销、教师培训、售后服务,整体策划,整体运作,实现整体效益。

——本文发表于《编辑学刊》2009年第1期

大学英语教材立体化
建设的理论与实践

1. 引言

　　我国加入 WTO 以后,如何培养适应我国经济、科技、社会和文化发展需要的,能够参与国际竞争的高素质创新人才,已成为高等教育工作者必须面对的挑战。此外,自 1999 年起,我国各高校持续大规模扩招,加快了高等教育由"精英教育"向"大众化教育"的转化,高等教育人才培养模式趋于多样化、个性化。高等教育的快速发展和教学质量的提高备受关注。2001 年,教育部发文指出,我国高等教育应该运用现代教育技术,把各种相互作用、相互联系的媒体和资源有机地整合,形成"立体化教材",为高校教学提供一套整体解决方案。随之,我国一些高校掀起了立体化教材建设热潮。同时,在经济全球化时代,跨文化交际能力是培养参与国际竞争的创新人才的必备素质之一,因此,大学英语课程的立体化教材建设自然更加引人注目。

　　本文试图从教学理论、教学技术和教学实践等方面论述如下观点:大学英语立体化教材不是无源之水、无本之木,它是一个集现代语言学习模式和现代信息技术于一体的科学体系;大学英语立体化教材建设不仅仅是形式的立体化,它还要包括内容和服务的立体化;只有充分领悟大学英语立体化教材建设的实质,才能切实有效地为培养我国新时代创新人才作出贡献。

2. 现代教育学理论的发展为英语教学引进了全新的 教学模式

任何教材都基于若干对学习过程的假设(Hedge,2000)。在英语教学中,每一套教材都是依据一定的语言学习理论而设计,围绕一定的语言学习模式而编写。因此,要使英语教材能有效地提高大学英语教学质量,首先必须研究现代语言教学理论的原则和方法。

2.1 曾长期对英语教学产生较大影响的语法翻译法和交际法

现代英语教学刚刚兴起之时,由于受拉丁语和古希腊语教学目标和模式的影响,即语言学习以欣赏和翻译文学作品为目的、以语法知识为主要教学内容的语法翻译法曾长期在英语教学中占主导地位,并产生了深刻的影响。及至 20 世纪 70 年代,Hymes 提出交际能力的概念(1972),并指出善言者不仅会正确使用语言形式,而且会根据具体场景恰当地运用语言(1974)。于是,英语教学开始强调设置真实的语言环境,开展有意义的言语活动,交际法逐渐流行。此后,随着应用语言学等有关理论的发展,在交际法的基础上,又先后形成了各种新兴的教学流派,如情景法、内容法、任务法、合作法等等。今天,各种教学流派(包括语法翻译法)在英语教学领域中各占一席之地。但是,究竟哪种教学法最科学、最有效? 正如 Stern(1983)所指出的那样,我们需要的已不再是一种方法或模式,而是一种基于教育学理论对语言教学的精辟阐述。

2.2 现代教育学理论的发展和突破——建构主义理论

继行为主义之后,近年来建构主义作为一种更能充分解释教与学过程复杂性的理论而为人们所推崇。建构主义理论是近十年来对教育实践影响最大的学习理论之一,它在教学领域引发了教学观念的变革。这一理论把人们的视角从"知识是一种产物"转向了"学习是一种过程"(Jones & Brader-Araje,2002)。

与行为主义形成鲜明的对比,建构主义认为知识不是通过刺激—反应被动地从外界转移而来的;知识是学习者通过与外界的相互作用,在自己已有经验的基础上主动建构的新的意义(von Glasersfeld, 1995)。建构主义强调,学习者要在完整的、真实的环境中积极进行有意义的体验活动(Piaget, 1967);同时它又指出,学习者在教师和同学的参与帮助下,能够掌握他单独无法领会的概念和思想(Vygtosky, 1978)。

2.3 基于建构主义学习理论的英语教学新模式

根据建构主义理论,语言学习是学习者对目标语建构自己对之理解的过程;学生是教学实践的主体,是语义的主动建构者,而不是语义的被动接受者;教师是教学实践的组织者,是语义建构的帮助者,而不是语义的灌输者。因此,基于建构主义的以学生学习为中心的教学模式也同样适用于英语教学。

1)自主式学习:由于每个学生原有的知识水平不同,其对语言的认知能力也各不相同,他们的语言学习需求必然因人而异。因此,每个学生的学习过程应该由学生自己掌握,只有个性化的学习才能使每个学生学有所获、效果更佳。

2)探索式学习:语言学习是积极体验的过程,它要求学生去探索和建构语言的意义,因此,语言学习应该是一种非程序式的、非事先设定的活动,促使学生在原有知识结构基础上努力进行分析和思考,从而建构对语言的新的理解。

3)情境式学习:由于只有在真实的语言环境中学习,学生感知的语言才会完整和有意义,因此教学设计要强调多角度地提供或创设能够反映复杂现实世界的学习情境,反对孤立于外界环境的抽象的语言训练。

4)合作式学习:如果在语言学习过程中大家共同建构语言的意义,那么每一个人的智慧与思维都能被整个群体所共享。在这种基础上建构的语言意义将更加全面、准确。

3. 现代信息技术为英语教学领域引进教学新模式创造了条件

显然,现代英语教学模式以学生的"学"为主,而以教师的"教"为辅。那么,它们在英语教学实践中是否切实可行? 近年来,多媒体和网络技术发展迅猛,为英语教学提供了先进的教学手段,具有传统教学手段无法比拟的优越性。现代信息技术为推广英语教学新模式开辟了广阔的前景。

3.1 传统教学手段对英语教学改革的束缚

若干年来,人们的教学观念有所更新,但是由于受传统教学手段的束缚,英语教学改革效果仍然极为有限。

1)传统教材不能反映语言的多样性。纸介质教材缺乏直观性,不能体现实际语境所具有的生动性、丰富性,因而使学习者对语言的意义建构产生一定的困难,或发生偏差;录音教材只是记录了言语的一个方面,同样不能全面地反映言语发生时的完整情境;录像教材的确能较真实地反映语境,但是由于通常电视显像管分辨率较低,录像教材不适合集成大量的文字,只适合于听说训练。

2)传统教材缺乏交互性,不能对学生的学习情况做出反馈或由学生根据自己的需求和爱好选择学习的内容和方式,学生只是被动地接受知识,实践机会有限,学习的自主性和创新性受到一定的限制。

3)传统教材图、文、声、像各自分离,且呈线性分布,浏览和检索不很方便,耗费时间,不利于提高学习效率。

因此,进行英语教学改革不仅需要更新教学观念,而且还需要更新教学手段。

3.2 现代教学手段的技术特点和在英语教学中的优势

随着信息技术的发展,多媒体技术和网络技术等现代教学手段被引入英语教学领域,为营造基于建构主义理论的学习环境、有效提高学生英语学习能力创造了条件。

1）多媒体技术具有集成性、多样性和交互性，提供了现代教学工具。基于多媒体技术的英语教学集声、像、图、文于一体，多角度地提供大量形象生动的语言素材，全方位展现较真实的语言环境和文化环境，使情境式学习成为可能。同时，这些语言素材一方面因丰富多彩而大大激发学生的兴趣，吸引学生积极主动参与学习；另一方面它们呈网状分布，多元化、多层次，并配有多种辅助手段，便于学生根据自己的实际学习情况独立选择使用，实现自主式学习。此外，学生在同计算机的交互过程中，自己去寻求、研究，进而建构语言的意义，这又是一种探索式学习。多媒体教学通过多种刺激，充分调动学生的各种感官，在较真实的英语环境中全面培养了学生各项英语语言技能。

2）网络技术突破了时间和空间的限制，创造了现代教学环境。网络教学把课堂融入社会，淡化了在人为环境中的"教"，强调了在现实环境中的"学"；网络教学打破教材内外的界限，实现资源共享，为学生提供了更加丰富、生动、直观的学习资源；网络教学在"人机交互"基础上实现了学生与学生之间、教师与学生之间的"人际交互"。网络技术为基于建构主义理论的各种语言学习模式，包括合作式学习，展现了更为广阔的前景。通过漫游因特网，学生更是在同英语国家人士的交流训练中逐步培养了跨文化交际能力，从而达到英语学习的最终目的。

3）近年来，英语国家在我国同步发行的电影、报刊以及英语国家的卫星电视节目等拉近了我们同英语国家的距离，打破了以往英语教学的封闭性，为英语语言学习和英语文化学习提供了前所未有的真实环境。

4. 利用现代信息技术全面实现大学英语教学新模式——大学英语立体化教材

综上所述，一方面现代教育学理论要求大学英语教学更新观念和模式，另一方面现代信息技术为实现这一转变提供了必要的手段。大学英语立体化教材就是在这种背景下产生的。

4.1 立体化教材概念的出现

2001 年 8 月 28 日,教育部在其下发的《关于加强高等学校本科教学工作提高教学质量的若干意见》中指出,一本平面纸介质教材和一张 CAI 课件光盘的模式已经无法满足和适应当前我国高校创新人才培养工作的需要。我国高等教育应该运用现代教育技术,把各种相互作用、相互联系的媒体和资源有机地整合,形成"立体化教材",为高校教学提供一套整体解决方案。"立体化教材"一词首次在我国出现。

关于"立体化教材",在国外早有类似说法,如 integrated textbook/coursebook(即综合性教材),指教材内容的综合性程度高,如综合性英语教材指既注重训练学生的读写能力,又强调培养学生的听说能力的英语教材;learning package(即学习包),指教材的形式而言,如英语学习包会包括纸介质图书、磁带、光盘和其他赠品等;study package,往往是指供个人报名的一揽子学习活动项目,可以是实地的,也可以是网上的。但是,这些名称都只偏重一方面,或内容,或形式,或活动,而"立体化教材"概念的内涵却要丰富得多。

4.2 大学英语立体化教材的实质

通常,人们认为既有纸介质和录音带形式,又有光盘和网络形式的大学英语教材就是立体化教材。其实,这样的理解是不够全面的,教材形式的多样化只是立体化教材的一个方面。

大学英语立体化教材是以现代教育学理论尤其是建构主义理论为指导,通过计算机技术创新教学手段和教学环境,充分利用大量涌现的第一手教学资源而形成的一整套大学英语教学方案。其目的是要更新大学英语教学观念和教学模式,最大限度地提高大学英语教学质量和效果。它是现代教学理念、现代信息技术和现代高校教学需求三者相结合的产物。

5. 大学英语立体化教材建设是实现内容、形式和服务的立体化

大学英语立体化教材不仅形式要立体化,而且更重要的是内容和服

务也要立体化。

5.1 大学英语教材内容的立体化

大学英语教材立体化首先是教材内容全方位的扩展和延伸。

1）注重创设真实语境,加强听说交际实践。根据建构主义理论,学习是学习者同外界相互作用的过程;对于语言学习而言更是如此,因为语言学习的目的就是同社会交往。因此,教材在内容上要注重为学生创设各种应用英语的真实情境,提供学生在真实交际中学习英语的机会。此外,在保留传统教材长于培养学生读、写、译能力特色的同时,应该在教材中加强对学生听说能力的训练,加大这方面内容的比例,最终达到全面提高学生英语交际能力的目的。

2）积极开发辅助教学资源。自主式和探索式学习模式要求学生有宽广的学习环境。因此,除了要重视涵盖学习核心内容的主干教材的建设以外,还要加强辅助教学资源的开发。我们要围绕主干教材精选大量完善、补充和提高主干教材的教学内容,供学生在课外根据教师的指导和自己的情况选择学习和研究,进而在努力探索和积极体验的过程中,从各个方面加深对主干教材内容的理解,从多个角度强化在课堂上所训练的语言技能。

3）努力开发满足各种教学需要的教材。由于不同地域、不同层次、不同类型的高校英语教学要求相差甚大,而且即使同一个学校、同一个年级学生的英语水平也往往参差不齐,因此,我们的教材要在原先统一面向中等偏上水平学生定位的基础上,向上延伸出高起点版本教材,向下扩充出低起点版本教材,因材施教,为实现学生个性化学习打好基础。

5.2 大学英语教材形式的立体化

立体化的内容必须用立体化的形式予以表现。大学英语教材立体化还应该是教材形式的现代化和多元化。

1）充分利用现代技术,大力发展电子教材。几年前,我国的教材不外乎纸介质教材(包括书本、挂图等)和音像教材(包括录音带、VCD 等)这两大形式。随着现代信息技术的发展,教学资源的处理、存储和传播实现了数字化,教学环境实现了计算机(网络)化,一种全新形式的教材——电子教材——应运而生。电子教材包括 CD-ROM 光盘教材、网络教材、电子书教材等等,它的交互性、集成性、多样性以及超时空性是其他两大类传统教材所无法比拟的,为实现基于建构主义的各种学习模式创造了条件。同时,由于与其他学科相比,语言教学更需要有一个多媒体环境。因此,大学英语的教材形式亟须电子化。

2)扬长避短,充分发挥传统形式教材的优势。正如广播、电视出现后并没有完全取代报纸、杂志一样,电子教材也不可能完全替代纸介质教材和音像教材。每一种形式的教材一般都有其长处。例如,使用纸介质教材无需任何设备,它携带使用方便,随时随地都可以阅读;而且它不伤眼睛,无辐射,阅读时较省力。又如:播放音像教材的录音机、VCD 机等与计算机相比,设备简单,普及率高,成本很低。所以,我们也不能一概排斥传统形式的教材。

5.3 大学英语教材服务的立体化

在英语教学的过程中如何选择和使用教材将直接影响到英语教学的效果。因此,最终实现立体化教材内容和立体化教材形式的教学优势必须依赖于全面、创新的立体化教材服务。

1)我们要根据新形势下大学英语教学的需要,向学校提供一个"一体化教学方案"(而不只是单纯提供一些互不相关的教材)。该方案应该包括主干教材、教辅资源和测试系统三大部分。主于教材(其中包括电子教案等)是该方案的核心,它具有科学性、系统性和完整性,为教学起示范指导作用;教辅资源(基于光盘、网络等)则是主干教材和课堂教学的扩展和延伸,包括大量围绕主干教材供师生自主选用的教学内容和一个供他们互相沟通的平台;测试系统(包括题库、试卷生成系统等)则是一套科学、客观的教学质量评判体系。"一体化教学方案"是统一规划、统一编写和统一制作而成,因此其各部分相辅相成,既有交叉,又有侧重,形成一个教学资源的有机整体,从而能最大限度地满足教师和学生的教学需求。

2)传统的教材编写者和出版者要进一步上升为先进教学理念的倡导者。我们除了要减少编校错误,提高印装质量,保证课前到"书"之外,还要对教师进行各种形式的培训,加深其对一体化教学方案的理解,协助其解决教学中遇到的各种问题,引导其有效合理地实施一体化教学方案,从而达到最佳教学效果。我们还可以设立专门的网站或报刊,解答教师的有关疑问,提供他们交流经验体会的机会,促进教学质量的提高。

3) 我们要为做好基础工作,与时俱进开发教材。为进一步提高和完善教材质量,同时为一线教师创造教学科研机会,我们要选择若干不同区域、不同类型的学校建立教材教法实验基地,在实践中总结教材编写制作的经验教训,并培养一批学术新生力量和教学骨干,为设计更现代化的教材、实现更先进的教学理念打下扎实的基础。

5.4 大学英语教材的内容立体化、形式立体化和服务立体化三者间的关系

教材内容立体化是立体化建设工作的主体,其根本目的就是要在大学英语教学中贯彻现代教学理念、实施现代教学模式;教材形式立体化是实现教材内容立体化的必要手段,从属于教材内容立体化,是为后者服务的;教材服务立体化则是实现教材内容立体化和教材形式立体化的辅助措施,是后两者的保证。

6. 大学英语立体化教材建设的实践之一——推陈出新的《大学英语》(全新版)

多年来,有关专家、学者积累了丰富的编写出版大学英语教材的经验,并始终密切关注教育学和应用语言学等领域的最新学术动态,不断提高和完善大学英语教材。上海外语教育出版社2001年起陆续出版的《大学英语》(全新版)实现了教材的内容立体化、形式立体化和服务立体化,是大学英语教材立体化建设实践范例之一。

6.1 《大学英语》(全新版)全面丰富教材内涵,实现内容立体化

《大学英语》(全新版)教材内容无论是静态的还是动态的,无论是横向的还是纵向的,都达到了一个全新的高度。

1) 强调"学习是一种过程",努力创设真实语境,积极提供交互式学

习机会。《综合教程》运用大量照片、图表、影像等生动活泼的形式,多角度、多层面展现相关文化背景和言语实例;《听说教程》提供角色扮演练习,让学生同教材中的人物在计算机上"对话";《快速阅读》让学生自由选择阅读模式(如文章以意群为单位逐渐显示或消失)和阅读速度来培养良好的阅读习惯;在所有电子课程学习过程中,学生每进展一步都能得到相应的反馈和提示。

2) 提供足够的学习内容,为学生课外进行自主式和探索式学习营造良好环境。《综合教程》每一单元的副课文、《听说教程》每一单元的Part C 和《快速阅读》每一单元的短文 A-2 和 B-2 等都是供学生课外进一步学习的;《阅读教程》篇章数量更是让学生有足够的选择余地。此外,CD-ROM 教材和网络教材收集了一些题材迥异的英美电影和卫星节目片段以及风格多样的英语歌曲,让学生在课余随心所欲地以最自然的方式学习英语。

3) 一套教材,多个起点,为个性化学习作好铺垫。为了让各高校能根据本校生源情况选择合适的教材,《大学英语》(全新版)除普通起点外,还编有"预备级低起点"、"预备级高起点"、"通用本"、"高级本"等版本的教材。无论是在经济发达地区重点高校学习的学生,还是边远地区专科学校的学生,都能有适合自己学习要求的大学英语教学材料。

6.2 《大学英语》(全新版)充分发挥各种教学手段优势,实现形式立体化

《大学英语》(全新版)把英语教学的需要同光盘(CD-ROM)、网络、图书以及磁带的各自特点相结合,扬长避短,使其互相配合,互相补充,实现了教材形式的现代化和多元化。

1) 光盘教材着重创设真实生动的语境。与网络相比,光盘最大的特点是不受网络软硬件设备(尤其是带宽)的影响,其运行稳定、速度较快。《大学英语》(全新版)CD-ROM 版教材通过图文声像并茂的内容和动画、影像片段等形式生动地、多样化地表现了各种英语环境,为学生建构准确、完整的英语语义创造了条件。

2) 网络教材成为合作式学习和探索式学习的最佳场所。与光盘相比,网络最大的特点是可以进行"人际交流",而不是光盘运行过程中的"人机交互";同时网络信息存储量极大,并可以随时更新。《大学英语》

(全新版)网络版教材一方面为师生虚拟了一个网上现实世界,组织学习者积极交流,共同学习;另一方面提供了丰富多彩的学习资源,让学生在千变万化的语境中去探索和体验。

3) 纸介质教材让学生继续轻松阅读。在计算机屏幕上阅读整篇整篇的文章远不如在纸介质图书上阅读轻松、舒适和方便。针对这一特点,《大学英语》(全新版)的纸介质教材在培养和提高学生阅读能力方面特别加大了力度,如《阅读教程》(通用本)、《阅读教程》(高级本)和《创意阅读》等,为学生提供了系统的、丰富多彩的阅读素材。

4) 磁带教材覆盖边远地区。传统的录音磁带教材尽管没有电子教材形象生动,但是使用录音磁带的成本相当低,无需投入大量资金购买计算机或建设计算机网络。我国大部分地区的计算机拥有率还很低,而录音机的普及率却相当高。因此,《大学英语》(全新版)各门教程都继续配套出版录音磁带。

6.3 《大学英语》(全新版)全面提供一体化教学方案和服务,实现服务立体化

《大学英语》(全新版)全面提供一系列优质、完善和及时的服务。它们是大学英语教材立体化建设得以实施的重要保障。

1) 为大学英语教学提供一体化教学方案。首先,《大学英语》(全新版)配备了各种起点的全套教材、丰富的教辅资源和分级测试系统。同时,为了突出课堂教学活动和课外学习活动的不同要求和特点,《大学英语》(全新版)CD-ROM 教材分别包括了供教师使用的课堂教学版和供学生使用的课外学习版;为了分别满足校园网上和因特网上不同学习者的需要,并适应两种不同网络的特性,《大学英语》(全新版)网络教材又进一步分为校园网版和因特网版。

2) 为大学英语教师提供全面的辅导和培训。在保证编校质量和印装质量,并做到课前到"书"的基础上,《大学英语》(全新版)编写者和出版者经常为大学英语教师举办各种形式的教材教法研讨会,聘请国内外专家介绍英语教学最新动态和学术成果,引导广大教师树立先进的教学观念,促进他们尽快掌握现代化教学手段。同时,《大学英语》(全新版)还设有网站,并在外语教学界权威杂志《外语界》上开辟专栏,为大家随时交流教学经验和体会创造了条件。

7. 结束语

不少人认为,大学英语教材立体化建设就是在已经出版的纸介质教材和音像教材的基础上,进一步开发 CD-ROM 教材和网络教材,然后把它们捆绑在一起就大功告成了。这完全是片面理解。大学英语教材立体化建设不仅仅是教材的形式立体化,它更要包括内容的立体化和服务的立体化。

大学英语教材立体化建设是一个建立在全新起点上的"一体化"工程。它要求我们以先进的教育学理论为指导,发挥现代信息技术和教学资源的优势,一改以往以灌输知识为主的教材体系,形成一整套多元化、多层次,互相联系、互相作用的教学方案。同时,为了保证这一教学方案得以切实实施,我们要推出一系列的相关服务,从而最大限度地增强大学英语教学效率和效益,有效地解决"扩招"后师资不足的问题,科学地提高大学英语教学质量,为培养适应我国社会、经济发展需要的高素质创新人才作出贡献。

参考文献

[1] Hedge T. *Teaching and Learning in the Language Classroom* [M]. Oxford: Oxford University Press, 2000.

[2] Hymes D. On communicative competence [A]. In Pride & Holmes J (eds.). *Sociolinguistics* [C]. Harmonds-worth: Penguin, 1972.

[3] Hymes D. *Foundations in Sociolinguistics: An Ethnographic Approach* [M]. Philadelphia: University of Pennsyl-vania Press, 1974.

[4] Jones M. G. & Brader-Araje L. The impact of constructivism on education: Language, discourse, and meaning [J]. *American Communication Journal*, 2002, 5, 3.

[5] Piaget J. *Biology and Knowledge* [M]. Paris: Gallimard, 1967.

[6] Stem H. *Fundamental Concepts of Language Teaching* [M]. Oxford: Oxford University Press, 1983.

[7] von Glasersfeld E. *Radical Constructivism: A Way of Knowing and Learning* [M]. Washington, D. C.: Falmer, 1995.

[8] Vygotsky L S. Tool and symbol in child development [A]. In M Cole, V John-Steiner, S Scribner & E Souberman (eds.). *Mind in Society: The Development of Higher*

Psychological Process [C]. Cambridge: Harvard University Press, 1978.

[9]　李荫华等.《大学英语》(全新版)［M］.上海:上海外语教育出版社,2001.

——本文发表于《外语界》2003 年第 6 期，标题略有改动。

作者：　庄智象、黄卫

我国多媒体外语教学的现状与展望

1. 概述

1.1 多媒体外语教学的概念

　　自20世纪60年代以来,人们对语言以及语言习得的研究不断得到深入,外语教学的组织和实施也变得更为丰富,行为主义、交际主义、建构主义等理论相继影响外语教学,产生出不同的教学流派。与此同时,计算机技术也逐渐普及,为新的教学流派在教学探索和实践中提供了极为有利的物质条件:除纸质教材之外,音频、视频等多种素材也借助计算机技术被有机地整合到外语教学中,为广大教师和学生带来了极大便利。多媒体外语教学的发展,既有同计算机技术息息相关的一面,更是一个深受人们教学、行为等理念影响的渐进式过程。因而我们在讨论多媒体外语教学时,不仅要看到这一概念的内涵,更要关注它的外延。

1.1.1 狭义的多媒体外语教学

　　无论是最初的 CAI（Computer-Aided Instruction）,还是后来的 CALL（Computer-Aided Language Learning）、MCALL （Multimedia Computer-Aided Language Learning）, 甚至是 Technology-enhanced/Technology-delivered Learning,这些概念的发展都随着计算机软、硬件技术的进步而拓展。于是多媒体外语教学在某种程度上被人们理解,或者等同为机辅外语教学也并不奇怪,因为从本质上看,多媒体外语教学就是借助计算机及计算机技术,将文字、图像、声音、视频等内容整合为统一的信号,通过同一终端(杨惠中,2005:315)提供给教师和学习者使用的一种教学方式。因此,我们认为:狭义多媒体外语教学的核心就是以交互性为特征的计算机外语教学。这既是我们考察、讨论多媒体外语教学发展轨迹的立足点,也是我们进行科研采样的根本出发点。

1.1.2 广义的多媒体外语教学

另一方面,如果我们用发展的眼光来看待当前的外语教学就不难发现:多元教学的实际需求使得多媒体外语教学不应只提供单机的计算机软件,而应是一个功能上兼容、内容上广泛、操作上互动的学习平台;现实的发展使得网络外语教学也理应被纳入多媒体外语教学的范畴之内,这将有助于我们更清楚地认识计算机辅助外语教学在现实发展中所遇到的机遇与挑战;在强调自主、个性化学习的今天,获取信息的渠道被无限地扩大,传递信息的载体也发生着深刻变化。未来外语教学的软、硬件环境应该更为包容、宽松、具有人性化,不同媒体的教学资料发挥各自特点,方便不同的教学主体自主选择和使用。

通过上述分析,广义多媒体外语教学其实就是以计算机技术为主导、涵盖多种媒体的教学方式:一方面教学主体借助多媒体光盘和网络教学资源获得学习内容;另一方面教学活动中也会吸取并发挥包括图书、磁带、幻灯片、电子白板、CD 等在内的多种媒体的特点和优势,形成合力,构建出真正意义上的立体化外语教学体系。本文所讨论的多媒体外语教学正是建立在这一基础之上。

1.2 多媒体外语教学的兴起和发展

1.2.1 外语教学理论的不断发展推动了教学手段的革新

从根本上看,新兴外语教学流派除了在理论上标榜自己的时代性,在实践中彰显特色和优势外,更希望借助新手段和新方法来提高实际的教学效果,这就为教育技术的革新创造了可能,也从一个侧面促进了教学手段的革新。多媒体外语教学的出现便可看做是教学多元化的产物。

(1) 听说法:20 世纪中叶至 70 年代,听说法在外语教学的各流派中占据丰导作用,在实践中强调"把学习语言看做是养成习惯的问题,以反复模仿范例为学会第二语言的要诀，以句型操练为基本的教学手段"（何英玉等，2005:18）。借着心理学中行为主义和语言学中结构主义的理论支撑，听说法在采用纸质教材之外，还在语言实验室内进行了"4-相位句型操练"，可以被视为是利用计算机技术设计出来的语言学习的"习惯养成技术"。

（2）交际法：20世纪80年代以来，听说法受到交际法的挑战，后者认为语言教学除了要让学习者掌握一定量的语言形式，更重要的则是要让学习者通过运用所学语言来完成所学语言的各种功能及表达各种意念的能力。基于这样的理念，交际教学法特别"重视学生在语言习得中的作用，强调外语教学应针对学生具体的语言需要来培养其言语交际能力"。为了实现这一目的，机辅外语教学也摒弃了较为机械的重复训练，代之以"数据驱动的教学"（data-driven instruction），为的就是要让学习者在较为真实的环境中学习语言。

（3）综合法：建构主义作为一种能更充分解释教与学过程复杂性的理论越来越为人们所推崇。建构主义认为知识是学习者通过与外界的相互作用，在自己已有经验的基础上主动建构新的意义。建构主义一方面强调学习者要在完整的、真实的环境中进行有意义的体验活动，另一方面又指出学习者应在教师和同学的参与和帮助下，掌握他单独无法领会的概念和思想。这一理论把人们的视角从"知识是一种产物"转向了"学习是一种过程"。受此影响，后交际法时期便出现了"任务型"教学法，而这一时期的机辅外语教学的设计也更多地融入了人本主义的色彩，让语言学习不仅真实、具有意义，更在一定程度上体现了语言学习的交互性特点。

1.2.2 计算机技术的进步为多媒体外语教学的实施提供了坚实的物质基础

计算机辅助语言学习的历史可以追溯到20世纪60年代，大致可划分为三个阶段：大型机时期；微型计算机时期；网络时期。由于硬件技术的不同，三个时期所表现出来的外语教学也呈现出不同特点，这些特点也正好同上述的几个教学流派相呼应：

（1）在第一个时期，由于计算机普及度还不甚高，且又多以大型机为主，加之"听说法"正好大行其道，对句型模仿、操练的功能便由同大型机相匹配的软件承担起来，PLATO公司（www.plato.com）便是较早研发机辅语言学习软件的公司之一。

（2）随着个人电脑的逐渐普及，也随着外语教学理念的更新，机辅外语教学的手段和内容也有了很大改变：突破了大型机时代设备的制约，从硬件到软件对于教学主体都更具有可及性；机械的句型重复、替换练习也被更为丰富、真实的语言练习所取代。

（3）进入网络时期后，真实的语言学习素材随处可见。这一时期的机辅语言学习不再以量取胜，设计之初往往都从构建语言学习者知识、技能的高度来进行规划。系统性、整体性、人际交互性可以说是网络时代下机辅外语学习的主要特点。

2. 我国多媒体外语教学所经历的三个阶段

2.1 起步阶段和初期的发展情况（20 世纪 80 年代）

2.1.1 理论的引进、介绍和初期的研讨

我国多媒体外语教学由于受物质基础的限制，理论研究要略早于实践。于 20 世纪 80 年代初创刊的《外语电化教学》是第一本专业期刊，为全国广大多媒体外语教学理论和实践的研究人员开辟了一块专业领地，一方面介绍国外的相关理论，一方面也为我国的教学人员开展教学实践活动做好理论铺垫。随后，一些专业团体和组织相继成立，如 1983 年中国教育技术协会成立了"全国高校外语院系电教资料协作组"；1987 年成立了全国 CBE 学会（Association of China Computer-Based Education）（下设计算机辅助语言学习专业委员会）。它们都在宣传计算机辅助教育、开展计算机辅助教育的相关研究和学术交流等方面发挥了积极作用。与此同时，全国各地还举办了一些专门针对外语教师的专题讲习班（何英玉等，2005：24）。

2.1.2 计算机设备的相对简陋，多媒体软件数量稀少

20 世纪 80 年代，我国计算机实验室里的电脑以苹果机为主，还不是完全意义上的多媒体电脑，更少有联网的计算机实验室，在物质基础上没有为多媒体教学创造出比较理想的硬件环境。由于受物质条件的影

响,起步阶段我国计算机辅助外语教学的实践仅有个别学校以个体为单位自行研制的少量教学软件,内容多以文字为主,形式则是比较机械的句型操练。总体上,当时我国在对多媒体外语教学的实践活动方面显得少而零星。

2.2 实质性发展阶段的基本情况(20 世纪 90 年代中后期)

2.2.1 配合我国改革开放和教学改革的需要,多媒体外语教学步入发展期

随着我国改革开发的不断深入,到 20 世纪 90 年代中后期,多媒体外语教学的水平和层次都有了很大的提高。这一方面是因为我国外语教学的物质条件较初期已有了很大改善,另外一方面更是因为广大外语教学和科研工作者(包括专业出版社)已经对于切实提高中国外语学习者学习效率、突出语言应用能力等方面有了比较明确的认识;此时也正好是国外交际教学法、任务型教学法在我国得到认同并推广的时期,这就在客观上为多媒体教学的发展营造了一个良性的环境。

与此相配合的是,教育部和各行业协会也相继成立了专门的计算机辅助外语教学的协会或团体,为多媒体外语教学在理论方面的建设上起到了更好的支撑作用。我国在该领域同国外的交流与合作也有了新突破,1997 年就召开了"中英计算机辅助语言教学研讨会"等国际会议。

2.2.2 计算机技术充分发展,多方互相合作,多媒体教学软件推陈出新

随着技术手段的发展,个人电脑的普及率增高,我国的多媒体外语教学资源得到了较为充分的开发和利用,突出表现在教学软件的产品化(以 CD-ROM 为主),发展模式也不再是早期相关院校独立的作坊式开发,走上了学校、公司、出版社合作开发的道路。其中,全国高等院校大学英语系列教材配套多媒体光盘的成功开发和使用堪称是这一时期多媒体外语教学实践中的一大亮点。在纸质教材为主的情况下,利用多媒体教室(或是普通教室+投影仪)便能让学习者接触到大量或动态或声音或图像的真实外语素材,极大地方便了教学主体获取不同性质素材的需要,也能更好地提高外语技能,不必再人为割裂语言知识的学习和语言技能的掌握之间的内在联系,配合了我国在对外开放的关键时期培养

和造就一批知识性、复合型人才的宏观战略,有效地满足了当时的教学需求,获得了很高的社会评价。

2.3 在教育政策引导下,步入发展繁荣期(21 世纪初期至今)

2.3.1 国家主导的教改项目极大地促进了多媒体教学的发展

我国多媒体外语教学在经过近 20 年的探索后,发展进入理性期,步伐益发稳健,产品品种则呈现出前所未有的多样化。这一时期的多媒体外语教学资源也更具针对性,对于教学主体双方都有兼顾;产品体系也越发完备,整个外语教学资源的整合与利用出现了理论联系实践、实践检验理论的局面。

究其原因,一是因为有过去 20 年经验的积累,但更为重要的则是我国教育行政主管部门对于多媒体外语教学的高度重视。在教育部指导下,我国在 2000 年启动了中小学"校校通"工程;2002 年,教育部启动新一轮大学英语教学改革,外语教学的个性化、教材的立体化、教学手段的现代化等诸多要素都被置于整个教改的显著位置,这就为自上而下地在全国试点并最终推广多媒体网络(基于局域网的)外语教学打下了基础。2004 年,教育部正式启动全国高等学校网络教学试点工程,并在第一批试点学校中期试验报告的基础上,又启动了第二批学校的网络教学试点工作,目前各个学校的试点项目都还在继续之中。

2.3.2 多种媒体扬长避短,发挥不同功能,越发贴近教学的实际需求

相对于第二阶段多媒体教学资源多以 CD-ROM 的形式出现,在第三阶段中多媒体资源更扩展到了网络。这不仅反映出我国外语教学在基础设施建设方面已达到一定规模,也反映出我们在进行多媒体外语教学实践中观念的不断更新和转变。除了各类不断更新的多媒体助学光盘外,这一阶段的多媒体教学资源中还有了专为教师服务的"电子教案"、试题库、基于校园局域网的外语学习系统、基于校园局域网的考试系统(如外教社大学英语口试系统)、基于因特网的学习资源网站、基于因特网的教师培训网站等等。

第三阶段的发展使从事多媒体外语教学研究的专家,特别是参与教学资源开发的教师和出版社对新形势下如何开发、研制符合实际教学需

求的多媒体资源进行了深入的思考和积极的探索,也形成了初步的认识:要想更好地利用有限的教师资源来满足规模庞大的外语学习群体,基于校园局域网或因特网的外语学习体系不啻为一个理想的平台;网络学习体系的构建需要符合我国外语教学的实际需求。同时,学习系统还应该要能够为学习者自身提供有效的反馈,同时还要能帮助教师采集到具有信度和效度的测验数据;网络学习体系应该是一个开放的体系,这样才可能更好地满足我国各级各类外语学习的实际需要。

3. 现阶段多媒体外语教学发展的基本情况

3.1 多媒体教学中的资源整合与利用

通过上述讨论不难看出:有效整合并利用多媒体资源其实是成功实现多媒体外语教学的关键。但由于各个地区、不同层次、各个具体教学单位的情况(学生、师资、设备、资源)千差万别,我们不可能,也无意在这里给出一个模式作为范例,因为这本身就同多媒体外语教学是满足多元化、个性化教学需求的初衷背道而驰。尽管如此,从出版者的角度发表一些关于多种媒体的教学资源的设计理念、使用方法和利用手段,也许能给用户在使用过程中提供一些有益的参考和帮助:

3.1.1 多媒体助学光盘

从目前看是开发较为成熟的一类多媒体资源,适合在非联网的计算机房或个人电脑上供学生进行单机自主学习。由于包含了纸质图书所不具备的音、视频素材,能够在激发学生学习兴趣的同时,潜移默化地达到综合培养学生能力的效果。此外,一些多媒体助学光盘在程序上充分利用计算机辅助阅读的优势(如外教社大学英语快速阅读系列助学光盘),可以根据学生的实际情况设定出所需的阅读速度和模式,帮助学生养成良好的学习习惯并掌握相关技能。这类多媒体助学光盘在课外自学时能发挥其优势,也不会过多增加学校的硬件添置费用。

3.1.2 电子教案

专门针对教师课堂教学的实际需求而开发,基本的板块完全符合教学流程。该类型多媒体教学软件既可以满足教师在大班课上对主课文的详解(针对各个关键词、句都设有功能键,点击后出现配套解释、说明、练习),优于传统板书。随着我国多媒体教学的发展,电子教案的开发在程序上目前多采用 MS Office 的 PowerPoint 来制作,这样就可以最大限度满足个性化教学需求,教师可根据特定的教学对象对电子教案进行修改和补充,实现因材施教的教学理念。

3.1.3 基于校园网的学习系统

借助校园局域网,在其上面安装语言学习课程或测试题库数据,并通过多媒体教室的各个终端向学生提供课程学习或在线测试。就课程学习系统而言,非常适合网上自学,同时还能让教师和学习者实现互动。目前由教育部向全国高校推荐使用的几套大学英语网络学习系统,基本都采用了"控制主干课程学习进程的管理系统+大量全天候开放教辅资源+在线自测题库+教学主体(教师、学生)互动 BBS"等的模式。基于局域网的测试题库,不仅可以让学生完成无纸化的口、笔试,更大大减轻了外语教师的负担,充分发挥了计算机辅助外语教学的优势。

3.1.4 基于因特网的学习系统

通过在因特网上开设网站的形式,为单项或系统学习提供自主学习的资源系统。与校园网学习系统不同的是,因特网学习系统更注重资源的丰富性,为配套的语言学习课程提供了更为丰富的在线拓展学习以及资源下载,让学习者在没有教室的环境中也能够顺利完成特定外语课程的学习,是课堂教学的有效补充和扩展。

3.1.5 其他类别的教学资源

图书在目前来说是最易随身携带的教学资料,便于学生随时进行学习和完成练习;磁带对于多媒体设备不够完善的学校来说依旧是进行听力训练的主要资源之一。由于国外一些视频资料(含影视片)还会采用录像带的形式出现,因此录像带作为原汁原味的语言学习素材的来源,在一定范围内也还在得到使用;而电子白板在中小学外语课堂中则更能发挥其灵活互动的特点,有助于外语教学活动的开展。

3.2 多媒体条件下的外语教学模式

从目前的实际情况来看,我国多媒体外语教学模式不外乎课内课外学习相结合、网上网下学习相结合、大班小班学习相结合、自学面授相结合等四种模式。

3.2.1 课内课外学习相结合

由于有了包括多媒体助学光盘、学习系统在内的多媒体外语学习资源,外语教师在课堂中的组织、协调、引导的角色得以充分体现。以前担心学生单纯看答案而不得不在课堂中"填鸭式"从头到尾"过"一遍的教学方式在多媒体条件下变得没有必要。目前多媒体软件中针对语言要点、文化背景的讲解足以让教师在有限的课堂教学时间内有选择性地完成重点分析、训练和检测,而在课后则可引导学生通过多媒体软件来完成次重点的学习并有关内容。

3.2.2 网上网下学习相结合

由于现在推出的各个学习系统都有纸质教材作为支撑,同时还配有一定的多媒体学习光盘,因此对于我国广大学校具有较强的适应性。各个学校一般都根据各自的计算机房(或自主学习中心)的配置和容量,有选择地把网上学习同网下学习结合起来:利用联网机房进行网上学习、利用多媒体光盘进行网下学习。这样既能达到个性化、自主学习的要求,也能够解决因设备、场地不足带来的困难。

3.2.3 大班小班学习相结合

由于我国外语学习的主体数量庞大,在当前条件下实施小班授课的难度较大,再加上还有因设备投入不足带来的问题,因而大小班相结合的授课方式应该是解决当前外语教学的理想途径:大班上课利用"电子教案+投影仪"来完成重点课文、重点语言知识的讲授,学生以接受知识为主;小班上课则注重学习的训练产出,以师生、学生之间的"人际交互"活动为主,突出听说等技能的培养。

3.2.4 面授自主学习相结合

在多媒体条件下,外语教师在课堂中的作用不是被削弱或降低,反而应当得到增强。这主要是从学生在完成网上课程(或助学光盘课程)后,教师还是应该及时对其进行面授辅导,唯有这样才能让外语教师更好地获得第一手的学习反馈信息,以便能适时对学生的学习进行调整和加强,最终达到一个良好的学习效果。

通过上述分析,我们不难看出,在多媒体条件下的外语教学主体模式基本上还是围绕"教师—学生—教学资料"这一范式展开。不同之处就在于,当前可供选择的教学资料,无论从内容到表现形式都比从前要丰富得多。因此问题的关键便是:作为外语教师,该如何选择和组合这些不同内容、性质的素材,才能够实现资源的优势组合,实现预先设定的教学目标? 为此,我们将对多媒体环境中的用户关系作一动态考察。

3.3 用户在多媒体环境中的相互关系

在多媒体外语教学环境中,教学主体同传统教学环境依旧保持一致(教师、学习者、学习资源),但由于学习资源包含了比以往更多的资料,并且各自的表现形式也不尽相同,因而教学主体在多媒体环境中的相互关系也就变得同以往有所不同。例如,传统外语教室中的教师角色在多媒体环境中可以看做是外语教师及管理员的双位一体的形象。下图即表现了新环境下三者的关系:

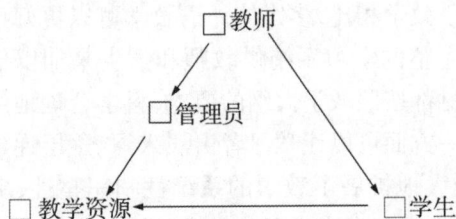

如图所示,各种多媒体教学资源在外语课堂里就像是一个教学平

台,教学双方就透过这个平台来完成各项既定教学任务。具体说来,教师在多媒体教学环境中起到组织协调教学和监督指导学习的作用,其重要性并未因教学环境的改变、教学资源的丰富而改变。相反,教师需要具备很强的组织、协调能力,才能更好地适应多媒体外语教学过程中对于各种教学资源的有效引导,也才能及时、准确判定学生在学习过程中遇到的困难并恰当地解决。学生依旧在学习主体中占据重要位置,但必须发挥比在传统外语课堂中更大的主观能动性才能更好地完成各项语言学习任务。透过教学资源系统所具有的互动功能,学生能比在传统课堂中更为便捷地同教师进行交流和沟通,确保自己的整个语言学习过程高效、有序。

这里需要特别强调的是管理员的角色。其实这一角色在早期的电化教学中就已出现,只不过当时没有赋予他们这样的名称,定位也不像今天那么准确,要求更没有现在的这么高。在多媒体教学环境中,最理想的管理员其实应该同时具备外语教学的基本理论和实践经验,同时又对整个多媒体的软、硬件运行环境有着深入的了解,而决不能仅仅只是一个懂电不懂教,或者懂教不懂电的非专业人员。之所以对管理员提出如此之高的要求,就在于管理员身负保障教学顺利实施的重任,这就要求他不仅要能够理解外语教学的目标,还要懂得运用计算机技术在现有的多媒体教学体系中来协助教师达到其教学目标。但往往在实践中,管理员这一角色却是最容易被忽视,甚至得不到应有重视的。

3.4 多媒体教学给外语教育带来的积极作用

多媒体外语教学相对于传统教学的积极一面主要体现在它是一种有助于更好实现教学目标的新型学习方式,其特点可以归纳为:系统性、集成性、交互性。

与传统的外语教学相比,多媒体外语教学可以更好地将各种语言学习素材纳入一个完整的学习系统供教师和学生来加以使用。这突出表现在各种语言素材都按照教学大纲的要求,科学合理地纳入到各个分级学习系统中。这一方面可以让学习者由浅入深、逐层递进地完成课程学习,另一方面也极大地扩展了教学的系统性和完整性,更加符合语言学习的客观规律,能让学习者在学习新内容的同时可以随时对以往所学内容加以温固和复习,使新旧学习内容有机地融合在一块儿,构建起有效的学习系统。

以往教学中割裂听、说、读、写、译内在联系的教学也在多媒体外语教学环境下重新得到整合。由于可以在一个开放的学习系统中灵活使用各种多媒体语言学习素材，这就完全可以实现在一个课堂上完成多种语言技能的训练，这也才是真正意义上的整体、全方位的语言学习过程。而由于能够实现听说、读写的有效互动，学习者也能够最大限度地实现积极有效的自主学习，从而获得一个较好的学习效果。

就其交互性而言，多媒体外语教学极大地突破了以往语言实验室的局限，能够借助一定的计算机技术来实现学习者与学习系统之间、学习者与学习者之间、学习者与教师之间，甚至教师与教师之间的信息交换，而这种信息的交换从本质上来说也是一种有效的学习过程。相比传统语言课堂教学而言，多媒体条件下的互动更具针对性，不仅仅只是被动地回答问题或者完成指定任务，而是学习者根据自身的实际情况，有针对性地在特定学习单元同教学软件、学习伙伴、指导老师之间发生的更具主观能动性的一种交流学习。

比起以往一个教师面对数十个学生的课堂，多媒体外语教学的课堂为教学双方都提供了更为宽广的学习环境，学习者可以采用自主式、探索式、合作式等多种方法来完成各项任务。而教师借助多媒体软件，不仅可以更加生动地组织教学，激发学生学习的兴趣，还能借助多媒体教学系统更好地来实现教学主、次内容的区分处理，更好地提高课堂教学的效率，全面实现教学大纲所设定的各项技能要求。

此外，多媒体外语教学通过在课堂内外使用不同种类的资源，可以充分发挥不同媒体的特长，在开展不同类型的教学活动时有针对性地来选用各类资源，充分调动学生的主观能动性，从而能够从真正意义上实现培养学生不同技能的目的。

3.5 当前多媒体外语教学中所存在的困难与挑战

多媒体外语教学的发展既有取得成绩的一面，也还存在着不足之处。只有充分认识到这些不足与困难，我们才有可能积极采取应对的措施，为今后进一步发展多媒体外语教学营造良好的环境。经过观察，特别是自2004年全国高等学校大学英语网络教学试点改革以来，我们发现在以下几个方面我国的多媒体外语教学实践还存在着一些同教学设计理念有出入之处。这里就以问题的形式来归纳我们所观察到的,希望能够引发出更多的思考,进而在今后的发展中共同找出应对的策略:

3.5.1 思想上、组织上、管理上面临新挑战

多媒体教学,特别是大规模的多媒体教学究竟在外语课堂中居于何种地位? 究竟多媒体外语教学是一个"形象工程"、"面子工程",还是一项实实在在、需要以严谨的科学态度来对待的研究项目? 如果不从观念上树立起对多媒体外语教学的正确认识,那么这将为具体的教学组织和管理带来很大的困惑,影响多媒体外语教学切实有效地实施。

3.5.2 软、硬件建设发展不协调的现实

尽管我国的多媒体外语教学从理论到实践已经走过了二十余年的发展历程,但硬件建设快于教学软件建设已成为不争的事实。那么,教学软件或系统的开发应该如何在节奏上赶上教学环境中的硬件呢? 软件研发又如何能更好地兼顾到已有硬件设备呢?

3.5.3 培养外语教师的母体——高校英语专业——在多媒体教学实践中发展缓慢

我国目前高等学校的公共英语在多媒体教学的理论与实践中开展得如火如荼,而英语专业的多媒体教学资源(如外教社新世纪英语专业综合教程助学光盘、电子教案)还相对很少,发展明显滞后。这就带来一个问题:我国培养的未来的英语教师是否能在学习期间获得足够的多媒体教学的经历? 他们对多媒体外语教学的不甚熟悉是否会影响到他们踏上讲台后我国多媒体外语教学的整体发展?

3.5.4 理念、手段、方法之间还存在不匹配、不协调、不成体系的问题

我国的多媒体外语教学正处在进一步高速发展的关键时期,已经有不少专业研究人员从效度、信度、定量、定性等多种角度进行了相关的理论研究。然而,目前在实践中仍然存在各个具体的教学单位在多媒体教学理念、手段和方法之间不匹配、不协调、不成体系的问题。例如,我们

一方面提倡外语课堂中师生的互动和交流,而目前的电子教案多半被当作单项传递知识的载体,实际使用中互动性显得不足。又如,一些教师认为他们自身越少参与网络课程的管理、控制越好,片面、盲目地要求网络教学系统简单化,这其实也是同最初规划网络学习系统的理念有着质的差别。因此,现在的问题就是:我们应该如何在下阶段的发展中针对理念、手段和方法开展理论研究? 只有在这一方面有了理论的突破,才能为进一步的实践活动提供明晰的指导。

各类教学软件的开发还有待于从专业化的角度进行加强。目前我们多媒体外语软件的开发已经基本形成了学校—公司—出版社协作发展的态势,然而面对我国如此广大的教育群,教学软件多元化、个性化始终是摆在每一个教学软件开发者面前的一个挑战。如何才能更好地在设计软件的时候融入先进的教学理念? 如何才能在软件的交互性上有更好的体现? 这些都是我们必须要考虑清楚并拿出具体实施方案的问题。

4. 我国多媒体外语教学未来发展的趋势

4.1 对待数字化产品观念的转变将是推动多媒体外语教学进一步发展的关键

随着信息技术不断深入我们的日常生活,设计更为科学、功能更为强大、用途更为广泛、操作更为简便、成本更为低廉的数字化电子设备将在未来我们日常的工作、生活和学习中得到更为广泛的应用,并给我们带来切实的便捷。而随着这些科技含量较高的数字化电子设备在我们生活中的普及,人们看待、使用它们的观念也会随之发生转变。人们逐渐乐意接受并在生活中习惯于使用各类数字化产品将在我国未来的多媒体教学中产生一种积极的促动因素。无论是教师还是学生都会在教学中愿意接受或主动运用数字化电子设备来进行相关的外语教学,这必将从根本上为我们的教学改革和发展带来强大的正面影响,进一步促成我国多媒体外语教学繁荣发展的局面。

4.2 计算机技术的不断发展必将有力支持多媒体外语教学的发展

与此相关的是,未来无论网络的传输性能还是覆盖率都将得到显著提高。随着信息高速公路的真正建成,在公路上传送信息的容量将成倍增加,而人们对于数字化电子产品的集成性也会有更多的要求。我们认为:未来的各类数字化电子产品将朝着手持化、一体化(手机、PDA、电子书阅读器、各类播放器、微型计算机等合而为一)的方向发展。这样对于教学最大的好处便是教师和学生能在外语课堂中使用更为简便的设备来作为完成教学活动的辅助手段,进一步提高学习效率。具体来看,以下的计算机技术将给未来的外语教学带来积极的影响和推动:

4.2.1 自动语音评测系统/自动语音识别系统 Automatic Speech Recognition (ASR)

该技术可广泛应用在多媒体外语教学的听说训练与评测中。利用该项技术,我们一方面可以让学习者自主完成有关听说准确度的训练,另一方面也可以为广大教师提供计算机支持的口语测试系统,方便广大学校和教师组织大规模的外语口语测试,进而为口语教学提供大量翔实有效的数据,促进听说课程在教学与考试上的全面发展。该技术目前在一些多媒体教学光盘中已经得到应用,主要是提供一些语音上的跟读训练。随着计算机软硬件技术的不断发展,该项技术必定能在多媒体外语教学中发挥更大的作用和效果。

4.2.2 自动作文评测系统/写作训练系统 Automated Essay Scoring (AES)

该技术可主要在外语教学的读写课程中加以利用。根据某一写作训练的提示或要求,教师可预先列出该写作训练的各项要点并输入评分系统,随后评分系统便可自动根据要点逐一对输入的作文进行比对并判分。在完成原始判分后,系统还可根据文体风格、修辞等附加要素对原始分值进行修订,并给出最终的经过综合的评判分值。目前国外已经开发出一系列的自动作文评分系统或产品,具有代表性的有 Project Essay Grade(PEG)、Intelligent Essay Assessor (IEA)、Educational Testing Service (ETS I)、Electronic Essay Rater (E-Rater)、Intelligent Essay

Marking Systems（IEMS）等等。这些产品对我国外语多媒体教学具有较高的借鉴价值，特别是我国当前外语教学一方面有学生人数众多的压力，另外一方面又有切实提高学生实际语言应用能力的较高要求，通过借助此类型的多媒体教学软件，将有望突破写作批改量大、难度大的瓶颈，为教学双方带来切实的帮助。

4.2.3 播客 Podcasting

该产物是 RSS 技术（Rich Site Summary）与 MP3 播放器结合的产物，简单地说，就是把预先录制的 MP3 音频文件发布在"博客"（Blog）上，利用相关的 RSS 订阅软件（如 iPodder），用户便可以定制并将这些 MP3 文件自动下载到本地电脑上播放。更为吸引人的是，这些 MP3 文件可以转移到便携式 MP3 播放器上，在移动中随时收听。文件的内容既可以是音乐、新闻广播，甚至还可以是一节包含教师讲解、学生讨论的课堂音像。有了 Podcasting，用户（就本文而言，既可是老师，也可是学习者自己）便可很容易地制作、发布自己的广播节目，让其他共同学习的伙伴随时随地收听各自所需的信息和学习资料。相对已经由出版社设计并完成的多媒体学习系统而言，该技术具有更大的灵活性，也可作为学习系统的有效补充，更好地满足个性化听说教学的需求。

4.3 人机—人际模式的学习方式将给今后多媒体资源的整合与利用带来挑战

纵观外语教学的学习模式，从宏观上来说传统的是一位老师对多位学生，而如今多媒体外语教学中往往是一个学生对应一台电脑。而在未来的发展中，我们认为人机模式中将进一步突出借助计算机实现人际交互的需求。

从具体操作来看，今后的外语教学将需要我们构建出功能强大的多媒体资源库，而这个资源库将要能根据每一位学习者输入的个人资料和需求，自动为其生成适合其情况的个性化学习计划和学习资源，然后再由专门的教师负责指导、协调其完成相关的课程学习。与此同时，学习者还要能同层次、水平与之相近的同学进行更多的交流和互动，甚至是要共同合作来完成特定的语言学习任务。这样的需求当然会对教学资源库的开发者提出很大的挑战,促使其在现有资源的整合与利用方面做深入、细致的思考,以便搭建起符合用户需要的技术框架。目前能够预见的是,未来的多媒体外语教学将在以下三个方面取得突破和进展:

4.3.1 移动学习(learning anywhere)

这一理念其实自古有之,只不过时至今日,技术手段的革新为实现这一理念创造了可能。具体来说,就是学习的组织、管理者将收集、整理好的各个学习素材按照不同模块归类,然后打包放到统一的学习网页上供不同层次的外语学习者订阅下载学习。虽然目前已经有一些外语学习网站提供一些文字、音视频素材的下载,但大多数学习者还是将其下载到电脑里,在相对固定的家庭、校园里进行学习。而我们这里要表述的移动学习的概念,是同手持设备服务于教学(特别是外语教学)(everything at hand)的功能不断提升紧密相连的。随着手持设备支持的媒体种类越丰富、同学习指导中心的互动越便利、软硬件成本越发能为广大外语学习者所接受,那么真正意义上的移动学习就能实现并成为个性化的按需学习,必将为广大教师和学习者开创一个更为广阔的交流园地。

4.3.2 知识型语料库,智能化搜索技术

外语学习,除了基础阶段扎实的语言技能的培训外,更为重要的是要能为广大学习者建立一个支持其终身使用的信息平台。我们认为,多媒体技术在这一方面也将大有作为:知识型语料库,智能化搜索技术就将使这一平台的构建成为可能。目前的语料库多半为词典编纂及语言研究提供服务,面向普通外语学习者的语料库还没有推出。但如果利用现有语料库的技术,同时以用户为中心将同语言学习相关的知识按照一定的原则归纳、收集、整理,然后利用先进、高效的计算机检索技术,搭建一个智能化的检索平台,这样学习者就可以通过登录该平台来满足知识型语言任务学习的需求。

4.3.3 个性化学习门户网站(Learning Portal / Web Service)

在有了前面所说的两类技术的支撑后,未来多媒体外语教学必定会

对综合性、智能型的门户学习网站提出更高要求。这样的网站本质上还是为了解决个性化学习并扎实提高学习效率而设计。一方面,用户能够根据网站提供的分级学习课程来逐步完成语言学习任务,同时用户还应该能够立足自身需求,将自己的需要发送到类似课程设计中心的后台,然后专业的语言课程设计师便可以根据用户需求从语料库中调用、搭配恰当的课程内容供其学习;另一方面,我们始终认为语言教师在多媒体外语教学环境中的作用依旧同在传统课堂中一样重要。缺少了有效的指导和检测的学习,其效果自然会受到影响。因此,在这样一个综合门户网站中,必然需要教师对不同学习者进行有效、及时的指导和帮助,并根据口、笔试自动考试系统对学习者的评判,给予学习者恰当的反馈和建议,最终帮助学习者顺利地完成学习任务。

4.4 专业、便捷、个性化的多媒体外语教学将为我国的现代化建设作出新贡献

过去二十余年的发展已经清楚地证明了多媒体外语教学对于外语教育所产生的推动作用,而这也从很大程度上为我国在新时期培养和造就一大批复合型人才起到了积极的促进作用。我们坚信,随着未来教学理念的更新、技术手段的发展,我国的多媒体外语教学的发展将会越发地繁荣,这也必将更好地配合我们国家的现代化建设,为切实提高广大外语学习者的学习效率和效果作出更大的贡献。

5. 结语

之所以要回顾国内外多媒体外语教学从起步阶段一直到现在的基本发展轨迹,目的就在于让我们更好地了解当前多媒体外语教学,特别是我国的多媒体外语教学的基本现状。在对现状有了一个比较清楚的了解和把握后,我们希望本文能够为我国今后的多媒体外语教学的发展提供一些理性思考的依据。通过上述讨论,不难看出:多媒体外语教学中计算机等技术的运用始终在整个教学活动中居于辅助的地位,教师(包括管理员)在教学活动中的组织、管理(包括对计算机)作用不可忽

视,更不存在用计算机取代教师来完成整个外语学习过程的可能,这是由外语教学活动的本质属性所决定的。教学改革的推进,只会出现更有利于教学的手段和方式,而不会出现用手段替代主体的结果。

另外,我们对英语专业开展多媒体理论与实践相对滞后的现状有所担心,因而急切地希望能有更多英语专业的师生参与多媒体外语教学的理论和实践,因为从根本上讲,这才是为我国未来多媒体外语教学积累经验、储备人才的重要工程。

我们有理由相信,在教育部的统一领导下,在全国广大外语教学、科研、出版单位的共同努力下,在相关计算机技术公司的配合下,我国多媒体外语教学将在"十一五"期间取得更加辉煌的成果,必将为切实推动教学改革、提高学习效率、服务现代化建设作出新的、更大的贡献。

参考文献

[1] Dubin, F., & Olshtain, E. *Course Design* [M]. Shanghai: Shanghai Foreign Language Education Press, 2002.

[2] Ellis, R. *The Study of Second Language Acquisition* [M]. Shanghai: Shanghai Foreign Language Education Press, 1999.

[3] Nunan, D. *Research Methods in Language Learning* [M]. Shanghai: Shanghai Foreign Language Education Press, 2002.

[4] 何英玉,蔡金亭. 应用语言学[M]. 上海:上海外语教育出版社,2005.

[5] 徐强. 交际法英语教学考试评估[M]. 上海:上海外语教育出版社,2000.

——本文发表于《外语电化教学》2007年第1期

作者: 庄智象、黄卫、王乐

加强翻译专业教材建设，促进学科发展

2006 年初，国家教育部颁布了《关于公布 2005 年度教育部备案或批准设置的高等学校本科专业结果的通知》，"翻译"专业（专业代码：0502555，作为少数高校试点的目录外专业）获得批准：复旦大学、广东外语外贸大学、河北师范大学三所高校自 2006 年开始招收"翻译专业"本科生。这是迄今教育部批准设立本科"翻译专业"的首个文件，是我国翻译学科建设中的一件大事，也是我国翻译界和翻译教育界同仁数十年来，勇于探索、注重积累、不懈努力、积极开拓创新的重大成果。2007 年、2008 年教育部又先后批准了 10 所院校设置翻译专业；2007 年国务院学位办批准了 15 所院校设立翻译专业硕士点（Master of Translation and Interpretation，简称 MTI），从而在办学体制上、组织形式或行政上为翻译专业的建立、发展和完善提供了保障，形成了培养学士、硕士、博士的完整教育体系。这必将促进我国翻译学科健康、稳定、快速和持续发展，从而形成独立的、完整的专业学科体系奠定坚实的基础，亦必将为我国培养出更多、更好的高素质翻译人才，为我国的改革开放，增强与世界各国的交流和沟通，促进政治、经济、文化、教育、科技和社会各项事业的发展作出更多、更大的贡献。

上海外语教育出版社（简称"外教社"）作为全国最大最权威的外语出版基地之一，自建社以来，一直将全心致力于中国外语教育事业的发展、反映外语教学科研成果、繁荣外语学术研究、注重文化建设、促进学科发展作为义不容辞的责任。在获悉教育部批准三所院校设置本科翻译专业并从 2006 年起正式招生的信息后，外教社即积极开展调查研究，分析社会和市场对翻译人才目前和未来的需求，思考翻译专业建设问题与对策、学科建设方面的优势与不足、作为外语专业出版社如何更好地服务于翻译学科的建设与发展以及如何在教材建设方面作出积极的努力和贡献。通过问卷调查、召开师生座谈会与专家咨询会等,就社会和市场对翻译人才的需求,我国翻译人才培养的目标、培养规格、课程设置、师资队伍建设、教学材料选择、教学方法和手段、教学测试与评估等有了初步的了解,并作了更深入的分析、思考、研究,以期在全面探索翻译专业和学科建设的基础上,承担起翻译专业教材建设的任务,为保证培养目标的实现尽一份力量。

在广泛调研和对社会和市场需求分析的基础上,外教社邀请了全国部分外语院校、综合性大学、师范院校中长期从事翻译教学与研究的近30名教授和专家,组成了"翻译专业本科生系列教材编委会"。编委会先后召开了数次工作会议,就教材的定位、体系、特点和读者对象等进行广泛而深入的讨论,尤其是对翻译作为一门课程与一门专业的异同与特点、翻译专业的定位与任务、人才培养目标与规格、教学原则与大纲、课程结构与特点、教学方法与手段、测试与评估、师资要求与培养等进行了深入的探讨和细致的分析,而后撰写了本系列教材的编写大纲,确定教材的类别,选定教材目录,讨论和审核样稿。经过两年多的努力和辛勤工作,终于迎来了"翻译专业本科生系列教材"的出版。

本系列教材由翻译理论、翻译实践与技能和特殊翻译等数个板块组成,涉及中外翻译史论、中外翻译理论、英汉—汉英互译、文学翻译、应用文翻译、科技翻译、英汉对比与翻译、计算机辅助翻译、汉语文言翻译、同声传译与交替传译、语言学与翻译、文化与翻译、作品赏析与批评等。尤其值得一提的是,在本系列教材中还针对翻译专业学生的现状和未来发展需要,专门设计和编写了汉语读写教程,以丰富和提高翻译专业学生的汉语知识和应用能力,教材总数近 40 种,可以说比较全面地覆盖了当前我国高校翻译专业本科所开设的基本课程,可以比较好地满足和适应教学需要。

本系列教材的设计与编写,尽可能针对和贴近本科翻译专业学生的需求与特点,内容深入浅出,反映了各自领域的最新研究成果;编写和编排体例采用国家最新有关标准,力求科学、严谨、规范,满足各门课程的需要;突出以人为本,既帮助学生打下扎实的专业基本功,又着力培养学生分析问题、解决问题的能力,提高学生的人文、科学素养,培养奋发向上、积极健康的人生观,从而全面提高综合素质,真正成为能够满足和适应我国改革开放、建设中国特色社会主义所需要的翻译专业人才。

本系列教材编委会的委员和承担各教程的主编们,大多是在我国高校长期从事翻译教学和研究的专家和学者,具有相当丰富的教学经验和科研成果,都有多年指导翻译硕士和博士研究生的经历和经验,在翻译实践和理论方面有比较深的造诣。从某种意义上说,本套教材的编写队伍和水平代表了我国当前翻译教学和研究的发展方向和水准。

鉴于本科翻译专业在我国内地是首次设立(我国台湾和香港地区早已设立本科翻译专业),教学大纲、教材建设、教学方法和手段、师资队伍建设、教学评估和管理等还有待进一步探索和实践,有待于在办学中不断提高和完善。同样,本系列教材在设计和编写中亦不可避免地存在不足和缺陷,有待广大教师和学生在使用过程中帮助我们不断完善,使其更好地服务于我国翻译专业本科生的教学学科建设及翻译人才的培养。

——本文系作者于 2008 年 4 月为"翻译专业本科系列教材"撰写的序言

人才培养与学科建设

我国外语教育发展的若干问题思考

新中国成立 60 年,我国的高等教育取得了令世人瞩目的成绩。从 1949 年,全国仅有 206 所高校,在校生 16 万人。到 2008 年,全国高校 2 663 所(其中普通高校 2 263 所,成人高校 400 所),全国高校招生 607.7 万人,各类在学人数达到 2 907 万人。高等教育毛入学率达到 23.3%。① 普通高校本、高职(专科)全日制在校生平均规模为 8 679 人,普通高校生师比达到 17.23:1。全国招收研究生(包括博士和硕士)44.64 万人,在校硕士研究生逾百万人,博士研究生超过 24 万人。② 在中国高等教育"跨越式"大发展的背景下,外语专业异军突起,已经成为我国高校规模最大的专业之一。据不完全统计,全国设有外语学院、外语系的院校达近千所,而在外语专业内部,英语、日语、俄语专业数为最多。其中英语专业学科点发展最为快速,尤其在高校扩招这十余年中更是突飞猛进,一举成为学科点膨胀最快的专业之一。据统计,2008 年英语专业参加四级全国统一考试的学校达 751 所,考生超过 27 万人;参加八级统一考试的学校 645 所,学生超过 18 万人。根据教育部 2009 年的学科目录和有关资料统计,全国已有 929 所普通高校获英语专业学士学位授予权,其中 223(07)所具有英语语言文学或外国语言学及应用语言学硕士学位授予权,43(07)所具有博士学位授予权。快速发展的英语专业教育为我国的改革开放、经济建设、对外交流与交往、科技进步、文化教育、对外贸易和

---

① 郝平:从人口大国到人力资源大国,中国实现巨变,《新华每日电讯》,2009 年 7 月 7 日。

② 二〇〇八年全国教育事业发展统计公报公布,《光明日报》,2009 年 7 月 18 日。

社会各项事业的发展与进步培养了大批优秀的英语人才,为中华民族的伟大复兴与和平崛起作出了积极的努力和巨大的贡献。同时,英语专业建设得到了极大的发展,专业内容不断充实,学科体系不断完善,标志性成果不断涌现,学科内涵不断丰富,教育层次呈现多样化,学科队伍不断壮大。

新中国成立60年来,尤其是改革开放的这30年,外语专业教育无论是办学规模、办学模式、办学层次,还是学科建设、专业发展、学术研究,以及教师队伍建设、教学材料的更新换代、教学方法的改进和教学手段的更新都取得了长足的发展和骄人的成绩。但是在取得巨大成绩的同时,我们很有必要认真回顾、总结以往的经验和教训,认真思考存在的问题,深刻分析其成因,积极探索和展望未来的发展,使外语专业教育能够按照科学发展观的思想,沿着正确的方向和轨道,又好又快地发展,为我国的改革开放、中国特色社会主义建设和各项事业的发展与进步作出更多更大的贡献。以下就外语专业,主要是英语专业的建设与发展中数量与质量、标准与特色、教学与科研、回归与发展等关系作些思考与探讨,以求教于外语教育界的广大同仁和专家。

一、数量与质量

如前所述,改革开放30年来,我国高等教育快速发展,已从精英教育发展成大众化教育,尤其是近十余年的持续扩招,高等教育2008年的毛入学率已达到23.3%。在这一过程中,英语专业教育的发展更是令人瞩目,英语专业学科点已扩张至近千个,学士、硕士、博士(博士后流动站)各类教育层次齐全,各类在校人数超过百万,整个英语专业的发展蒸蒸日上、欣欣向荣。但是在高速发展的背景下,仍有些问题值得我们认真去思考,去探索和寻找解决的途径和办法。

近十余年的扩招使英语专业学生人数急剧膨胀,在校人数超过百万,英语专业成为扩招规模和速度增长最快的专业之一。但是,不知有关部门在扩招时是否作过人才需求的调查分析? 是否作过办学条件、硬件、软件、特别是师资力量和教学材料及设备等方面的分析? 是否作过未来人才需求规格的调查与分析? 不少学校不管现今和未来人才的需求、人才的规格,无论是否具备最基本的办学条件,一拥而上,说办就办,一个又一个英语专业学科点在匆忙中诞生了。难怪 5 年前就有人预测:不调查、不分析市场和社会需求,不研究人才培养要求和规格,不管是否具备必要的办学条件,你办我办,大家一起办,往往很难有好的结果,可能 5 年后,毕业生就业就会产生困难和问题。这一预测不幸言中,近期据有关媒体报道:英语专业毕业生的就业率已成为 2009 年 10 个就业率最低的专业之一。这不能不说是对盲目扩张、不顾条件"大干快上"的一种惩罚。

反思近几年英语专业和学科的发展,已经在很多方面出现"失调"。高校扩招,不少学校领导为完成任务,往往要求外语专业尤其是英语专业增加招生数量,其理由是:英语是"万金油",只要改革开放继续发展,英语是必需的,何况英语专业办学成本又比较低,不需要昂贵的教学设备和实验室,找几个专业的教师、一些图书资料和简单的教学设备就能办此专业。有鉴于此,全国的英语专业学科点快速增长,学生人数急增,出现了生师比失调、硬件软件都跟不上等问题。尽管与扩招几乎同时启动的全国性的圈地建大学城(新校区)的浪潮很快解决了部分硬件,尤其是发展空间的问题,但是软件的问题并不是搞几下"大跃进"就能解决的。师资队伍的数量和质量的增长与提升、学科梯队的建设与形成、学科点的合理布局与构建、学科建设的理念和学术氛围的建构与形成更不是一朝一夕之事。持续十余年的扩招,客观上导致了学生数量、学科点、师资队伍等诸多方面数量的急剧增加,而办学的质量、教学水平、师资队伍的学术水平和教学能力以及毕业生的专业水平和能力,在不少院校和地方提升缓慢,甚至下降。尽管我国每年有二三十余万的英语专业毕业生,包括为数不少的硕士和博士研究生,但高、精、尖的高端人才还是相当缺乏,供不应求。无论是综合性的高层次的国际会议还是专业的国际学术会议,口、笔译人员都不容易寻觅。据有关媒体报道:在上海所有的行业中,小时单位收入最高的仍然属各种高层国际会议的口、笔译人员,可见此类人才之缺乏,人才结构性的矛盾已显现。

改革开放 30 年来,外语教育,尤其是中小学英语教育得到了长足的发展。我国的英语教育普及工作做得相当不错,特别是大学英语教学的改革不断推进和发展,有效地整体上提升了高等教育的外语教学水平,为我国高等教育的学科建设和水平的提高奠定了良好的对外交往的基础,大大加强了学科之间的国际交流。然而,英语专业提升的速度和范围相对滞后,不尽如人意,尤其是汉译外翻译人才和某些专业领域翻译人才更是匮乏。此外,学科点快速增长,学士、硕士、博士学位授予点,以及博士后流动站等教学、科研机构如雨后春笋般涌现,但是学科建设发展缓慢,教学科研水平仍待提高,学科内涵有待不断充实丰富,原创性的标志性教学科研成果不多;论文数量每年快速增长,但创新性的、高水平的论文仍不多见。尤其是近几年评估体系中过于重视数量,学术论文呈现量增质降的趋势。有的教师为了完成论文数量,粗制滥造,甚至抄袭、作假。结果数量有了,质量没了,以致不少学校另行制定科研成果评价标准与体系,另设门槛。当然,教学与科研首先都应有一定的数量,若无数量,也无所谓质量。但现在的问题是,我们过于追求办学的规模、招生的数量、学科点的数量、重点学科的数量、论文的数量、专著的数量、精品课程的数量,甚至教授的数量,而忽视了数量背后的质量。若仅有数量而没有质量的保证,仅有可观的数字,不仅不利于学科建设和发展,还会产生误导作用。辩证地看待数量和质量,在一定的数量中求质量是我国英语专业广大教师、科研人员和管理者所面临的一个值得好好考虑、认真对待的问题。

英语专业教育应该按照国家发展战略,根据改革开放推进的需要,尤其应结合《国家中长期教育改革和发展规划纲要》的思路和要求,认真作好发展规划。英语专业教育的发展应不但能满足现今经济和社会发展的需要,也应前瞻性地作好需求调查和分析,能满足我国未来改革开放、参与国际合作与竞争和社会各项事业进步的需要,根据不同行业领域的现状和发展需要,科学地作好布局。依笔者之见,市场配置层度越高,内在运行规律就越强。战略的规划要求越高,规划的精细度就越强。因为任何的信息差、分析判断失误、缺乏战略布局和宏观调控,导致失误的概率就越大。据此,我国的英语专业教育的规模,人才的数量、规格、质量要求等,确需好好花力气作好需求调研和分析。根据整个国家的战略发展需要,不同的地区、不同的行业、不同类型的院校、不同层次的教学单位,应该有各自的战略规划,根据各自的现状、优势和特点,培养能够满足我国经济和各项事业发展需要的不同规格、不同层次、富有鲜明特点的大批高素质的英语人才。

二、标准与特色

据《光明日报》2009年7月18日登载的《二〇〇八年全国教育事业发展统计公报公布》一文报道:2008年,全国普通高等学校和成人高校共计2 663所(其中普通高等学校2 263所,成人高校400所)。按照教育部网站的划分,这些高校可分为12类:综合性大学、理工院校、农业院校、艺术院校、医药院校、师范院校、语文院校、财经院校、政法院校、体育院校、艺术院校、民族院校等。[1] 其中近千所院校设有英语专业学科点,主要集中在:综合性院校、师范院校、理工科院校、外语院校和财经、政法、民族类院校。各校招生数每届少则几十人、上百人,多则上千人、数千人不等。英语专业在校总人数逾百万,人才培养目标、规格、课程设置、教学要求、教学原则、教学方法与教学手段、测试与评估,都按《高等学校英语专业英语教学大纲》的要求和指标参照执行。

这么多院校的英语专业学科点,历史较长的逾百年,大多为1949年前成立的;有一定历史的50至60年,大多为新中国成立后建立的;大多数院校的英语专业学科点是改革开放这30年中开办和发展起来的。历史较长的专业学科点,因有上百年的历史积累和沉淀,一般都有比较好的学术传统,师资力量比较强,学科建设比较完善,教学科研力量比较雄厚,课程设置比较完整,教学理念、教学要求都比较明确,教学方法和手段也有独到之处。人才培养目标、规格也比较明确:基本上以培养英语语言文学的研究者和专业工作者(包括翻译工作者和高校英语教师)为主。新中国诞生后建立的外语院校、理工科院校、师范院校、部分综合性大学的英语系,大多是根据新中国成立后的社会主义建设需要,对外交往的政治、经济、文化、教育、科技等的发展要求而建设和发展的。经过几十年的建设、发展和积累,它们一般都有比较强的师资力量、教学科研力量,比较雄厚的学术积累,所开设的课程亦比较有针对性。教材建设也有较好的基础,教学方法和手段有较强的针对性。这部分院校大多以培养高级翻译人员、高校教师、中学教师为主。这些院校和系,为我国的

---

[1] 2006年教育统计数据:高等教育:普通高等学校校数(http://www.moe.edu.cn/edoas/websitel8/06/info33506.htm)。

经济建设和社会各项事业的发展做出了积极的努力和贡献。改革开放后,为满足经济建设和社会各项事业的发展需要,不少财经、政法、民族、农林、理工、医药、师范等院校纷纷创办外语系,开设英语专业学科点,近千个英语专业学科点中大多数是在这样的一种形势和背景下诞生的。建点时间长的近30年,短的仅数年,英语专业的学科点办学条件参差不齐。各英语学科点无论是硬件,还是师资力量、教学科研水平、课程设置、教学方法和手段、学术积累等诸方面都存有较大的差距。

那么,如何坚持英语专业学科点的办学标准?既然建立了英语专业,设有英语学科点,那就应该有一个共同的衡量标准。何谓标准?按照辞海"标准"词条的释义为:"衡量事物的规则。如取舍标准。引申为榜样、规范。"长期以来,我国英语专业学科点办学的参照、参考标准或依据主要是各个时期制订"教学大纲"等指令性或指导性文件。目前,全国所参照执行的指导性文件是由高等学校外语专业教学指导委员会英语组制订,教育部颁布的上海外语教育出版社、外语教学与研究出版社2000年出版的《高等学校英语专业英语教学大纲》。教学测试评估的主要依据和指挥棒为《高等学校英语专业四级考试大纲(2004年版)》、《高等学校英语专业八级考试大纲(2004年版)》,以及四、八级的口试大纲。同时,根据教育部的要求,高等学校外语专业教学指导委员会英语专业分委会已完成《高等学校本科英语专业规范(讨论稿)》(简称《规范》),试图用《规范》来进一步指导和指引办学,使更多的英语专业学科点达到或符合专业标准或要求。客观地说,近千个英语专业学科点,由于建点的时间不同、学校的类型不同、所处的地理环境不同、办学条件的不同,再加上办学者和管理者的认识上的差异,若要以一个大纲、一个考试评估体系作为教学和评价标准,恐怕是有困难的。其他的不说,光就学校类型的差别、培养目标的差异就难以这到一个标准制订的要求。但是,既然作为一个专业学科点,培养目标、教学目标、人才培养规格、基本素质等要求就应该有一个共同的基本的要求和标准,即:英语专业的培养目标是使学生"具有扎实的英语语言基础、宽广的知识面、一定的相关专业知识、较强的能力和较高的素质"。[①] 当然在这一要求下,还有一些比较具体的可量化的指标作为参照。也就是说,作为专业学科点,这是必

---

① 《高等学校英语专业英语教学大纲(2000年版)》,上海外语教育出版社、外语教学与研究出版社,2000年。

须达到的要求或标准,不然就可视为不合格或未达标。

目前通行的英语专业四级考试:以全面检查已完成英语专业基础阶段课程的学生是否达到了英语专业《英语教学大纲》所规定的各项英语专业技能要求,考核学生综合运用各项基本技能的能力以及学生对语法结构和词语用法的掌握程度为目的;①英语专业八级考试:以全面检查已完成英语专业高年级阶段课程的学生是否达到了《英语专业八级考试大纲》所规定的英语语言综合运用能力标准以及英语专业知识的要求为目的。② 以检查语言能力和专业知识作为英语专业学科点达标的重要依据和主要标准,这两项考试从1992年实施,至今近20年。据有关资料表明:1994年四级的全国平均分为57.63,通过率为过率为61.83%;八级为56.37和45.28%;2009年四级全国平均分60,通过率为58.6%,八级为56.85和47.33%。若以这两项考试作为检查或评估英语专业学科点是否达到办学的基本要求或标准,不考虑其他因素,那些考试不合格的学生是否完成了学业,是否达到了专业主要方面的要求和标准? 那些通过率很低的专业学科点是否达到了办学的基本标准? 显然,这些问题很值得我们思考和研究。

当然,连续五六年的本科英语专业评估,也试图通过这一手段来促进学科的建设与发展,"以评促建,以评促改,评建结合,重在建设"。接受评估的百余院校的学科点,好像未闻有不合格的,几乎全部是优秀或良好。也许被评估的院校都属办学质量名列前茅的吧。客观地说,近千个学科点,还是有一部分因各种原因存在办学质量不高、师资队伍不强、教学理念落后、课程设置欠完善、教学资料缺乏、教学方法和手段欠先进,甚至生师比失调等问题。有的院校所开设的课程无视市场和社会需要,尤其是缺乏前瞻性的分析判断,基本上有什么教师就开什么课,与市场和社会需要脱节,难以达到英语专业教育的人才培养目标和规格的基本要求和标准。英语专业学科点的建设与发展仍然有一个坚持标准,有按照标准评估和促进这些院校达到专业学科点的办学基本要求和标准的紧迫任务。不然,那些未达到四、八级规定的要求的学生是否应视为英语专业合格的毕业生呢? 当然,英语专业学生通过了英语四级考试、

---

① 《高等学校英语专业四级考试大纲(2004年版)》,上海外语教育出版社、外语教学与研究出版社,2000年。

② 同上。

八级考试,成绩合格并不代表英语专业毕业。四、八级考试的通过只能说是其英语能力达到了专业的要求,这仅仅是英语专业教学要求中很重要的一部分,是评估体系中十分重要的一项内容,而不是英语专业的全部。但是英语专业的学生通过四、八级考试则是必须或应该的。要不用人单位又会怎么看呢? 希望办学规范出台后,能进一步促进英语专业学科点的建设与发展。

坚持专业标准是希望专业学科点能够符合办学要求和规范,使其培养出来的人才达到大纲所规定的基本要求和目标。但是,我们的思维和现状往往是以"搞运动"、"冲浪"、"潮流式"的方法和方式对待某些事物的发展,往往不太按事物内在运行或发展规律办事,并且常常矫枉过正,钟摆现象已司空见惯。英语专业学科点的"跨越式"发展恐怕与这种思维方式和现象不无关系。一提到标准、规范、评估,马上又不管历史、地域、类别,无论条件是否具备,搞一刀切,结果将不同类型、不同地区、不同行业的特色或特点全部抹杀,归结原因是:只有一个衡量标准。而事实上,我国人口众多、地域辽阔、历史悠久,不同地域的文化历史、经济发展水平、地理环境等必然会呈现发展的不平衡、文化的多元化,都会打上地区、行业等的烙印。如前所述,若按学校的类别划分,可分出 12 类,不同的学校在遵循教育的基本宗旨和目标外,应该根据各自院校的特点和优势,来确定英语专业人才的培养规格和特色。事实上,由于学校类型的不同、历史的差异、办学条件的优劣和力量强弱、地区经济发展水平的不同,对人才的培养目标和规格也必然会存有差异。问题是如何将这些差异性整合调节好,转化为某些特色和优势。综合性大学,外语院校,师范院校,财经、政法、民族、外交、农医等院校,都应能在总的教学大纲的指导下,根据学校的整体优势和特点,扬长避短,突出特色,既可保证人才规格达到专业学科的基本要求或标准,又可充分扬己所长,培养出风格各异、富有特点的高素质人才来。如此一来,就可有效改变目前高校的同质化、专业的同质化,人才规格单一,要么没有、要么过剩的现象。近千所院校开设的课程,当然基础课程、核心课程应该有统一的要求、统一的标准,但各校应该有自己的侧重点和特点,形成各自的特色和优势,呈现人才规格多样化的格局。这样既可避免千万学子抢独木桥,又可实现比较科学、合理的战略布局。经过一个时期的努力奋斗和积累,逐渐形成特色和品牌,使我们的人才培养各具特色,丰富多彩,才能比较好地达到"培养具有扎实的英语语言基础和广博的文化知识并能熟练地运用英语在外事、教育、经贸、文化、科技、军事等领域从事翻译、教学、管理、研究等工作的复合型英语人才"①的目标,满足我国社会主义各项事业建设和发展的需要,满足现今和未来我国参与国际合作和竞争的需要。

三、教学与科研

高等学校的主要任务是:教学、科研和服务社会;定位是:以教学和科研为中心。也就是说,高校的教师不但要承担教学任务,"传道授业解惑",而且还要承担科研任务,尤其是与本专业、本学科建设和发展关系密切的科研任务和项目。教学中碰到的疑惑、问题,需要通过科研去探索、去分析、去研究,从而解答教学中遇到的困惑和难题。有的可能是本专业、本学科的基础理论以及本学科的建设和发展问题,具有很强的科学性和学术性,需要通过大量的实验、观察、分析,取得结论或成果;有的则是教学中遇到的困难和矛盾,需要通过科学研究尤其是定性定量的实证研究予以解答,找到成因,寻找解决的措施和方案,即:教学、讨论,产生疑问、提出问题,转化为科研题目或项目;通过科研产生成果,去充实、丰富、完善专业和学科内涵,提升专业、学科水平,促进专业、学科的发展。以教为本,以研促教,教研相长,从而形成良性循环。

然而,长期以来"科研似乎是专业英语教师的一个传统弱项,理工科院校和地方院校问题尤其突出"。② 当然,这与我国庞大的英语教师队伍、科研人员队伍、硕士以及博士生队伍都需要发表论文和出版著作,而相关的专业学术期刊和专业出版社数量偏少,难于满足发表论文和著作需要有关。但更重要的是,不少教师认为:现在工作这么忙,教学任务繁重,每周要上这么多课,改这么多的作业,能够认认真真把课上好、完成好教学任务就不容易了,哪有时间搞科研? 甚至连阅读专业书籍的时间都不多。还有的教学管理者和职能部门的领导认为:外语有什么科研可搞,外语教师就是教语言,把语言教好了就可以了。这种认识上的偏差

---

① 《高等学校英语专业英语教学大纲(2000 年版)》,上海外语教育出版社、外语教学与研究出版社,2000 年。

② 何其莘等:近三十年来我国高校英语专业教学回顾与展望,《外语教学与研究》,2008 年第 6 期,第 430 页。

严重地阻碍了英语专业和学科建设的健康发展,就不可能解决专业建设中所提出的问题或教学中出现的学术问题和教学方法和手段的问题。科学研究从某种意义上说就是解答或回答问题。问题得到了解答或回答,学科就发展了,就得到提升。那么这些答案又从何来?那就得靠教师和科研人员通过科学研究,对学术问题、学科建设问题、教学方法和手段等问题进行探索,寻找答案。教师不但要在科研中通过调研、分析、查找有关文献搞清楚某些问题的成因,较全面了解某一领域、学科的发展或成果,不断提高自己的学术水平,提高分析和解决问题的能力,又要针对存在的问题,找到答案,推动专业、学科建设,丰富专业、学科的内涵和内容。促进专业和学科的建设,保证专业、学科的健康和可持续发展。同时,也可在一个层面或水平上与同行进行学术交流。以最新的学术成果充实和完善教学内容,保证所教授内容的科学性、先进性和前瞻性。

但是总体上说,我国外语界对外语科研重视不够。正如胡文仲教授所指出的那样:"尽管我国是外语教育大国,涉及人数达数亿之多,新中国外语教育积累了 60 年的实践,有许多成果和成功经验,但是我国的外语教育理论研究一直相当薄弱,至今没有形成独立的学派,在国际上无一席之地,……外语界的科学研究和学术期刊长期以来以介绍和诠释国外的教学理论和方法为主,国外出现什么新的理论在国内立刻就有所响应。这是我国改革开放以来学术领域出现的好现象,说明我国外语教师对于国外的理论和学术进展比较敏感。但是,问题在于独立的学术研究成果比较少,具有我国特点的理论和方法也为数不多,更没有形成自己的理论系统和独立的学派。"①一方面我国众多的人口学习英语亦取得了非常成功的经验;另一方面理论上的建树比较少,没有形成中国特色的外语教学理论流派。如果说"文革"结束后的一个时期,因为 10 年的空白需要弥补,集中大量介绍和引进国外的语言学和外语教学理论十分必要。而今,除了继续做好引进介绍国外的最新理论和跟踪最新动态,理应将更多的精力集中在探索、总结、归纳,凝炼中国特色外语教学理论、实践和规律,寻找适合中国国情的外语教学理论和实践体系,以更好地服务于我国的外语教育的又好又快发展。例如:研究中国人学习外语的认知过程与特点,对英语专业的本科生进行全程跟踪,详细记录语言、文

---

① 胡文仲:新中国六十年外语教育的成就与缺失,《外语教学与研究》,2009 年第 3 期,第 168 页。

化、相关知识的认知的全过程,通过二至三轮的积累和材料分析、研究,可从中找出中国人学习英语的某些特点和规律。这样可在教学中,尤其在中国环境下教授和学习英语应采用的策略,更有针对性地高效实施英语教育。试想一下,3亿人的英语学习群体,若每一堂课增值几分钟的效率和效益,那是了不起的经济效益和社会效益。此外,语言学的研究,大致情况差不多,很多论文旨在介绍海外某一理论或方法,或是通过这一理论去分析观察某些语言现象,创新性的成果不多。我国外语教育发展很快,尤其是普及得很好,但是有些很值得我们中国学者去研究的课题往往少有人去做。例如:英汉语言和文化比较研究方面的课题就很值得去做。现在翻译中出现的不少误译或错译,往往是对两种语言和文化的了解和理解不甚深刻所致。还有现在全国都在积极倡导培养国际型创新性人才,有的将其作为人才培养目标和规格;有的将其作为人才培养的平台。但是,国际型创新性外语复合型人才到底怎么界定,人才规格、标准有哪几项等,是应该通过多方面通力合作进行综合性的调查、分析、研究才能弄清楚和搞明白的。如果一味地追求时髦,无视未来国际合作与竞争的需要,仅将其作为一个口号,恐就失去了其应有的价值和意义。

现在许多高校,几乎是所有高校都设有自己的研究机构,院系一级设有各类相关的研究室(所),校级等设有研究中心或研究院。这些研究机构除了开展与本学科相关课题的研究外,还承担了不少国家级和省部级的科研项目或课题,为我国的科学事业的发展和进步作出了积极的努力和重大的贡献,促进了学科的建设与发展,繁荣了学术研究,高校科研机构已成为我国科学研究方面一支不可或缺的重要力量。但是近几年的评估体系权重偏向考核是否是国家级的研究基地;是否承担了国家级的社科规划项目、省部级的项目;在核心学术期刊上发表了多少篇论文,出版了多少专著等。这是很有必要的,也是必需的。然而,在呈现量化考核的导向下,难免出现一味追求数量、忽视质量的现象,结果导致量升质降,量多质次。有些项目验收通过了,就此了结,往往对学科的建设和发展所起的推动和促进作用不大。这里有几个问题很值得我们去思考:高校科研机构的建设与发展与行业的、社会的或部委的科研机构的发展有什么共性与个性?高校所创办的科研机构的基本任务与特色是什么?一般而言,既然是科研机构,那当然无论属什么行业、哪个部委都是专门从事科学研究的机构,必须承担科研项目和课题,必须支持和服务于经济建设和社会进步。然而,除了承担国家项目、服务社会外,高校的科研机构还承担着一个很重要的职责:支持和服务于本专业、本学科的基础研究,支持和服务于本专业、本学科的建设和发展。不但要研究专业、学科本体的发展和提升,而且要解答和解决在教学中出现的或遇到的各种学术问题和方法问题,要服务于教学质量的提高,针对专亚、学科建设的提升升展科研工作。通过科研工作,解答和解决专业、学科的学术发展问题,以取得的成果不断充实、丰富教学内容,促进专业学科建设,提升专业学科发展水平,从而不断提高教学质量,培养出更多更好的掌握最新学术信息,能够参与国际交流、合作和竞争的高素质的优秀人才。这是高校科研机构有别于其他科研机构的一个很重要的特征,也是高校科研机构义不容辞的职责。

四、回归与发展

近年来,外语工具论和外语专业人文学科论的讨论和论争甚是活跃。外语工具论赞同者认为:外语就是一种交际工具,有了或掌握了这个工具就可有效地服务于所从事的各种学术和社会活动。人文学科论认同者认为:外语不仅是工具,而且是一门人文学科,在语言的载体中包含了极其丰富的人文性,应该是一门人文学科、一门社会科学。客观地说,语言首先是一种交流、交际的工具,是内容和思想的载体。但是,语言一旦用于交流或交际必然就赋予或承载信息、思想或情感等诸方面的内容。这些内容从各方面体现了人文性、人文学科的特征。因为从某种意义上说,没有不承载信息或内容的言语活动。可以这么认为:语言既是工具又是人文科学。如果一定要区别外语是工具还是专业或人文科学,那就取决于语言学习者或使用者的意图或目的如何。工具论者使用这一工具完成任务、达到目的,就像利用一种交通工具到达某一目的地;人文学科、专业论者,则不仅将语言作为获取信息、达到交际目的的工具,而且是对其本体的认识和了解,对本体的知识和相关知识的了解和掌握及研究就具有很强的专业性和科学性,赋予丰富的人文思想和内涵。

就我国目前的外语教学而言,大学外语(公共外语)的教学目的是帮助学生掌握一门外语,为获取专业、学科信息,参与国际交流、合作和竞争服务。尽管工具性目的十分明确,但在整个外语教学中,仅以工具论的观点去教授语言恐怕是难于奏效的。不难想象,若将语言教学看作教授和训练一种形式,这样的外语教学恐怕是难于取得好的效果的。而对于外语专业学生,不但必须掌握语言这一载体,而且必须学习和掌握其专业特征鲜明的语言知识、语言技能、相关文化知识、相关专业知识,从而构成很强的专业、学科特征。不少人认为,这几年我们过分强调外语教学的工具性,而淡化或不够重视外语教学中的人文精神和人文性的特点。主张或倡导外语专业教学回归到人文学科、人文通识教育,回归语言教学的本质。也就是要通过语言教学,培养人文精神,塑造"博雅之士"。英语专业教学除了打下扎实的语言基本功,培养听、说、读、写、译的能力,还要十分重视和突出英语专业教学的要求和特点。也就是说,不但要掌握语言使用的技能、语言应用能力,而且要学习语言学知识、文学知识,文化历史知识,了解人类的思想精华,培养和提高思辨能力,增强对各国民族文化的敏感性,造就对人文学科具有较高悟性的专业人才,而绝不仅仅将英语专业教学全部集中在语言技能的训练上。因为,英语专业学习并非仅仅是英语语言训练,掌握英语使用技能。英语专业学生还应该学习、了解、熟悉和掌握许多人文学科方面的知识和内容,诸如文学、语言学、文化、历史以及相关专业方面的知识或内容等。这样才能避免产生一种现象,即英语专业学生英语语音、语调、语法、用词都比较准确和规范,言谈亦比较流利,但一旦深入至某一专题讨论,便难以深入下去,显得知识面不够宽、专业方面的知识不多、思辨能力不强等。这一现象本身也说明了英语专业的学生仅仅具备英语应用的技能而缺乏专业内容的教学或培训是远远不够的。

还有一种观点认为:我国的英语专业教学应回归到 20 世纪 60 年代初的轨道上来,认为这一时期的英语专业教学是新中国成立后最好的时期之一,培养了一大批优秀的英语专业人才。这一观点的合理性值得商榷。首先,60 年代初期是否是我国外语教学的最佳时期值得探讨。那时,我国的外语教学主要学习和模仿苏联。若与今日的外语教学尤其是英语教学比较,那无论是人才培养目标、规格、课程设置、教学方法和手段、教学材料、评估方式和手段等,都恐怕难以望其项背;其次,现今的市场和社会需求和我国所处的国际环境,以及国家的发展战略和那时的形势和情况完全不同,甚至根本无法同日而语。面对新的形势、新的情况、新的任务和新的目标,英语专业的教学不但要按照专业、学科的发展规律运行,而且还要充分考虑到我国的国家发展战略,服务于中华民族的伟大振兴和中国的和平崛起。人才的培养目标和规格与 20 世纪 60 年代有很大的不同,围绕着人才培养的目标、规格和数量,其课程设置、教学方法和手段、教学材料都有诸多差别。英语专业教学必须根据现今的状况和需要,坚持与时俱进,无论是教学内容、教学材料、教学方法和手段,甚至评估体系和手段都应该不断更新和充实,不断丰富和发展,以满足形势、任务所提出的新要求和新目标。事实上改革开放 30 年来,我国外语教育尤其是英语专业教育较之上世纪 60 年代初,无论在学科体系、专业内容、教学手段等方面都有了很大的发展和提升,并且日趋合理和完善。无论是办学理念、人才培养目标与规格、课程设置、评估体系等,不断满足和合乎市场及社会的发展需要,呈现人才规格的多样化、国际化。积极借鉴、参考国外举办外语专业的办学模式和经验,尤其是英美、欧洲、亚洲各国外语教育的有益经验,不断改善和提升我国英语专业的教育模式和质量是我们应努力做好的一项工作。

五、结语

综上所述,新中国成立 60 年来,我国的外语专业,特别是英语专业教育快速发展,无论是专业学科点、教育的层次类别、办学规模和在学人数,还是专业、学科建设和发展、学术水平和科研成果都达到一个崭新的高度。专业内容、学科内涵不断充实、丰富、完善,为我国高等教育事业的发展、为改革开放和中国特色社会主义建设事业、为中华民族的伟大复兴、为中国的和平崛起作出了积极的努力和重大的贡献。然而,面对 21 世纪的机遇与挑战,我们应该按照科学发展观的思想和要求,站在国家发展战略的高度,放在国际合作、交流和竞争的格局中来审视和观照我国外语专业教育的现状以及所面临的挑战和发展机遇,认真总结经验教训,汲取世界各国的有益经验,采取有效措施和对策,妥善处理好外语专业教育中存在的一些矛盾、困难和问题,尤其是要处理好规模与需求、数量与质量、标准与特色、教学与科研、回归与发展等诸方面的关系。扬长避短,努力创造具有中国特色的外语专业教育的办学模式、理论和实践,使高等外语专业教育能够继续按照科学发展观的要求,健康、稳定、可持续快速发展。本文所谈的一些观点、看法仅为本人一孔之见,难免有失偏颇,敬请同行批评指正。

参考文献

[1] 高等学校外语专业教学指导委员会英语组.高等学校英语专业英语教学大纲[Z].上海:上海外语教育出版社,2000.

[2] 高校英语专业八级考试大纲修订小组. 高校英语专业八级考试大纲[Z]. 上海:上海外语教育出版社,2004.

[3] 高校英语专业四级考试大纲修订小组.高校英语专业四级考试大纲[Z].上海:上海外语教育出版社,2004.

[4] 何其莘等.近三十年来我国英语专业教学回顾与展望[J].外语教学与研究,2008,(6).

[5] 胡文仲.新中国六十年外语教育的成就与缺失[J].外语教学与研究,2009,(3).

[6] 胡文仲,孙有中.突出学科特点,加强人文教育[J].外语教学与研究,2006,(5).

——本文于 2009 年 12 月发表在《中国外语教育发展战略论坛》文集中

做好外语图书出版工作，服务于外语学科建设与学术繁荣

在改革开放 30 年时间里，我有幸从事外语出版工作 26 年。

1982 年 9 月至 1993 年 1 月，除 1987 年 7 月起赴美任访问学者一年之外，我一直从事《外语界》杂志（包括它的前身《外国语言教学资料报导》）的组稿、审稿、改稿、定稿和行政领导工作，得到了很好的锻炼，不但学习和掌握了编辑工作的基本要求和技能，了解和熟悉了外语界的教学科研现状与发展方向，而且结识了一大批外语教师、知名专家和学者，与其建立了深厚的友谊，为以后我在上海外语教育出版社（以下简称"外教社"）开展工作做好了厚实的铺垫。

1993 年 1 月，我奉调来到外教社担任副总编辑，后来任副社长、常务副社长，1997 年 12 月起任社长至今。我先后分管或主管过中小学英语、大学英语、期刊的编辑出版工作，直至负责全社的编辑、出版、经营管理工作。尤其任社长的 11 年里，我深感责任重大，无论是产品研发、制作生产，还是市场推广营销、经营管理，头绪多、任务重，时时深感如履薄冰、如临深渊。图书质量、特色、前瞻性、竞争力、营销创新、市场满意度、经营管理的效率、效益等指标，时刻在我脑际环绕，唯恐稍有不慎而出差错，愧对领导和广大职工，真是一点都不敢懈怠。11 年中，我在学校党政和上级主管部门的领导和指导下，在社会各界的支持和帮助下，在全社职工齐心协力和共同努力下，实施了"四个一百"工程，优化图书结构，做大做强教材、学术著作、工具书，带动读物、教参、数字出版的快速发展；全面打造营销队伍，调整市场布局，控制和维护好终

端市场;加强经营管理,以人为本,实施科学管理;全面重视和树立"产品是第一位的、营销是关键、管理是保障"的经营理念,全面实施品牌战略和出版、科研、教育互动战略,从而将产品单一的外教社发展成为我国最大最权威的外语教材、学术著作、工具书、教学参考书、外语读物和学术期刊及电子出版物的出版基地之一。2007年外教社出版图书1 300余种,其中新书400余种,数字出版物100余种,重版率70%以上。从1979年12月建社至今29年来,外教社累计出版24个语种的图书6 000余种,总印数逾5亿册。自1998年以来,图书销售每年增长5 000万元,利润增加1 000万元以上,实现了连续9年的快速增长。2007年销售码洋逾6亿元,利润逾亿元。据上海市新闻出版局出版数据通报:外教社的总资产报酬率、净资产收益率、保值增值率、销售利润率、主营业务利润率、成本费用率、销售增长率等指标均处于上海出版行业领先地位。在出版主业稳固发展的基础上,外教社建立了教材与教法研究中心、出版物研究所、出版发展研究所、教高培训中心和7个下属图书发行有限公司,还自筹资金建造了一栋现代化、智能化、多功能的17 000平方米的12层出版大楼,为出版社的更好更快发展奠定了扎实的基础。

(一) 教材出版与学科建设

绝大多数的高校出版社,可以说99%的大学出版社,都是诞生在改革开放中并伴随着改革开放的步伐成长、发展和壮大起来的。"文革"10年中,高等教育遭受摧残,教学秩序被搞乱,教学设备惨遭破坏,师资队伍遭受重创。高考恢复后,教师队伍青黄不接、教学材料缺乏、教学设备落后、教学手段陈旧等一系列困难亟待解决。针对教科书缺乏、大量教材急需编写出版的问题,教育部与文化部出版局决定在一批有条件办出版社的高校创办大学出版社,上海外语教育出版社便是其中产物之一。教育部的思路是:当时大批教材尤其是很多学科建设和发展急需的教材亟待出版,按当时社会出版社的编辑出版力量,无法完成这一任务。教育部有关部门便将这一任务交给了大学出版社来完成。据此,中国大学出版社所承担的职责、任务和使命中最重要的一项便是出版高等教育各学科所需要的教材。外教社从诞生之日起便将出版高等外语教育所需的各级各类教材作为义不容辞的责任。通过教材出版,促进学科建设和发展,创新教学理论、方法和手段,支持教师发展,促进师资队伍建设,提升教学质量和水平。

1985 年新修订的《大学英语教学大纲》(高等学校文理科本科用)经国家教委批准颁布后,外教社便积极投入力量,编辑出版按大纲要求编写的《大学英语》系列教材。该系列教材由复旦大学、北京大学、中国人民大学、华东师范大学、武汉大学、南京大学 6 所著名高校联合编写。整套系列教材分为《精读》(1—6 册)、《泛读》(1—6 册)、《听力》(1—6 册)、《快速阅读》(1—6 册)、《语法与练习》(1—4 册)。同时,根据当时一部分高校的要求,还编写了《精读》(预备级)2 册、《泛读》(预备级)2 册。每一种教材根据需要都编有相应的教师用书。这一系列教材出版后,引发了很大的震动,因为此前没有一套非英语专业教材有这么大的规模或提出过听、说、读、写、译技能的各自要求。从某种意义上说,教材的规模甚至与英语专业教材没多少差别。1986 年出版试用本的时候,由于时间紧,根本没有办法按常规的出版要求出版。为了赶时间,做到课前到书,只能采用打字后小胶印的办法解决,第一次仅印了 6 000 册。教材出版后,主要通过新华书店销售,但一年下来,销售业绩很糟糕,只销售了几千册。面对这样的状况,怎么办? 得另辟蹊径。外教社发行部的同志们背着教材一个学校一个学校跑,挨家挨户做推介、销售工作。根据教师们的要求,并在教育部高教司外语处的支持和指导下,1986 年外教社在兰州大学召开了第一次《大学英语》教学研讨会,请教材主编宣讲教材编写的理念、定位、结构、特色和如何使用等,并请有丰富经验的老教师进行示范课教学。这次研讨会产生了很好的影响和效果。此后,这一行之有效、颇受教师们欢迎、有利于提高教学质量和水平的教学研讨会,外教社坚持到今天,并在实践中不断提高和完善,为大学英语教学质量和水平的提高、教师发展、师资队伍建设作出了积极的努力和贡献。至今外教社已培训外语教师十余万人次。每年的教师培训工作列为外教社重要的日常工作,尤其是从 2006 年建立了教育培训中心后,根据出版和教学的需要,外教社将师资培训列为整个出版工作的一部分,作为实施出版、科研、教育互动的一个重要环节,无论是对信息的收集、教学理念的传播,还是对教材的有效使用,教师教学能力、学术水平的提升和视野的开阔都起到了积极的作用。

外教社始终将外语教材的编写出版视作整个出版工作十分重要的

内容和组成部分，着力打造品牌，不断创新编写理念、编写原则、方法与手段，并积累、创建了编写大型系列教材的经验和操作体系，已成为我国大型系列外语教材的范例，被不少出版社和编写者仿效。外教社建社近30年，出版了一大批各级各类外语教材，很多都是全国唯一的，如：从小学英语到研究生英语的一条龙教材，全国外国语小学、外国语中学英语系列教材，高校英语专业本科生系列教材，德语、法语、日语、俄语、阿拉伯语、西班牙语等本科生系列教材，英语专业研究生系列教材，全国翻译专业本科生系列教材，全国翻译专业硕士研究生系列教材等等。这些系列教材比较全面地涵盖了为达到人才培养目标和规格所需的语言知识、语言技能、文化知识和相关专业知识等诸多方面，并根据不同地区和不同院校的要求和特色，有的教材不止一种版本，大学英语教材就有：《大学英语》（第三版）系列教材，《大学英语》（全新版）系列教材，《新世纪大学英语》系列教材，《通用大学英语》，《大学英语》（创意系列），《大学目标英语》系列教材等近20种；英语专业教材有：《新编英语教程》（修订本），《交际英语教程》（核心课程），《新世纪高等院校英语专业本科生系列教材》，《英语》（供师范院校英语专业用）；高职高专英语教材有：《新世纪高职高专英语系列教材》，《新标准高职高专英语系列教材》等。这些系列教材几乎全都是各个五年计划中的国家级规划教材，总数逾千册。在这些教材的策划、组织、协调和编写出版的过程中，外教社依据自身的专业背景和信息、作者资源优势，举全国外语界之力，有的新型学科还特邀海外作者参与编写，尽力实现或达到质量较高、特色鲜明、前瞻性强、体系完备等目标。策划和组织这些教材的编写出版往往需要和迫使我们对教学文件进行深刻的理解和解读，对社会需求（尤其是今、明及未来地区的和全局的需求）进行广泛的调查和分析，对师资队伍的状况以及教学方法和手段以至评估体系等进行全面的调研、考察和思考。由于前期的基础工作比较扎实，所以外教社出版的教材往往有比较长的生命周期。《大学英语》（第三版）、《新世纪大学英语》系列教材分别被教育部评为精品教材和推荐使用教材，已成为教材的市场领导者。有的教材通过不断修订，二十多年仍保持着较强的竞争能力和优势，仍占有相当可观的市场份额，经受了市场的考验和洗礼，并荣获教育部高等学校优秀教材特等奖、一等奖等诸多奖项，有的奖项可能是至今绝无仅有的。随着科学技术的不断发展，外教社坚持与时俱进，在全国率先开发了支撑教材发展的多媒体教学辅助光盘，使平面教材走向立体化、电子化、数字化、网络化。外教社开发的《大学英语》(修订本)精读(1—4册)多媒体教学辅助光盘获得了教育部国家级优秀教学成果二等奖(一等奖空缺)、广东省优秀教学成果一等奖的殊荣。可以说通过教材出版,外教社开发了作者资源,组织起了一支强大的作者队伍,构建了学术信息渠道;了解和熟悉了外语教育的需求和规律,同时锻炼了编辑、出版、营销和经营管理队伍,更好地服务于学科建设、服务于人才培养、服务于我国外语教育事业的发展。

此外,外教社十分重视各类外语学习图书和教学参考书的开发,大力打造外教社读物丛书,满足从小学、中学、大学直至研究生教育各阶段、各层次读者对阅读材料的需求,提供形式多样、内容丰富的阅读材料。创新出版形式、方法和手段,经典名著、通俗文化、百科读物门类齐全,有声读物、注释读物、外汉对照读物等相互呼应,互为补充和促进。"外教社大学生英语阅读文库"、"中学生英语阅读文库"、"外教社新课标百科阅读丛书"、"英美文学名著导读详注本系列"、"外教社英语拓展阅读系列"、"外教社英美文学名家生平系列"、"外教社法语分级注释读物"、"外教社德语分级注释读物"等十余套读物,颇受广大读者的认可和欢迎,取得了良好的社会反响和经济效益,有效地配合了外语系列教材的使用,使其真正实现或达到编写的预期目的,贯彻新的理念、方法和手段,提高教学效果,提升教学水平。

(二) 学术出版与学术繁荣

大学出版社要为整个社会和高等教育的发展提供智力支持和精神动力。外教社不但关心外语教育的普及工作,更将着力点放在提高上,放在学术水平的提升、外语学术的繁荣上。出版学术性强的、读者群有限的、提升学术水平的、服务于学科建设和发展的图书应是外语专业出版社义不容辞的职责。只有外语学科的学术成果得到及时的反映、出版、传播,促进了学科建设和学术繁荣,促进了人才培养,外语出版事业才有可能发展和繁荣。建社近30年来,外教社始终坚持全心致力于中国外语教育事业的发展,坚持学术出版服务于学术研究、服务于学科建设、服务于人才培养和改革开放的发展。至2007年底,在外教社出版的

1 300 种畅销图书中,学术著作逾 400 种,占了整个畅销图书品种的近三分之一,而且常销不衰,颇受外语研究者和工作者的欢迎和好评。可以说,这在全国大学出版社中是不多见的。外教社在 20 世纪 80 年代中期策划和组织编写的《现代语言学丛书》、《外国文学史研究丛书》、《美国文学译丛》等在外语界留下了深刻的印象,对当时的语言学、外国文学、美国文化的研究发挥了十分重要的作用,对外语学科的建设、内涵的拓展以及研究生教育的发展都起到了很大的促进作用。有不少选题都是填补国内空白或是开创先河之作,因而先后都获得了很高的奖项。进入 90 年代后,外教社根据我国外语学科发展的需要,积极策划和出版了《当代语言学丛书》、《牛津应用语言学丛书》、《剑桥应用语言学丛书》、《迈向 21 世纪的语言学丛书》、《国外翻译研究丛书》、《外教社翻译研究丛书》、《外教社 21 世纪语言学新发展丛书》、《外教社认知语言学丛书》、《外语教学法丛书》(英语版)、《外教社跨文化交际丛书》、《剑桥文学指南丛书》、《外教社外国文学简史丛书》、《外国现代作家研究丛书》、《中华文明书库》、《外教社博学文库》等。此外还出版了各类学术专著、论文集和学术参考书一百多种。这些学术著作的出版反映了当今外语领域的最新研究成果,促进了学术交流和学术繁荣,促进了学科建设与发展,亦促进了人才培养。不少知名学者和教授都把外教社称作“教授的摇篮”。这些学术著作的出版给外教社带来了可观的社会效益,在外语界树立了良好的形象,为打造品牌奠定了很好的基础,集结了一大批优秀作者,赢得了读者良好的口碑,也为学科建设、学术繁荣作出了努力和贡献;同时亦给外教社创造了很好的经济效益,有的重印数次,销售达几万册。有一次,我社一位资深编辑在得知我们准备引进《牛津应用语言学丛书》时提出异议,认为肯定亏本。当时我说:“肯定有社会效益,而且有可观的经济效益。因为我国改革开放后许多教学理念、教学方法和手段等都借鉴这些著作的成果,这些书出版后应是外语教师必备的学习材料。”结果,这套书出版后半年内重印了 5 次,销售了 15 000 余套,效果出人意料的好。后来,上海市新闻出版局的一位领导来我社调研,也询问了我们出版学术著作的理念和风险控制等问题。我说:“出版学术著作我们遵循了专业性、唯一性、学术性、创新性、前瞻性、积累性、填空性和规模性等原则。”听完汇报后,他说:“我理解了外教社为什么敢于出这么多的学术著作。”可以说,凡是外教社主动策划和组织编写或引进出版的学术著作几乎都有可观的社会效益和经济效益,都具有较好的文化、学术积累价值和较长的生命周期,这是我们出版社重要资产的一部分。此外,外教社还出版外语学术期刊,其中《外国语》、《外语界》、《中国比较文学》、《阿拉伯世界研究》、《国际观察》以及《英美文学研究论丛》等在学术界和外语界颇有影响,大部分都成了核心期刊和中文社会科学引文索引(CSSCI)来源期刊,有力地支持和繁荣了学术研究。

(三) 工具书出版与理念、手段创新

作为外语专业出版社,外教社一直重视工具书的出版,将其视作学科建设和学术繁荣的一个重要组成部分,亦作为服务于外语学科建设必不可少的内容,积极主动策划和组织开发专业性较强的工具书,以支持学科建设与发展。经过近十年的努力和运作及重点开发,形成了语言、专科、百科类辞书合理匹配、大中小型辞书各具特色、各语种辞书兼顾的格局。当然,在工具书出版方面,外教社并非一帆风顺,也有过挫折。由于建社之初及之后较长一段时间里,外教社将主要精力放在了外语教材和学术著作的出版上,对工具书的出版没有进行过战略规划,常常是作者提供什么书稿就出什么产品,没有形成短期、中期、长期的规划,对于市场的需求和容量等没有进行细致的调研和分析,以致相当长一段时间里工具书的出版显得凌乱,缺乏整体布局和安排。尽管出版了上百种语文和专科类工具书,但由于缺乏针对性和市场适应性,未能收到预期的社会效益和经济效益。工具书的出版周期长、投入大、专业性强、编校要求高,出版工作者如果没有受过专业训练或不具备严谨的工作态度和责任心是很难编辑出版高质量工具书的,有的工具书可能是 10 年甚至 20 年磨一剑。90 年代末开始,外教社为改变产品单一状况,提出实施"四个一百"工程的计划,其中就是要在几年当中出版 100 种工具书,力争改变工具书出版落后的状况。我们决定两条腿走路,一方面积极策划和组织工具书的编纂,另一方面直接从海外出版社引进高质量的、成熟的、有特色的、适合中国读者需求的工具书,以弥补市场的空缺。近 10 年中,外教社先后与朗文出版公司合作,引进出版了《朗文多功能分类词典》(英汉双解)、《朗文英语联想活用词典》、《朗文汉英中华文化图解词典》、《朗文英汉双解活用词典》(最新版)等语言类特色鲜明的工具书;与剑

桥大学出版社合作,引进出版了《剑桥国际英语词典》、《剑桥国际英语成语词典》、《剑桥美国英语词典》、《剑桥国际英语短语动词词典》等数种;随后从牛津大学出版社引进出版了近40种百科分类词典,涵盖几十个学科和领域;接着从柯林斯出版公司引进了近20种各种语文类工具书和双语工具书,又从兰登书屋出版社等选择部分语文类和专业类工具书合作出版。我们采取先引进重印出版,填补市场空缺,然后组织力量翻译、汉化,以英汉双解形式出版。有的工具书光翻译就得花三四年甚至更长的时间。汉化后往往能取得比较好的效果,因为,一方面有出版社的知识含量投入,这些工具书更适合中国读者和市场的需要;另一方面版权双方共同拥有,出版社就能较长时间拥有专有出版权,一旦双语版权转让,也能获得较好的效益。尤其在电子词典、网络词典盛行的今天,转让电子版的出版权有时比出版纸质辞典的效益更佳。《剑桥国际英语词典》(英汉双解)是外教社第一部转让电子版权收益良多的辞书。值得一提的是外教社与牛津大学出版社合作出版《新牛津英语词典》的成功案例。该词典原先是上海远东山版社引进的,打算出版双语版,但该社运作了两年后,无法再运作下去,主要是缺乏可靠的高水平翻译队伍和编辑队伍,如果合约到期不能出版,已支付的近百万预付款就会打水漂。于是该社社长希望外教社能接过此项目。鉴于该词典的质量和声望,外教社欣然同意接盘出版该词典。接过已签合同,发现该词典的重印权和衍生产品出版权都没有授让。于是,外教社同牛津大学出版社就重印权和衍生产品出版权的授让进行了谈判并获得了上述两项出版权。当时是这么考虑的:翻译出版这么大规模的一本词典没有三五年时间是无法完成的,期间市场是个空白,何不让单语版先填补空白?因为该词典是全球最全的、最可信赖的、最权威的英语工具书,重印出版必然会受到广大英语教师、研究人员和工作者的欢迎。此外,双语版出版后,还应根据不同的读者需求,出版不同类型和规模的辞书,以满足不同的市场需求。结果重印版出版后,很快就实现了20 000册的销售业绩,颇受广大英语教师的好评。期间,外教社为了维护电子版权转让的合法权益又与牛津大学出版社展开了长达两年多的艰苦谈判。谈判最艰苦的时期双方都不肯作任何让步,几乎到了快要谈崩的边缘。但我们不气馁、不放弃,顶住了压力,克服了困难,最终,外教社有理、有利、有节的谈判使对方基本接受了外教社提出的条件,取得了双赢的谈判结果,保证了该词典的编辑出版工作顺利进行。2007年1月,经过全国百余位专家、学者、教授6

年时间的翻译和编审校,《新牛津英汉双解大词典》终于问世了。为此,外教社和牛津大学出版社举行了隆重的出版新闻发布会,有关职能部门、高校教师、出版社领导、新闻媒体记者等近 200 人出席了新闻发布会。一夜之间,全球最大的、最可信赖的、最权威的《新牛津英汉双解大词典》由外教社出版的信息传遍全上海,传遍全国甚至传到了海外。一年中就实现了销售 20 000 册的业绩。此后,牛津大学出版社和外教社共同向有关电子公司授权转让电子和网络出版权,获得了相当可观的社会效益和经济效益。

近年来,外教社又根据我国教学科研的需要,积极引进出版填补国内空白的、急需的、我们暂时又没有力量去组织编写的,甚至花几十年亦难以完成的项目,如《不列颠简明百科全书》为我国第一部引进的英文原版不列颠品牌百科全书。又如,近期出版的《语言与语言学百科全书》(第 2 版)14 卷本,由 70 多个国家近千名专家学者花了十余年时间在第 1 版基础上修订扩充而成,是当今世界最大、最全、最新、最权威的语言学百科全书。它的引进出版必然有益于促进我国的语言学教学与研究。

数十年来,外教社一贯坚持对引进的工具书逐字逐句审读,凡发现不适合在中国出版的内容或有悖于我国现行政策的内容和其他差错都一一与合作方协商进行修改或修正,保证了引进出版物的政治质量和内容质量,颇受合作方的赞赏,亦为进一步合作奠定了良好的基础。

在引进出版工具书的同时,外教社十分重视自主开发工具书,先后出版了《新世纪英汉多功能词典》、《新世纪英语用法大词典》、《新世纪英汉国际经贸词典》、《新世纪英语新词语双解词典》、《汉英综合词典》、《外教社简明外汉—汉外系列词典》、《英语口语词典》、《新编英汉语言学词典》、《新世纪英英—英汉双解大词典》、《汉语熟语英译词典》、《英汉军事大词典》、《俄汉军事大词典》等,获得了良好的社会效益和经济效益。例如,新近出版的《外教社简明外汉—汉外系列词典》十余个品种,由于定位准确、质量较高、富有特色,不但国内市场销售业绩良好,而且颇受海外出版社青睐,已出版的《意汉—汉意词典》、《英汉—汉英词典》、《德汉—汉德词典》、《希汉—汉希词典》等均实现了版权授让。有的已分别以多种形式转让版权,效益颇佳。

为在现有基础上全力打造外教社工具书品牌,探索科学高效的编纂体系和手段,外教社积极加强与南京大学、广东外语外贸大学、厦门大学等高校合作,建立了辞书编纂研究和开发中心,建设具有中国特色的辞书语料库和网络编纂平台。三个中心各司其职，分别就"大型双语词典的编纂系统和语料库建设"、"中国学生学习词典的编纂和语料库建设"、"海外引进版权词典的编译"等开展研究和编纂、编译工作。我们坚信，只要坚持不懈努力，不久的将来，外教社一定能够开发出更多更好、特色鲜明、质量上乘的语文和专业辞书，为辞书的编纂出版探索出一条新的路径。

（四）从平面出版走向立体化、电子化、数字化、网络化出版

外教社从 1998 年开始着手多媒体课件的开发，教育部社政司的领导不断鼓励外教社坚持多媒体课件和教学平台的开发，希望尽早获取电子出版权。当时，社里了解和熟悉多媒体课件开发的人员很少，只能边学边干。恰逢那年在上海召开全国高校外语多媒体课件开发研讨会，从会上我们学到了许多东西，并了解了有哪几所高校已有这方面的研究成果和实践经验。鉴于外教社缺乏自主开发方面的专业人才，我们决定与其他高校合作研发软件。经过比较和筛选，我们认为华南理工大学是理想的合作伙伴，该校是工科院校，计算机人才济济，而且外语力量也很强，秦秀白、郭杰克教授都是外语界知名专家。于是，我们就将《大学英语》（修订本）作为双方的合作项目。经过 3 个月的努力，课件样课制作出来了。在审看样课时发现：许多功能无法实现，原因是编写软件不行。我问："用什么样的软件才能实现这些功能？"负责该项目的同志告诉我："只能从美国进口，一个软件人民币 3 万元。"我想：省下 3 万元，结果搞出个二三流产品，还不如再追加投资，搞出个一流产品。要么不搞，要搞就搞出个一流的来。于是决定再出钱购买更好的软件。更换软件后，经过双方一年的艰苦努力，1999 年底第一册多媒体教学光盘研制出来了。拿到各高校去演示，由于它的理念先进，功能齐全，语料丰富，形式多样、生动，颇受师生欢迎。结果很多高校都采用这一光盘进行多媒体辅助教学，有效地支持了教材的使用和开发，教学效果有较好的提升。此后，外教社不断听取用户反馈，不断完善产品。2002 年在教育部组织的全国多媒体课件评审中，外教社的《大学英语》（修订本）多媒体课件荣获优秀

教学成果二等奖(一等奖空缺)。此后在多媒体课件开发中,外教社积极邀请有关电脑公司参与投标,通过招投标筛选合作对象,取得了非常好的效果。

2002年起,教育部实施新一轮大学英语教学改革。在广泛调研的基础上,教育部针对高校扩招后教学硬件、师资队伍、教学资源等出现的一些变化,颁布了《大学英语课程教学要求》,要求开展以计算机技术为基础的网络教学,以缓解师资缺乏、教学资源短缺的矛盾。教育部委托上海外语教育出版社、清华大学出版社、高等教育出版社和外语教学与研究出版社等研制大学英语网络教学系统,并宣布以后教育部不再推荐单一的平面教材。言外之意,以后的教材出版必须是立体化、电子化、数字化和网络化的。这对出版社的教材编写出版提出了新的、更高的要求。也就是说,以后的教材出版在策划选题的时候必须将多媒体、网络教学平台系统作整体考虑,而不能仅仅考虑纸质教材的出版。按照这一要求,外教社积极组织各方面的力量,竭尽全力投入到这一项目的开发研制中去。经过一年的努力,终于完成了项目的研制开发。2003年11月在教育部组织的专家评审会上,外教社的《新理念大学英语网络教学系统》受到了专家们的一致肯定和好评,以全票通过,并向全国各高校推荐使用。这一项目的完成和受到好评,极大地鼓舞和提升了外教社开发数字网络教学系统的士气和信心。从这一项目开始,凡新开发的大型教材项目,都在选题策划时便将立体化、电子化、数字化、网络化作为教材开发不可或缺的组成部分,甚至对此前出版的大型教材项目,在准备修订时也一并提出这一要求。如此一来,大大促进和加快了外教社数字出版的发展步伐,不但使教材出版的内容形式更加丰富多彩,有力地促进了教材建设,提升了教学效果、质量和水平,也极大地锻炼了外教社的编辑队伍,提升了编辑在教材出版中的积极作用。此后,外教社先后开发了《全国高等院校英语专业本科生系列教材》主干教材综合课程、听说课程及有关文化知识课程的助学和助教光盘,《大学英语》(第三版)、《新世纪大学英语系列教材》、《新标准高职高专系列教材》、《全国外国语学校系列教材》、《新世纪九年制义务教育英语教材》等十余种系列教材的有关课程的助学、助教光盘和网络教学平台,有的已完成,有的还在开发中。从2002年起步至今,外教社的数字出版业务取得了令人瞩目的发展业绩,形成了每年复制2 200万张光盘的规模。电子出版物销售额已达到全社销售额的20%,并且成为近几年增长最快的板块。《新理念大学英语网络教学系统》由教育部向全国高校推荐使用，且已在这一平台上开发出多种教材的网络教学课程和资源库。口语考试系统和大学英语分级测试题库填补了国内该领域电子产品的空白，为有效地解决大规模口语测试和命题人员力量不足、场地问题和客观评价问题提供了解决方案；南京大学与外教社合作开发的双语词典编纂系统，是我国首个数字化词典编纂查询系统。"世博外语100句"、"世博外语300句"被列入"十一五"国家重点电子出版物出版规划。

随着网络技术的发展和互联网用户的成熟，外教社坚持与时俱进，抓住机遇，适时推出了一系列网站，并按照"母网套子网"的网站群架构模式，以外教社网站为若干网站的门户网站，各个子网站依照"功能明确、定位准确、相互链接、相互补充"的原则进行搭建。经过近几年的建设和发展，该格局已初见雏形。主网站内容丰富、功能性强，各子网也日趋完善，聚集了人气，如目前已建成的"思飞小学英语网"是专注于小学英语教学和辅导的网站，为学生和教师的英语学习和教学提供了良好的平台。"外教社有声资源网"是专注于提供图书配套录音的网站，为读者提供语音资源和增值服务。读者购买图书后，通过输入验证码从网站下载音频录音，从而使图书变成"有声读物"。这一有声资源网建立后深受读者欢迎。在建中的"外教社技术服务网站"和"外教社高等外语教育网站"将在各自领域发挥重要的作用。从平面出版到立体化电子、数字、网络出版，为传统出版增加新的血液和动力。可以说，外教社数字、网络出版方兴未艾。

（五）版权贸易、合作出版是选题开发的有效补充

改革开放以来，我国同世界各国在政治、经济、文化、贸易、外交、教育、科技等领域的交往日益频繁和广泛，有力地促进了互相了解和理解，增进了相互之间的友谊，促进了整个世界的发展。国际社会更加协调，人类社会更为和谐，各国之间的合作日渐增多，出版业亦然。尤其是1992年加入《伯尔尼公约》和《世界版权公约》之后，我国的版权贸易陡增。进入新世纪后，版权贸易更是日趋兴旺，极大地丰富了出版内容，增强了文化、科技交流，推动了经济和社会的发展，为我国的改革开放和发

展作出了积极的努力和贡献。外教社的快速发展历程,尤其是在选题开发、图书结构优化、品牌打造以及经营理念更新等方面,都与版权贸易紧密相连。经过近30年的努力,尤其是近10年的开拓进取,外教社的版权贸易得到长足发展,取得了比较好的成绩,在上海乃至全国出版界都颇有影响。目前,外教社与世界主要的教育图书出版社和出版集团,如培生教育出版集团、圣智学习出版集团(原汤姆森学习出版集团)、剑桥大学出版社、牛津大学出版社、麦克米伦出版有限公司、麦格劳—希尔教育出版集团等都保持着良好的合作关系。在版权贸易工作中,我们不断学习,不断提高对版权贸易的认识,不断提高操作能力和水平。

近30年来,外教社的版权贸易大约走过了这么几个阶段:第一阶段(从建社至90年代初),主要是输出版权。原因有二:其一,当时中国未加入《伯尔尼公约》和《世界版权公约》,国外版权的使用一般不相互授权,亦不存在版权贸易,作品拿过来用了就用了,无需得到应允;其二,90年代初,也就是1992年以来,中国和外国的版权使用都须得到双方授让。必须授权,不然就触犯了法律。境外出版社(尤其是我国港、澳、台地区和东南亚国家的出版社)发现我国改革开放后在图书出版方面已有比较丰厚的积累,而且价格十分便宜,便纷纷向我国出版社购买版权。外教社每年要向外输出几十种图书的版权,这就形成了那段时间大量的版权输出。第二阶段(90年代中期到2004年),中国的出版社大量引进海外版权,尤其是从欧美等发达国家引进,主要是这一阶段所有的版权使用都必须得到授权,而且中国的出版业正处于一个快速发展期。这与当时中国的经济、科技、教育快速发展不无关系,于是便出现了大量引进版权的高潮。第三阶段(2005年至今),是引进版权和输出版权互动期,中国的很多出版社一方面继续引进优质作品,同时又积极转让或输出版权。这是国际交流的需要,中国要了解世界,世界也需要了解中国,任何交流必须是双向的,不然很难持久或继续发展。同时,中国政府的"中国图书对外推广计划"的实施,从导向上、政策上也起到十分有力的推动作用。版权输出的成果不断扩大,贸易逆差的情况有了很大的转变。

在版权贸易合作出版的形式上,外教社也走过了这么几个阶段:第一阶段,主要是授权重印出版,例如《牛津应用语言学丛书》、《剑桥应用语言学丛书》、《牛津英语百科分类词典系列》、《柯林斯系列工具书》、《外语教学法丛书》(英语版)及一部分读物、教参等,引进后审读完,作相应修改后重印出版,填补空白或应急之需。第二阶段,改编、注释、翻译后出版,如《外教社跨文化交际丛书》、《外教社人物传记丛书》、《新牛津英汉双解大词典》、《剑桥国际英语词典》(双语版)、《展望未来》、《看听说》、《新世纪大学英语视听说》等等,通过改编、加注释、翻译成双语版,注入外教社知识和编辑含量,这样可以稳定版权的合作,又有更强的适应性。第三阶段,合作出版,共同组织编写。外教社出选题计划,提出需求和作品要求。海外出版社按要求物色作者,按中国的市场需求量身定做,如《大学英语创意系列教材》、《外教社—朗文小学英语分级阅读》、《外教社—朗文小学英语分级听力》、《新课标百科丛书》等。一般这样的合作作品往往优于直接引进的产品,更具针对性和适应性。第四阶段,国外出版社和外教社共同策划、组织开发选题,例如《新世纪大学英语视听说》。双方各司其职,各自发挥自己的优势,中外专家联袂打造,取得了非常好的效果。总之,版权贸易是出版工作的一个重要组成部分,是中外出版社交流、沟通、合作的一个重要途径,是推动出版工作发展的重要方面。

结　　语

从事外语出版工作 26 年来,我学到了许多在课堂上和书本里学不到的东西,在实践中亦得到了锻炼、增长了知识、提高了能力,结识了一大批外语界的著名专家、学者、教师,当然也遇到了各种困难和挫折。在上外领导的支持、关心和社会各界的帮助下,外教社克服了一个又一个困难,越过了一个又一个障碍,创造了令人瞩目的业绩,为中国外语教育事业的发展作出了积极的努力和贡献。我本人也先后获得了首届上海市出版人金奖、全国百佳出版工作者、上海市劳动模范、全国首届韬奋出版新人奖(2008 年又恢复为韬奋奖)、国务院政府特殊津贴等荣誉,并入选 2007 年"首批全国新闻出版行业领军人才"。这些成绩的取得,是对外教社工作的肯定和鼓励,在这里我要向所有支持、关心和帮助外教社发展的社会各界人士,上海外国语大学校、院、系各级领导以及外教社的同事们表示衷心的感谢和深深的敬意!

——本文发表于《外语界》2008 年第 6 期

　　本文原载外教社新近出版的"改革开放 30 年中国外语教育发展丛书"之一《外语教育名家谈（1978—2008）》一书。全文分三个部分：1)《外语界》杂志的创办和发展；2) 外语学刊研究会的建立和作用；3) 外语出版与外语学科建设、学术繁荣和人才培养。受篇幅限制，本书只能取其第三部分，并作了一些删节和调整。

我国翻译专业的定位与任务

一、翻译专业的合理定位

　　翻译专业经过二十多年的发展,在理论辩争和市场发展的推动下,在专家学者和广大一线教师、译者等的努力下,已经从三级学科逐步发展为二级学科,而且完善了从翻译学士、硕士到博士研究生的翻译人才培养体系。无可否认,我国翻译专业建设已经取得了很大的成绩。但作为一门新兴学科,对它进行恰当定位,分析它在外语教育体系中的地位、所面临的契机与挑战等都将有助于了解该学科的发展态势,促进其全面发展。

　　为了保证一个学科的恰当定位,我们除了进行相关社会需求和个人需求分析之外,还要了解该学科的专业发展趋势,包括毕业生当年的就业率、5—10 年之内的报酬、发展前景等,但目前本科翻译专业还处于萌芽状态,对就业趋势等方面的大型调查研究需要时间、人力、物力等,个体很难完成。而且据中国教育网(http://www.chinaedunet.com/jcjy/jyygl/2006/4/content_37827.shtml)报道,教育专家熊丙奇认为单纯以就业率来评价某专业或者根据社会、市场需求来设置专业存在一定弊端,因为某些长线专业(如基础性专业、理论性专业)虽然就业形势不太好,却是国家和社会发展所必需的。《高等教育法》明确规定"高等学校依法自主设置和调整学科、专业",而且教育部已取消了《高等学校本科专业设置目录》范围内专业的审批规定,改为备案制,并在部分大学试行了专业自主权试点。这就意味着高校拥有更大的专业设置权力,但政府还保留对"目录"外专业与控制性专业的审批权。笔者赞同国家对各专业设置进行适当宏观调控,以整体把握其规模和走向。而且高校在考虑新专业(如翻译专业)的设立时,一方面要分析市场需求,另一方面也要考虑国家、社会以及个人需求等综合因素。据有关媒体报道,英语类同传报酬为 1 天 12 000—21 000 元人民币,非英语类为 18 000 元人民币。一般一个同声传译组由 2—3 位译员组成,也就是说每人每天最低收入 4 000 元人民币。之所以价格如此不菲,主要是合格的同传译员较少,但限于设备(如翻译箱、主机、翻译器、接收机等)、师资、生源等具体条件,并非所有院校都可以开设同传专业。结合目前所搜集到的资料,从社会需求角度进行剖析,笔者认为,我们一方面要鼓励翻译专业的发展,以适应社会对翻译人才的需求;另一方面要适当控制其规模,防止不论条件具备与否就盲目设立新专业,最终出现热门专业就业难的现象。笔者在翻译专业建设基本情况调查问卷的基础上,从以下几个方面进行具体阐释,梳理一下翻译专业的学科地位、面临的机遇和挑战等问题。

第一,确定学科地位,促进翻译专业发展。在传统的外语教育体系中,翻译课程所占份额较小,翻译课教师、翻译教学研究的地位较低,容易被忽略。而随着翻译学地位的上升,尤其是翻译成为新的本科试点专业后,已经逐步摆脱了语言学、文学等的藩篱,拥有独立的教学研究领域。目前,翻译学还仅是二级学科,相关教学、研究活动尚待进一步发展、丰富和完善,而其地位在一定程度上也需要得到官方进一步的认可和更大的支持。有的学者提出,在半官方的全国高校外语专业教学指导委员会中,应该有翻译学的一席之地;建议在原有以语种划分的英语指导组、俄语指导组、日语指导组、德语指导组、法语指导组、阿语指导组、西班牙语指导组之外,再增设翻译学指导组,以表明对翻译学科发展的支持。笔者认为这一建议有其合理性,因为虽然中国译协及地方译协等机构或组织比较活跃,但并不是官方组织,且不是教育、教学专业指导机构,官方的支持更有助于强化并巩固。而且笔者认为,应该在一定市场调研的基础上,根据国家目前和未来的发展需要,组织专家学者制订专业教学大纲,在专业建设中发挥地域特色,丰富专业发展形式(如发展翻译产业,如培训、翻译公司等),建设翻译精品课程,鼓励翻译教学改革立项,以保证翻译人才的培养质量,有助于学科地位的进一步确立和学科的健康发展。

第二,抓住发展机遇,适当调整发展规模。我国目前高素质的翻译人才比较匮乏,而市场需求量相当大,这是翻译专业发展所面临的机遇。

据悉,美国权威机构对世界翻译市场的调查显示,翻译市场的规模2005年达到227亿美元。中国在不久的未来将达到200亿元人民币的营业额,发展空间巨大。而目前中国的翻译市场规模在100多亿,其中大城市所占份额较大。国内主要的翻译公司有263家(不包括台湾省、香港和澳门的翻译公司),其中北京的翻译公司约占总数的37%、深圳约为14%、上海为6.4%、广州为6.4%、南京为4.6%。现有在岗聘任的翻译专业人员约6万,翻译从业人员保守估计达50万人(http://www.tac-online.org.cn/),而且主要集中在少数大城市中,其中高质量的中译外人才缺口估计高达90%以上。随着中国图书推广计划和"中国文化走向世界"国家战略的实施,汉译外人才更是奇缺。面对这一机遇,笔者认为,翻译专业有其发展的广泛需求,但具体发展规模、发展趋势等方面的界定需经缜密的市场调研以后方有定论。要充分考虑不同地区、不同院校的差异性,不可盲目统一设立口译、笔译、机器翻译、同传等专业。北京、上海、广州等城市对翻译人才需求量较大,有条件的地方院校就可以重点发展翻译专业,并突出地方特色。譬如河北师范大学、复旦大学、广东外语外贸大学试点招收翻译专业本科生,在专业建设中分别突出了机器翻译、人文底蕴、复合能力等各自不同特点。

第三,分析所面临挑战,逐步完善翻译专业建设。虽然有的院校有一定办学经验,但毕竟存在摸着石头过河的风险,究竟应该培养哪一类人才,所培养的翻译人才能否达到培养目标、是否满足市场需要,都尚待探索和实践检验。众所周知,与市场关系密切的专业往往过分细化,针对性较强,功能性亦相应比较强,容易忽视人文学科教育,缺乏战略考虑。因此在教学中如何充分发挥高校的教育功能,使学生成为德才兼备、知识广博、能力较强的人才是翻译业内亟须考虑和解决的问题。而且在翻译行业中,其行业标准、行业规范、行业培训等方面也需要进一步强化或加强。诚如鲍川运(2004)所言,在翻译培养的手段和体系方面缺少明确共识,主要因为很长一段时间内翻译行业没有资格标准。譬如说,目前翻译方向或专业很热门,主要表现在选择翻译方向的研究生越来越多,大学生甚至中学生的"翻译考证"越来越热,但如何保证研究生的培养质量,如何提高翻译资格证书的可信度、提升其含金量也是一个不可回避的问题。翻译教学界应尽量尝试在文学翻译和实用翻译、知识拓展和能力培养、理论建设与实践应用、翻译通才教育以及翻译专才教育、学校翻译人才培养和翻译培训等之间寻求平衡,以切实解决目前翻译专业中所存在的问题。

我国是翻译大国,但更要成为翻译强国,翻译人才的数量仍需进一步扩大,质量有待进一步提高,翻译市场亟须规范。近 20 年来,翻译专业虽然"小荷才露尖尖角",初步显示了蓬勃的生机,但其专业发展需要多方的共同努力。翻译业内应该在对翻译学、翻译教学、教育学、心理学等基本理论熟悉的基础上,对翻译现状、社会需求和发展趋势客观评估,既不夜郎自大,也不妄自菲薄,切实做好翻译专业的合理定位,制定近、中、长期发展规划,编写出完整的教学计划,以培养高水平的翻译人才。

二、人才培养目标与培养模式

前面我们从宏观视角阐述了翻译专业的定位问题,下面将进行具体的阐述,从目标和模式角度分析翻译人才的培养问题,并尝试对翻译人才进行分阶段和分类研究,希望对翻译专业教学体系构建有所裨益。

(一) 人才培养目标

在阐述人才培养目标之前,让我们先看一下有关课程教学目标的定义。《朗文语言教学及应用语言学辞典》将其分为两类:一类为总目标(general objectives, or aims),为教学的基本原因或目的(the underlying reasons for or purposes of a course of instruction);另一类为具体目标(specific objectives),指一门课要达到的目的,详细描述学生在教学最后一阶段必须能做的事。其实这也是教学目标在较宽泛与较窄两个层面的界定:较宽泛层面上指课程设计者预计学生能达到的一般性教学目标或目的;较窄层面上指学习者通过课程学习在知识、能力等方面所能达到的具体专门目标(所掌握的知识领域,在听、说、读、写、译等方面能获得的具体技能等)。笔者尝试借助这一定义的分类,提出翻译人才培养包括宏观的总目标(如本科生、硕士生、博士生学历学位教育目标,阐明人才培养的基本原因或目的)和具体的阶段性培养目标(如每一学年、每一学期、每一门课程等的目标,阐明学生通过阶段性学习所能达到的水平)。其中,阶段性培养目标中所涉及的课程教学目标又可以分为总目标和具体目标两类。

翻译作为一门新兴学科,各院校相关人才培养目标不一致,有的强调复合型人才,有的强调翻译通才,有的强调译员教育,不一而足。限于篇幅,笔者不可能将各阶段、各课程目标逐一阐释,现仅在翻译人才分类的基础上,从宏观角度分析翻译专业本科和研究生教育中的人才培养总目标,并剖析两者之间的传承关系。

首先讨论翻译人才的分类问题。戴炜栋等(2006)指出,高素质的外语人才可以粗略地分为学术研究型和应用职业型。这两种人才都具备专业及相邻专业知识,具有学习—实践—创新的能力以及高尚的人品、道德等,只不过在知识领域、能力侧重、创新研究能力强弱等方面存在一定差异。笔者认同这一观点,但认为翻译人才虽然可以分为学术研究型和应用职业型,可如果结合具体翻译教学实际,将之分为翻译通才和专门性人才,则更为妥帖和确切。这主要是由于该分类一方面体现了翻译的学科融合性(翻译为杂学,译者为杂家),另一方面表现出翻译理论和实践的均衡发展。当然,通才、专门性人才、学术研究型和应用职业型人才之间有一定相关性。具体说来,翻译通才充分体现出学习者学术研究能力和职业技能的平衡发展,该类人才既掌握一定的理论,又有较强的翻译实践能力;而如果学习者偏重于理论学术探索(如翻译理论家、翻译批评家)则更倾向于学术研究型人才;如果侧重于翻译实际操练(如口译译员、科技文献译者、文学作品译者等),则更倾向于应用职业型人才。无论是典型的学术研究型还是典型的应用职业型翻译人才,均属于专门性翻译人才。而且,无论是高层次翻译通才还是专门性人才,都具有扎实的语言基础(双语能力过硬)、翻译知识、语言运用技能和翻译技能以及相关学术道德、职业道德等,当然,知识的广博程度、能力的大小、技能的娴熟程度等方面存在一定差异。

以上对翻译人才进行了分类。那么,翻译人才的分类与翻译本科、研究生教育之间存在什么关系呢?笔者认为,本科教育的目标在于培养一般性翻译通才,他们具备较宽泛的翻译知识和较强的翻译能力(如口笔头翻译能力),能胜任相应跨文化语言文字交流工作。而一般性翻译通才通过研究生教育成为高层次翻译通才、学术研究型人才和应用职业型人才。其中高层次翻译通才较之一般性翻译通才,在理论层次和实践技能等方面都更有所长。具体说来,研究生阶段一方面开拓学生的视野,强调翻译理论、翻译研究方法的掌握以及翻译科研能力的培养;另一方面加强实务训练,进一步培养翻译技能和翻译能力。当然,博与专、术与学之间的侧重因人而异。如果学习者毕业后直接参加工作,那么在工作过程中也可以通过自身的行动研究(如对翻译实践进行研究、撰写理论性专著/文章)等成长为学术研究型人才,或者通过职业教育和培训(如口译、笔译实务训练等)、工作实践等成为应用职业型人才。如下图所示:

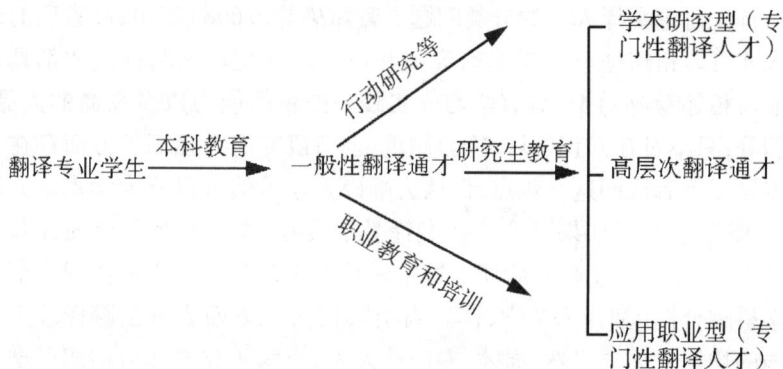

翻译专业学生 ——本科教育—→ 一般性翻译通才

行动研究等 ↗ 学术研究型(专门性翻译人才)

研究生教育 → 高层次翻译通才

职业教育和培训 ↘ 应用职业型(专门性翻译人才)

当然,我们要认识到翻译人才之间的个体差异,也就是说,所培养的人才并非如流水线上批量生产的产品一样,在知识、能力、品德等方面完全一致,因为人才是既有共性又有个性的个体。同时各人才类型之间没有固定的、不可打破的界限。也就是说,一般性翻译通才可以根据个人的特长、兴趣等,通过自身努力成为某种类型的翻译人才。譬如一位翻译实战经验丰富的译员可以结合自身经验,进行相关理论探索,在学术研究方面取得一定成就。反之亦然。

笔者提出翻译本科专业主要培养一般性翻译通才(即通用翻译人才),这也符合大多数人的看法。在"2006暑期全国英汉口笔译翻译教学与实践高级研讨班"上,多数与会者认为,翻译本科还是以培养一般性复合型通用翻译人才为主,或者说以此为基础目标,专门方向的译员培养可以留到研究生阶段进行(引自穆雷,郑敏慧,2006)。那么,究竟一般性翻译通才是如何界定的呢?复旦大学"英汉双语翻译专业"的培养目标中谈到,学习应具较强的英汉双语技能,扎实的政治、经济、文化、科技、金融基础知识,能胜任外交、外贸、独资合资企业、中国驻外机构、新闻媒体等部门口笔译工作。笔者认为这一培养目标涉及知识面、双语技能、职业技能等方面,可以比较生动地体现通才教育的目的。将这一目标与翻译专业资格(水平)考试的等级划分相对比,笔者发现,该目标超出了翻译专业资格（水平）考试中的初级（三级）要求，与中级（二级）要求相近。因为在翻译专业资格（水平）考试（http://www.catti.net.cn/FAQ.asp.）中，二级口笔译翻译应具有一定的科学文化知识和良好的双语互译能力，能胜任一定范围、一定难度的翻译工作；三级口笔译翻译应具有基本的科学文化知识和一般的双语互译能力，能完成一般的翻译工作。三级口笔译水平相当于对外语专业优秀毕业生或外语专业翻译方向本科生的要求。如果参照由外交部制定、中央职称改革工作领导小组1986年3月31日转发的《翻译专业职务试行条例》，我们看到，通过三级口笔译考试者可以应聘助理翻译（能完成一般性口译或笔译工作。从事口译者应基本表达双方原意，语音、语调基本正确；从事笔译者应表达一般难度的原文内容，语法基本正确，文字比较通顺），而通过二级口笔译考试者可以应聘翻译（独立承担本专业的口译或笔译工作，语言流畅，译文准确）。也就是说，翻译本科专业的培养目标在于培养能够获得翻译专业中级资格证书、独立承担口笔译工作的高层次人才。

结合相关论述，为适应培养高素质复合型创新翻译人才的需求，笔者尝试从知识、能力、品德、职业技能等方面来阐述本科翻译专业的培养目标。提出本科翻译专业旨在培养一般性应用复合型的翻译通才。他们具备比较扎实的语言、文化、政治、经济、金融、外贸、科技、艺术等基础知识，较强的外汉转换能力和语言学习应用能力，良好的思想道德素质、心理素质、适应能力、合作精神等，且能够胜任外交外贸、涉外企业、文化艺术、科技翻译、新闻出版、教学研究等语言文字交流工作。之所以强调应用复合型，主要是因为翻译专业本科着重应用能力的培养，且涉及的知识面比较广博，技能具有复合性；之所以强调通才，主要是因为翻译专业学生应该能够胜任一般性的语言文字翻译工作。一般说来，所培养人才能够通过国家人事部翻译专业中级资格（水平）考试。鉴于翻译为新兴专业，具体教学尚处于摸索阶段，不可能要求所有毕业生都通过中级（二级）口笔译考试，但至少通过初级（三级）口笔译考试，胜任一般性口笔译任务；而优秀毕业生在实战训练的基础上，能通过中级（二级）口笔译考试，获得翻译专业中级资格证书，独立承担口笔译工作。当然，各学校、各地区存在一定差异，因此翻译本科专业培养目标不可能完全一致，可以结合实际情况，突出地方、学校优势或特色。

（二）人才培养模式

在阐述人才培养模式之前,先探讨一下"模式"（Model）的定义。一部在线汉语字（词）典（http://www.zdic.net/）中的"模"指"法式、规范、标准"；《现代汉语词典》把"模式"定义为"某种事物的标准形式或使人可以照着做的标准样式"。《柯林斯 Cobuild 英语学习词典》中将"Model"界定为"a system that is being used and that people might want to copy in order to achieve similar results"。从这两个定义可以看出,模式本身应该是系统的、可参照的、有目的的。目前这一概念及相关研究方法已经被教育界广泛应用。教育家们尝试在确定研究目的的基础上,对教育思想、教育现象的原型进行抽象化,进一步将之转化为认识论上的模式,以切实解决具体教育问题。譬如研究翻译人才培养问题,就可以在确定人才培养目标的基础上,在一定教育教学理论指导下,对不同培养方式进行系统地概括归纳,形成一定模式,供翻译教育实践选择,同时丰富相关翻译专业建设理论。可以说,人才培养模式为理论与实践、普遍教育与个别教育实践之间的媒介,参照相关模式所培养出来的人才应该受到学校和社会等的检验,考核是否达到了一定的培养目标。笔者下面借鉴相关翻译专业建设经验,结合翻译人才培养目标,尝试从学制、培养机构、培养（模式）方式等宏观方面阐述翻译本科专业人才培养模式的问题。

首先是学制问题。目前国外有的高校除设有翻译本科、研究生教育之外,还设有翻译专科,构成了从专科到博士阶段比较完整的教育体系。但笔者认为,鉴于翻译过程以及翻译教育本身的广泛性和复杂性,2—3 年之内很难保证翻译人才培养的质量,实行 4 年本科教育能够较好地夯实人才的理论基础,使翻译理论与实践密切结合。因此,除非是出于地域性或培训性或特殊需求,笔者建议,翻译人才培养还是应以本科为起点,逐步完善从本科到博士的系列教育,包括授予翻译专业硕士学位（据悉广东外语外贸大学已经尝试进行翻译专业硕士培养,以丰富翻译人才市场）,开办同等学力翻译硕士班、翻译硕士研修班、翻译博士研修班等。当然,在翻译人才培养过程中,高校可以根据市场需求,适当改变招生方向和增减招生人数。譬如 2006 年 12 月 5 日《文汇报》刊载了上海旅游高等专科学校将于 2007 年扩招 300 名专科生,减招几十名本科生的消息,这主要是因为旅游企业更青睐能吃苦、实战能力强的专科生。

其次是培养机构。如前所述,我们的翻译人才培养任务多由各高等院校高级翻译学院或翻译系承担,为学院式人才培养。这主要是出于高校相对具有丰富的办学经验、高素质的师资和良好的办学环境。但鉴于翻译自身实践应用性较强,与市场结合比较密切,因此笔者认为,可以借鉴理工科的办学经验,加强高校与翻译公司、出版业、外企外贸、外事、旅游等单位的合作,一方面吸纳一些资深译员、翻译家、翻译评论家等兼职担当翻译教师,充实师资队伍;另一方面可以为学生提供实战场地,培养其翻译实践能力和知识应用能力,为其专业发展打下更加宽厚的基础。同时充分考虑到学生今后的就业、职业生涯取向,为他们提供更多的职业选择。

再次是培养方式。虽然由教育部审批、通过高考招生的本科翻译专业 2006 年首批只在不同类型、不同地域的三所高等院校(复旦大学、广东外语外贸大学、河北师范大学)中试点,但有的高校(如南京师范大学等)已尝试从在校大学生中选拔优秀学生进入翻译系,进行应用复合型人才培养;也有学校从大学本科二年级或三年级的学生里选拔双语(母语和外语)基础俱佳的学生,进行翻译教学和培训,使他们通过理论学习和翻译实践逐步成为合格的译员;也有的高校(如西北师范大学)尝试实验翻译方向本硕连读的人才培养模式,大一学业结束后从全校选拔学生,大二加强母语和外语两种语言文化的学习,大三以后进行翻译专业课程学习。无论采用哪一种方式,其效果都需要社会与市场的验证。杨自俭(2006)指出,翻译人才培养模式一定要开放型的。第一,特别重要的是要突出基础宽厚与知识面广(包括基础理论),因为翻译是杂家。第二,要突出的是语言实践能力,在听、说、读、写都训练好的基础上,要突出训练说与写,特别是写的能力是口笔译都极其需要的,当然包括中外两种语文写作的训练。这方面过去我们存在轻视母语写作的问题,现在应正视这个问题。第三,要突出的就是翻译基本功的训练。这方面有三个问题应引起大家关注:一是要以"文贵得体"为训练翻译能力的指导思想与追求目标;二是要严格按不同文体的要求进行不同的训练;三是口笔译都要进行全译、摘译、编译等各种变体形态的翻译训练。笔者认为,一方面要强调在本科阶段进行复合型翻译通才教育,借助通识教育、专才教育等人才培养理念,培养完整人(Whole-person),即学有专长、术有专攻,在知识(语言、翻译等知识)、能力(翻译能力、创新能力、适应能力)、品格、素质(伦理道德价值观、职业道德、学术品德)等各方面协调的全面发展的人才。这里的"通",有融会贯通之意,也就是说所培养的人才能够将不同学科的知识相互融合,在交流合作中进行跨文化沟通;另一方面应该注意人才培养的阶段性,譬如在本科四年中,一、二年级为基础阶段,三、四年级为高级阶段(提高和分流阶段)。可以在基础阶段通过开设相关课程夯实学生的语言(双语)、文化(母语与目的语文化)、翻译基本功,培养其基本的双语翻译能力;在高年级阶段根据其学习旨趣,在自愿报名和选拔的基础上适当进行方向性分流(外贸、经济、政治、语言、文学、教育、新闻、科技等),通过增设选修课、增加实习锻炼机会等激发学生的兴趣,增强他们所学知识的实用性,提高其反思能力。当然,各课程的设置比例、理论学习与实践的匹配、语言能力与翻译能力培养的侧重都会因院校、专业特色、个体差异等有所不同。同时,笔者认为,随着翻译专业建设的发展,也可以适当借鉴目前复合型人才的培养经验,考虑翻译与其他专业的复合,譬如采用"翻译+文学"、"翻译+经贸"、"翻译+企管"、"翻译+语言"、"翻译+法律"等模式培养翻译人才。具体说来,可以在基础阶段(一、二年级)就让学生根据自身学习兴趣跨系选修某专业的主干课程,夯实具体专业及语言、翻译基础,然后在高级阶段适当增加职业培训课的比重,供学生选修,以适应社会需求。当然,大学本科教育毕竟不是职业培训,翻译专业所培养的也不仅仅是译员,他们当中有一部分人还将成为从事翻译理论、翻译教学或其他涉外研究的后备军,所以突出通识教育,将人文社会科学、自然科学技术等融会贯通,培养学生的学习能力、合作能力、探究精神、创新精神等还是至关重要的。毕竟他们将根据发展和需要,随时准备担负未来翻译研究、翻译教学、翻译专业建设的主要工作,推进我国翻译事业的发展。

最后是培养途径。查有梁(1990)曾经提出,知识与能力之间的转化机制是"教学做合一",即手脑并用、个性发展、知行统一;知识与人格之间的转化机制是"真善美统一",即观点正确、方法科学、情操高尚;能力与人格之间的转化机制是"德才识统一",即接触社会、研究问题、探索创新。笔者认为,翻译人才培养中切实贯彻这些原则,有助于翻译通才(兼备语言翻译知识、语言翻译能力、高尚品德的人才)的培养。总的说来,培养形式可实行以下几个结合:一是国内外结合,四年本科最好有半年或一年到所学语言国家学习专业;二是课内外、校内外结合,应该坚持课堂授课与课外实践相结合,四年内应有适当时间的笔译和口译的实习;

三是导师负责与小组合作相结合;四是专题讲座与任务探究相结合;五是口试笔试与论文撰写、平时作业相结合,使学生确实做到 know-what、know-who、know-why、know-how,既增长知识,又提升能力。当然,这就涉及具体的课程安排、教育理念、教学管理、学业评估等问题,需要援引相关理论为依据,并在具体教育教学实践中得以检验。这些,笔者将在以下各部分进行阐释。

三、课程设置

翻译专业课程的类型、内容、分配比例等对于体现翻译专业的功能取向、实现翻译人才的培养目标、促进翻译专业建设至关重要。

(一) 课程与大纲

《朗文语言教学及应用语言学辞典》中的"课程"(Curriculum)有两方面的含义:第一,它指说明教学目的、教学内容、教学步骤、学习方式、教学评估等方面问题的教学计划;第二,它在一定意义上与教学大纲(Syllabus)互换使用。Nunan(2001)则指出,课程包含了大纲的所有因素以及对教学方法和评价等因素系统的考虑。这也就意味着课程在一定意义上涵盖大纲。一般说来,在英国教育界,Curriculum 为一所学校或一种教育制度所要实现的教学内容和目标的总和,而 Syllabus 一般指某一科目所包含的具体的教学内容。在美国教育界,Curriculum 与 Syllabus 并无区别。而我国教育界一般将 Curriculum 译作"课程",将 Syllabus 译作"教学大纲"。笔者认为,课程与大纲在研究层面和研究内容方面还是有所区别的。就研究层面而言,"课程"更为宏观,"大纲"更为具体,一个课程可以根据不同需求、不同目标衍生出不同的大纲;就研究内容而言,"课程"主要包括教学的总体目标、教学计划、教学实施、教学评价和教学管理等各方面;而"大纲"主要涉及课程具体的教学目标、教学内容的选择和分级等。本文中笔者旨在宏观解析,将主要从翻译专业建设的角度,以培养一般性复合型翻译通才为目标,来探讨总体课程设置问题,包括课程、课型、课时安排等。

（二）翻译本科专业课程设置

我们知道，《高等学校英语专业英语教学大纲》（2000）把英语专业课程分为专业技能课、专业知识课和相关专业知识课三类，其中前两者又有必修课和选修课之分，相关专业知识课则全部为选修课。总学时为2 000—2 200，4 年内呈逐步微减趋势（为学生提供更多自主时间）；同时《高等学校英语专业英语教学大纲》建议专业技能课程学时占 65%左右，专业知识课程学时占 15%左右；相关专业知识课程占 20%左右。而且，必修课、选修课的课程是可调节的，这样就给各高校英语专业提供了更多的主动权。

在课程设置方面，杨自俭（2006）指出，翻译本科阶段的学习目标是：（1）提高母语和外语的语言文化水平，主要是语言基本功和运用语言的能力；（2）打下扎实的基础知识和基础理论，应分三个部分：中外语言文学的、其他社会科学的、自然科学的；（3）掌握翻译学科本身的本科阶段的基础知识、基础理论、基本技能。刘宓庆（2003）更具体地提出翻译系四年制本科生应学的基本知识课包括：汉英基本语法（包括词法和句法）、普通语言学（包括语言符号学问题）、对比语言学、语义学、文体与修辞学、语言与文化（包括文化符号学）、美学常识、翻译与传播学和翻译与信息技术等共 10 门课，此外，还要开设翻译实务、翻译理论和翻译思想史等课程。这一观点虽然涉及翻译专业的主要内容，但似乎没有进行系统分类。姜秋霞、曹进（2006）尝试将翻译专业课程分为核心课、必修课、专业限选课、任选课、翻译实践五个模块，并提出构建以核心必修课为重点，以专业限选课为中心，以全方位的素质教育为基础，以参与性、个性化培养为特点的系统结构。笔者认为，这一分类虽然便于教学管理，但若从课程自身性质而言，按照知识、技能来描述似乎更容易理解，而且应该强调技能的培养。这一点在 Davies 对翻译本科教育定位的阐述中也可以看出。Davies（2004:41）认为翻译本科学位要在以下四方面奠定良好基础：工具性使用（即熟悉现有工具和资源，特别是新技术）；先专门化（即介绍不同领域以鼓励灵活性与开放性）；能够应用于大多数语言中的认知技能；从翻译的机械性实践转向反思性实践并能不断提升的能力。也就是说，需要培养学生的认知技能、翻译技能、反思能力和技术应用能力等。仲伟合（2003）在论及口译能力培养时也指出，本科翻译专业的口译课程设置应包括语言知识板块、百科知识板块和口译技能板块三部分。

在借鉴英语专业课程建设经验的基础上,结合本科翻译专业的培养目标和翻译自身实践性强的特点,笔者尝试将翻译专业课程分为专业技能课、专业知识课、相关专业知识和技能课等三部分,各类型课程的比例大约为 65%:10%:25%,对《高等学校英语专业英语教学大纲》中的课时比例作了微调。这主要是因为某些技能(心理素质、应变能力、耐久力、抗紧张压力等)对于某些能力(如口译能力)的培养比较重要。总学时安排可以参照英语专业的设置(最高为 2 200 学时),但基础阶段(一、二年级)学时数相对要多一些,高级阶段(三、四年级)相对少一些,而且可以充分运用跨学科师资和校外资源,为学生提供更多的选课和实践机会。翻译专业技能课和翻译专业知识课中都有必修课和选修课之分,相关专业知识和技能课为选修课,但有些选修课与必修课之间有传承关系,为限选课程。譬如在三年级选修了法律翻译入门,四年级应该选修高级法律翻译以进一步夯实该方向的专业基础。具体翻译专业课程类型、结构、描述等如下图所示:

翻译专业课程类型、结构、描述表

课程类型	课程结构	课程描述	具体课程
翻译专业技能课	语言综合技能课	旨在培养语言运用能力的综合训练课程以及听、说、读、写等技能的单项训练课程	综合英语、英语视听、英语口语、英语阅读、英语写作、汉语修辞与写作、学术论文写作……
	翻译技能课	旨在培养翻译能力的综合训练以及单项训练课程	笔译入门、口译入门、科技翻译、外贸翻译入门、外事、外交口译、文学翻译、机器翻译、法庭翻译、翻译校对与改错、广告翻译、应用文体翻译、编译、改写和译述……
翻译专业知识课	语言文化知识课	指英语语言、文学、文化等方面的课程	英语语言学、英美文化、英美文学、英汉对比、文体修辞学、英汉文化对比、金融英语、外贸英语、外交英语……
	翻译知识课	指涉及普通翻译学、应用翻译学、翻译教育等方面的课程	译文对比与赏析、翻译通论、翻译简史、翻译批评、翻译美学、翻译教育理论、翻译学、翻译研究方法……

（续表）

课程类型	课程结构	课程描述	具体课程
相关专业知识和技能课	相关学科知识和技能课	指与翻译（英汉互译）专业有关的其他专业知识技能课程	教育心理学、现代教育信息技术、文科高等数学、外交学导论、国际关系概况、中国文化概论、中西方哲学、传播学概论……

　　在解读上表时应该注意以下几点:第一,知识与技能的划分并非泾渭分明,任何课程都同时具有知识积累和技能培养的功能,无非是侧重面不同而已。第二,所列出的具体课程只是举例仅供参考,实际开设的课程应该更加丰富,而且各课程之间应有一定的相关性、连续性和层级性。所谓相关性,就是各课程应该构成有机整体,涵盖理论与实践等方面,有助于学生在拓展知识面、提高翻译能力方面形成螺旋上升态势。所谓连续性,一方面指不同年级的课程之间有一定的传承性,高级阶段的课程是基础阶段课程的延伸或发展,如果三、四年级按专业方向(如新闻媒体、法律政务、语言文学、科技文献、金融外贸、教育等)分流时,课程设置更应如此;另一方面指不同课程之间应该一脉相通、互为相关,而不能各自为政、缺乏联系。所谓层级性,就是基础阶段和高级阶段所开设课程应该符合认知规律,基础性、技能型课程应该先于探索性、理论性课程而开设,譬如综合英语、英语视听说、英美文化、笔译入门、口译入门、汉语写作、中国文化概论、现代教育信息技术等初级课程适合在基础阶段开设,翻译理论、翻译批评、英美文学、语言学、国际关系等理论性和方向性较强的课程等适合在高级阶段开设。同声传译、大会口译等课程因难度较大,对知识面和实践能力要求较高而不适合在本科阶段开设,可以在硕士阶段开设。第三,各高校在具体人才培养过程中,可以根据地域、师资、规模、培养目标、办学条件、学生个体差异等实际情况对课程、课型、课时等进行调节,尽量丰富课程类型,完善课程体系,尤其是国学类和实践类课程。穆雷、郑敏慧(2006)指出,2006 年首批三所试点院校和其他翻译学院都赞同在翻译本科阶段增设古代汉语、现代汉语、中国经典作品研读、中国现当代文学、高级汉语写作、中西方文化、中西方哲学、中西思想史和逻辑学等课程,使学生打下比较坚实的国学基础。当然,各高校可以有所侧重,彰显自身特色和优势,譬如广东外语外贸大学

强调口译课程和口译实践活动,河北师范大学注重机器翻译课程的设置,上海复旦大学着重人文素养的培养和以文学翻译为特点。课程呈现形式也不仅仅局限于课堂讲授,可以系列专题讲座、翻译工作室、学术沙龙、网络教学等形式呈现。

(三) 翻译专业研究生课程设置

虽然本文重点不在翻译专业研究生教育,但鉴于某些高校实行翻译本硕连读模式,而且随着我国研究生教育的发展,翻译已经成为热点专业或方向,因此这里结合例证,简略阐述一下相关研究生课程的设置原则,并尝试分析研究生与本科专业课程设置之间的关系。

戴炜栋等(2005)曾剖析了英语专业研究生教育的特点,指出研究生教育具有培养目标的"研究性+实用性"、培养内容的多元融合性、教学氛围的互动合作性等特点。笔者赞同这一观点,并且认为翻译专业研究生阶段所培养的高级翻译通才也反映出学术研究性和实用性的有机融合,但鉴于翻译专业实用性较强,在研究生课程设置中应该坚持实践性、发展性、多元性的原则,而且要着重强调实践性。具体解释如下:

所谓实践性原则,一方面指在研究生课程设置中,充分考虑培养目标与市场需求的结合,在需求分析(如对用人单位、学生等的调查访谈)的基础上,参考国内外相关院校的先进经验开设课程;另一方面指在应用型研究生培养过程中增加实践训练性课程,在学术研究型研究生培养过程中增加学术思考和写作类的课程,使学生获得充分锻炼。如北京外国语大学高级翻译学院研究生培养体系旨在培养应用型人才,所开设课程主要包括英汉交替传译、视译、同声传译、笔译、翻译理论等,实用性较强,有助于毕业生承担国际会议同声传译、高级口笔译等工作。

所谓发展性原则,一方面指课程设置内容随学年不同而不断拓宽、拓深,以促进研究生的知识建构和能力培养。譬如广东外语外贸大学高级翻译学院在第一学期所开设的课程旨在训练其翻译基本功,使其在百科知识、语言技能、翻译技能等方面有所提升,第二学期、第三学期针对学生的专业研究方向(如法律翻译、传媒翻译、商务翻译、口笔译研究、国际会议翻译研究等)开设课程,第四学期要求学生进行学术(项目)研究、完成硕士论文;另一方面指课程本身的内容呈动态发展趋势,不断充实翻译学、语言学、哲学、美学等新的研究视角和研究成果,达到更新专业知识、提高理论水平和发展教学科研能力的目的。

所谓多元性原则,是指所开设课程融合相关各个学科的内容,涉及语言技能、翻译技能、科研方法、语言文化基础知识、翻译基础理论、相关专业知识和技能等层面,比较宽泛,而且课程内容的呈现形式也各不相同,包括纸质资料、音像资料等;信息来源渠道多元,包括教材、网络、学术沙龙、学术杂志等。譬如英国沃里克大学注重翻译研究与教学,仅所开设的选修课程就涉及文学、社会学、方法论等方面,有戏剧翻译、诗歌与翻译、翻译与受众研究、翻译与性别、翻译与后殖民主义、学习方法论与研究技巧等。

在实践性、发展性、多元性原则的指导下,翻译专业研究生教育作为本科专业教育的延续和发展,课程设置不但要拓展种类,丰富内容,而且在理论、材料、方法等方面要更充分地体现出研究性和实用性,体现出一定层次的难度和深度。譬如前面我们提到,难度较大的同声传译、计算机翻译软件设计等课程不适合在本科阶段开设,而应该在研究生阶段设立(如香港中文大学于 2002 年设立计算机辅助翻译方向的文学硕士点,开设了计算机应用和软件设计课程);翻译理论在本科阶段为一般性介绍,但在研究生阶段可以进行具体解析和研究(本科生只需了解翻译学、翻译批评等理论的基本内容,研究生则需要了解相关翻译研究方法、翻译思想嬗变、翻译流派的关系等);研究生阶段相关课程所涉及的必读书目无论在数量,还是在深度、广度等方面都要超过本科阶段的要求(有的高校规定学生需读 100 本相关专业书籍,涉及语言文学、哲学美学、数理统计等方面);在办学条件和设备方面,研究生阶段某些专业课程的投入远高于本科,一套稍具规模的同声传译实验设备就要耗资数百万人民币。而且,研究生课程对于师资的要求也更高,尤其是对硕士、博士生导师的学术水平和学术能力都提出一定要求(譬如所设置的翻译学理论、研究方法、术语学、学术论文写作等课程要求任课教师熟悉相关学术动态并发挥导向作用)。总之,翻译专业研究生的课程设置应该涵盖翻译专业、跨学科研究、翻译实务、论文写作等方面,有助于培养学生的理论研究和翻译实践能力,提高其理论水平和翻译技能。

（四）对翻译专业课程设置的建议

翻译专业课程设置的合理与否直接影响到所培养人才的质量,可以说是一个十分重要的教学环节。许钧(2001)曾经就翻译专业课程设置提出建议,认为不能因人而设、不能随意而设,各层次翻译专业或翻译方向的课程要注重科学衔接,要借鉴国内外兄弟院校的成功经验。何刚强(2005)则提出翻译系科(专业)的培养方案应明确三个不同层次:本科阶段以翻译实践为主;研究生阶段原则上理论与实践并重,但可根据各学校的传统与特色或者侧重于理论,或者侧重于实践;博士生阶段主要以理论为基础,夯实理论研究基础。这些观点对于翻译专业课程设置具有一定启发指导意义。

结合相关论述,笔者认为,我们在总体规划、设置课程时应该立足社会和个人需求,不仅应考虑当前的社会和市场需求,还要考虑国家和社会未来的发展战略需求,围绕培养目标(研究生与本科层次有所不同),结合地域、学校特色和师资、办学条件等实际状况,充分利用各方面资源(如其他学科、专业方向的师资或企事业单位的资深译员等),因校制宜地开设相关课程,充分体现翻译的学科交叉性和实践性。具体说来,在课程设置中,不仅要考虑翻译市场对全译和变译的不同需求、学科本身发展对理论研究的需求、学生对应用性翻译知识的需求等,而且要使理论性与实践性课程、知识与技能类课程、必修课与选修课的匹配得当,以保证人才的均衡发展。同时,还要整合各种有利资源,开设翻译通选理论课、专题讲座课、翻译实习课等,以充分体现翻译的学科融合性,开阔学生的学术视野。当然,因培养目标不同,所开设课程的侧重面会有一定差异。如果培养应用型译员或要求学生通过某一类型的翻译资格证书考试(如大会口译资格证书考试),则信息技术、经济、商务翻译等实用性技能课程较多;如果培养教学研究人员,则语言学理论、文学批评、译介学等学术知识型课程较多。

以上在界定课程与大纲的基础上,尝试分析了翻译专业本科阶段与研究生阶段的课程设置问题,并提出一些建议。下面将着重分析翻译教材建设问题,因为教材是课程内容的最直接体现,是实施翻译教学的重要媒介。

四、教材建设

教材是教师教学的主要依据,也是学生学习的主要内容,因此教材建设对于学科发展至关重要。翻译教材建设主要包括翻译教材的编写、出版、评估和使用过程。笔者将在界定教材的基础上分析它们之间的关系,并分别予以阐释。

(一) 教材建设的相关因素

首先笔者将对教材进行界定,然后分析教材、教材编写者、出版者、教师之间的关系,阐明教材从编写到应用的主要流程。

《中国大百科全书·教育卷》将教材定义为:(1)根据一定学科任务,编选和组织具有一定范围和深度的知识技能体系,一般以教科书的形式来具体反映;(2)教师指导学生学习的一切教学材料。顾明远所主编的《教育大词典》指出,教材是教师和学生据以进行教学活动的材料、教学的主要媒体,通常按照课程标准的规定,分学科门类和年级顺序编辑,包括文字教材和视听教材。Tomlinson(2003:66)从语言学习角度来界定教材,指出教材包括任何有助于语言学习的材料,可以是语言的、视觉的、听觉的,或者动觉的,可以通过出版、现场表演、演示、磁带、CD、DVD或者网络等形式呈现。综合以上界定,我们从教学建设角度将教材定义为针对某一教学任务,为实施教学活动而编选汇总的教学材料,主要包括纸质出版物(如教科书、教参教辅材料等)和非纸质出版物(如磁盘、光盘等音像资料)。鉴于实际教学中教科书、教参教辅资料占据很大份额,我们具体讨论翻译教材编写流程时,教材主要指纸质出版物。

教材从编写到应用,涉及编写者、出版者、使用者等,教材既是编写者研究成果的体现,也是出版者用以获取社会效益和经济效益的媒介,同时是一线教师(使用者)进行教学的主要材料。编写者(包括研究者和一线教师)编写创作教材,教材则在一定程度上反映了编写者的学术水平或观点;出版者出版教材,教材为出版者带来一定双效益、社会声誉和一定的利润;一线教师将教材应用到课堂教学中,作为授业解惑的主要依据并对教材提出一定反馈意见,同时也从教材中获取一定教学材料和

学术信息,促进自身专业发展。各主体之间的关系图如下:

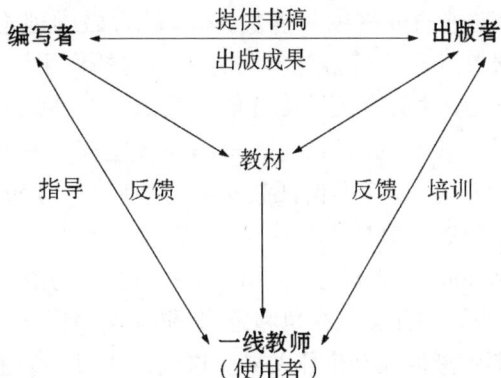

从上图可以看出,各因素之间存在相互支持、互为促进的互动关系,理论研究与教学实践互为支持与发展。同绕教材这一中心,编写者与出版者、出版者与一线教师、一线教师与编写者之间互为影响。编写者为出版者提供稿源,出版者帮助编写者催化、出版、推介其研究成果;一线教师从出版者那里采购并应用教材,反馈教材使用效果,出版者对教师进行教材使用培训,帮助其了解、应用教材;编写者或者负责对一线教师进行培训,或者与一线教师保持交流,了解教材使用情况,一些教师从编写者那里获得指导,对教材进行评估并反馈给编写者。

总之,教材建设中各因素互有启发、互为支持,共同促进教材建设的完善。诚如 Tomlinson(1998)所言,应该将研究者、教师、教材编写者和出版者集合在一起,运用资源,利用不同领域的专业知识以创作对语言学习者价值更大的教学材料。

(二)翻译教材的编写

以上我们概要剖析了教材编写应用过程中各因素间的关系,下面结合翻译教材建设实际,尝试分析翻译教材编写操作流程以及所应注意的问题。

Brown(2001)曾经指出,自行设计教材需要经过一系列的阶段,如在编写前确定理论基础和教材构建原则,进行需求分析,设定目标;编写之后进行试用、评估等,而且在具体编写时要进行人员安排、分工、资料搜集、建立资料库、规划工作模式等工作。对这一流程进行分析,发现主要涉及教材的编写理念、教材内容和形式、编写体例、编写管理和统筹等方面的问题。

首先，要有先进的教材编写理念，体现教育教学理论发展的成果。教材的好坏主要决定于在完成培养目标中所起的作用。李运兴（2003）提出，只有结合教学法的有关原则才能编写出针对性强、容易实施的教材。笔者赞同这一观点，并且认为教材编写者应该了解、运用相关教育教学理论和翻译理论，以切实保证教材编写的质量。Tomlinson（2003）指出，在语言教学中，未来的教材编写将有以下一些趋向：材料更趋于个性化（personalization）和地方化（localization），材料运用时有更大的灵活性和创造性，更强调多元文化视角和意识，更强调语言学习的多维方法，更加关注学习者情感因素和个体差异。这些以学习者为主、强调学习方法的趋向在翻译教材编写中也应该有所体现，尤其是在翻译知识技能性教材的编写中，因为随着人本主义教育理念的普及，教材编写也应该更人性化，要充分考虑学科发展、教师、学习者等的要求。目前已有不少学者（如徐朝友，2003；武光军，2006）强调教材编写以学生为中心，注重能力培养等。笔者认为，在翻译专业本科教材编写时，要在需求分析的基础上，明确人才培养目标纲要，明确具体的课程性质和课程目标，以提高学习者的理论水平和实践技能为本，结合现代教育手段，编写融合理论与实践、兼顾知识和技能的教材。具体说来，编写思路（具体的教学对象、教学内容、教学安排、教学要求等）要清楚，各章节之间衔接自然，逻辑性强；理论阐释要客观透彻，知识点清晰；译文应准确通顺，练习要真实且实用。当然，编者、编写目的、课程性质等因素的差异也会使教材各有不同：有的强调"知识领先、描写为主"；有的主张"实践领先、规定为主"；有的侧重于理论阐释；有的突出实务训练。无论是哪一种教材，只要其潜在的编写理念符合翻译教育教学规律，能够满足教学需要，有助于发挥学生的主观能动性，提高教学和学习质量都是可以接受的。

其次，教材内容和形式应丰富多样、兼具知识性和实用性，体现翻译内在的文化交流功能，考虑教师和学生的个体需求（认知风格、情感、性格等）。我们前面提到，教材（包括主干教材和教辅资源）应该兼顾理论、实践、知识与技能。目前英语专业的必修课程一般都配有教师用书（包括相关论点阐述、教学建议、参考书目、参考译文等）、教辅光盘（包括教学演示、教案）等。在翻译专业教材编写中，也要拓展教材的形式，除了纸质教材之外，还要尝试建设电子教材（可供学生在计算机上自学的光盘、电子书、网络教材等）、网络教材资源库（包括练习库、相关背景介绍等）、翻译学术网站链接等。就教材本身的内容而言，理论阐述应具有权威性，所援引译例应该广泛多样、有代表性。韩哲（2004）通过对六种翻译教材中译例的综合分析，提出译例为翻译教材编写的主要问题，须注重内容的新颖性，选材的广泛性，译例的审美性、准确性、启发性、可靠性和易读性。在笔译入门教程中，所涉及内容应该包括摘译、编译、译述、翻译批评、译作赏析、篇章翻译等内容，而不能仅局限于词句翻译；所涉及篇章应该包括科技、法律、商务、公文文体等，而不仅局限于文学文体。Nunan（2001）认为，教材应该与课程密切相连，其课文和任务真实，能促进互动，鼓励学习者发展并应用学习技能。在编写口译入门教材时，应从功能角度出发，设计具体真实的翻译任务（如商务谈判、合同签署等，并注明该任务的背景、译文的用途等），既训练了译前准备、笔记、记忆等技能，也指导学习者进行具体篇章分析和翻译，提高其翻译实践能力。编写翻译理论教程时，要避免罗列所有流派和论点，选择主要翻译流派的相关论述，辅之以背景介绍和具体例证，设计思考题和小论文形式，指导学生切实理解翻译理论。

再次，编写体例要有所创新，有理论启发性和实践应用性。传统的翻译教材编写体例比较单一，版式单调、呆板，形式不丰富。刘和平（2002）曾指出，目前大多数口译教材在编写方式上还是前半部分作一般性的描述介绍，后半部分配上练习材料、译文或说明；或者将一本教材分为若干课或单元，每课一至若干篇课文，附有译文和词汇，以及语言点和翻译点的说明。笔者认为这一现象有一定普遍性，在笔译教材中也存在。譬如有的教材在每一章开始先进行理论或技巧概述，在文中附上一些翻译例证（外汉对照），在文后附上翻译练习，全书后面附有答案。教材整体上不活泼、不丰富，缺少必要的插图、图表或表格等，外观不够生动出彩，缺乏吸引力，也很少应用现代教育技术手段。笔者认为，在教材编写体例上可以根据课程性质进行调整和创新，诚如杨自俭（2006）所指出的，有的教材可以分为配套的两册：一册可供课堂教学用，其中的练习可附参考译文，供学生作译文对比使用；另一册是配套练习册。练习册可分两部分：一部分是教师指定练习，每个学生必须独立完成；另一部分是供学生自己训练用的，这部分不应附参考译文，教师可分阶段提供参考译文，这样效果要好得多。编者应根据不同课型的教学需要采用不同形式，使教材框架清晰、形式活泼，更具内涵和应用价值。譬如：有的教材已经尝试打破传统体例，根据教材内容分为原理篇、技巧篇、实用篇三大部分,以专题形式分析各种实用文体的特点与翻译策略;有的教材在每一章末附有相关研究网址,在文末标注术语表、索引表和参考文献等,并对参考译文进行评析,便于学习者深入学习研究;有的教材借助一些插图等来丰富页面,增强教材的吸引力;有的教材在例句和练习下面留出相应空白,以便于学生发挥主观能动性,通过思考解决问题;有的教材尝试以某一翻译具体问题为焦点,例文、练习等都围绕这一问题,使学生从理性到感性逐步加深理解;有的教材侧重于翻译现象描写,一例多译,引导学生进行思考。无论编写体例如何变化,都应该更好地传达教材信息,增强教师、学生与教材之间的互动,促进学生翻译知识的积累和翻译能力的提高。

最后,教材编写管理要有严格的操作程序,保证质量。在编写者选择方面,既要突出权威性,也要注重实践性。如果教材由一个人编写,应该选择翻译学界的知名专家、学者或者中青年学术骨干,因为他们具备丰富的教学研究经验和实际翻译经验,熟悉本学科的发展动态。如果编写任务由小组承担,则小组成员既包括研究者,也包括一线擅长翻译理论和翻译实践的翻译教师和教学论研究者。同时要注意小组成员之间专业研究方向、特长(如现代教育技术运用)等的合理匹配,使之各显其长、优势互补,提高编写效率。Tomlinson (2003)介绍他们在 Bilkent University 编写教材时共有 20 位教师参加,各有分工,高效有序地工作,在一周之内就编写了 60 单元,然后由 4 位教师去选择、修订和试验。在编写过程中,管理要有条不紊,分工明确,责任到人,严格要求,定期检查,按时交稿。可以先制订编写大纲,商定工作计划,然后要求编写者按期完成编写工作,主编与编者、出版社编辑人员之间要经常交流,及时沟通,严格按编写程序和要求运行,切实保证编写质量。同时,在教材编写中一方面要严格管理,另一方面也要强调奉献精神、敬业精神和严谨的治学态度。翻译教材或者任何教材的编写劳心费力、耗时耗神,编写者不仅要熟悉翻译专业知识,具备一定的翻译经验积累,还要了解和掌握学生实际需求,只有认真精心搜集资料,耐心细致地编辑整理,才能编写出高质量的教材。

(三) 翻译教材的出版

教材编写之后,势必要出版才能得以较大范围的推广使用,但编写者与出版者之间往往存在某些不一致。Richards (2001: 257)指出,编写者一般关注编写创新的、与学习者需求相关的、师生乐于使用的教材……而出版者的主要动机在于获得利润。Tomlinson（2003）则认为，目前出版者最关注的还是不冒险，坚守他们感觉能赚钱的市场。这些观点虽然有些绝对，但出版者的确需要考虑市场因素，考虑该教材是否能够填补现存市场的某些空白。笔者认为，从作者一方考虑，出书是为了发表自己的学术研究成果，也为了满足市场需求；从出版者一方考虑，一方面要充分考虑市场的可接受度，市场空间有多大，是否有一定的赢利空间等，而另一方面在于扩大自身影响，推动学术交流和发展，最终实现两个效益。就我国目前翻译教材的出版市场来看，中国对外翻译出版公司、上海外语教育出版社、外语教学与研究出版社等在翻译教材的引进、出版等方面做了很多工作，但因所出书籍多为供研究生使用的学术研究型图书或大众普及型的口译证书备考用书等，仍不能满足本科翻译专业教材建设的需求。针对如何发挥出版社在翻译教材建设中的作用问题，笔者曾经访谈了某知名版社的 8 名工作人员，其中 2 名丛书编辑、2 名杂志编辑、2 名业务员、2 位高级管理人员。在总结访谈结果的基础上，结合自身从事出版编辑及相应管理工作的经验，笔者认为在翻译教材出版中，出版社应该从以下几方面发挥重要作用：

第一，切实认识并发挥出版社在翻译教材建设中的重要作用。随着翻译专业教材市场的发展，出版社不能等闲视之，而应该根据经济和社会的发展、市场的需求有所作为，积极探索和预测，应有一定的前瞻性，在听取专家和一线教师意见的基础上，针对翻译专业本科生、研究生、翻译教师、翻译资格证书考试、翻译培训等不同层次的需求，主动策划选题，组织优秀稿源，与有关专家学者沟通，传递相关信息和市场需求，组织国内外专家学者等编写教材，并提供资金、人力、物力等方面的支持，做好相应翻译教材的出版和推介（如借助报刊、网络、电视等媒介）工作，促进翻译专业建设。

第二，切实提高出版社工作人员的积极性，提升其工作绩效。笔者在访谈中发现，该出版社工作人员分工明确、各司其职，虽然工作压力大，但确有兢兢业业的奉献精神。这有助于保证教材质量，因为书稿内容再好，如果编辑加工不到位，编校不细致，文字错误较多，或者推介乏力，运作不到位，都会削弱教材的影响力。总之，严格管理（严格执行三审三校制度），采取各种有效措施保证编校、发行人员的工作积极性、主动性与创造性，将有利于推动翻译教材建设。

第三,搞好翻译学术交流和教师培训工作。翻译专业作为一门新兴学科,相关教师培训工作十分重要。目前只有《中国翻译》、《上海翻译》杂志联合国内外高校举办过"暑期全国英汉口笔译翻译教学与实践高级研讨班",各大出版社参与较少。建议出版社支持一些翻译学术会议、研讨会、高级翻译培训班、教材培训、教师培训(针对具体翻译教材)等活动,一方面拓展教师视野,帮助教师更好地解读相关翻译教材,更好地理解和领会教材编写者的意图,在教学中正确贯彻,同时通过与教师的交流获取一定反馈意见,促进教材质量的提高与内容的完善;另一方面了解最新学术信息与动态,为一线教师与专家学者提供学术交流平台。

第四,在翻译教材引进与自行编写、学术性和普及性、市场需求与学习者需求之间寻求平衡点。一般说来,教材发行量相对较大,市场占有率较高,而学术性著作虽然有较高的学术价值,但普及性较差。出版社不仅要考虑市场需求,满足市场需要,而且还应该在一定范围内大力支持翻译专业的学术研究工作的开展,繁荣学术研究,以促进翻译学科的整体水平的提高与发展,以提高带动普及,以普及促进提高,营造欣欣向荣、良性循环的局面。

总之,翻译学科的发展为出版社出版、推介翻译教材提供了一个新的平台,这既是机遇,也是挑战。出版社如何搞好市场调研,策划和组织好翻译教材的编写,打造适合本科翻译专业所需的教材,保证教材质量,做好翻译教师的培训和教材的推介工作,切实推动翻译理论研究和教学实践的发展,这些问题都需要业内人士进一步认真探索。

(四) 翻译教材的评估使用

翻译教材出版后,就教师和学生而言,应该发挥主观能动性,认真解读教材,理解和领会编写宗旨、教材特点、适用对象等。了解并尝试评估教材,如果经过评估认为该教材符合自己的教学目标和要求,适合学生的需求和水平,那就是适用的,就可以选用;如果有部分内容不恰当或不适合,可以考虑改编。

教材评估其实也是一个决定是否选用教材的过程。Jo McDonough & Christoptler Shaw (2003)从宏观角度提出总体评估的参数:可用性因素(the usability factor,该教材是否可以根据大纲要求作为主要或者辅助材料);普遍性因素(the universality factor,其主要特点是否可以普遍应

用）;可改编因素(the adaptability factor,是否可以修订、增加、缩减等);
灵活性因素(the flexibility factor,其等级或排列顺序是否严格)。其实可
用性、普遍性、可改编性等因素主要强调内容,灵活性主要强调体例。换
言之,主要根据内容和体例来评估教材。Brown（2001)综合提出选用教
材的五个方面:教材的编写背景(作者的教育背景与经验,出版社的声
誉);是否适合课程要求[相关教学思路、大纲、需求(一般语言需求,情景
需求)、目标和目的(一致性的比率,组织顺序)、内容(是否与课程所涉
及技巧、练习一致)];外观特点[如版面设计(空间、图表、强调部分等)、
结构(目录、索引、答案、术语表、参考书目)、编辑水平(内容是否正确,风
格是否恰当,例证是否清晰)、材料质量(纸张、装订等)];辅助性因素
[如价格,辅助材料(视听辅助设备、练习册、软件、单元测试等)是否可以
获得];可教性[教师用书(答案、注释),复习题、在教师中的认可度]等。
这一评估标准相对比较具体,也容易操作,但有些指标过细,不适合作为
宏观的翻译教材评估标准。杨自俭(2006)提出,评价教材有很多指标,
但最主要的是难易程度要和师生水平相适应,尤其是要和学生的水平相
适应,而且自身具有系统性。这其实主要涉及教材的内容问题。

　　为了对翻译教材进行比较客观可行的评估,笔者尝试从内部评估其
内容,看其是否符合课程目标;从外部评估其体例、外观等,看其是否合
理规范并有助于实现课程目标。具体说来,进行内部评估时可以先分析
目录,从中任选某一章或某一部分,分析其内容深度是否得当,各部分安
排是否合理,理论阐释是否清晰,例证是否典型,译文是否准确,练习是
否考虑到学习者的需求,是否体现了该教材所声明的特色等。进行外部
评估时可以着重于其体例是否完整(是否有前言、正文、练习、术语、索
引、参考文献等),布局是否得当,是否包含辅助材料,是否有音像资料、
照片、图表等,印刷是否清楚,文字有无差错等。总之,要综合评估该教
材是否符合课程目标和课程的要求,是否达到相关测试要求,是否能满
足学习者的需求,是否有助于教学相长等。至于编者的背景、出版社的
声誉等可以作为辅助性评估因素来考虑,毕竟教材内容是最主要的评估
因素。

　　如果经过评估发现教材不太适合,教师和学生可以通过合作作相应
补充或改编。Brown（2001)指出改编教材共分五步:查找、评估教材;分
析(与目标一致之处、与目标不一致之处、需要从其他材料补充的比例、
目前需要修改的材料比例、确定哪些材料需要修改);分类[将目标进行

分组(如运用媒介、内容、技能等),标出材料中所体现出的目标,没有达到而需补充材料的地方留出空白];补全(从其他材料、教师、自编材料、资源库等补充);重新组织(完成目标分类表,重新组织)。这五步中,我们在教学中常用的是分类和补全,也就是对现有教材进行客观评估后,找到其不足之处,搜寻相关材料进行补全,然后再用于教学实践中。譬如某《翻译实务教程》缺少对建筑合同翻译的阐述,而学生需要相关知识,那就可以从相关 ESP 书籍(如《建筑市场实用英语》)或相关杂志(如《上海翻译》、《中国科技翻译》)中,或者从网上搜寻资料,归纳整理,作为对教材的补充。有时某些翻译教材在阐述相关理论时不够透彻全面,如讨论翻译标准只提及"信、达、雅"、"忠实、通顺"等观点,那么教师和学生就可以从 CNKI 中国期刊全文数据库、万方数据网、EBSCO 等数据库查询其他资料,了解动态对等、功能对等论述,丰富教学内容。鉴于一部新教材发行后会有一段试用期,在这期间,一线教师可以及时与编写者沟通,将自己的意见反馈给他们,以备日后修订参考之用。当然,教师如果使用自己编写的教材,可以发挥更大的能动性,将相关反思意见、资料等汇总,对教材进行改编。

在教材评估过程中,一定要强调实际调查的重要性,多方听取反馈意见。也就是说,评估者不仅是教师,还应包括专家、出版人员、学生、家长、社会用人单位等多方因素。而且要在一定的理论基础上进行客观的、综合的评估,以确保评估的公正性。

(五) 对翻译教材建设的建议

Tomlinson (1998)曾对教材建设提出一些建议,认为:应该对目前教材的教学效果进行调研,了解学习者和教师对教材的需求;教材编写中应用更多的语言研究理论,使教材更加丰富;使用教材促进教师发展;帮助出版者应用新的教学方法并占有一定的市场份额。这些建议涉及教材的内容、使用效果、功能以及出版者的作用等方面,对于翻译专业教材建设有一定启发意义。翻译学科在我国尚属于新兴学科,其教材的编写、出版、使用等问题也需深入探讨,笔者认为应该从以下三个方面做好翻译专业教材建设工作。

第一,从翻译专业教材建设的定位来看,要树立翻译专业概念,因为以往编写出版的翻译教材主要是为英语专业翻译课程服务的。翻译专业在我国是一门新兴学科和专业,因此有必要强化翻译专业的理念,从学科建设角度统一规划教材的编写工作,使专家、出版者、一线教师、学习者等通力合作,在实际调研(如市场调查、学生需求调查等)的基础上,借助大型电脑语料库资源(可以为教材选择和编写提供依据),针对不同层次的翻译专业学生,分期、分批、分层次、成系列地引进或出版相关翻译教材,形成一定体系,尤其要注意引进与自编、专家论著与行动研究成果、教材与教辅资料、资格证书考试与翻译普及读物之间的比例,丰富教材资源,繁荣教材市场,推动翻译学科的发展。

第二,从翻译教材的质量来看,要采用新的编写理念,吸纳翻译学(如当代各译论流派)、语言学(如功能语法)、教育教学(如建构主义)、教育技术(如网络教学、电子教材等)等学科的优秀成果。教材的内容应丰富真实(包括教师用书、光盘、相关网络链接等,所举例证应包含在一定语境内),具有针对性(充分考虑市场需求,注重实践技能的培养)和实用性(涵盖各种文体翻译,切实符合培养目标、满足学习者需求),编写体例要科学、合理、系统、规范,编审、校对、排版、装帧、印刷等质量上乘,切实保证教材的整体质量。

第三,相关教材评估、改编工作要规范系统,搞好教材使用者的培训工作。教材评估可以在教材使用前(预测教材的潜在学术和市场价值)、教材使用中(通过教师反思、学生反馈等予以评价)、教材使用后(归纳总结教材的实际效果)进行。相关专家、教材编写者、教师、出版社等要有评估"一条龙"的意识,加强对翻译教材的研究。同时,教材编写者、出版社等应该对一线教师进行培训,而一线教师、学生等可以做相应的教材改编和使用教材信息反馈工作,提高其使用效果。

总之,翻译教材建设需要多方努力、渐进发展。翻译教材市场的繁荣和规范势必会促进翻译人才的培养进程,也势必会活跃翻译教学研究,推动和促进翻译学科的发展与繁荣。

参考文献

[1] Brown, J. D. *The Elements of Language Curriculum: A Systematic Approach to Program Development* [M]. Beijing: Foreign Language Teaching and Research Press. 2001.

[2] Davis, M.*Multiple Voices in the Translation Classroom: Activities, Tasks and Projects*

[M]. Amsterdam/Philadelphia: John Benjamins. 2004.

[3] Jo, McDonough & Christopher, Shaw. *Materials and Methods in ELT: A Teacher's Guide* [M]. Oxford: Blackwell Publishing Ltd. 2003.

[4] Nunan, D. *The Learner-Centred Curriculum* [M]. Cambridge: Cambridge University Press. 2001.

[5] Richards, Jack C. *Curriculum Development in Language Teaching* [M]. Cambridge: Cambridge University Press. 2001.

[6] Tomlinson, B. *Materials Development in Language Teaching* [M]. Cambridge: Cambridge University Press. 1998.

[7] Tomlinson, B. (ed.). *Developing Materials for Language Teaching* [M]. London: Continuum Press. 2003.

[8] 鲍川运. 大学本科口译教学的定位及教学[J]. 中国翻译,2003,(2).

[9] 戴炜栋,王雪梅. 英语专业研究生教学中的协作探究模式——界定、理据与应用[J]. 中国外语,2005,(4).

[10] 戴炜栋,王雪梅. 建构具有中国特色的外语教育体系[J]. 外语界,2006,(4).

[11] 韩哲. 论翻译教材中译例的编选原则[J]. 上海科技翻译,2004,(3).

[12] 何刚强. 翻译的"学"与"术"——兼谈我国高校翻译系科(专业)面临的问题[J]. 中国翻译,2005,(2).

[13] 姜秋霞,曹进. 翻译专业建设现状:分析与建议[J]. 中国翻译,2006,(5).

[14] 李运兴. 论语篇翻译教学——《英汉语篇翻译》第二版前言[J]. 中国翻译,2003, (4).

[15] 刘和平. 对口译教学统一纲要的理论思考[J]. 中国翻译,2002,(3).

[16] 刘宓庆. 翻译教学:实务与理论[M]. 北京:中国对外翻译出版公司,2003.

[17] 穆雷,郑敏慧. 翻译专业本科教学大纲设计探索[J]. 中国翻译,2006,(5).

[18] 武光军. 翻译课程设计的理论体系与范式[J]. 中国翻译,2006,(5).

[19] 徐朝友. 重视翻译教材编写的质量——从《英译汉技巧新编》谈起[J]. 巢湖学院学报,2003,(5).

[20] 许钧. 切实加强译学研究和翻译学科建设[J]. 中国翻译,2001,(1).

[21] 杨自俭. 关于翻译教学的几个问题[J]. 上海翻译,2006,(3).

[22] 查有梁. 大教育论[M]. 成都:四川教育出版社,1990.

[23] 仲伟合. 译员的知识结构与口译课程设置[J]. 中国翻译,2003,(4).

——本文于 2010 年 11 月发表于《翻译与跨文化交流：嬗变与解读》文集中

我国翻译专业建设的几点思考

2006 年初,教育部下发(教高)[2006]1 号文件《关于公布 2005 年度教育部备案或批准设置的高等学校本科专业结果的通知》,宣布设置"翻译"专业(专业代码:0502555,作为少数高校试点的目录外专业),并批准复旦大学、广东外语外贸大学、河北师范大学 3 所高校可自 2006 年开始招收"翻译专业"本科生。2007 年上海外国语大学、北京外国语大学、西安外国语大学和浙江师范大学也被批准为招收"翻译专业"本科生的高校。翻译作为一门专业、学科,在我国首次被列入教育部专业目录并被批准招收本科生,就翻译专业学科建设和发展而言,具有十分重要的现实意义和深远的历史意义。这标志着翻译学(或专业)的学科专业在我国取得了突破性的发展,从语言学、应用语言学中独立出来,成为一门新的学科,这也同样标志着我国内地高校终于结束了没有独立的翻译专业的历史,更象征着我国翻译专业学科建设新发展的开始。

一

需要是发明之母,需求是创新的动力。本科翻译专业的诞生,是时代发展的需要,独立、完整翻译学科点的建立是我国改革开放深入发展和应对与融入全球一体化进程、不断加快国际交往、交流日趋增多的需要;是培养大批高质量翻译人才和翻译事业发展的需要;是学科建设和翻译教育事业发展的需要。据统计,我国目前学习英语的总人数在 3 亿人左右,其中学习大学英语的学生约2 300万,英语专业学生数近百万。这样庞大的学习群体,分布在不同地区,学习目标、学习动因、学习条件、学习风格都有很大的差异。本科翻译专业的设立,尽管目前仅有 7 所高校得到教育部正式批准,但已经设立、未经教育部正式批准的不下几十所,正在筹建中的翻译院系或准备建立这一专业点的院系更是不下百所。再加上原先已设立的外国语言文学和语言学与应用语言学学科点中的翻译方向的硕士研究生和博士研究生,数量就更多了。可以预见,以后的规模不会少于数百所,总人数可达几十万之众。翻译人才作为对外交流的主要媒介,其社会需求价值不断提升,培养高素质、翻译能力强的翻译人才已经成为宏观社会需求和微观的个人需要,而为了切实保障培养翻译人才、提升人才素质,设立翻译专业也势在必行。因此,弄清楚这一专业需求十分重要,教学需求分析做好了,培养目标、人才规格、课程设置、教学要求、师资培养、教学原则、教学材料、教学方法和手段、测试与评估等的描述和设定也就有了科学的依据和基础,就能有的放矢,符合今天和未来社会对人才的需求,也就更符合学生个人的发展需要。

第一,建立翻译专业是满足改革开放和社会对翻译专业人才目前和未来的需求。本科翻译专业教学体系的创立是我国改革开放、日益频繁的国际交往和交流对培养一大批高素质、高水平翻译人才的需要。改革开放近 30 年来,我国的经济、科技、文化、教育、外贸和社会各项事业快速发展,取得了令世人瞩目的成绩,经济总量翻了两番之多,GDP 总量2006 年已达到 20 万亿元人民币,超过英国,名列世界第 4,人均收入达到1 750 美元,提前实现了小康目标。科技水平不断提高,载人航天飞船的发射和回收成功,高新技术的快速发展,缩短了与世界先进国家的差距。文化、教育事业的迅猛发展,不断满足和丰富人民日益增长的文化精神需要,九年制义务教育的普及,高等教育由精英教育过渡到大众教育,大大盘活了有限的教育资源,极大提高了全民族接受教育的水平,提高了人口的文化素质。社会服务和保障体系不断完善,使中华民族和社会更加和谐。我国在国际事务中的作用日益凸显,与世界各国的政治、经济、科技、文化、教育、外交、军事等方面的交往日益频繁。刘宓庆(2003)指出,21 世纪将会出现 3 大景观(即科技的发展,全球经济的整合发展,世界文化的多元化、多方位、多层次发展)和 3 大趋势(即全球交流互动趋势,全球性改革、变化趋势,全球性知识提高、深化和普及的趋势)。而笔者认为,这些景观和趋势有助于形成一个一体化的全球社会(integrated global society），也就是通常所说的：经济全球化、科技一体化、文化多元化、信息网络化，有力地促进国际交流互动，从而对作为文化桥梁和沟通媒介的翻译人才、翻译产品产生巨大的需求，并对翻译人才、翻译产品的质量和数量提出更高的要求。而我国成功加入世界贸易组织，2008 年北京奥运会的申办成功，2010 年上海世博会申办的如愿以偿，改革开放的不断发展和深入，经济、社会、文化等各项事业的发展，国际交往交流活动增多，各类国际会议的频繁，更是加速加大了外语人才、复合型外语人才，尤其是各类翻译人才，如高级口译、笔译（技术翻译、文学翻译、文献翻译、专题翻译、同声传译、互译、视听教材翻译）人才的需求。无论是国家或政府的政治、外交、经济、科技、文化、教育等方面的交往与合作，还是企业、学校、社会团体和机构之间的来往与合作，都急需一大批掌握外语、精通专业的翻译人才。高校扩招以来，英语专业学科点扩展最快，据教育部有关部门统计：目前我国办有英语专业学科点近 800 个，培养了一大批英语人才。然而传统的纯语言文学人才培养模式往往难以满足目前的经济和社会发展需要。诚如教育部副部长吴启迪①在"第二届中国外语教学法国际研讨会"上所言，目前我国英语学习者不断增加，仅在校大学生就有 2 300 多万人；而相应的外语教学仍存在"费时低效"、高层次英语人才（如翻译人才等）和其他语种人才比较匮乏等问题。高级翻译人才，无论是口译人才还是笔译人才（如国际会议同声传译、互译人才、专题翻译人才、文学翻译人才、文献翻译人才、科技翻译人才），尤其是汉译外人才更是奇缺。翻译人才素质不高、水平不够的呼声不绝于耳；翻译质量下降、高级翻译人才后继乏人、数量不足的事例常见诸报端。近几年来，翻译比赛一等奖屡屡空缺；翻译方向硕士、博士研究生实践能力不强、理论水平不高、研究能力不尽如人意、创新能力不足。队伍数量增加，学科点扩大而翻译水平、翻译能力、翻译质量、研究创新能力却没有同步提升，恐与以往翻译人才培养体系不完整，机制不科学、不合理不无关系。仅有外国语言文学或语言学和应用语言学下面的翻译研究方向的硕士点和博士点，而无本科翻译专业的学科点，恐是高层次、高水平、高质量翻译人才培养的一个缺陷，如同无本之木、无源之水，缺乏应有的基础。学科体系不完整、人才培养规格不齐全、教学体系不系统

---

① 摘自新华网 2006 年 3 月 27 日报道，详见 http：www.sh.xinhuanet.com/zhuanti2006/
2006-03/27/contemt_6576785.htm。

也就难以造就当今社会需要的、能胜任各类翻译工作的高素质的翻译人才。目前,为了应急之需,翻译人才的培训已被列为上海市政府"紧缺人才培训工程"的一个项目,而"翻译资格证书考试"(包括资深翻译、一级翻译、二级翻译、三级翻译等)、"英语中、高级口译资格证书考试"(如中级口译、高级口译等)、翻译培训等也在蓬勃发展,且人数规模空前。诸多高校(公办和民办),如北京外国语大学、上海外国语大学、广东外语外贸大学、南开大学、复旦大学、苏州大学、中南大学、南京师范大学、湖南师范大学、河北师范大学等,都已经设立了不同层次的翻译方向或翻译专业,隶属于翻译学院或翻译系,以培养更多更好的翻译人才。本科翻译专业学科点的建立,对多层次、多规格翻译人才的培养,对缓和并最终满足社会各项事业对翻译人才的需求来说,无疑是一件可庆可贺的喜事,令人振奋、深受鼓舞。

第二,建立翻译专业是满足学习者个人的需求。首先,在海外相关专业中,翻译已成为相当热门的专业,如:我国的香港、台湾地区,北美和欧洲的相关高校中都设有翻译系。而在我国高校中,以翻译为专业方向的研究生也远远多于语言、文学和语言教学类研究生的数量;在各类资格证书中,以翻译证书尤为炙手可热。据《新闻午报》2006 年 9 月 19 日报载,2006 年下半年上海外语中、高级口译考试于 9 月 17 日开考,参考人数达51 127人,同比增加 20%。据了解,从 1995 年开考以来,每年参考人数都以 10%至 20%幅度递增。而口译考试体系也渐趋成熟,从最初的英语高级口译发展到目前的英语基础口译、中级口译、日语口译等 4 个门类。有关方面根据社会需要,拟增设商务口译的考试。口译考试已经辐射长三角地区,在上海、苏州、杭州、南京、宁波、合肥、无锡等全国 9 个城市开设了考点。而参加培训的人数已逾 10 万之众。笔者认为,外语学习者渴望提高翻译能力的这种个人需求动机虽然也有融入性动机(integrated motivation)的成分,但主要为工具性动机(instrumental motivation),他们渴望获得好的工作、一定的社会地位,但最主要的还是出于求职需要。一方面,做翻译工作收入可观,有较高的社会地位,能够满足诸多外语学习者的从业需求。如 2005 年 9 月 28 日"深圳新工作网"报道,在上海市劳动和社会保障局近期发布的"非全日制就业人员工资指导价位表"中列出的 54 种行业里,同声传译以每小时最高2 000元人民币的价格而被称为"金领"行业;另一方面,口译证书已经成为用人单位的录用标准之一,如"上海市中、高级口译证书"已被上海的 60%的三资企业列为招聘中、高级人才的必备证书之一,并有"愈演愈烈之势"。其次,建立翻译专业是培养合格翻译人才,满足个性化和专业化发展的需要。由于以往外语专业的语言技能中,"译"仅是"听、说、读、写、译"五项技能中的一项,而且此项"译"的技能往往是服务于语言习得,翻译仅是为了帮助学习者理解语言的词、句、篇章结构,通过比较的方法,掌握和学会使用语言。因而对学习者熟悉翻译理论、掌握翻译技能、打下扎实的双语基本功、掌握宽厚的文化知识重视不够或没有给以应有的地位。建立翻译专业,可以使学习者一开始选择这个专业就有一个十分明确的学习目标:掌握两种以上语言(扎实的外语、汉语功底),广博的文化知识和一定的相关专业知识,熟悉和了解翻译理论具备娴熟和较强的翻译技巧或能力,有相当翻译实践训练的积累,能胜任一般的口译和笔译工作,这是本科生翻译专业的目标要求;硕士研究生,较之本科生,应有更强的翻译实践能力、更丰厚的翻译理论基础,并能从事一定的翻译学理论研究;博士研究生则除了较强的翻译实践能力外,应具有较强的科研能力,在翻译学理论研究方面有独到的见解和建树。总之,翻译专业的建立,能更好地满足学习者的个人学习、未来发展需求,学习过程也更具有针对性,有利于个性化、专业化的翻译人才的培养和发展。

第三,建立翻译专业是满足我国翻译学科发展之需要。众所周知,我国翻译学科发展的道路并不平坦。穆雷(1999)指出:翻译学在1992年11月国家技术监督局发布的《学科分类与代码》(GB/T13745-92)中,被列为语言学(一级学科)中应用语言学(二级学科)之下的三级学科。这一定位限制了整个学科的发展,而且相对于香港和台湾地区,我国内地的翻译专业在层次、时间、数量等方面都存在差距。经过几年的努力,翻译学科得以不断发展。许钧(2001)指出:虽然翻译学科没有获得应有的学科地位,但从学科内涵和学科力量来看,如今的翻译学科不是10年前所能相比的。随着翻译学科内涵的不断丰富、学术队伍的不断壮大,人才培养的质量越来越高,翻译学科的地位必然会得到加强与提高。他进一步强调在硕士点和博士点实际建设中,翻译学已经与外国语言、外国文学成三足鼎立之势。本科翻译专业的建立,无论是人才培养目标、培养规格、课程设置、教学要求、教学原则与教学方法、教学材料选择、师资队伍培养还是测试与评估,都可以比外语专业的翻译课程的教学翻译更合乎学习者的需求。无论是起始定位、以往学习的经历、现有的水平、文化知识基础、学习风格与策略,还是学习目标与期望,都将更具体和更具个性特点,有更强的针对性,更有利于专业的发展和学科建设。本科翻译专业的建立与硕士、博士研究生形成一个完整的教育体系、人才培养体系,为翻译学科作为一门独立的、完整的学科开辟了一条崭新的道路,为未来翻译学科的发展和完善奠定了坚实的基础。目前,有关翻译学研究的学术论文、科研课题、学术专著、学术会议、学术期刊、学术研究机构、学术团体都在不断发展。在这种学科发展的大好形势下,越来越多的高校正在筹建翻译系、翻译学院、翻译研究中心、翻译培训中心等教研机构。而相关翻译教材、翻译教学方法与手段、翻译教学实践等也不断发展,从而进一步充实和丰富学科内涵,拓展学科发展领域,培养和造就出更多更好的翻译人才。翻译专业的发展可以促进学科建设,学科建设的提升可以带动和丰富专业的发展。专业与学科互为依存、互为促进。

简言之,在新的世纪,社会各界对翻译人才的需求量不断增加、翻译学科不断发展的趋势下,设立本科翻译专业,成立翻译系或翻译学院,无疑是适应了形势和学科发展的需要,也在组织机构和教育体系上为人才的培养作出了保障,并为本、硕、博不同人才规格培养建立了完整的体系,为翻译实践、理论建设、科学研究形成了一个完整的体系,必将为专业建设、学科发展产生重要作用和积极意义。

二

建立翻译专业既是满足社会需求和学习者个人需求的体现,也是我国翻译学科发展之必然。翻译专业的设立无论是对翻译学科、翻译专业、翻译学、翻译教学体系、翻译人才培养体制和机制,还是对翻译理论研究、学术交流与繁荣,或是翻译实践能力的增强和提高都具有现实意义和历史意义。无论是形成独立完整的、跨学科的新兴学科,构建具有中国特色的翻译研究理论体系,还是形成学士、硕士、博士完整人才教育和培养体系,还是打造特色鲜明、具有开创性的翻译专业教学大纲,包括人才培养目标、培养规格、课程设置、教学原则、教学材料、教学万法与手段、评估和测试体系等都意义重大。

第一,翻译专业的创立,通过"行政的手段"确立了翻译学科、翻译专业的独立的(人文科学)学科地位。当然,任何一门独立的学科地位的确定和学科发展和完善,从来都不是也不能靠"行政"手段即能解决或完成的,而是依靠和建立在长时间的关于这一学科知识的积累和人们对这一学科本质的认识。主要应考虑:(1)研究对象和领域是否清楚;(2)学科性质是否明确;(3)是否构成学科的理论和体系(包括是否有分级的范畴;范畴界定是否清楚,并且前后一致;范畴是否形成严密的逻辑体系;理论是否普遍有效);(4)本学科与相关学科的关系是否清楚;(5)是否建有本学科的方法论等。学科成熟的一个重要标志是:理论与应用两部分界限清楚,自成体系,并能为其他学科提供理论和方法(杨自俭,2002)。但是,得到行政上批准,至少可以在组织形式上、机构设置、学科点的布局上,或人事制度等方面得到认可,并可获得相应的保障和地位。在形式上至少可以做到"名正言顺、理直气壮"。以往因为是没有得到管理部门认可的独立的学科点,翻译学科确实处在非常尴尬的位置上。发展缓慢的症结是学科定位不科学,对专业的设置和建设起着明显的遏制作用,学科的规划与管理也不尽合理,翻译的研究得不到应有的支持,翻译学科不具备独立的学科地位(许钧,1999)。对"翻译专业"的设置曾有反复,在1992年之前,翻译专业的全名为"翻译理论与实践",是硕士研究生的专业名称,列在文学门类的外国语言文学之下,同"英语语言文学"、"德语语言文学"、"俄语语言文学"、"语言学与应用语言学"等专业并列,这样的学科定位未必一定科学、合理,但基本上保证了翻译学科的地位,与国际上翻译学科所处的地位大体相同。但是1992年11月国家技术监督局发布了《学科分类代码》,把"翻译学"又降了一级,列在了"语言学与应用语言学"之下,与"语言教学"、"话语语言学"等并列为三级学科。翻译专业独立学科地位得不到保证,不利于学科建设,其弊端显而易见。首先是翻译研究方面,管理部门对其不够重视,科研立项无论是数量还是级别都没有达到应有的数量和高度,经费支持也相应地受到限制。一些有价值的项目得不到应有的资助,一些有重大理论和实践意义的研究成果得不到应有的认可,不利于学科的发展与创新,因为被归入了"语言学与应用语言学"范畴内,作为三级学科难以发出自己的声音(许钧,1999)。其次,直接影响了人才的培养。因为没有独立的专业体系,即使教学形式和内容也不可能有真正意义上的"翻译教学"。目前的翻译课程和教学基本上是作为学习外语的一种手段而已,并不着重培养学生的翻译技能,因此无论是课程设置、教材建设、师资队伍培养、教学方法和手段、测试评估体系等均没有按独立学科形成自己的体系和特色,遏制了翻译人才的培养和学科建设,更无法形成学士、硕士、博士完整的教学体系和人才培养体系,不利于多层次、多规格、多元化人才培养体系的形成,也就难以实现从理论研究到实践应用能力的提高。

第二,翻译专业的设立拓展了翻译学的研究领域,提升了翻译从业者的地位,确立了翻译人才培养的体系和机制,丰富了翻译教学研究,有力地促进了翻译学科的发展。首先,翻译学科的发展历史不长,而其成熟的标志之一就是翻译专业的设立和发展。翻译批评史学家 Edwin Gentzler 提出将 1976 年比利时洛文(Leuven)会议的召开作为翻译学学科成立的标志(Gentzler, 1998: ix),但更多的学者认为,翻译学成为一门学科是 20 世纪 90 年代的事,因为翻译系或翻译专业在 90 年代得以空前发展。目前,许多专家学者已经达成共识,认为翻译可以独立于语言学、文学而成为一门跨学科的新兴学科。而只有建立系统的翻译教育体系(从学士、硕士到博士),发展单独的、完整的翻译专业才能充分体现出学科的独立性并完善学科建设。其次,翻译专业的设立进一步确定了学科定位,引发有关职能部门(如教育部,省、市教委或教育厅,各高等院校)配套管理政策的出台,进而可能为翻译人才的培养和培训、翻译教学研究的专业化和系统化,以及翻译理论人才的有序培养创造良好的条件,使培养者和被培养者心中都有了明确的培养目标和发展方向,因此可望为我国翻译界(其中主要包括翻译教学和翻译研究界)培养出具有较高素质的翻译理论以及翻译实践人才(谭载喜等,2004)。同时,也可能为该专业和学科的发展、完善、学术繁荣、学术交流等活动的多元化提供必要的财力、物力、人力的支持和保障。再次,翻译专业的设立在理论上为提高翻译从业者(包括翻译课教师、各类译员、译者等)的地位提供了保障,确立了专业发展方向和从业人员的学科和学术地位,尤其是对于从事翻译教学研究工作的高校教师而言,他们在职称评定、科研奖励等方面将得到更加公平合理的待遇。最后,翻译专业的设立丰富了翻译教学研究,使之与外语教学研究区别开来,并改变了懂外语自然会做翻译、母语与目的语水平高翻译水平就一定高的传统观点,鼓励更多的教师关注并从事翻译教学研究,探索更加有效的翻译教学模式、教学策略和评估手段等,促进学科的发展与繁荣。

第三,翻译专业的设立也在一定程度上为解决英语专业与非英语专业之间的争端提供了一个新的视角,并在一定程度上重新厘定了学科分界,使外语人才培养目标更加清晰、明确,有助于外语人才培养机制的多元化与完善。关于英语专业与非英语专业的区分、英语专业的发展趋势问题可谓众说纷纭。束定芳(2004)指出,目前存在三种观点:(1)英语必须与某一专业结合而成为专业;(2)英语专业不能消亡,其传统优势必须保留;(3)英语专业与非英语专业之间没有区别,两者教学大纲和测试可以合并。其中持第一种观点者认为:为适应市场经济的发展,单纯语言文学专业应该转向宽口径、应用性、复合型人才的培养模式。持第二种观点者认为:可以稍微变动传统的英语专业课程,以扩大学生的知识面。"学生要有较高的英语技能,较丰富的英语语言、文学知识和较高的人文修养,较宽的相关知识面"(何兆熊,2003)。持第三种观点者认为:大学英语专业和非英语专业在能力要求方面有一定差别,但并非质的差别。笔者认为这一问题的产生主要有三个原因:第一,随着经济全球化、科技一体化、文化多元化、信息网络化的不断发展,传统的学院式的外国语言文学教育难以满足社会对多元化人才的需求,EOP(English for Occupational Purposes)对 EAP(English for Academic Purposes)提出挑战与质疑。第二,基础教育和大学公共外语教学改革的发展,教学要求的提升,缩小了传统英语专业与大学公共英语之间的差别,使得某些优秀的大学公共英语学生的听、说、读、写等语言技能以及英美文化知识面等达到甚至超过普通英语专业毕业生。第三,英语工具论的观点和"全民学英语"的热潮在一定程度上加深了人们对传统英语专业的质疑,并对英语专业的人才培养目标提出新的挑战。束定芳(2004)针对这一问题提出:传统的英语专业可以保留,但应该有明确的专业方向(如语言学、文学、语言教学等),完全不必让英语专业都成为复合型专业(除非将英语语言文学也称为复合型),也不必让学习英语语言文学的人去学习诸如商务、贸易、营销方面的课程(他们要求自学或选学以改善自身知识结构的另当别论)。笔者认同这些观点,但以为设立翻译专业将更加有助于明确应用型人才的培养目标,使之有更强的市场针对性和适应性。众所周知,英语专业学生之所以学习商务、法律、外贸、金融等课程,掌握EOP,提高英汉、汉英翻译能力,在一定程度上是为了满足学习者个体和人才市场的需要,增强求职的竞争力和市场的适应性,而如果将相关学科设置在翻译专业中,则可使传统英语专业摆脱市场的负面影响,更关注学生对 EAP 的学习与掌握以及学术研究能力的培养,可谓各司其职,相辅相成。

第四,设立翻译专业具有较强的实践应用价值。这主要是就实际社会及市场需求而言。如前所述,日益频繁的国际交流和不断发展的经济文化对翻译人才的需求量大增,而目前我国高质量的翻译人才相对匮乏。据 2006 年 2 月 24 日《中国人事报》报道,目前我国翻译人才缺口高达 90%,其中汉译外人才更是奇缺。随着"中国图书对外推广计划"的实施,亟须一大批高素质的汉译外翻译人才。据两年前的统计,中国在册翻译公司近 3 800 家,但大多规模很小,翻译人员多为兼职,专业性不强。另据搜狐网报道,我国成为国际会议口译协会成员(International Association of Conference Interpreters,简称 AIIC,加入该协会在一定程度上意味着同传资格得到国际认证)的口译只有 27 人,其中 17 人在北京,10 人在上海。高质量翻译人才的匮乏可见一斑。设立翻译专业对于适应市场经济、培养翻译人才具有重要意义。第一,设立翻译专业有助于广大翻译教师和研究者更有效地与国外同行进行交流,有利于开展翻译理论和应用方面的研究,推动翻译学科的发展和完善,并将研究成果应用到教学实践中去。第二,设立翻译专业有助于人才培养和市场需求的密切结合,充分利用巨大的翻译市场作为实践阵地,实现翻译人才培养的针对性、有效性、科学性和系统性。第三,设立翻译专业有助于繁荣翻译市场、提高翻译产品的质量、促进和繁荣翻译文化事业,从而培育和活跃市场,这在一定程度上促进了教育经济的发展,尤其是培训市场的活跃与繁荣,为教育社会化这一理念提供了一定实证支持与实践参照。

综上所述,在我国设立翻译专业具有其学科理论意义和实践应用价值,有现实意义和历史意义,其专业设置现状、存在问题等方面值得我们探讨与研究。

三

翻译专业的设立获得教育部的批准,是我国翻译学科建设中的一件大事,也是我国翻译界和翻译教学界同仁数十年来勇于探索、注重积累、不懈努力、积极开拓创新的重大成果。一般说来,一个专业和学科的建立需要经历一系列渐进的发展过程:最早为实践经验,对实践经验的科学认识,对实践经验的条理化、规范化、系统化的认识和提升,学术活动与学术研究(对该学科的多维研究)和学术交流(学术研讨会和学术论文的发表、学术刊物的创办、学术组织的合作等)的开展;随后为专业与学科的共同发展;最后为学科地位的公众认可和官方的确认。当然,这一发展过程并非完全为线性结构,而是互为交叉、互为融合的。我国早在1927年就出版了蒋翼振的《翻译学通论》,这是他在安庆圣保罗高级中学开设"翻译学"课程时的教材(当时的"翻译学"与现在的翻译学内容上有很大差异)。后来董秋斯先生于20世纪50年代初又在《翻译通报》上发表《论翻译理论的建设》一文,明确提出建立翻译学主张,"翻译理论建设基础有三:正确的科学方法,广泛的调查,深入的研究"。但我国内地的翻译学探索在1987年首届"全国翻译理论研讨会(青岛)"之后,才从酝酿进入具体设计阶段。在翻译学发展历程中,相关翻译研究论文的发表、翻译会议的召开等学术活动为翻译专业的设立和学科发展提供了理论支持和铺垫。

随着翻译研究的发展,关于翻译学科建设的探讨热烈、积极。20世纪末《外语教学与研究》杂志曾以"翻译学科是否是梦"为题唤起学界讨论。2004年《中国翻译》就上海外国语大学在"外国语言文学"一级学科授权点的基础上获得了翻译学硕士、博士学位授予权刊载了一系列的文章,引起了较大的学术反响,进一步明确了翻译学科建设方向。同时,随着翻译研究层次的多元化、规范化、条理化、系统化,在翻译史、翻译基本理论、翻译批评、机器翻译、翻译基本方法与原则、翻译技巧、翻译教学理论研究等各个领域和方面也出版了一批具有代表性的著作,这大大促进了翻译学科的建设与发展,其中译研究组织的参与促进了学术规范的建立和学术交流的开展。翻译作为一门独立的学科存在,并不断发展,其标志之一是:1979年北京对外贸易大学和上海海运学院开始招收翻译方向的硕士生;1984年7月国务院学位办公布了首批以"翻译理论与实践"这个二级学科为专业的北京外国语大学和上海海运学院的硕士点,以后又增加近10所;以"外国语言文学"为专业的博士点中,翻译研究方向的博士研究生逐年增加,至今招收翻译研究方向博士研究生的博士点已有近30个。随后,北京外国语大学和广东外语外贸大学分别建立了翻译学院和翻译系。标志之二是:1989年国家开始为翻译研究设立基金项目,国家教委人文科学基金项目中也有翻译研究项目立项;1992年12月国家技术监督局发布《学科分类与代码》,正式把"翻译学"与语言学下的话语语言学、应用语言学、数理语言学、计算语言学并列。标志之三是:1982 年中国翻译工作者协会(2005 年起改名为中国翻译协会,Translators Association of China)成立,之后全国各省直辖市及单列城市先后成立了翻译协(学)会。1994 年中国比较文学学会内设立了翻译研究会,同年中国英汉比较研究会成立,内部也设有翻译研究专业委员会,1995 年中国译协内部也设立了翻译理论与翻译教学委员会;1980 年《翻译通讯》正式公开出版,1982 年成为中国译协的会刊,1986 年改为《中国翻译》,后来上海科技翻译协会又创办了《上海科技翻译》(1986)(2004 年改为《上海翻译》),中国科技翻译协会创办了《中国科技翻译》(1988)。此外,全国二十余家外语学术杂志,如《外国语》、《外语与翻译》、《外语教学与研究》、《外语与外语教学》等都以不同的篇幅刊载翻译理论与实践研究的文章,为翻译研究提供了学术交流的园地。

早在明代我国就建立起第一个培养翻译人员的中央机构——四夷馆,及至 1902 年京师同文馆并入京师大学堂标志着高等学校翻译教育的开始,此后翻译课成为各高校英语专业的高年级重要课程之一,但直至 1997 年 1 月广东外语外贸大学英语语言文化学院才率先成立了我国内地第一个翻译系,把翻译作为一门专业(穆雷,1999)。随之,不少外语院校根据社会的需求和自身的专业特点先后成立了翻译系和翻译学院。2004 年 2 月,上海外国语大学在获得“外国语言文学”一级学科授权点的基础上,获准正式建立独立的翻译学学科点,并于 2005 年起招收独立的翻译学硕士研究生和博士研究生。众所周知,我国代表学科建设和学科发展方向的是研究生专业的学科体系(辛广勤,2006);而潘文国(2004)认为学科体系分为学科门类、一级学科、二级学科,只有进入二级学科,才是真正具有学术地位的独立学科,而研究方向或三级学科还不能成为真正意义上的学科。从这一视角来看,上海外国语大学作为我国内地高等院校在外国语言文学专业下建立第一个独立的翻译学学位点(二级学科),这的确标志着我国翻译学学科和学位点建设方面进入了一个新阶段,甚至可以说是进一步增强了翻译学科的完整性和独立性。2006 年教育部首次将翻译作为一门专业,列入本科专业目录备案并批准招生,这标志着翻译学科建设的新起点,在某种程度上为翻译学将来建设成为独立的一级学科,形成完整的翻译专业教学培养体系奠定了基础。

综上所述,我们以为,虽然翻译教学在我国高等学校外语专业教学中占据重要地位,但翻译专业(尤其是本科独立专业)在我国尚处于起始阶段,在人才培养目标、规格、教学大纲制定、课程设置、教学材料选择、教学模式、教学方法与手段、师资队伍培养、测试与评估体系等诸方面都有待进一步的理论探讨和实践探索。翻译专业和学科发展虽然比较晚，但我们也应当看到，在高等院校、出版社、专家学者、学术团体、培训机构、科研机构、广大一线翻译课教师等各方的积极努力之下，该学科的建设正面临着良好的发展契机，无论是社会需求，还是学科发展的内存动因都对学科的建设、发展和完善十分有利，可以说，呈现出欣欣向荣、蒸蒸日上的景象。迄今为止，中国对外翻译出版公司、上海外语教育出版社、外语教学与研究出版社、高等教育出版社、湖北教育出版社等在引进、推介、策划出版翻译学著作，推动翻译学的发展方面作出了积极的贡献。中国对外翻译出版公司近年来出版了《翻译理论与实务丛书》、《刘宓庆翻译论全集》等数套翻译学论著，包括翻译理论、译学名著、翻译史、翻译美学、翻译思想、翻译与语言哲学、翻译实务等领域，有力地推动和促进了翻译研究。上海外语教育出版社除了出版了《外教社翻译研究丛书》、《新世纪高等院校英语专业本科生系列教材》中的翻译教程外，还在引进国外翻译学研究成果方面做了大量的工作。2000年4月外教社率先从国外几家著名出版社（如牛津大学出版社、培生出版集团、约翰·本杰明出版社、圣·杰罗姆出版社、多语种出版社等）引进出版了《通天塔之后》(After Babel)等12种图书，组成了"国外翻译研究丛书"第一辑；然后又于2004年5月至6月间推出该丛书的第二辑共17本，其中既有翻译学的经典著作，也有某翻译流派的代表作。这29本翻译学术著作的出版，在国内尚属首次，在一定程度上满足了译界对教学和科研材料的需求，推动了我国翻译教学与研究的发展，也使我国翻译界的学者们了解了国外翻译学方面的研究现状和最新成果。同时，我国翻译界学者、专家的相关翻译教学与实践类文章也比较丰富，涉及翻译的各个层面，如有的剖析了宏观学科建构，对中西文译学构想的内容和架构两方面进行比较（如张美芳，2001），或者对译学研究和翻译学科建设进行理论探讨并提出积极对策（如许钧，2001）；有的注重翻译教学，论述了翻译教学研究历史和发展途径（如穆雷，1999，2005），或者剖析教学翻译与翻译教学的区别，厘定概念（如刘和平，2000）；有的讨论了翻译培训问题，就提高翻译培训的效率和质量提出建议（如王立弟，2000）；有的涉及翻译教学的层次问题，讨论了翻译学研究生教学（如穆雷，2005）和为非英语专业学生开设大学英语翻译课程（如蔡基刚，2003）；有的探讨了具体翻译教材、翻译测试、翻译教学法等问题，提出提高教材质量、建立我国翻译教材新体系（如庄智象，1992；刘季春，2001），或者提出改革本科生翻译测试（如徐莉娜，1998），或者网络环境与翻译教学的结合（如封一涵，2001）；或者呼唤翻译教学中要融入"美育"（如毛荣贵，2003）。随着理论研究意识的觉醒，就会产生研究理论的兴趣，有了兴趣就会去著说立论。从黄龙的《翻译学》（1988）问世以来，已经出版了 60 余种研究翻译理论的著作，包括翻译史、评论史及有影响的论文等，如杨自俭、刘学云的《翻译新论（1988—1992）》，中国英汉比较研究会编的《英汉比较与翻译》也已出版 6 辑，这些都将为深入进行翻译专业建设研究打下良好的基础。

　　一方面我们应该看到进行翻译专业建设和研究的有利因素和条件，另一方面也应看到我们所面临的困难和局限性。虽然中国翻译协会及有关学术机构和团体在学术繁荣、理论建设和实践总结等方面做了大量的工作，但是，由于翻译学学科定位仍然不够清晰，尽管我国前两年已注册登记的各种翻译服务机构已超过 3 800 家，现有在岗聘任的翻译专业技术人员约 6 万人，相关从业人员超过 50 万，另有数 10 万人以不同形式从事翻译工作，然而翻译研究机构相对较少，翻译教育、教学研究机构更少，学术交流尚需深入进行，有关亟须解决的学科建设问题，专业发展问题，翻译市场行业指导和统一监管机制问题，翻译质量不高、高素质人才缺乏问题等，都应立项作为专门课题进行研究，探索有效解决的途径和办法。诚如张南峰（1998）所指出的，目前研究翻译的组织少，期望我国能逐渐形成一支专业的学术研究队伍，建立专门的组织，把翻译学视为严肃的、独立的学术科目，对我国近两千年的翻译现象进行有系统的研究。在教材建设方面，虽然我们在翻译学专著、翻译教材等的出版和引进方面做了一些工作，取得了一些成绩，在学科建设和专业发展方面亦有一定的积累，但大部分的学术积累、学科发展和学术专著主要针对翻译研究或翻译专业硕士、博士研究生的教学和科研，而多数翻译教材主要应用于英语专业教学中的翻译课程教学，服务于语言学习。在教学法研究方面，相关教学探讨主要以传统的英语专业或非英语专业的翻译课程教学（如笔译、口译等）为基础。这些研究成果（如教材、教法、课程设置、测试评估等）如何与外语教学理论相结合？如何应用到本科翻译专业建设中？如何将翻译人才培养目标与具体的教学策略结合起来？如何探索出一套有效的、合乎我国国情的本科翻译专业教学体系？如何打造一支高素质的翻译专业师资队伍？我国本科翻译专业在人才培养目

标、培养规格、课程设置、教材建设、教学方法与手段、教学评估、师资队
伍建设方面,有很多问题值得好好思考和研究。对这些问题进行有针对
性的探索和研究,无疑对促进翻译学科建设、完善翻译专业建设具有重
要的现实意义和历史意义。

参考文献

[1] Gentzler E. Foreword [A]. In Susan Bassnett & André Lefevere (eds.). *Constructing Cultures: Essays on Literary Translation* [C]. Clevedon et al.: Multilingual Matters, 1998, ix-xxii.

[2] 蔡基刚.重视大学英语翻译教学　提高学生英语应用能力[J].中国翻译,2003, (1).

[3] 董秋斯.论翻译理论的建设[J].翻译通报,1951,(4).

[4] 封一涵.教师网络中的交互式翻译教学[J].中国翻译,2001,(1).

[5] 何刚强.翻译的"学"与"术"——兼谈我国高校翻译系科(专业)面临的问题[J]. 中国翻译,2005,(2).

[6] 何兆熊.办好英语专业之我见[J].外国语,2003,(2).

[7] 侯向群.翻译为何不可为"学"?——读《翻译学:一个未圆且难圆的梦》[J].外语 与外语教学,2000,(7).

[8] 刘和平.再论教学翻译与翻译教学——从希拉克信函的翻译谈起[J].中国翻译, 2000,(4).

[9] 刘季春.调查与思考——谈建立我国翻译教材的新体系[J].中国翻译,2001, (4).

[10] 刘宓庆.翻译教学:实务与理论[M].北京:中国对外翻译出版公司,2003.

[11] 毛荣贵.翻译教学呼唤"美育"——评阅 TEM 8(2002)英译汉试卷有感[J].中国 翻译,2003,(1).

[12] 穆雷.中国翻译教学研究[M].上海:上海外语教育出版社,1999.

[13] 穆雷.翻译学研究生教学探讨[J].中国翻译,2005,(1).

[14] 潘文国.论对外汉语的学科性[J].世界汉语教学,2004,(1).

[15] 束定芳.外语教学改革:问题与对策[M].上海:上海外语教育出版社,2004.

[16] 谭载喜等.翻译学学科建设的新阶段——我国内地高校建立第一个独立的翻译 学学位点论谈[J].中国翻译,2004,(3):31.

[17] 王立弟.翻译培训的创新[J].中国翻译,2000,(5).

[18] 辛广勤.大学英语是不是一门学科——大学英语学科属性的宏观思考及其他 [J].外语界,2006,(4).

[19] 许钧.译学探索的百年回顾与展望(评《论信达雅——严复翻译理论研究》)[J]. 中国翻译,1999,(4).

[20] 许钧.切实加强译学研究和翻译学科建设[J].中国翻译,2001,(1).

[21] 徐莉娜.关于本科生翻译测试的探讨[J].中国翻译,1998,(3).

[22] 杨自俭.我国译学建设的形势与任务[J].中国翻译,2002,(1).

[23] 张美芳.中国英汉翻译教材研究(1949—1998)[M].上海:上海外语教育出版社, 2001.

[24] 张南峰.从梦想到现实——对翻译科学的东张西望[J].外国语,1998,(3).

[25] 庄智象.翻译教学及其研究的现状与改革[J].外语界,1992,(1).

—— 本文发表于《外语界》2007 年第 3 期，标题略有改动。

关注翻译研究三个"转向"，推进翻译学科专业建设

1. 引言

　　作为一门独立学科,翻译学科在我国起步较晚,但发展较快。继 2004 年部分外语院校开始设置翻译学硕士和博士学位之后,2006 年教育部首次批准设立本科翻译专业,从而形成了学士、硕士、博士等完整的一体化人才培养体系,为翻译学科的未来发展与完善奠定了坚实基础。截至 2012 年底,我国1 448所本科院校(1 145所系普通本科、303 所系独立学院)中设有 994 个英语语言文学点、146 个商务英语点、106 个翻译点。翻译学科布点的快速增长与专业地位的不断强化,不仅在一定程度上满足了社会经济发展需求和学习者个人需求,而且就翻译专业学科建设和发展而言,也具有十分重要的现实意义和深远的历史意义(庄智象,2007)。我国翻译专业成为独立学科仅 10 年的历史,翻译学科专业建设取得了重大突破,具体表现在:1)在全国翻译专业学位教育指导委员会领导下制定颁布了《高等学校翻译专业本科教学要求》(试行)(以下称《教学要求》(仲伟和,2011),不仅廓清翻译专业与外语专业的关系,而且明确了翻译专业人才培养的目标与规格等;2)借鉴国外高校办学的成功经验,积极开展师资培养,科学设计师资培训的内容,通过师资队伍的建设,提高师资水平,打下翻译专业建设的良好基础;3)在课程设置上进行积极探索与实践,针对翻译能力的培养和翻译素质的提高开设课程;4)翻译的教材建设近年来取得突破性进展,针对不同层次办学的理念和实际要求,"翻译本科专业系列教材"、"全国翻译硕士专业

学位系列教材"和"翻译专业必读书系"等定位明确的系列教材的编写与出版,有力地推进了翻译专业的建设,为翻译人才的培养探索有效的途径。但也不可否认,翻译学科建设(尤其是本科开设独立专业)在我国尚处于探索阶段,仍有诸多不足,学科建设的加强与完善任重道远,特别是在学科专业定位、人才培养目标、教学大纲制定、课程设置、教学材料选择、教学模式、教学方法与手段、师资队伍培养、测试与评估体系等诸方面都有待进一步的理论探讨和实践探索。

2. 翻译学科专业建设当前面临的主要挑战

任何一所大学的水平和地位都取决于它的学科水准,因此学科建设在办学中被放在极其重要的位置上。在我们高等教育实践中,学科建设是一项系统工程,通常包括两层含义:一种是指发展某种知识领域或分支,属于高等学校发展科学和文化创造职能;第二种是指对某种课程(教学科目)进行建设,使之具备一定的条件和专业水准。其中,第一种理解可以称为学科专业建设,而第二种理解应称为专业课程建设(刘海燕,曾晓虹,2007)。一般而言,"学科"主要关注学术前沿问题,强调学术性;"专业"主要关注社会需求,处在学科体系与社会职业需求的交叉点上,具有动态生成性特点;而"课程"则是实施学科专业教学、保证教学质量的基本单元,是形成推动课程不断发展的有效机制以达到提高教学质量、实现人才培养目标都必须加强的共性问题。可以说,学科建设是龙头,专业建设是依托,课程建设是基础(罗云,2004),它们既相互渗透又各有侧重,特别是"学科建设"往往关涉专业建设与课程建设"顶层设计"的高度与水准,对其综合质量具有统摄作用。因此,抓住各自重点,协调彼此关系,是学科内涵建设的关键所在,这对有效应对当前翻译专业学科建设所面临的挑战具有重要的方法论意义。

2.1 翻译专业学科定位问题

学科定位是影响人才培养质量的核心要素,也是衡量学科专业培养人才能否充分满足社会需要的重要标杆。在理论争辩和市场发展的推

动下,在专家学者和广大一线教师、译者等的努力下,翻译学科已经从三
级学科逐步发展为二级学科,而且完善了从翻译学士、硕士到博士研究
生的翻译人才培养体系。无可否认,我国翻译学科专业建设已经取得了
很大的成绩。但作为一门新兴学科,对它进行恰当定位,分析它在外语
教育体系中的地位、所面临的契机与挑战等都将有助于了解该学科的发
展态势,促进其全面发展。而随着翻译学地位的上升,尤其是翻译成为
新的本科试点专业后,已经逐步摆脱了语言学、文学等的藩篱,拥有独立
的教学研究领域,学术空间的拓展与科研水平的提升为翻译专业高素质
人才培养提供坚实的智力支持。在不同层次的学位布点上目前还存在
着明显不合理现象,如硕士点大大多于学士点和博士点,出现"两头小、
肚子大"非常态分布结构,且三个层次基本上仅局限于英语,其他语种尚
没有完整体系。诚然,高水平的学术研究是推进学科发展的永恒动力,
对硕士、博士培养理论意义重大,而对于翻译专业本科生的培养来说则
应更多关注其实践价值。在学科建设的目标上,人们常说的一句话是
"顶天立地"。"顶天"就是要站在学科的前沿,"立地"就是要面向经济
建设和社会发展的主战场(谢桂华,2002),这对翻译学科建设的目标设
定具有重要启示。我们认为,翻译学科的定位应该在一定市场调研的基
础上,根据国家目前和未来发展的需要,组织专家学者制定专业教学大
纲,在学科专业建设中发挥地域特色,丰富专业发展形式(如发展翻译产
业,如培训、翻译公司等),建设翻译精品课程,鼓励翻译教学改革立项,
以保证翻译人才的培养质量,这样才有助于学科地位的进一步确立和学
科健康发展。

2.2 翻译专业人才培养目标问题

学科定位预设专业人才培养的目标。翻译人才培养包括宏观的总
目标(如本科生、硕士、博士等学历学位教育目标)和具体的阶段性培养
目标(如每一学年度、每一学期、每一门课程等的目标,阐明学生通过阶
段性学习所能达到的水平)。翻译作为一门新兴学科,相关人才培养目
标不一致,有的强调复合型人才、有的强调翻译通才、有的强调译员教
育,不一而足。我们认为,结合具体翻译教学实际,翻译人才可分为翻译
通才和专门性人才。这一方面体现了翻译的学科融合性(翻译为杂学、
译者为杂家),另一方面表现出翻译理论和实践的均衡发展。一般来说,

翻译通才充分体现出学习者学术研究能力和职业技能的平衡发展,该类人才既掌握一定的理论,又有较强的翻译实践能力;而如果学习者偏重于理论学术探索(如翻译理论家、翻译批评家),则更倾向于学术研究型人才;如果侧重于翻译能力的实际操练(如口译译员、科技文献译者、文学作品译者等),则更倾向于应用职业型人才。无论是典型的学术研究型还是典型的应用职业型翻译人才,均属于专门性翻译人才。而且,无论是高层次翻译通才还是专门性人才,都拥有扎实的语言文学(双语能力过硬)、翻译等知识、语言运用技能和翻译技能以及相关学术道德、职业道德等,当然,知识的广博程度、能力的大小、技能的娴熟程度等方面存在一定差异。我们认为,本科教育的目标在于培养一般性翻译通才,他们具备较宽泛的翻译知识和较强的翻译能力(如口笔头翻译能力),能胜任相应跨文化语言文字交流工作。而一般性翻译通才通过研究生教育成为高层次翻译通才、学术研究型人才和应用职业型人才。其中高层次翻译通才较之一般性翻译通才,在理论层次和实践技能等方面都更有所长。因此翻译学科人才培养要根据不同层次人才培养目标区别对待,特别是对近年来发展迅猛的本科翻译专业教学具有重大的战略意义。

2.3 翻译课程教学价值取向问题

课程实施的价值取向决定课程教学成效。随着翻译学科的发展,翻译课程设置上要根据学科特点和社会经济发展需求,不仅在量上有所扩充,更需要在质上多加考量,特别是像汉语与中国文化课程、机辅翻译课程、译作赏析文化对比类课程、文艺批评等课程,教学力度和深度上仍嫌不够。此外,翻译教学方法与翻译手段的研究近年来也愈发引起翻译学者的关注。如何确定教学原则?如何借鉴相关理论组织教学?如何协调教师的教学方式与学生的学习方式?如何创设互动合作的课堂氛围?如何将翻译教学与现代教育技术相结合?……能否解决这些问题将在很大程度上影响到翻译教学的质量,而如何解决这些问题也是专家学者和广大一线教师关注的热点。我们知道,翻译是语言文字信息(意义和功能)转换的交际活动,是一个动态过程,而所培养翻译人才一般又是复合型的通才,因此翻译教学势必也会吸纳语言学、翻译学、教育学、心理学、文学等相关理论的合理成分,丰富自身的理念与模式。博采众长,为我所用,教学有法,但无定法,Scrivener(1994)曾指出,实际上没有任何科学根据可以让我们描述一种理想的教学方法,但在实践中我们可以参照一些有益的教学原则。如在翻译学科教学中要首先遵循突出学科特点来确定教学方法,强调以人为本,互动合作,展开问题探究,促进自主发展。翻译教学旨在培养学生的学习能力、思考能力和翻译能力,而这一过程如同园丁(教师、专家等)培育幼苗(学生)一样,不仅需要丰富的营养(翻译及相关学科知识等),还需要具有个性化、人性化的管理方式(不同的教学方法与手段,如讲座、实习等),只有这样,幼苗才能成材(翻译人才)(庄智象,2007)。因此学科课程教学关注过程不仅有助于培养学习者的自学能力,而且有助于教师在日常翻译教学中更好地讲授翻译理论。可以说,以过程为取向的翻译教学在教学运行上为有效实施专业人才(特别是本科生教育)培养提供机制保障。

3. 翻译学科专业建设应积极关注三个"转向"

3.1 翻译人才培养的实践转向

(1)走出象牙之塔,应对现实之需

能够反映学校适应社会建设需求的程度,以及对社会人才消费的引导水平,是学校生存与发展的基础(冯向东,2002)。纵观以往的翻译研究与当前的人才培养状况,不难发现,我们的翻译学科与专业建设大多仍停留在"纸上谈兵"的层面,热衷于"经院式"人才培养模式,使翻译教学也长期陷在"费时低效"的泥潭中,导致高层次翻译人才严重匮乏,数量不足、质量不高、水平不够的呼声不绝于耳;翻译质量下降、高级翻译人才后继乏人。本科翻译专业的诞生,是时代发展的需要,独立、完整翻译学科点的建立是我国改革开放深入发展和应对与融入全球一体化进程、不断加快国际交往、交流日趋增多的需要;是培养大批高质量翻译人才和翻译事业发展的需要;是学科建设和翻译教育事业发展的需要(庄智象,2007)。翻译学科和专业的兴起源于翻译实践的需求,撇开实践谈论学科建设都是空中楼阁。因此,我们应该从战略的高度,以"头顶天、脚踏地"的态度研究需求,落实源于需求的学科专业建设措施(彭青龙,2012)。

(2)重视翻译理论实践品质,积极推进应用翻译研究

早在 20 世纪 70 年代,翻译学在西方已经开始确立其独立的学科地位。James Holmes 将翻译学分为纯翻译学和应用翻译学两种(转引自赵文静,2009)。所谓应用翻译(pragmatic translation),主要是指以传递信息为目的,又注重信息传递效果的实用型翻译。就内容来看,它几乎囊括了除文学翻译以外的所有作品,而就文本体裁而言,它包括政府文件、告示、科技论文、新闻报道、法律文书、商贸信函、产品说明书、使用手册、广告、技术文本、科普读物、旅游指南等各类文本,甚至还包括各种通俗读物(贾文波,2007)。面对翻译学科自身分化与社会经济发展对高水平专业翻译人才的需求升级,高校应当在翻译专业教学过程中结合翻译课程或翻译实践大力开展应用翻译研究,这不仅充实了翻译教学理论,为指导翻译教学提供真实、有效的支持,还可以为翻译产业发展和翻译市场服务提供有价值的指导(连彩云,2011)。关注翻译人才培养的实践转向,旨在让翻译学科的理论研究走出象牙塔,走出学科本位,在立足现实的基础上做好翻译学科专业建设的"顶层设计"。提升理论研究的实践品质,有利于提升学生的专业意识与职业能力,从而把理论转化成一种物质力量,使高层次多元化应用型翻译专业人才培养成为可能。

3.2 翻译理论研究的文化转向

(1) 囚禁传统翻译研究的"语言牢笼"

专业课程如何设置、人才培养重心如何把握,学科理论建设在其中起着重要的导向作用,同时也像一面镜子,反映出该学科存在的问题。我国翻译研究历史悠久,但这些传统译论与研究大多是在语言层面上依据"信、达、雅"的标准做评判。直到 20 世纪末,我国翻译理论还多是经验式、印象式的评点,大部分是围绕具体的翻译技巧在做文章,仅凭主观印象、以原文为基准对翻译进行评判(赵文静,2009)。可以说,这种翻译研究做派在实践学理上主要还局限在早期的语文学研究范式和结构主义语言学框架内进行,只关注语言内部构成规律,缺少对语言系统外部的关注,将翻译活动看作是"从文本到文本"的封闭过程,导致把翻译过程简单化和程式化,与西方在翻译学学科理念上"最起码要迟二十年"(张南峰,2004)。翻译不是在真空中进行的,也不是在真空中被接受的(Lefevere & Bassnett, 2001:3)。因此,翻译研究在关注语码转换的同时,还要更多关注语言符号背后所包含的社会文化、意识形态等诸多因素及其对语言符号的隐性操控。

（2） 当代翻译研究的文化转型

理论研究应该关注对话与交流及其相关学科的发展。早在 20 世纪 90 年代 Addre Lefevere & Susan Bassnett（1998）就提出比较文化的翻译转向和翻译研究的文化转向，从而引发翻译研究领域一场深刻的革命，将翻译研究的重心从内部（语言学）转向外部（社会学、文化学等）。译界的这场革命旨在强调，翻译活动的最终使命是两种社会文化信息的转换和交流；交流的动机多是为了满足某种社会文化的需求（赵文静，2006），因此，翻译研究不能只在语码转换圈子内做文章，还应同时注重对翻译的外部研究。文化是语言的基座，翻译研究的"文化转向"使得翻译研究从文本语言分析走出来，走向文本的潜层和背后，让人们看到了文本背后的社会话语与政治权力的结合，从而拓宽和深化了翻译研究的维度（蓝红军，2008）。可以说，文化研究给翻译研究提供了新的视角，注入了新的内容，扩大了翻译研究的对象，进而使翻译研究的学科架构更加完整。

（3） 翻译研究范式转型的适应与超越

要使翻译学"学术"含量更高，理论建设任重道远。由于翻译学科具有较强的综合性、跨学科性，学科内部研究和外部研究都有很大的扩展空间。但需要提醒的是，文化研究之于翻译学科的构建，更多地来说是一种瓦解旧的学科体制和扩大学科范围的策略，而不是翻译研究的绑定方向，从而避免落入新的"范式"陷阱（托马斯·库恩，2003）。事实上，翻译研究在立足语言本体的基础上，积极关注双语文化内涵的传递与阐释，适应学术研究转型，与时俱进，是寻求翻译学科独立身份与不断完善翻译学科话语体系的必要条件，但除此以外，译者在翻译过程中还要关注双语交际意图的适应性选择转换，这就要求译者除语言信息的转换和文化内涵的传递之外，还要把选择转换的侧重点放在交际效果层面加以考量，即关注原文中的交际意图是否在译文中得以充分体现和最终实现（胡庚申，2011），这对应用型翻译人才培养，使其翻译活动和作品有效达成交际目的具有积极意义。

3.3 翻译教学实施的过程转向

（1） 过程教学的内涵与特点

相对于以结果为取向的传统翻译教学（product-oriented translation

teaching)，以过程为取向的翻译教学（process-oriented translation teaching)是指翻译教师在翻译教学中引导学生积极主动地关注翻译过程，围绕翻译过程开展教学，是"在一个以学习者为中心的环境里，学生通过协作参与职业译者的真实活动，自己去发现知识"（Massey，2005：628)。以过程为取向的翻译教学最显著的优点是使翻译任课教师和学生摆脱对于个别词语好坏标准的纠缠，从而把教学的重点更多地集中在对学生翻译观念及翻译策略的培养上（朱玉彬，许钧，2010)。翻译的过程取向超越了传统翻译教学的行为主义"刺激—反应"范式，体现了以学习者为中心的人本主义精神与建构主义学习理念，即知识的掌握是一个过程，学习者在面对复杂问题或任务的时候，自己去发现解决这些问题或完成这些任务所需要的基本知识和技能（Slavin，2004)。教师的理论教学介入是为了"授之以渔"，以过程为取向的翻译教学利于学生把在翻译实践中发现的问题在翻译理论学习中得到解决（穆雷，1999:55)

（2）过程教学的价值预期与实现方式

一方面，翻译教学关注"实用性"实践素材选择。随着翻译市场对译者职业能力要求的不断提高，高校翻译专业教学不仅要在教学方法上转型跟进，而且在教学内容、翻译素材选择上也要更多关注市场与学生需求作出相应调整，以便有针对性培养学生的职业翻译能力，更好达成翻译专业应用型人才培养目标。翻译专业学生的"实用性"动机很强（王湘玲，毕慧敏，2008)，学习翻译具有明显的"市场化"导向与职业发展的现实诉求，而市场需求决定了翻译教学所采用的主要文本类刑。传统的翻译教学多以文学作品为实践素材，然而如今市场对翻译的需求已不限于文学领域，经济、法律、科技等领域的翻译工作已成为市场的主要需求。因而，教师应针对当地翻译市场的热门领域来选择翻译练习文本，让学生译者熟悉相关的专业学科知识，使学科知识不再成为翻译专业学生职业发展的瓶颈。

另一方面，强化翻译教学的理论导引功能。可能正是由于"实用性"动机过强所致，许多翻译专业学生（特别是本科生）普遍持有"理论无用论"的观点，由于学生对翻译理论价值缺乏内在认同，使得翻译理论课教学往往沦为"空转"，这已成为翻译理论教学的痼疾。事实上，理论意识在译者选择原作、研究原作、确定翻译策略、解决具体问题等方面都有很大的帮助；而翻译结束后的经验总结、理论升华又能对今后自己和他人的翻译实践有所启迪和助益，避免实践的盲目性（许钧，2014)。可以说，如果没有翻译的语言学研究,翻译活动可能还囿于经验主义的层面;如果没有翻译的文化研究,我们可能还无法对制约翻译产生与接受的机制具有如此全面自觉的意识。以过程为取向的翻译教学利于教师在学生"自我探究"时,结合实践内容和实际问题进行理论讲解,有助于学生更好地理解和运用翻译规律,在今后翻译实践中自觉提升对翻译策略的选择与评价能力。

4. 结语

学科专业建设是一项系统工程,需要"复杂思维"进行顶层设计与建基打底。翻译学科作为新兴的"朝阳产业",其专业独立开设在很大程度上满足了社会经济发展对高素质翻译人才的巨大需求,但翻译学科专业建设应该把现实"需求"放在战略高度加以考量,以传统的"粗放经营"或"大跃进"方式来满足市场需求不具有学科发展的可持续性。因此在专业建设与课程设置等方面,首先需要考量社会经济的发展需求与学科自身成长的内在规律;其次重在把握学科的内涵建设,本着立足现实、与时俱进的精神,进行翻译学科合理定位,确定人才培养目标与课程教学方案,特别是在翻译学科建设的具体落实过程中要特别注意处理好一些具有内在冲突的几组对立关系,诸如学科规模扩张与学科内涵建设相结合、学术科研提升与特色人才培养相结合、师资队伍建设与评价机制创新相结合等(彭青龙,2012),以期先从学科内部结构建设着手探索构建一套合理的运行机制,才能把翻译专业学科的内涵建设落到实处。翻译学科专业建设既要积极探索,大胆创新,又要立足现实,量体裁衣,力戒贪多求快,贪大求全。面对社会经济发展对人才需求的巨大挑战,翻译学科专业建设要在适应中超越,在超越中引领;对专业人才培养也需分层要求、步步推进,不指望既要面面俱到,又能样样精通,人才规格培养谨防出现 Jack of all trades but master of none,力争打造 Jack of all trades and master of ONE,既注重夯实基础、厚积薄发,又要学有所专、用有所长,从而更好实现高素质应用型翻译人才培养的专业教育目标。

参考文献

[1] Bassnett, S. & A. Lefevere. *Constructing Cultures: Essays on Literary Translation* [C]. Bristol: Multilingual Matters, 1998.

[2] Holmes, J. S. The Name and Nature of Translation Studies [A]. In R. van den Broeck (ed.). *Translated Papers on Literary Translation and Translation Studies.* Amsterdam: Rodopi, 1988: 67-80.

[3] Lefevere, A & S. Bassnett. Where are we in Translation Studies [A]. In S. Bassnett & A. Lefevere. (eds). *Constructing Cultures: Essays on Literary Translation* [C]. Shanghai: Shanghai Foreign Language Education Press, 2001.

[4] Massey. Process-oriented Translator Training and the Challenge for E-learning [J]. *Meta*, 2005, (50/2): 626-633.

[5] Scrivener, J. *Learning Teaching* [M]. Heinemann: Macmillan, 1994.

[6] Slavin, R. E. *Educational Psychology: Theory and Practice* (7th edition) Beijing: Peking University Press, 2004.

[7] 冯向东. 学科、专业建设与人才培养[J]. 高等教育研究,2002,(3):67—71.

[8] 胡庚申. 生态翻译学的研究焦点与理论视角[J]. 中国翻译,2011,(2):5—9.

[9] 贾文波. 功能翻译理论对应用翻译的启示[J]. 上海翻译,2007,(2):9—14.

[10] 蓝红军. 文化研究:翻译学科的发展方向或建构策略[J]. 江苏科技大学学报(社科版),2008,(1):90—95.

[11] 连彩云. 创新翻译教学模式研究——为地方经济发展培养应用型专业翻译人才 [J]. 中国翻译 2011,(4):37—41.

[12] 刘海燕,曾晓虹. 学科与专业、学科建设与专业建设关系辨析[M]. 高等教育研究学报,2007,(4):29—31.

[13] 陆军. 关于学科、学科建设等相关概念的讨论[J]. 清华大学教育研究,2004,(6):12—15.

[14] 罗云. 关于学科、专业与课程三大基本建设关系的思考[J]. 现代教育科学,2004,(5):32—34.

[15] 穆雷. 中国翻译教学研究[M]. 上海:上海外语教育出版社,1999.

[16] 彭青龙. 需求,特色,质量——论翻译学科和专业内涵建设[J]. 当代外语研究,2012,(2):43—48.

[17] 托马斯·库恩. 科学革命的结构[M]. 北京:北京大学出版社,2003.

[18] 王湘玲,毕慧敏. 建构基于真实项目的过程教学模式——兼评《翻译能力培养研究》[J]. 上海翻译,2008,(2):52—55.

[19] 谢桂华. 关于学科建设的若干问题[J]. 高等教育研究,2002,(5):46—52.

[20] 许钧. 翻译的使命与翻译学科建设——许钧教授访谈[J]. 南京社会科学,2014,(2):1—7.

[21] 张南峰. 艾克西拉的文化专有项翻译策略评介[J]. 中国翻译,2004,(1):18—23.

[22] 张宁. 中国翻译批评研究[D]. 河北大学,2007:22—23.

[23] 赵文静. 翻译的文化操控:胡适的改写与新文化的建构[M]. 上海:复旦大学出版社,2006.

[24] 仲伟合. 高等学校翻译专业本科教学要求[M]. 中国翻译,2011,(3):20—24.

[25] 朱玉彬,许钧. 关注过程:现代翻译教学的自然转向——以过程为取向的翻译教学的理论探讨及其教学法意义[J]. 外语教学理论与实践,2010,(1):84—88.

[26] 庄智象. 我国翻译专业建设:问题与对策[M]. 上海:上海外语教育出版社,2007.

——本文系第一作者 2014 年在上海中医药大学作的学术报告基础上修改而成,并发表于 2014 年《外语教学》第 6 期。

作者:庄智象、戚亚军

翻译教学及其研究的现状与改革

随着我国对外开放政策的不断深入和全面实施,我国同世界各国的经济合作、贸易往来和文化交流日益频繁。社会各界对外语翻译人才的需求,不论从数量还是从质量上,亦越来越高。同时,世界科学技术的迅猛发展,使人类社会从工业时代进入了信息时代,引起了经济、政治、文化、家庭生活等各方面的深刻变化。在这种形势下,起着桥梁作用的外语翻译则是至关重要的,因为任何科研成果的对外介绍、新技术的引进、新信息的获取、新视野的开拓都离不开外语翻译,从而使担负培养跨世纪高层次外语翻译人才的我国高等外语院校、综合性大学、师范院校外语系等都面临着新的挑战:怎样继续深化教育体制改革,提高教学质量,培养出能够担负起进行文化和科技交流、经济合作和贸易往来重任,适合社会需要的又红又专的外语翻译人才。据了解,随着对翻译人才需求的提高,不少用人单位呼吁学校加强翻译教学。目前,尽管大部分外语院系都开设了翻译课,但教什么、怎样教、达到什么要求、教学效果如何等问题长期来并没有得到应有的重视。本文拟就当前(主要是英语专业)的翻译教学及其研究的现状与改革谈一些粗浅的看法,以起到抛砖引玉的作用。

一、翻译教学的现状

为了解近几年外语院系翻译教学的状况,笔者翻阅了三中全会以来(至1989年)先后复刊、创刊的我国部分主要的外语期刊。它们是:《外语教学与研究》(北外编辑出版);《外国语》、《外语界》(上外编辑出版);《现代外语》(广外编辑出版);《外语教学》(西外编辑出版);《教学研究》(解放军外国语学院编辑出版);《外语研究》(解放军国际关系学院编辑出版);《外语与外语教学》(大外编辑出版);《外国语文教学》(川外编辑出版);《外语学刊》(黑大编辑出版);《中国翻译》(中国翻译工作者协会编辑出版);《山东外语教学》(山东省外语教学研究会编辑出版);《福建外语》(福建省外语教学研究会编辑出版);《上海科技翻译》(上海科学技术翻译工作者协会编辑出版)。共 14 份期刊。笔者重点阅读了其中有关翻译教学的文章。现归纳出几个问题分别概述如下:

1. 对翻译课的认识

　　翻译是艺术,是技术,同时也是科学。翻译课是理论课,也是实践课。翻译课既要系统地讲翻译理论,又要有大量的实践;既要研究两种语言对比,又要总结常用的语际翻译技巧。要引导学生在实践中掌握理论,并用理论指导实践,力求理论与实践密切结合。翻译课的任务就是促使学生从大量翻译练习的感性认识上升到理性认识,向学生传授前人从广博丰富的实践中总结出来的理论,并帮助他们在理论的指导下更好地去完成翻译任务。至于如何讲授翻译史和翻译理论,则要针对我们的教育对象决定翻译史和理论的广度和深度。因为讲述翻译史,国内可以从两千年的梵文佛经翻译讲起,国外可以从两千年前地中海沿岸各国的翻译史讲起。讲述国内外理论流派,可以从亚洲的讲到欧美各国的,仅翻译原则,就可以旁征博引,援用古今中外各家众多的论述。因此必须视具体教育对象而定,这是一种观点。

　　另一种观点认为:翻译课主要是一门实践课,应通过大量的实践使学生奠定一定的翻译基础。通过对两种语言进行深入细致的对比,将学生的感性知识条理化、系统化,使他们对两种语言的异同心中有数。同时对翻译有一个较正确的认识,除了做翻译练习、学点翻译技巧外,更重要的是,要把从事翻译的某些基本东西通过实践传授给学生。诸如:养成良好的译风、学会使用词典、辨别正确与错误、划分优劣的界线、懂得翻译技巧等等。翻译的基本目的是使学生对未来的职业有所认识、有所准备并对他们进行基本训练。这两点决定了翻译课应是一门实践课而不是理论课。翻译课应以翻译练习为主,把练习和讲评贯彻始终,结合练习、通过讲评,适当讲一些翻译知识和技巧。这样便于学生有大量的实践机会,能够提高他们的实际工作能力。也就是说,通过翻译课培养学生分析、鉴别和调查研究的能力,即我们通常所说的独立工作能力。这种能力是通过各方面的实践积累取得的。讲一个翻译原则往往是很简单的,但到具体处理时便会出现情况千变万化,很不容易掌握。例如:"信、达、雅"这三个字,学生理解起来很容易,但是做起来却很难。再说实际语言的运用是多变的,翻译技巧和规律也不是一成不变的。翻译作为一门艺术、一种技能主要是在实践中日臻成熟的。

目前一般认为:外语专业的翻译课主要还是一门实践课,应以实践为主,理论应该为实践服务。但对翻译课程究竟怎样贯彻理论指导实践的原则? 主要应该讲哪些理论? 单纯讲翻译技巧和方法能否代替必要的翻译理论? 对这些问题的看法仍然存在不同的看法,仍须作进一步的探讨。

2. 对翻译课程设置的看法

国外有学者(如 Robert Lado)认为,翻译能力是一项专门技巧,外语能说会写的人不一定能译,译的能力须要专门训练。也就是说,外语讲得好的人不一定是翻译能手。翻译作为一门艺术,技术和科学涉及范围极广。它不仅仅牵涉到两种语言(外语和母语),而且还涉及两种语言的文化背景知识,文体学知识和综合性的知识修养等。若是某一门专业的翻译还须掌握该专业的基础知识,文学翻译则必须有一定的文学修养和较深的生活体验。所以要培养出高质量的翻译人员,非进行系统的、严格的强化训练不可。再说培养外语人才的目的无非就是使他们能用外语直接同外国人打交道或用外语间接为社会服务。后者在我国且占大多数,因此设立翻译课无疑有其实际意义。翻译课要想独立成课,必须具有自己的特色,那就不仅在材料内容上而且在篇幅和难度上都要既参考精读课,又要有别于精读课。从而必须改变翻译课长期沿袭以语法、词、句论翻译的传统教学模式,忽视一门学科的独立性,因而缺乏一门专业课应有的特色,结果使翻译课在内容上成了精读课、语法课的翻版。简而言之,既然翻译是一种综合能力,那么它除了主要讲授翻译史和理论、翻译原则和训练技能外,也应是一门包括母语、文化背景知识、交际理论和一定的文学和文体学知识等的综合技能课程。

至于何时开设翻译课？开设多久？一般外语院系都是在大学三、四年级开设，三年级开设外译汉课，四年级的翻译课外译汉、汉译外并重。但也有人认为，（三年级）外译汉、汉译外同时开设可以较系统地进行外汉对比；亦有的教师认为，考虑到两门课程的不同特点，还是分别开设为好。究竟怎么开设好，仍须进行探索。研究生一年级则以开设汉译外为主，一般为一年。无论是本科生还是研究生，课时一般均为每周两课时。但是本科生毕业时达到的翻译水平一般都不太高，故有人认为每周两课时的翻译训练太少，应适当增加课时，尤其要加强汉译外和口译的教学。同时可考虑在基础阶段时对翻译也要有一定的要求（当然不是说开设翻译课程）。例如，做句子翻译练习时，首先要求能比较准确地表达原义，有时可以允许粗略一些，但外语一定要符合外语习惯的表达方式，可多练习几种可能的译法以开阔学生的思路，尤其要注意训练学生在不同的语境中能采用多种表达方法。要从基础阶段就要求学生注意知识的积累，只有积累丰富，才能在翻译中左右逢源。

3. 对现行教材的评价

随着工业和科学技术的迅猛发展，语言文字也在不断丰富和变化。要培养出大批合格的能跟上时代步伐的翻译人才，就必须使我们的翻译教材能及时反映时代的特点，与时俱进。这就需要我们的翻译教材能够不断推陈出新。三中全会以后，国内较为广泛采用的翻译教学参考书和课本有钱歌川先生编著的《翻译的技巧》（1981 年，商务印书馆）、陈廷祐先生编著的《英文汉译技巧》（1980 年，外语教学与研究出版社）和张培基先生等编著的《英汉翻译教程》（1980 年，上海外语教育出版社）。这几本书中有的多次重印，印数达几十万册。这些教材为我国培养翻译人材起了积极的作用，立下了功勋。但随着形势的发展，尤其在当前的形势下，这些书亦暴露出一些不足之处。例如钱先生的《翻译的技巧》完稿于 1972 年，选材都是比较古老的篇章，现代的东西较少，缺乏时代气息。陈先生的《英文汉译技巧》的材料则是政史和传记、回忆录之类，例如宪章运动史、第三帝国的兴亡、第二次世界大战史、戴高乐传、艾登回忆录等等。张先生的《英汉翻译教程》中，共选 36 篇范文，其中小说散文摘录 12 篇，传略、回忆 11 篇，政史论述 7 篇，演说 6 篇。客观地说，这些教材还是比较传统的，多以文学作品为主，间或穿插一些政论文、演说词、回忆录、传记等。然而从我国的发展趋势看,今后的外语专业毕业生从事文学翻译的人数不会太多,大量的是从事经济、科技、文化、旅游方面的翻译工作,因而应适当增加经济和现代科技等方面的文章,以适应形势的需要。另外,这些教材在反映现代翻译学理论方面也显得不足。例如,它们未能很好地反映对比语言学、交际理论和跨文化交际等的研究成果。

除此之外,汉译外的教材颇为缺乏。以英语为例,现在国内很多学校采用的教材是西安外语学院吕瑞昌、喻云根等编写的《汉英翻译教程》(1983年,陕西人民出版社)。从全国范围看,有相当一部分院校采用上述教材外,有些学校自己临时挑选练习,常常显得较为凌乱,缺乏系统性,结果常常是深一脚浅一脚。此教材的问世对汉译英的教学起了很好的推动作用,但它同上述几部英译汉教材一样有一种通病。首先,在体例上仍然遵循着传统的老路,即以语法为纲,按词法句法体系来编写。其内容,一是关于翻译过程词语的处理,包括词义的选择、引申和褒贬、词的增减与重复、词类的转移等;二是关于句子的处理,如句型的转换、句子的肯定与否定、分与合、各种从句的移植与替换等等。实例多为句子而不是段落或短文,缺乏篇章结构对比。此外,此教材选材面较窄,且很大一部分是政治性词语和文学性体裁。当然,译文是由词、句组成,评论翻译离不开词、句,应该注意具体方法、技巧的训练,然而翻译并不是一对一简单的转化形式,何况翻译的优劣受制于诸多因素,就是词句的选用也不能脱离文章的语境。换句话说,我们过去一直比较重视微观分析,忽视宏观论述。同时,由于反映现代翻译学理论比较欠缺,因而难以全面地反映出翻译这一学科的特点。因此,翻译教材的编写应打破旧框框,更科学、更系统地反映这一课程的特点。

4. 教师和教学方法

教学目标的确定,决定了教材的编写,教材的采用对教学效果起着很大作用,而贯彻教材又取决于教师。既然贯彻教材、达到教学目的在很大程度上有赖于教师,所以教师水平的高低、经验丰富程度如何、教学方法怎样是至关重要的。

翻译课教师最好是由外语和汉语功底都比较好的教师来担任。一般来说,随着对外交流机会的增多,外语教师进修的机会比较多,因而外语教师的外语水平一般都不错。但外语和汉语俱佳的教师并不很多,因为翻译课教师除了完成课程的任务外,还要兼做精读课和汉语课教师的工作。翻译课程教师还应具有广博的知识。包括文化背景、文学修养、一般科技知识等。除此之外,最好做过一些翻译工作,具有一定的翻译实践经验,发表过一些译作等。这样,讲授翻译课更具有针对性,亦能以身说教。同时翻译课教师要尽量多吸收新知识,注意知识的积累。因为学生随时可能提出学习或生活中的新问题,要求教师帮助解答。然而,目前全国性的问题是:外语师资尤其是英语师资紧张,原来担任翻译课的一批老教师相继离退休,新担任翻译课的中青年教师负担重,常常显得力不从心,故培养一支高水平的翻译师资队伍已刻不容缓。

一般而论,目前我们的翻译课所采用的教学方法大致是:练习——讲评中间或穿插一些翻译理论、原则或技巧的讲座,有的干脆让学生课外自己看一些有关翻译理论或技巧的书,以此周而复始地教两年,课堂上老师讲、学生记笔记。外译汉教学的讲解因为学生的错误往往出在理解上,尤其进入高年级后,学生对具有一定难度和深度的文章在理解上常常停留在浅表层上,故大体都围绕着对原文的深层意义的理解进行;汉译外教学的讲解,除了汉语理解外,主要讲解词语的选择和句型、结构的采用,强调外语用法的适合性。在讲解过程中,归纳总结较少,一般停留在具体语言的就事论事的讲解上,授鱼多而授渔之法不够。

5. 学生的现状

确定教学原则、教材、教学方法应切合学生的实际。英语专业的学生,一般从中学开始学英语,直到大学三年级,应该说已具备了一定的翻译能力。然而,他们没有系统地学习过翻译理论和技巧,仅具有的初步的翻译能力,在某种程度上讲,是感性知识的积累还未上升到理性阶段。总的说来,他们的翻译能力,不论是外译汉或汉译外都是较低的。他们的主要问题在于:

英译汉:对原文的理解不够透彻,因为弄不清句子成分之间的关系。只要遇到稍复杂的句子就读不懂了。若再遇到文化背景准一点或复杂一些的东西,就更无法理解了。于是便硬译或随意乱译,往往勉强译出,错误颇多。其次,由于汉语水平不高,所以表达能力欠佳。常见错误为词语搭配不规范,常用汉语词语掌握不多,词汇贫乏,以及拘泥于英文句法结构,不能找出恰当的相对应的汉语词语结构等,句子欧化,中文不够流畅。

汉译英:由于英语基础不够扎实,英语不够熟练,所以常常出现如常用词、短语、习惯用语的错误;常用结构、词语搭配方面的错误;时态的误用;书面体与口语体不分,用口语体表达书面体等;书写不规范;拘泥于汉语原句结构,不能找出通顺相应的英语词句。少数学生汉语基础差,句子理解有误,因而也会译错。其次是使用汉语词典和原文词典不够,知识面狭窄。

按学生翻译能力而论,一般可分为三类:①少数学生英汉语言基本功扎实,知识面广,理解表达能力和翻译能力较强;②大多数学生外语和汉语基础比较好,理解能力较强,但汉语词汇不丰富,表达方式不够熟练,知识面不够广。有时能用英语解释难句,但是只能"意会"难以"言传",即使"传"出来了,也不是地道的英语或汉语;③少数学生外语和汉语基础都比较弱,理解表达能力也相应比较差。知识面亦比较窄。

二、翻译教学研究的状况

为摸清翻译教学研究的状况,笔者还就上述 14 份具有一定代表性的外语期刊所刊载的有关翻译的文章(三中全会后复刊、创刊至 89 年)做了一个统计,现将统计列表如下:

类别 刊名	综合论述	翻译理论	翻译技巧	文学翻译	科技翻译	政论文翻译	翻译教学	总计
中国翻译	229	118	180	125	93	50	18	813
外语教学与研究	12	17	11	7	6	0	2	55
外国语	14	53	36	26	5	5	1	120
外语界	1	1	0	0	0	0	3	5
现代外语	7	10	20	9	7	4	5	62
外语教学	10	9	18	5	6	0	1	49
外语研究	13	3	9	3	2	1	0	31

（续表）

类别 刊名	综合论述	翻译理论	翻译技巧	文学翻译	科技翻译	政论文翻译	翻译教学	总计
教学研究	0	7	14	10	2	4	2	39
外语与外语教学	2	1	7	0	2	0	0	12
外国语文教学	4	1	6	3	2	1	3	20
外语学刊	1	8	6	3	6	0	0	24
山东外语教学	2	9	18	10	4	0	2	45
福建外语教学	3	10	14	1	3	0	0	31
上海科技翻译	13	15	37	0	133	0	4	202
累计	311	242	376	202	271	65	41	1508
百分比	20.6%	16%	24.9%	13.4%	18%	4%	2.7%	100%

从表上不难看出，三中全会以来外语学术日益繁荣，仅这十几家期刊就发表翻译论文达 1 508 篇之多。但遗憾的是有关翻译教学的论文实在少得可怜，十余年中，14 份刊物仅发表了 41 篇，仅占总数的 2.7%。如果按 14 份杂志平均分配的话，十余年中每份杂志仅发表有关翻译教学的论文不到 3 篇。这不能不说是我们教学研究和办刊中的一个缺陷。值得注意的是，这里列举的 14 份期刊大部分是各外语院校的学报，其次是有关外语教学研究会和翻译协会的会刊。高等外语院校和综合性大学的培养目标是高级翻译人才，学生毕业后，除了当教师外，绝大多数是从事文化、经济、旅游、贸易和科技方面的翻译工作，即使当教师，也少不了要从事一些翻译工作。应该说，翻译课是高等外语院系很重要的一门课程。可探讨翻译教学的论文如此之少，是否可以认为翻译教学中就不存在什么问题了呢？否也，实际情况是，无论是教材编写、课程设置、师资队伍的培养，还是教学方法等都有一些问题尚未很好地得到解决，仍很值得探索和研究。何况翻译人才的培养直接关系到是否能够不断提高我国翻译水平的问题。从某种意义上说，也就是能否胜利完成同世界各国之间的政治、文化、经济、科技交流的任务的问题。这几年不少翻译界人士大声疾呼：翻译质量下降，乱译、粗制滥造现象屡见不鲜，高质量、高水平的译作凤毛麟角。除了译风不正外，这恐怕和我们长期来不重视翻译教学研究不无关系吧。

其次,这十几年中随着外语学术活动的增多、交流的频繁,我国外语界的各级各类的外语教学研究会、学术团体如雨后春笋般地涌现。据不完全统计,全国性的外语教学研究会、外语学术团体就有十余个。省、市、地区一级的教学研究会和学术团体那就更是数不胜数了。每个研究会和学术团体每年至少举行一次年会或组织数次学术活动,在繁荣学术方面发挥了重要的作用,取得了可喜的成绩。但令人遗憾的是,这些研究会和学术团体每年的几十次外语学术活动中,似乎没有一次是专门探讨翻译教学的。这十余年中,据笔者回忆,全国或省、市一级好像还未举行过翻译教学研讨会之类的学术活动。上面已经谈到,我们的翻译教学中存在的问题还是不少的,而且有些问题急待解决。但又为什么没有组织这样的研讨会进行探讨去解决翻译教学中存在的问题呢? 这恐怕和我们的一些片面认识和对翻译教学和教学研究重视不够不无关系。翻译教学中的一些问题不能及时得到解决,必然会影响对翻译人材的培养,最终又必然导致翻译质量、翻译水平的下降。

三、改革和建议

第一,对翻译教学要有足够的重视,尤其是要加强汉译外的教学和口译的训练。因为随着改革开放的深入发展,向世界介绍中国已成为当务之急,再者我们过去一直比较重视外译汉和笔译的工作,而对汉译外和口译的工作重视不够。这无论是从出版物的数量和质量上,还是从教学方面都可看出这一点。随着对外开放的发展,直接同国外的交流的机会增多,例如贸易谈判、旅游、合资办企业等,急需我们加强口语教学和训练。既然全国高等外语院系都开设翻译课,能否考虑制订一份翻译教学大纲(如同英语文体学教学大纲那样),对外译汉、汉译外、笔译和口译教学提出具体要求,最好能够定性、定量化,明确教学目的、教学内容、课程设置、学时安排,保证足够的教学时数,做到有纲可循,并要制定相应的检查措施,保证大纲的实施,使翻译教学逐步实现教学内容科学化、系统化。制订大纲前,最好能作一些调查研究,开一些座谈会,搞一些问答卷等,例如听取翻译课教师的意见,对毕业生的跟踪调查,用人单位对毕业生的要求等等,以便制订出的大纲更具有科学性,切合实际,切实可行。

第二,更新教材。第一要对原有的教材作比较大的修订。在修订原有教材时,要注意吸收国内外先进的翻译研究和语言学理论的新成果。诸如:国内学者有关"等值"、"形似"、"神似";文化背景知识与翻译的关系;文体学与翻译的关系;跨文化交际理论与翻译的关系;文学翻译的创造性原则;汉语句型在英译汉中的适用性等的科研成果。国外学者的翻译交际功能理论;符号学翻译原理;语言学翻译理论;文艺学翻译理论等研究成果。改革现有教材的编写体例,突破只从词、句、语法角度解释翻译的老框框,增加段落篇章结构和从语境中讲解翻译的内容。选材要精,题材、体裁要多样化。既要有文学名著,又要有反映现实生活的和专业的各类文体,不但要选经典作品,也要有时代感较强的新作品。参考译文可选不止一种,以便学生进行比较和欣赏。既要有翻译理论的介绍,又要有大量的翻译实践;既要有微观的讲解,又要有宏观的论述。

第三,除了修订原有的翻译教材外,也应组织全国有关外语院校合作编写新一代的翻译教材。这里尤其要强调的是,应该尽快组织力量编写汉译英的教材和口译教材。原教育部委托西安外语学院编的《汉英翻译教程》作为唯一一本汉英翻译教材已满足不了汉译英教学的需要。

第四,加强翻译师资队伍的培养,改进教学方法。随着一批具有丰富翻译和教学经验的老教师相继离退休,翻译课教学的重任就历史地落在了一批中青年教师身上。这些中青年教师思想活跃,对新事物敏感性强,外语和汉语水平都比较高,有一定的翻译理论知识。但他们一般翻译实践经验不够丰富,没有系统地受过教学法训练,加之他们往往负担重,因而创造进修条件、提高他们的语言水平和教学水平及扩大知识面已是一项急不可待的事情。

此外,要打破传统的教学方法,改变周而复始的、简单的翻译教学法:学生做翻译练习,教师课外批改,课内讲评的方法。既要有教师的讲评,也要有学生一起参加的讨论,以开拓思路,培养他们独立解决问题和分析问题的能力。既要有就事论事的讲解,又要有理论,原则的讲述和技巧的归纳;既要讲授词、句的翻译,又要注重段落篇章的分析,尤其要注重两种语言的比较。对学生的错译和译得不当之处,要像医生治病那样,既要列出病情、找出病因,又要对症下药进行治疗。有条件的学校可以就学生的"病译"从词到句、从篇章结构至文化背景知识等各方面的"病译",系统地进行收集,并进行整理、归纳、分析,开出药方,以便于今后教学上借鉴。总之,笔者以为翻译教学应重视翻译原则、方法、技巧的传授。我们给予学生的不应该是"金子",而是"点金术"。此外,在课程设置和教学方法方面应该增加翻译实习的时间,可考虑在三年级下学期或四年级上学期就安排一些时间进行翻译实习,尤其是口译实习,这样便于学生接触社会,体会翻译工作者的甘苦,同时可向老翻译工作者学习严谨的翻译工作作风,还可使学生更能了解自己的弱点,便于以后更好地学习翻译理论和训练翻译技巧。

第五,重视使用工具书的教育,加强汉语和语言国情的教学。学会使用工具书是帮助学生培养独立翻译能力必不可少的。难道大学生还不会查词典? 实践证明:学生因查阅词典不当而译错的例子屡见不鲜。翻译教师应把教会学生正确地使用工具书作为教学的一个重要任务,并向他们介绍一些使用方法和原则。例如,读完全文后才去查词典。要根据语境判断词义。汉译英时,不但要查阅汉英词典、英语解释词典,确定原文的词义时还要常常查阅汉语词典。同时要让学生明白,搞翻译不能完全依靠词典,词典只起提示作用。

翻译是一项综合性技能,它首先涉及的是两种语言的熟练程度。现在有的外语院校不太重视汉语的教学,教学中一般也仅注重语法和修辞,而对大量阅读汉语的各类作品要求不高,结果仅学了一些语法的条条杠杠和修辞方法,待到做翻译时方恨平时读得太少,表达能力差,词语贫乏,甚至语病连篇。另外,由于知识面狭窄,缺乏对所译语言国家国情的了解,知识性错误亦比比皆是。因此,翻译课教师应注意收集一些学生汉语的表达错误和欠佳的事例以及知识性的错误,将它们提供给汉语教师和外国概况课教师,请他们针对学生的弱点作一些讲座。这样可以更切合实际,更具有实效。同时,可根据学生的实际情况适当多开设一些汉语选修课,诸如中国古典小说选读、现代散文选读等。这将有助于提高学生的汉语素养。

第六,加强翻译课与各课程之间的协调。翻译能力的提高并非一日之功,要靠长期的知识积累,而且它并不是仅靠两年中每周两学时的翻译课教学就能够造就出合格的翻译人才来的。翻译能力的培养应该说是从一开始接触外语就开始了。从课程来看,它至少同精读课、报刊阅读课、语法课、文学课、文体学课、对比语言学课、汉语课和概况课有关。如果我们各课的教师在教学中都有这样一个概念:我这一课程同将来培养合格的翻译人才有着密切的关系,那就会在教学中注意教授作为一名翻译人才所必须具备的各种基础知识,并提醒学生注意知识的积累,使学生有比较好的基础知识和比较合理的知识结构。各课程教师平时要保持必要的信息沟通,改变那种各自为政、各课程之间老死不相往来的情况。这样有利于及时解决教学中存在的各种问题,及时弥补某一课程的缺陷。现在有一些学生到了高年级某些能力反而下降。例如口语能力,因为高年级不设听说课或口语课,同时很多学校没有开设口译课,故能否考虑在高年级开设口译课作为口语课的继续?

第七,要重视培养学生的编译和译述能力。在翻译实践中我们常常会碰到由于某种特殊需要不宜逐字逐段全篇照译的文章和材料,而恰恰需要译者对此进行编译或译述。但由于我们在翻译课教学中没有注重这种能力的培养,学生毕业后在工作中碰到这种情况时往往感到难以对付。因为编译或译述往往比按篇全译付出更为复杂和艰苦的劳动,译者不仅要吃透原作的内容和全文的要旨所在,还应具备对原作内容进行概括和综合的能力,并用简洁的语言再现原文内容。根据实际工作的需要,我们应该重视这一能力的培养,在翻译课中适当增加这一技能的训练,提高学生综合、归纳、分析,复述或简述的能力。

第八,加强翻译教学的研究。首先要对我们目前的翻译教学中存在的问题做到心中有数,从宏观到微观进行全面的考虑。然后有针对性地组织一些讨论会或研讨会,每次集中研讨一两个问题,力求探究得深一点、透一点,并寻求解决问题的办法。若有必要,可以邀请一部分学生参加座谈。另外,作为高校的教学研究会、翻译研究会,认真研讨教学中存在的问题、寻求解决的途径应该说是研究会一个十分重要的工作,也是不同于社会上一般翻译研究会和学术团体的一个特色。为了提高外语院系的翻译教学水平,促进翻译教学与研究的发展,培养高质量、高水平的外语翻译人才,若能在近期内组织首次全国性的翻译教学研讨会,笔者以为是一件很有现实和深远意义的事情。

以上仅是笔者的一孔之见,如有不妥之处,欢迎各位专家、同行批评指正。

—— 本文发表于《外语界》1992 年第 1 期

教学与科研互动关系的价值重构及其对外语教师专业自主发展的启示

1. 引言

    教学与科研的关系是错综复杂、发展变化的,并非想象中那么简单,澄清认识偏误、厘清相互关系是实现教学与科研有效互动的前提条件。洪堡特(von Humboldt)于19世纪初确立了大学"教学与科研相统一"的原则,他认为科研是最好的教学,但随着社会工业化进程的跟进和科学理性的不断张扬,大学教师的职业忠诚遭受着市场化和专业化的功利主义思想严峻挑战,教学与科研从"彼此结合"走向"相互疏离"。两个世纪后,博耶(Earnest Boyer)提出四种学术类型,将教学纳入科研的范畴,出现了"再度融合"的趋势,这种观点的变化是高等教育与科研本身的性质发生历史性演进的反映(王保星,2011)。在当前高等教育学术生态环境中,教学与科研的关系也绝非单纯的"互助"关系;"两张皮"、"一边倒"悖谬现象屡见不鲜,甚至出现教学与科研相互挤兑的矛盾,产生"负教育效应"。教学与科研关系的"简单化"认识偏误还表现在:一是简单地把培养人才理解为教学工作,其实科学研究也是人才培养的过程;二是简单地把发展学术理解为科研工作,其实研究性的教学工作也在不断地创新思维方式、创新教学内容、创新知识、创新研究方法,也在发展学术;三是简单地把人才培养理解为培养学生,其实师资队伍自身的成长也是人才培养的重要内容(郝书辰,2010)。因此,若将教学与科研关系作为一个科学问题来研究,就不能停留在原有的"想当然"的认识基础上,而应进行深层次探索。重新审视教学与科研的辩证关系,需要正本清源,精准定位,明确高等学校教育的核心使命,探寻支撑教学的动力机制,发掘教学科研互动的内在价值,以有效指导教学实践。不可否认,当今教育问题的关键仍然是教师队伍素质问题,教学为本、科研兴教已成为促进教育发展、提升教师专业素质、提高人才培养质量的一项战略决策。在当前大学教师职业活动内容以及学术生产力状况受到普遍关注的背景下,我们应摒弃以往"孰轻孰重"的跷跷板思维惯式来重构教学与科研的价值关系,确立高校"科研的教育性原则"是高校科研需要恪守的道德底线(周川,2005)。

2. 教学是根本,科研是关键

2.1 立足教学、教育人才是大学的永恒主题

大学肩负着人才培养的核心使命,教学是学校工作的主要内容,也是一切教育教学活动的出发点和归宿,教书育人是教师的天职。在微观层面上,教学是教师的立身之本,也是教师职业身份确立的基本前提。一个好的老师,应该把教书育人作为首要任务,不断提高教育教学水平,不仅要不负"传道、授业、解惑"的教化之望,更要担当学生人生"指路人"的重任(高燕,2010)。作为国家未来发展的宏观战略,《国家中长期教育改革和发展规划纲要(2010—2020年)》全面规划了高等教育体制改革的新思路、新方向,明确提出"牢固树立人才培养在高校工作中的中心地位"指导思想,既把教学作为教师考核的首要内容,把教授为低年级学生授课作为重要制度,又鼓励高校教师潜心教学与科研,使之在教学水平、科研创新、社会服务能力等方面发挥作用,这已成为《教育规划纲要》的亮点所在。从《教育规划纲要》中关于高校和教师的定位问题来看,它并没有将科研和教学对立起来,而是在协同两者关系的基础上突出强调教学的重要性,实质上都是关注人才培养的核心问题。可以说,大学自诞生之日起便被赋予了"人才培养"的永恒职责,教学与大学不仅相伴而生,更是其存续与发展的核心价值所在。

2.2 科研是教师专业素养获得学术认同的必要条件

就教学与科研的关系,钱伟长院士曾做过简短而精辟的论述:"你不教课,就不是教师;你不搞科研,就不是好教师;教学没有科研做底蕴,就是一种没有观点的教育、没有灵魂的教育。"钱老强调的恰是:教学为根本,科研是关键。对高校教师而言,既要有教学的立身之本,又要有科研的强身之道,教书匠不是好老师。教师科研创新是自身专业素养提升的有效途径,也是提高人才培养能力的必然选择。就某一老师承担的课程来讲,首先要研究这门课程的教学内容、教学方法,把课先教好,这是基础;若能再根据课程内容,选择某一问题进行系统性跟进研究,把不断获得的新近成果和研究发现融入到教学中,就能把课讲得更加鲜活深透、有血有肉、有理有据,使教学得以升华。科研介入教学与学习将会产生良性互动,这不仅让学生获得更好的学习机会而受益匪浅,同时教师自身素质也不断提高,并逐渐成为这一领域的专家。德国教育哲学家洪堡特首倡"教学与科研相结合"原则,认为大学里的教授和学生兼具研究者的身份,同享探索未知的权利;科研和教学具有实质上的兼容性,教学过程科研化、科研过程教学化应该成为大学的学术伦理道德。伯顿·克拉克(2001)在对德、英、法、美、日五国大学进行深入比较分析的基础上发现,科研本身不仅是一种高效率的教学形式,亦是一种主动的学习模式;科研是整合教学和学习的工具,在大学建守"科研—教学—学习"连接体是大学实验室、人文学科及社会学科研讨间高效运行的"重大秘密"(转引自王保星,2011)。大学教师只有在自己的教学活动中不断纳入创造性的科学研究成果,其教学才是真正意义的大学教学。

3. 提倡教学的学术研究,促进教学—科研互助

3.1 教学与科研的价值博弈

教学与科研是大学的两大支柱,两者缺一不可。没有科研的教学不是大学的教学,因为没有科研的教学必将成为"一潭死水"或"有源无流",行而不远,而教师自身发展也将在经验的"泥潭"中逐渐走向沉沦;反之,只重科研没有教学则会成为"无源之水"或"无本之木",仅靠科研

的单线突进在价值取向上根本背离大学教书育人的基本目标,无异于"缘木求鱼"。在多年来中国的高校评价体系中,将科研成果量化并作为学术水平主导标准的做法早已引起人们对于大学科研职能的不满,国内外学者对于科研是否影响教学效果的争论也从未停止(匡兴华,1992)。我们必须正视的现实是:随着学术研究专业化发展和知识经济市场化趋势的加强,高校科研的过度膨胀使教学备受挤压,许多大学"科研至上",教学功能剥离异化,这不仅使其无法有效担当起大学培养人才的基本职责,甚至导致大学本身失去其存在的合法性。诚然,大学是探究的场所,具有知识创新与传承的重要职能。但大学绝非单纯的科研机构,她更肩负着为国家、为社会培养高水平创新型人才的中心任务①。我们以为,大学教学质量的提高需要科研的大力推进,但要谨防科研背离教学单线突进,大学科研要以"是否有利于教学、有利于人才培养"为根本准则,提倡教学的学术研究,促进教学与科研互助,这是我们在新形势下必须理性坚守的大学信念。

3.2 通过教学的"学术研究"提升教学生产力

高校里多年来一直存在着"重科研、轻教学"的痼疾,这一病症大大影响了高校的教学质量。20世纪90年代美国著名教育家欧内斯特·博耶针对高校"科研至上"问题就提出截然相反的意见,力主"凡是有大学生要教育培养的地方,都必须把高质量的教学工作作为基本的要求"。但他也同时肯定科研的教育意义,认为"研究人员的探索精神,是学术界的无价之宝。这种探索精神燃起的智力上的激情为教师队伍带来了活力,使高等学校充满了生机"(周川,2005)。这里最值得重视的是,博耶将"学术研究"扩展到教学领域,将"教学的学术研究"纳入进"学术研究"的范畴。博耶这一扩展的深层用意在于:一是强调教学活动的复杂性和创造性;二是克服重科研、轻教学的思想障碍,提高教学在人们心目中的地位;三是通过教学的"学术科研",提升教学生产力,以更有效地实现大学培养高素质人才的终极目标。可以说,教学的学术研究就是立足教学,科研兴教,即通过教学依托科研、科研驱动教学的方式开展研究性

---

① 2011年4月胡锦涛总书记在清华大学百年校庆讲话中,重新阐释新形势下大学的四大基本职能:人才培养、科研创新、服务社会和文化传承。

教学,把科研优势转化为教学优势,把教学问题作为科研课题加以深入探究,再用科研成果反哺教学,实现教学科研的良性互动。"研究在教学中进行,教学在研究中跟进",不仅消解了教学—科研在时间与空间上的内在冲突,而且能充分释放以研促教的巨大潜能,提高教学生产力。教学与科研相结合是当今世界研究型大学的基本特征(方黑虎,2005),而对于诸多非研究型大学更具普遍指导意义。

3.3 科研驱动教学的发生机理

大学教学已内在地赋予其作为高级智慧活动所应有的广度与深度,教学与科研结缘是提升教师专业能力、实现互助共赢的根本保障。正如诺贝尔化学奖获得者鲍林教授在回顾自己的教学科研从业生涯时总结道:"我的研究就循着我的教学进行,当我试图向学生证明我的论点时,有时发现有些我自己也讲不清楚。我就问,为什么不做些研究来弄清楚这一点?"鲍林教授就是用教学启发科研,以科研促进教学,协同共进,最终成就的不仅仅是一位杰出的专家教授。

科研驱动下教学学术研究的运作机制可以从三方面表述:1)科研拓展教学资源,保证教学内容的前沿性与时效性。大学层面的教学需要科学研究活动为其提供新的思想和启示,特别是书本知识与时代知识的断层需要教师来填补,这就要求教师从事科研工作,不断地吸取学科领域最新学术成果来充实和丰富自己,革新教学内容。缺乏科研素养的教师对教授的内容只能限于一般性理解,不会有独特的思想火花;学生也只能学到一些现成的概念和结论,创新意识和批判能力不会有大的提高(方黑虎,2005);2)科研弘扬探究精神,陶冶学生学术情操。大学教师除"传授知识"外还承担着"发现知识"和"创造知识"的责任。他们不仅要在其特定领域成为一名具有原创性的思想家和多产的研究者;同时还要将科学精神渗透到教学中,并让学生共同参与研究工作,培育科研素养(弗里德里希,2009)。提升教学的科研含量,促进科学思维向教学迁移,是大学实现高水平创新人才培养目标的关键所在;3)科研调整教师认知结构,促进教师专业发展。皮亚杰的认知结构"动态平衡模式"表明:由于同化和顺应引起认知图式的量变和质变,每一个智慧活动都呈现为认知持续发展的动态平衡。教学依托科研、科研驱动教学就是通过教学中不断出现的问题打破已有的认知平衡状态,再通过研究解决问题、建立新的平衡的动态演进过程。教学科研互动使教师认知结构不断更新，专业能力随之进入新的发展阶段。

4. 通过外语教学的学术研究，推动教师专业自主发展

教师的自我发展意识与追求卓越精神是成就优秀教师的驱动力，这意味着教师首先需要对自己的专业发展负责，教师要有一种较为强烈的自主意识，即教师应成为自身专业发展的主人（郭元婕、鲍传友，2006；顾佩娅，2009）。对于高校广大外语教师来说，由于教学工作压力普遍偏重，科研投入与专业发展面临诸多客观的不利因素，但我们不能坐等各项教育政策、教育管理机制健全以后再来从事作为教师所应承担的分内职责，任何教师专业发展过程都是教师在自主、自助、自导中实现的（龙宝新，2013），我们须根据自身的实际情况，培养起教师作为"学习者与研究者（learners & researchers）"意识，建立属于自己的社会责任担当体系，在外语教学实践中自觉启动外语教学科研，促进外语教师专业的自主发展。

4.1 构建教师实践性知识体系，提升外语学科教学能力

教师首先是学习者，教师自我发展是学生自主学习的前提（束定芳，2012），教师好好学习，学生才会天天向上。我们常常抱怨学生不愿学习、厌倦知识，其实问题的关键在于教师不知道如何激发学生的学习兴趣、怎样培养学生的思维方式。教师应致力于建构自己的本体实践知识体系，作为转化客观知识的认知中介，以便高效传导教学内容，促成学生的有效学习（丁俊，2010）。一般来说，外语学科教学能力或教学胜任力（professional competency）的知识构件主要包含外语学科知识、外语学科教学知识和外语教学实践性知识（陈向明，2009）。外语学科知识、外语学科教学知识可以归纳为外显性知识，是教师知识"冰山露出水面"的部分；而外语教学实践性知识则是"冰山"下面的部分，是指基于教师的个人经验和个性特征，应合外语学科教学规律和学生需求，镶嵌在教师日常教学情境和行动中的动态知识体系（前两种知识渗入其中，并经由实

践理性的锻造沉淀为个体教学智慧），具有不可逆性、情境在场性和内隐缄默性特点。教师个体的实践性知识在教师接受外界信息时起过滤和引导作用，是教师内心真正信奉的、支配着教师的思想和行为并在日常工作中"实际使用的理论"。外语学科知识与教学技能知识是外语教师专业素质框架内的基本内容（吴一安，2005），而教师本体实践性知识则是前者效能得以充分实现的关键所在。优秀外语教师能够在教育与教学目标指导下，有机融合这三类知识，在施教过程中更好地遵循记忆的全息转换机制和动态更新特点，将客观信息有效转化为主观信息，并以独特的个性化表征向学生进行创造性展示，从而激发学生学习兴趣，启动学生思维，促成有效学习。"教书匠"与"教育家"的唯一区别就在于：前者仅仅为学生搬运陈旧的知识；而后者则为学生烹调新鲜可口的知识大餐（David，2008）。构建外语教师本体实践性知识体系，是外语教师生成个性化教学话语、有效驾驭课程教学的本质力量，也是启动教学科研从"自发"走向"自觉"的基本前提。

4.2 增强问题意识，开展行动研究

教师学习的取向主要是以问题为中心的，研究是最好的学习（钟启泉，2003）。外语教师在教学与科研上往往遇到双重困惑：一方面觉得学生不肯学习、教学问题多多；另一方面想做些科研又苦于找不到问题切入点，无从下手。其实，这种"悖谬"本身恰恰意味着教学与科研的天然互动界面（interface）。教师能否在日复一日的常规教学中发现问题，是开启教师专业成长的关键（吴一安，2005）；而通过把教学问题转化为科研课题，用行动研究来探讨解决方案，则是实现教师专业成长的优选路径。教师的行动研究源于教学并服务于教学，其根本旨趣是消解教学理论与教学实践的对立，让教师真正成为"研究者"，是教学"学术研究"的典型范式（文秋芳，韩少杰，2011；苏红，2012）。一项有意义、高质量的行动研究首先取决于教师对教学中存在问题的敏感性及其对问题产生的分析能力。其次，通过制定、调适实施方案来完成任务。最后是评价成效，其具有双重目的：一是考察行动研究方案在多大程度上解决了所要研究的问题；另一个是还有何种问题值得继续研究。如此跟进、螺旋上升，通过对教学过程的动态研究不断深入推进教学本体实践，提升教学成效。行动研究作为教学科研的质化研究，本身具有专业发展性、当下

性、循环性和批判性等特征。行动研究对语言教学研究的重要价值在于,帮助教师切身了解真实课堂并从中发现有效学习与教学的方式,帮助认识和领悟语言教学中可量化物之外的其他重要内容,帮助发现和理解特定背景下教师的行为、言语、感知及其内在联系(张培,2012)。外语教师需要不断增强自己的"问题意识",通过师生合作探究问题,通过行动研究解决问题,通过科研创新推动专业成长,从而更好地发挥大学教育人才培养功能。

4.3 强化教学反思,提升理性自觉

知而不行则费,行而不思则止。只有教学的自觉反思才能使普通教师成为专家教师(Russel & Korthagen,1995)。教学反思是教学科研不断创新的基本前提,也是教师成长的必由之路;没有反思就没有教师专业的可持续发展。首先,反思外语教学经验,特别是加强对自身外语课堂教学实践的有效性反思。教学经验是教师个体对教学活动的常识性理解,是教师自身对教学活动和教育现象的主观性价值判断,具有非批判性(陈建华,2012)和结构功能自治性特点,因此它会自觉地维护教育主体的偏见而对其他观点产生排斥和阻抗,这种夜郎自大的教学经验其自身合理性值得怀疑。只有经过教学反思与交流共享才能去伪存真,突破经验自身的狭隘性,进而形成教师教学的理性自觉,也唯此才能更有效挖掘、整合和弘扬我们教学实践中真正有价值的部分来指导教学,减少无效的重复劳动,在有限时间里让学生获得更好的发展。其次,反思外语教学理论。自 20 世纪 50 年代我国恢复外语教学以来,西方语言学理论,特别是西方二语习得理论在中国的外语教学实践一直占主导地位,并逐渐形成稳定的话语霸权。由于忽视对中国外语教学语境的本体性审度,加之迎合跟风、扎堆式学术研究的积习流弊,往往出现"南橘北枳",导致费时低效。不可否认,外来理论给我国外语教学研究带来很多启迪,在很大程度上与我们的实际情况也存在着极大的相关性,但是我国外语教学所遭遇的各种现实问题尤其是深层次问题却是外国语言学家难以体会的(杨敏,2010)。我们应该从自身教学实践中发现问题,积极借鉴外来理论来透析问题,更需要独立思考来解决问题。教学反思的实质就是教师通过解决自己教学实践中遇到的问题进而重新建构自己教学经验与价值体系的过程(王海燕,底亚楠,2013)。因此,唯有慎思笃

行并根据观察的实际教学效果与操作合法性进行客观评价,才能形成适切的本土化外语教学观念与有效的教学实践智慧。

5. 结语

高校教学与科研错位导致学术生态失衡,这是一个在特定制度和资源环境中,组织或个体根据自我利益偏好进行自觉选择的经验事实(阎光才,2012)。当前,由于政府所主导的高校评价机制和各种资源分配政策的进一步诱导与刺激,"科研至上"思想更为凸显,甚至出现置教学于不顾、"为科研而科研"的不良倾向。教学与科研的背离不仅有损于大学自身理性的内在和谐,而且使大学发挥人才培养的核心功能失去根本依托。有鉴于此,我们倡导重构教学与科研的互动关系,进行教学的学术科研,以教学为本体、科研为动力源,通过科研驱动教学,构建"教学研—知行思"为一体的外语教师专业成长实践框架。教而不研则惘,研而不教则殆。教学依托科研、科研驱动教学在本质上还是一个理论与实践的双向建构过程[①]:科研的实证理性以其客观尺度对教学实践中不合理因素加以剔除,而教学实践中形成的一些合理经验、真知灼见则会被教学理论摄入,成为教学理论建树的新课题、新方向。与此相对,教学实践以其实然状态"剪裁"掉教学理论中那些不切实际的成分,教学理论中那些能引起教学实践者共鸣或认可的成分被教学实践吸收,并逐渐沉淀为教学实践的理性内核。教学与科研、理论与实践,两者各自从对方摄入自己所需的养分,不断充实自己内涵,实现自身的结构重组与功能扩展。教学与科研互助、理论与实践互补是构成外语教师专业成长的核心动力。通过教学的学术研究,科研为教学插上"腾飞"的翅膀,教学为科研提供"扎根"的沃土,而知行合一的教学反思又为教学科研提供更好的理论"导航"与更高的实践"平台",从而把外语教师个人信念升华为教育实践哲学,这不仅能有效推动外语教师专业自主发展,而且在教育运行的深层机制上保障大学真正担负起培养高水平创新人才的核心使命。

[①] 该观点受到龙宝新《论教育理论的退化与对应》一文的启发,在此致谢。

参考文献

[1] David. H. Freeman. *How Science Will Enhance Your Brains* [M]. London: Dana Press, 2008.

[2] Russel, T. & Korthagen, F. *Teachers Who Teach Teachers: Reflections on Teacher Education* [M]. Routledge: Falmer Press, 1995.

[3] 伯顿·克拉克. 探究的场所——现代大学的科研和研究生教育[M]. 王承绪译. 杭州:浙江教育出版社,2001.

[4] 陈建华. 教师要超越经验层面上的教育常识[J]. 教育研究,2012,(10):130—133.

[5] 陈向明. 教师实践性知识研究的知识论基础[J]. 教育学报,2009,(2):47—55.

[6] 丁俊. 本体知识:教育的认识盲区和操作误区[J]. 心理研究,2010,(6):3—12.

[7] 方黑虎. 论高校教师教学科研相结合的利与弊[J]. 教育与现代化,2005,(2):25—30.

[8] 弗里德里希·包尔生. 德国大学与大学学习[M]. 张弛等译. 北京:人民教育出版社,2009.

[9] 高燕. 教学为魂 育人为本[J]. 大学(学术版),2010,(9):36—38.

[10] 顾佩娅. 优秀外语教师成长案例研究[M]. 北京:外语教学与研究出版社,2009.

[11] 郭元婕,鲍传友. 实现教师专业自主发展路径探讨[J]. 中国教育学刊,2006,(12):61—63.

[12] 郝书辰. 教学研究型大学如何实现教学科研良性互动[J]. 中国高等教育,2010,(2):42—43.

[13] 匡兴华. 论科研与教学的关系[J]. 中国高教研究,1992,(3):82—88.

[14] 龙宝新. 论教育理论的退化与对应[J]. 华东师范大学学报(教育科学版),2012,(2):1—9.

[15] 龙宝新. 过度教师教育的知识论反思[J]. 教师教育研究,2013,(3):1—6.

[16] 束定芳. 大学英语教学大赛与教师发展[J]. 外语界,2012,(3):34—41.

[17] 苏红. 实践哲学视阈中的行动研究[J]. 课程·教材·教法,2012,(6):15—20.

[18] 王保星. 从"结合"走向"疏离":大学"教学"与"科研"关系的历史解读[J]. 中国人民大学教育学刊,2011,(1):128—136.

[19] 王海燕,底亚楠. 博客支持的成熟型教师教学反思个案研究[J]. 电化教育研究,2013,(1):114—120.

[20] 文秋芳,韩少杰. 英语教学研究方法与教学案例分析[M]. 上海:上海外语教育出版社,2011.

[21] 吴一安. 优秀外语教师专业素质探究[J]. 外语教学与研究,2005,(3):199—205.

[22] 杨敏. 外语教学研究中的若干问题与本土化外语教学研究[J]. 山东外语教学,2010,(1):3—6.

[23] 阎光才. 研究型大学中本科教学与科学研究间关系失衡的迷局[J]. 高等教育研

究,2012,(7):38—45.

[24] 张培. 论行动研究[J]. 天津师范大学学报,2012,(1):48—51.

[25] 钟启泉."教师专业化"的误区及其批判[J].《教育发展研究》增刊,2003:119—123.

[26] 周川. 从洪堡到博耶:高校科研观的转变[J]. 教育研究,2005,(6):26—31.

作者：庄智象、戚亚军

国际化创新型外语人才培养的思考

1. 引言

改革开放以来,我国人才需求数量和规格的不断提升引起了国家对人才培养的持续高度重视。早在 1983 年,邓小平同志为北京景山学校题词时就把"面向世界"作为我们人才培养的目标之一。"创新是一个民族进步的灵魂,是国家兴旺发达的不竭动力",在 1995 年全国科学技术大会上江泽民同志如是指出。他说:"一个没有创新能力的民族,难以屹立于世界先进民族之林。"胡锦涛总书记在中科院第十三次院士大会和工程院第八次院士大会上的讲话中深刻指出:"建设创新型国家,关键在人才,尤其在创新型科技人才。没有一支宏大的创新型科技人才队伍作支撑,要实现建设创新型国家的目标是不可能的。世界范围的综合国力竞争,归根到底是人才特别是创新型人才的竞争。谁能够培养、吸引、凝聚、用好人才特别是创新型人才,谁就抓住了在激烈的国际竞争中掌握战略主动、实现发展目标的第一资源。"

实践证明,我国经济和诸多领域发展的制约因素之一就是我们培养的人才还不能在国际舞台上与竞争对手抗衡。"为什么我们的学校总是培养不出杰出人才?"在高校扩招、人才培养规模空前的今天,高校毕业生创新能力不足的问题也伴随着"钱学森之问"引起了科技界、教育界乃至全国的重视。2010 年颁布的《国家中长期人才发展规划纲要(2010—2020 年)》明确提出今后的主要任务之一就是要"培养高层次创新型科技人才"。文件虽然没有提到"国际化"的概念,但是从"高层次"、"高素质"、"国际科技合作"等字眼来看,人才培养的国际化要求不言而喻。

近年来围绕国际化创新型人才培养的讨论层出不穷。杨琪(2005)、李维平(2006)等指出了国际化、创新型人才的特点;纪宝成(2006)则从高校管理者的角度指出了这类人才的培养模式。在外语人才培养方面,文秋芳(2002)、陈新仁和许钧(2003)、王金洛(2005)对国际化、创新型外语人才的特点和培养作了有益探讨。多所大学也提出了培养国际化、创新型人才的办学宗旨和要求。2007年在南京大学举办的"中外大学校长论坛"的主题即为"国际化创新型人才的培养"。国际化和创新型成了衡量新型人才规格的尺度和标准。与此同时,国际化、创新型外语人才的培养也逐渐引起了国内外语界的关注和重视。全国外语院校、综合性大学的外语院系领导就此专题展开了诸多讨论,举行了各种形式的论坛。曹德明(2007)介绍了上海外国语大学在国际化创新型人才培养方面的举措。2009年,上外在庆祝建校60周年时专门举办了"国际化创新型人才培养教育论坛"。

回顾关于国际化、创新型外语人才的理论研究和实践,我们发现大家对国际化、创新型外语人才的本质还缺乏统一的认识,很少借鉴国外外语人才的培养理论与实践。而对国际化、创新型外语人才的准确定位和把握将直接影响高校的人才培养,值得用"国际化"视野展开全方位研究。本文将简要回顾国际化、创新型人才的定义和内涵,基于我国改革开放的实际情况和国外外语人才的培养经验,尝试探讨培养国际化新型外语人才的必要性、培养模式等问题。

2. 国际化创新型人才的内涵

国际化创新型人才是指融合了"国际化"和"创新型"两种特质的人才。具备国际化创新型特点的人才是在原来人才素质上的人才规格、质量的一种提升。下面我们分别探讨"国际化"和"创新型"两种素质的内涵。

2.1 国际化

关于国际化人才可以从不同视角进行定义,如国家视角、企业视角、高校视角、个人视角等。所谓国家视角,是指从国家人才管理、培养、使用的角度谈国际化人才。《国家中长期教育改革和发展规划纲要（2010—2020年）》（以下简称《纲要》）提出："培养大批具有国际化视野、通晓国际规则、能够参与国际事务和国际竞争的国际化人才。"国家视角不仅通过自主培养，还通过人才引进等其他途径来探寻人才。《纲要》虽然没有具体提到国际化人才培养，但将"海外高层次人才引进"作为重要的一点提出，可见国家视角对人才来源的界定更广。

企业视角对国际化人才定义的侧重点是在国际化环境下能为企业创造价值这一标准。尽管不同企业、不同企业家对国际化人才的定义与要求各不相同，许多企业高管也尝试提出各自认为国际化人才所需的各类素质，但在国际化环境下为企业创造价值这一目标最能反映企业的核心诉求（杨琪，2005；王琛，阎海燕，2006）。

高校视角更注重根据国家需要，通过教育培养具有国际化能力的各种人才，因此更加关注教师、课程、教学资源、教学管理等具体的培养手段。与企业视角侧重判断人才所能作出的贡献不同，高校视角更侧重研究国际化人才的技能与素养的培养规格与手段，并以此来指导教学实践。

另外还有许多具有国际经历的成功人士结合自身经验谈过关于国际化人才的理解，这些则属于个人视角。如李开复、马云等都有过一些相关论述，也产生了相当的社会影响力，但这些观点往往受他们本人经历影响较大，更有待时间的检验。

不同的视角会导致各自不同的定义。我们在了解国家、地方政府、企业需要的基础上，侧重于从高校视角探寻一种可复制的国际化外语人才培养规律。我们认为，国际化人才是指具有宽广的国际化视野、良好的跨文化沟通能力、通晓国际规则、能够参与国际事务和国际竞争的人才。他们一般还具有良好的学习能力、团队合作精神、创新能力、领导力、发现与解决问题的能力等。

宽广的国际化视野是国际化人才的重要特征。国际化人才必须熟知并准确把握异域文化、民族习俗、价值标准、思维方式以及世界发展的规律和潮流。

以良好的外国语水平为基础的跨文化沟通能力是国际化人才的基本能力，也是国际化人才培养的重要内容。

对本专业或本行业的国际通用知识、国际规则与惯例的熟悉和掌握也是国际化人才的突出特征。这是国际化人才工作与进一步发展的基石。跟一般通过较长时间培养的国际化视野与跨文化沟通能力相比，通晓国际规则更需要一定阶段的专门学习、训练与实践。

能够参与国际事务和国际竞争是目标,而解决问题、创造价值才是实现这一目标的手段。

2.2 创新型

创新是一个民族进步的灵魂,是一个国家能够持续前行的驱动力。世界各国在高等教育改革中都非常重视培养创新型人才,但对创新型人才的理解各个国家有不同的看法。我国教育界主要从创造性、创新意识、创新精神、创新能力等角度阐释创新型人才或创造型人才[①]。国外对创新型人才的理解比我国要宽泛一些,他们大都是在强调人的个性全面发展的同时突出创新意识、创新能力的培养。我国对创新型人才的理解大多局限于"创新"上,对人才的知识结构、能力结构、个性品质的全面关注不够;国外则强调在全面发展的基础上培养创造性、创新意识、创新精神、创新能力等素质,强调个性的自由发展。国内外关于创新型人才理解的相同之处在于都强调创新型人才必须具有创造性、创新意识、创新精神、创新能力等素质。

根据以往研究成果以及我们对创新型人才特点的理解和思考,我们对创新型人才的内涵和特征有如下认识:

创新型人才是与常规人才相对应的一种人才。所谓创新型人才,是指具有创新精神、创新能力和创新人格并能够取得创新成果的人才。创新型人才既能继承前人的知识成果,又能超越前人的成果,能创造性地分析问题和解决问题。在继承前人成果的基础上推陈出新、发展自身特色是创新型人才的标志。

创新型人才的基础是人的全面发展。创新意识、创新精神、创新思维和创新能力不是凭空产生的,它们与人才的其他素质有着密切的联系。因此,创新型人才首先是全面发展的人才,是在全面发展的基础上创新意识、创新精神、创新思维和创新能力高度发展的人才。

个性的自由发展是创新型人才成长与发展的前提。大学要培养创新型人才,首先必须使他们成为一个真正自由的人、具有独立个性和个

---

① 引自《中国教育报》2006 年 10 月 9 日刊载的《什么是创新人才? 如何培养创新人才》一文。

体特征的人,而不是成为模式化的、被套以种种条条框框的人。虽不能说个性自由发展了就能成为创新型人才了,但没有个性的自由发展,创新型人才就不可能诞生。从这个意义上说,创新型人才必然是个性自由、独立发展的人。

创新型人才要有坚韧不拔的毅力。一个人要获得成功,特别是要作出比较大的创新贡献,就要有坚韧不拔的毅力、有十年磨一剑的恒心和咬定青山不放松的决心、有对真知执著不懈的追求。一些人的成功往往不是因为他们有高于常人的天分,而是他们具有坚强的意志品质。创新是一种探索,面临失败的可能性很大,这就要求创新型人才具备不怕挫折、不惧失败的心理承受能力,即使在最困难的时候也能够坚持探索。

创新型人才要有浓厚的兴趣和创新的激情。兴趣浓厚是创新型人才必备的素质特征。人才对事物的兴趣可以转化为一种热爱的情感,并由此产生积极的思维活动和认真的钻研态度。"知之者不如好之者,好之者不如乐之者。"创新型人才要有干事业的激情;要面对机遇,敢于争先;面对艰险,敢于探索;面对落后,敢于奋起;面对竞争,敢于创新。

创新型人才要有开放的心态和团结协作的精神(纪宝成,2006)。随着时代的进步和科技的发展,知识在爆炸式增长,一个人不可能知晓一切。只有正确处理继承与创新的关系,善于学习,积极吸纳不同学派、不同流派的知识成果,在实践中善于同他人团结协作,兼收并蓄,充分发扬团队精神,协同攻关,集思广益,才能有所突破,有所创新。

3. 国际化创新型人才培养必要性

人才是经济、社会发展的第一资源,是社会进步、人民幸福、国家繁荣的重要推动力量。为更好地发挥人才的推动作用,人才的规格必须符合社会发展的需要。培养国际化、创新型人才是进一步推进中国特色社会主义现代化建设的必然要求。

3.1 国家改革开放的新阶段迫切需要人才保障

1978年党的十一届三中全会以后,中国进入了改革、开放、发展的全新时期。30多年来我国在经济、外交、金融等领域所取得的成绩引起了世人的瞩目,各种人才的需求在数量上也达到了历史高峰。

进入21世纪后,我国对外开放进入了一个新的阶段。党的十七大明确指出,坚持对外开放的基本国策,把"引进来"和"走出去"更好地结合起来,形成经济全球化条件下参与国际经济合作和竞争的新优势。这表明我国在对外开放的同时,着重强调主动参与经济全球化和区域经济一体化的决心。参照国际标准、以全球化游戏规则行为处事成为新形势下我们必须掌握的基本技能。在2009年苏州大学举办的教育国际化战略研讨暨工作会议上,教育部章新胜副部长作了题为《大学国际化和创新型国际化人才的培养》的报告。报告明确提出,中国的国际地位提高和现代化进程直接对大学国际化提出了新的要求。这一观点表明了政府对创新型人才的迫切需求,为十七大报告中的人才强国战略作了恰当的注解。

3.2 社会发展对人才规格的需求不断提升

改革开放之后,中国成为世界工厂,世界各地市场几乎都能看到标有"中国制造"的产品。这无疑反映了中国经济的世界影响力。然而,有识之士也分明看到,我们的绝大部分产品都是技术含量较低的劳动密集型产品,却缺乏航空、计算机等领域自主创新的核心技术。另外,中国制造对国内的生态环境和自然资源也造成了巨大的冲击和破坏。2010年中国经济总量超过日本、成为世界第二大经济体后,许多学者忧心忡忡地指出,我国GDP增长走的还是传统工业化的老路,能源消耗过高,环境污染严重。依靠科技进步,寻找新材料、新能源,提升GDP质量是唯一的出路。中国必须转变发展方式才能够真正成为世界经济巨人和文化巨人。科技水平的提高、发展方式的转变要求我国科技人员具备不断创新的素质和能力。

除了科技领域之外,我们的经济、外交、军事等领域也急需大批了解国际行情、熟悉国际规则的专门人才,以真正提高我国综合实力和国际竞争力。人才培养必须转变思路,才能跟上时代的步伐,为中国经济新一轮的发展提供智力支持。此外,经济和文化的"走出去"战略对于人才培养,尤其是外语人才培养,也提出了新的要求。以前是把外商、外资请进来,在自己的院子里谈事情,外方要入乡随俗。现在是走出去,到人家院子里谈事情。因此,仅仅会说外语是远远不够的。外语人才需要熟悉外国文化,拥有娴熟的跨文化交流能力。

社会管理也需要创新能力。改革开放发展到今天,国内各阶层之间出现了各种矛盾。社会管理能力的提高是落实科学发展观、创建和谐社会的重要前提。我们只有以创新的精神面对各种社会问题,创造性地解决各种社会问题,才能实现我国发展社会文明的宏伟目标。

3.3 学校人才培养模式面临改革

与国际、国内形势对人才培养的要求相比,我们的人才培养还存在各种弊端。应试教育主导着我国的基础教育;高等教育还存在人才流水线生产、“一刀切”、拔尖人才少等状况;我们培养的人才不仅创新意识和能力都较弱,而且很难适应现有的工作岗位。这些现象已经引起教育家、管理者的担忧。究其根源,我国教育制度和教育理念积重难返,很难进行系统调整以适应新形势对人才培养的要求。

作为国际化、创新型人才的一个重要组成部分,外语人才的培养也同样存在上述方面的问题。在外语专业不断发展的同时,外语界的专家、学者也在孜孜探求外语教育发展的新模式。改革开放30多年来,外语专业学生人数不断增加,外语知识水平和能力也得到大幅提升。与此同时,我们在素质教育、跨文化能力教育、复合型人才培养等方面也做了不少努力,取得了一定成绩。

然而,我们培养的学生可以较好地满足某个外语岗位的基本要求,但与具有创新意识的拔尖人才之间还有不少距离。造成这种局面的原因是多方面的,最重要的是我们缺乏对创新型人才本质的探讨,对培养创新型人才的必要性和紧迫性认识不够,因而在课程设置、教学管理、教材编写等方面还基本是在走老路。因此,面对新时代的要求,外语界必须认真反思,走出一条培养国际化创新型人才的新路。

4. 国内外国际化创新型外语人才培养模式探讨

前面我们提出了国际化创新型人才的界定,分析了培养国际化创新型人才的必要性。下面我们看看在外语人才培养上我国与其他国家和地区各自的特点,以期为我国国际化创新型外语人才培养提供一个可资借鉴的模式。

4.1 国内部分高校英语专业人才培养

经过几十年的实践,我国各高校在外语人才的培养上形成了不同的目标和培养途径。

北京外国语大学根据自己的生源和办学条件,提出"精英教育"的理念,英语专业本科培养目标是:"培养具有扎实英语语言文学专业基础、宽广的人文社科知识和出色的学习、思辨、创造、合作与领导能力的国际性、通识型精英人才"(胡文仲,孙有中,2008:141)。

上海外国语大学"积极努力打造语言文学类专业、复合型专业和国际化办学三个核心竞争力;积极培养具有国际视野、创新精神、外语特长,并具备较强实践能力、能够畅达进行跨文化沟通的高端国际型特色人才"。

广东外语外贸大学对英语专业本科教育的目标定位为:"培养具有扎实的英语语言基础、广博的文化知识、娴熟的英语交际能力,又掌握多方面专业知识,能胜任外交、外经贸、国际文化和科技交流、教育、信息产业、国际旅游等领域工作的复合型国际通用人才。"

南京大学英语专业的人才培养目标是:"扎实的英语技能,即学生必须有较高的英语语言水平;合理的知识结构,即学生应具备英语国家历史、社会和文化的基础知识,具备在较高层次使用双语进行跨文化交际的能力,从掌握双语逐步向打通中西过渡,以适应全球化共同发展的要求;个性化的发展方向,即在打好通识教育基础的前提下,学生根据自己的兴趣、潜能和发展目标,在英语学科内或跨学科选择研究方向,较为系统地学习相关专业课程,成为研究性人才或具有从事国际事务能力的应用型人才;优良的综合素质,即正确的人生观、世界观、价值观,良好的心理素质和较强的工作能力、人际沟通能力、合作能力、组织能力,关心社会,学以致用,有社会责任感和使命感"(王守仁,朱刚,2008:200)。

北京大学外国语学院的办学目标是:"培养学生以较强的听、说、读、写、译等语言能力掌握一门外语语种,能够较熟练地运用第二外语,掌握专业外语对象国(或地区)的文学、历史、文化、政治、经济等方面的基础知识,具有较强的跨文化交际能力;能够胜任外交、国际文化交流、涉外企业管理、新闻、出版、外语教学和外国问题研究等领域的要求,成为具有社会责任感和国际视野的优秀人才。经过严格的训练,学生应具有充分的潜能成为在自己的专业领域发挥重要作用的高素质人才,推动自己的领域进入本行业或者本学科的前沿。"

　　以上几所高校的英语专业相对来说办学质量较高,办学理念也比较领先,它们对人才培养的目标有不同的描述。但从其核心部分来看,主要包括以下三个方面:专业性,即扎实的英语语言基本功;国际化,即具有国际视野和适应全球化发展的跨文化交际能力;创新性,即具有创新精神和批判性、创造性思维能力。这也可以说是国内高校对国际化创新型外语人才的界定和培养的预设目标。

4.2 英美部分高校英语专业人才培养

　　《国家中长期教育改革和发展规划纲要(2010—2020年)》指出,要"借鉴国际上先进的教育理念和教学经验,促进我国教育改革发展,提升我国教育的国际地位、影响力和竞争力"。因此,在考察国内高校英语专业人才培养目标的同时,我们也选取了国外部分高校的英语专业,从另一个角度探讨全球化背景下英语专业人才培养目标的异同。希望国外高校的人才培养理念能够为我们的国际化创新型外语人才培养方案提供参考。

　　美国哥伦比亚大学英文系的教学目标是:通过英语学习,提高学生创造性和创新性阅读能力,培养学生熟练运用英语阐释自己观点、描绘这个世界并表达自己见解的能力。

　　美国伊萨卡学院英语系要求学生具有广泛的兴趣和目标,通过学习了解人类语言实践活动的精彩历史进程,同时培养学生批判性阅读和通过写作清楚表达观点的能力,最重要的是培养学生清醒认识世界和运用批判性思维分析解决问题的能力,并在解决问题的过程中进行深层次思考。

　　美国康涅狄格州大学英文系的教学目标是:促进专业学生对文学和文化历史的了解,培养学生运用批判性阅读和思维阐释不同文化的能力。

英国牛津大学对英语专业学生从两个层面上提出了不同的要求。一是让学生学会如何通过阅读比较、分析各种英语文本，了解不同历史时期文学、文学批评理论的发展，了解不同文业的文学史进程，并能从历史、哲学和他国文学视角进行文学研究；二是从更高层次提出了英语专业学生的其他能力培养：独立思考和有效进行信息沟通的能力，通过大量阅读发现、归纳、利用信息的能力，对收集到的论点的可靠性进行评价的能力，以及分析、解决问题的能力等，并要求学生能写出连贯、有理有据的论文，具有较强的交际、组织能力和参与学术论坛的口头交际能力。

由上述教学目标可知，英美等国大学的英语专业人才培养大体具有以下特点：第一是强调语言基本功，即能熟练进行英语听、说、读、写的能力；第二是在学习内容的广泛性上要求较高，如美国伊萨卡学院英语系开设了英美文学、美国非裔文学、少数族裔文学、戏剧文学、诗歌、传记、科幻小说、侦探小说、文学批评理论及其他课程。这实际上体现了对多元文化的引介，也是将跨文化沟通能力培养融入教学；第三是对学生学习能力有较高的要求，包括学生要学会有效进行批判性阅读、分析、写作的能力，并要求他们在写作和交流方面具有逻辑性、独创性和反思性；第四是贯穿于学习的创新能力和想象力。

4.3 部分亚洲国家和中国港台地区高校的英语专业人才培养

新加坡国立大学英语系分为语言和文学两个方向：语言方向培养学生语言学习过程中的批判性思维能力，使其具备有关英语语言的结构、发展、功能的专业知识；文学方向要求学生通过对文学类文本的学习，培养英语语言的敏感性和良好的英语技能，能够对文学作品进行批判性鉴赏和理论分析。

韩国首尔大学英语系提出培养学生扎实的语言基本功，以利于他们今后从事该方向的学术研究。学生须全面深入地学习英语语言文学方面的课程，可选择语言或文学方向进行研究。

我国台湾的台湾大学文学院外国语文学系的教学宗旨是："培养深具人文素养之高级外语及学术研究人才，训练学生独立思考，并推动外国语文学研究，深入了解外国文学与文化，提升语言训练之层次，并为中华文化开拓更宽广的视野，激荡学术与创作之发展。本系课程安排一向讲求文学与语言训练并重。除原有之文学、语言学课程及英语听、说、

读、写训练课程外,近年更增开多种实用选修课程,以因应时代及社会之
需求。"

我国香港地区香港大学英语系要求学生学习英美文学、英语语言和语
言学,注重跨文化研究,着力培养学生在跨文化交流中的理性和批判的眼
光,让他们在全球化和多元文化的世界中成为精通语言的高级人才。

以上四所高校英语专业的培养目标核心仍然是:良好的语言功底、
跨文化意识、创新思维和独立思考能力。

5. 国际化创新型外语人才内涵再认识

通过对国内和国外部分高校英语专业人才培养情况的对比分析,我
们认为国际化创新型外语人才应具备以下素质:

(1) 良好的语言基本功。这是外语专业人才首要的义务素质,没有
扎实的语言基本功,国际化也就成了空中楼阁。

(2) 极强的专业知识结构。这要求外语专业人才具有全面的知识
结构,通晓国际惯例,掌握本领域专业知识。

(3) 创新型的思维能力和分析解决问题的实际能力。外语专业人
才的创新型应该说更多地体现为他们批判性的思维能力以及在学习、生
活和工作中独立思考、分析和解决问题的能力。

(4) 具有国际视野,能参与国际事务和国际竞争。这要求外语专业
人才具有较强的跨文化沟通能力,能在国际舞台上平等参与国际事务和
国际竞争。当然,在经受多元文化冲击之时,还需具备较高的政治思想
素质和健康的心理素质,正确、妥当地应对和处理各种情况。

我们也应该看到,对外语专业来说,能参与国际事务和国际竞争的
国际化人才,特别是具有创新性的高素质国际化人才,应该是相对比较
高层次的对象群体,对国内所有外语专业并不全都适合。

6. 结论

尽管培养国际化创新型人才的呼声日益高涨,人们对国际化创新型

人才的认识并未达成一致。本文围绕国际化创新型外语人才这个课题，对比了国内外外语人才培养的经验并分析了我国外语人才培养存在的问题，探讨了我国国际化创型外语人才的内涵，提出了这类人才的培养目标和途径，以期为我国国际化创新性外语人才培养提供一条可行之路。

参考文献

[1] 曹德明. 以科学发展观为指导培养国际化创新型人才[J]. 外国语,2007,(4): 2—5.

[2] 陈新仁,许钧. 创新型外语人才的理念与内涵——调查与分析[J]. 外语界, 2003,(4):2—6,26.

[3] 胡文仲,孙有中. 突出学科特点,加强人文教育[A]. 孙有中. 英语教育与人文通识教育[C]. 北京:外语教学与研究出版社,2008:141.

[4] 纪宝成. 注重创新人格的培养[J]. 求是,2006,(24):35—36.

[5] 李维平. 创新型人才的基本素质及培养(上)[N]. 中国人事报,2006-08-28.

[6] 王琛,阎海燕. 企业国际化战略中人才管理的几点思考[J]. 特区经济,2006, (7):230—231.

[7] 王金洛. 关于培养创新型英语人才的思考[J]. 外语界,2005,(5):37—41.

[8] 王守仁,朱刚. 英语专业人才培养模式的改革与实践[A]. 孙有中. 英语教育与人文通识教育[C]. 北京:外语教学与研究出版社,2008:221—222.

[9] 文秋芳. 英语专业创新人才培养体系研究与实践[J]. 国外外语教学,2002,(4): 12—17.

[10] 杨琪. 知名国际化人才谈企业国际化人才培养[N]. 科学时报,2005-04-30.

———本文发表于《外语界》2011年第6期，标题略有改动。
作者：庄智象、韩天霖、谢宇、严凯、刘华初、孙玉

国际化创新型外语人才的培养策略

一、引言

经济全球化、政治多极化、文化多元化、产品标准化、科技一体化、信息网络化的不断发展和推进，加速了我国经济、文化、教育、科技等融入国际社会的步伐。无论是经济活动、文化交流、教育发展、科技进步还是社会事业发展的参照值或参照标准都无不打上国际化的烙印。无论我们愿意还是不愿意，主动所为还是被动所迫，作为联合国、世界贸易组织等国际组织的重要成员国之一，我国的经济、贸易、文化、教育、科技等活动都必须按照国际惯例运行，按照国际规则操作。也就是说，我们的行为处事要合乎国际惯例，要经得起国际规则的检验。这就要求我国有一大批外语语言基本功扎实、知识广博、知识结构完善、具备创新思维能力、分析与解决问题能力强、具有国际视野、了解和熟悉国际事务运作规则、能参与国际交流和竞争、跨文化沟通和交际能力强的国际化创新型外语人才（曹德明，2007；王路江，2007；庄智象等，2011）。这也是近几年我国高等外语教育必须承担的一项十分重要的任务。只有解决了这个创新发展的第一资源问题，我国才能更好地融入国际社会，在参与国际合作和竞争中赢得主动权，才能按科学发展观的要求更好更快地推动我国经济、文化、教育、科技和社会各项事业的发展和进步。本文拟就国际化创新型外语人才培养作具体探讨，以求得同行指教。

二、国际化创新型外语人才培养的途径、渠道、方法和手段

国际化创新型外语人才培养是一项系统工程,涉及诸多方面:创新的理念、创新的精神、勇于探索和敢冒风险的气魄与开拓性的工作态度和进取心。只有脚踏实地做大量调研和分析工作,才能在这方面有所作为、有所成就。要探索国际化创新型外语人才培养的途径、渠道、方法和手段,我们以为,应努力做好下述各项工作。

(1) 认真科学地做好人才需求分析

要做好国际化创新型外语人才培养工作,达到培养一大批国际化创新型外语人才的目标,就要认真科学地做好人才需求分析,了解和弄清楚人才的素养要求:基本素质(也就是人才的综合素质、基本的文化素养)、母语文化和目标语文化知识、分析和解决问题的能力、国际意识、国际视野、语言基本功、专业素养和技能等。同时,要预测国际相关领域对人才数量和规格的需求,判断近期和较长时期相关机构人才需求的变化,了解国内相关领域、行业、机构人才需求的计划和某一省市对人才的具体要求,甚至应该了解某一学科领域的人才需求。总之,需求分析做得越全面详细,越有前瞻性,就越有利于人才培养战略规划的制定和实施,越有利于人才的培养,越能适应和满足我国改革开放事业发展对人才的需求及我国全面参与国际事务、国际合作与竞争对人才的需求,从根本上改变由于人才培养战略规划缺失所导致的各类人才"要么没有,要么过剩"的被动局面。

(2) 明确国际化创新型外语人才培养目标

要了解和弄清楚培养什么样的人,即人才的具体规格和要求、人才的基本标准与要求以及人才的数量与特点。

首先,从思想上深刻认识和领会在当今形势下培养国际化创新型外语人才的重要性、紧迫性、现实意义和历史意义。随着中国融入国际社

会的进程和步伐的加快,我们会日益深感外语好、文化素养好、知识广博、知识结构完整、专业水平高、具备国际意识和国际视野、通晓国际惯例、能够参与国际合作与竞争的人才的缺乏。这已从近期我国参与国际合作与竞争不甚顺畅的数个案例中得到了验证。除了各种因素干扰外,人才缺乏很大程度上是因为我们缺乏懂行的人才和专家。无论是谈判、演讲、推广营销还是参与合作、竞争,都离不开相关的专业人才。这就解释了为什么说人才是第一资源,学科、专业、行业、国家之间的竞争归根到底是人才的竞争。谁拥有高素质的人才,谁就能赢得主动权,就能胜出;反之,则处处被动,一无所成。同时,我们必须清醒地认识到:国际化创新型人才培养并不是说都是培养到国际机构、组织或跨国公司工作的人才。当然有一部分人才确实会到这些机构、组织和公司工作,参与国际合作与竞争,但更多的人才是要在国内的机构、组织、企业等部门和单位工作,就本领域、行业、学科、专业等方面参与国际合作与竞争。若没有国际意识、国际视野,不了解国际惯例,没有扎实的外语功底、广博的知识及深厚的学科和专业素养,参与国际事务、国际合作、国际竞争只能是一句空话。再说,参与全球化合作、竞争,我们所有的参照物、参照值、参照标准不再是国内领先、国内一流,而是国际领先和一流。

其次,探究国际化创新型外语人才培养的具体规格,深入细致地理清每一方面的要求,诸如:语言基本功(汉语与目标语)、文化知识和文化素养、母语文化知识与目标语文化知识、社会道德品质、职业道德方面的要求;专业知识、技能与素养、广博的知识面与较完整的知识结构;分析和解决问题的能力、创新能力、跨文化沟通与交际能力、崇高的理想与信念;国际化意识、理念、视野,国际合作、竞争的规则与惯例等。要尽可能将人才的规格和要求描述得具体详细。越具体、越详尽,就越便于实施与操作;越能掌控整个过程,也就越能达到目标。

第三,尽可能做好不同层次人才的需求规划,包括质量与数量的要求与规划,避免不断调整或重新定位。战略规划做得越科学、合理、具有前瞻性,调整的几率就越低。

(3) 探索和创立国际化创新型外语人才培养体系

国际化创新型外语人才培养是一项系统工程,涉及政府的教育主管部门、学校的各个层面和相关学科的专业、外事外贸部门、企业和相关事业部门、社会的各个领域和层面,甚至学生的个人特质等。"产、学、官、用"通力合作,形成上中下游一条龙合作体系,才能有效地实施培养计划,实现培养目标。要从人才需求调查分析入手,明确人才培养的目标和规格:课程设置体系、教学设备或条件、师资力量、教学方法与手段、学生实习、用人单位检验等。各方明确职责、各司其职、精诚合作,在人才培养探索和实践过程中构建、调整、充实、完善人才培养体系,确保人才培养达到所设定的目标和规格。只有在办学实践中不断探索、不断总结、及时发现问题、及时调整和弥补,才能构建和完善有效的、有示范效应的国际化创新型外语人才培养体系,保证人才培养目标的实现。要充分认识这一培养体系与以往或传统的外语人才培养体系的差异性、特殊性和更高要求,决不能以不变应万变,或只是在课程、课时等数量上有所改变,而应按照人才培养的目标和规格,精心制订教学大纲,明确目标、任务、途径、方法、手段和评估要求,精心打造课程体系,培养学生的语言技能、文化素养、学科专业知识技能。其中,有些是通过显性课程培养的,有些必须通过隐性课程和显性课程共同造就,如国际意识、国际视野、思维方法、识辨能力、分析与解决问题的能力、对不同文化的包容性和容忍度等。要探索有效、科学的人才教学方法和手段,尤其要十分注意培养学生的自主学习能力、学习的主动性和积极性,决不能使他们成为知识的被动接受者或被灌输者。因为很多东西不是教会的,而是学会的。要对不同的学科、不同的课程实施不同的教学方法和手段,真正做到教有成效、学有成效。同时,必须建立一套新颖的、合乎人才培养要求的评估体系。应根据不同的要求,实施不同的考核、考查或评估方法与手段,保障人才培养达到目标。当然,科学、有效的教学安排和管理是必不可少的保障要素,是整个保障体系中不可或缺的重要组成部分,也值得好好研究和探索。

(4) 努力打造一支高素质国际化师资队伍

国际化创新型外语人才培养离不开一支国际化创新型的高素质外语教师队伍。国家大计,教育为本;教育大计,教师为本。教学质量的保证关键在教师。从某种意义上说,有什么样的教师便会有什么样的学生,所谓名师出高徒亦是此理。要培养和造就一大批国际化创新型外语人才,必须打造一支能够担此重任的教师队伍。

首先,传道、授业、解惑的教师无论承担何种类型的课程教学,还是从事某一方面的教育管理工作,都必须有强烈的责任感和使命意识,热爱自己的岗位,热爱自己的工作,热爱自己的学生,热爱所从事的事业。教师要充分认识到自己所从事的工作与民族的兴旺、国家的未来息息相关,从事教育工作其实已经在参与国际合作和竞争。如果教师通过不懈努力培养出一大批能够参与国际事务、参与国际合作和竞争的国际化创新型外语人才,那我们就是竞争的胜利者,不然便是失败者。

其次,无论是从事教学工作还是从事管理工作的教师,都应该有强烈的国际意识、宽广的国际视野,了解和熟悉相关领域的国际惯例和本学科本专业的国际最新信息,包括最新成果和发展水平。因为既然我们培养的是国际化创新型外语人才,那么我们的参照物、比较值、标杆就应该是国际标准、国际要求、国际水平、国际质量。不然,我们自己洋洋得意,自以为我们的人才是一流的,而到国际上与人家一交流、一比较,结果是:人才所掌握的信息、学科专业知识都达不到国际水准,知识、学科、专业信息等都是滞后的,甚至连平等对话和交流的能力都不具备,何谈参与国际合作,更何谈参与国际竞争?师资队伍的意识、理念、视野、学科水平、专业水准决定了我们培养国际化创新型外语人才的成效。由此,打造一支具有国际意识、国际视野,通晓国际准则和惯例,学科和专业水平达到国际标准,切实能够承担培养国际化创新型外语人才的师资队伍是当务之急。

第三,要培养国际化创新型外语人才就必须创建一支国际化创新型的师资和管理队伍。欲达到这一目标,师资和管理队伍建设除了从现有队伍中筛选和培养相关人才外,还应该向全球招聘师资和管理人才,吸引国际一流高校的毕业生和教师加盟,使教师队伍来源多元化,更具有国际意识、国际视野,也更有文化的包容性。比如,香港几所大学就是实施了这类举措,从而更有利于培养有国际竞争力的国际化创新型外语人才。

(5) 探索和创建国际化创新型外语人才培养模式

人才培养目标、规格确定后,采取何种途径培养和训练,运用何种方法、手段组织和开展教学,创造何种人才培养环境,营造何种人才培养氛围,对于人才培养是否能达到预设目标至关重要。也就是说,人才培养目标、规格确定之后,应全力探索和创建人才培养的模式。能否探索和创建一个科学的、有效的、合乎国情的培养模式与人才培养的成败息息相关。其实,我们是在走一条中国特色的国际化创新型外语人才培养道路。没有现成的经验和模式可以借鉴,唯一的出路就是不断开拓创新,走出一条前人没有走过的路。

首先,认真总结和挖掘我国在外语人才培养方面的有益经验和成功案例,从中寻找有益于人才培养的客观规律,毕竟我国在外语专业教育和人才培养方面有其独特的理念、方法和手段,也培养出了一大批优秀人才和数量可观的杰出人才。我国外语人才培养可供国际化创新型外语人才培养的借鉴之处应该是不少的,因为我们是在中国的土地上培养这种人才,相关经验和成功的案例应该是十分有价值的,应给予充分重视。

其次,参考和借鉴英美国家的外语人才培养模式,关注、研究他们成功的经验以及有效的方法、手段与模式。此外,更应该关注、研究、参考和借鉴欧洲大陆国家、亚洲其他国家以及我国香港、台湾地区高校外语人才尤其是英语人才培养的有益经验和成功模式,从中寻找共同点和可借鉴之处,他山之石可以攻玉。

第三,根据人才培养的目标和任务,积极探索适合中国国情的人才培养模式。既要借鉴参考为我所用,又不能照搬照抄,毕竟各自的国情、文化环境都有其特殊性(李玉兰,2010)。在充分总结自己经验、参考借鉴他人模式的基础上,大胆设计、小心求证、勇于探索、谨慎实施和操作,力求经过若干年甚至更长时间的充分实验、求证、修正和完善,形成国际化创新型外语人才培养的基本模式。这一定是一件利在今日、功在千秋、功德无量的大好事。

(6) 探索和构建国际化创新型外语人才培养课程体系

课程设置是否科学、合理,是否符合教学目标,是否能满足人才培养要求,是否与人才培养规格相吻合或相匹配,直接影响人才培养的质量。如同运动员训练一样,田径运动员的训练要求、方法、手段与体操或举重运动员的训练要求、方法、手段大不一样。课程设置是人才培养过程中至关重要的一环,服从和服务于所设定的人才培养目标和规格。因此,应花大力气探索和构建国际化创新型外语人才培养的课程体系,努力探索每一课程板块的组成部分,充分考虑国际化创新型外语人才培养的特点和过程。

首先,设置好语言知识与语言技能课程,帮助学生打下全面扎实的语言知识和技能基本功。这是基础的基础,就像训练运动员一样,好的体能是发展任何技能的基础。语言知识应包括目标语的语音、语法、词汇和语言学概论,帮助学生了解目标语的整个语言体系,使他们做到知其然和知其所以然。在语言技能训练方面,要使学生的听、说、读、写、译有很强的实践能力。低年级阶段要重点设置好听、说、读的课程,高年级阶段着重培养读、写、译的基本功。阅读技巧、能力和速度在日后的工作中十分重要,处理任何事情首先都是接收信息,弄清事情的成因,这些都离不开阅读。同时,要十分注重写作技能的训练,文件、合同等的处理都离不开写作。写作基本功打好了,也为翻译技能训练做好了铺垫,有利于打下扎实的翻译基本功。翻译基本功训练要着重培养汉译外的技能。汉译外的需求会不断增长,且存量人才太少,当然难度亦往往大于外译汉。此外,要合理设置汉语知识和技能课程,尤其要注重汉语读写能力的提高。翻译水平不高或不理想除了目标语修养因素外,往往与汉语的造诣与修养有关。

其次,设置好文化知识课程,让学生学习诸如目标语国家的概况、文学、艺术、政治、经济、科技、教育等方面的知识,使他们打下扎实的文化基本功。除设置好核心文化课程外,应尽可能将文化课程的面铺得宽些、广些。通识的文化知识接触得越多,越有利于日后的工作和发展。总之,上至天文、下至地理,学生都应尽可能了解一些。同时,应开设中国文化知识课程,诸如社会文化、艺术文化、思想文化等方面的课程,有利于比较、鉴别和交流。

第三,设置好专业知识和技能课程。除了语言知识、文化知识外,应帮助学生掌握某一学科或专业的知识和技能,培养对这一学科或专业的兴趣,为日后的发展打下扎实的基础。当然这些学科和专业应该与外语人才培养的目标和规格密切相关,诸如经济、贸易、法律、管理、教育等。学生可从中选择一至两门进行专攻。

第四,创造条件开设有利于学生增强国际意识、拓展国际视野、了解和掌握国际惯例的课程,诸如国际组织与机构、跨国企业等方面的知识课程。也可以通过举办专题讲座的办法,帮助学生了解和掌握相关知识。

(7) 努力培养学生跨文化交际、沟通的意识和能力

要设置好跨文化交际方面的课程,帮助学生培养对不同文化的敏感性、对不同文化的包容和认同。要十分了解和熟悉本族文化,这不仅仅指社会文化,还包括艺术文化、思想文化,即帮助学生了解和熟悉物质文化、精神文化。只有了解、熟悉本族文化才可能尊重和包容异族文化。在课程设置中应有社会文化、艺术文化和思想文化课程。将文化通论课程与国别文化专题研究课程相结合,也可在传统课堂教学中有机穿插讲座,这样便既有理论论述和探讨,又有实际案例分析和讨论,能够使学生较深刻地理解文化认同、包容的重要理论意义和实践价值。同时,要注意将思想文化、艺术文化内容的讲解与社会文化内容的解读适当结合起来,既有一定的理论高度又呈现行为习俗。因为每一种社会行为、文化习俗都有其历史渊源或思想文化根源与根基,思想文化、历史文化沉淀也必然会反映在社会文化、习俗之中。例如,不了解中国的历史,就不可能真正理解为什么中国人见面常常要问"吃了没有?";不了解英国的天气变化无常、天气对英国人生活的巨大影响,恐也难以理解为什么英国人见面就要问天气如何。此外,还应安排一些讲座课程,介绍国际机构和企业、跨国公司等的企业文化,增强学生的职业适应性。

(8) 探索和创建国际化创新型外语人才培养的实践基地

书本知识、理论知识和体系应回到实践中得到应用和检验。应用、体验和实践不但可检验书本知识、理论知识体系的可靠性和实用性,而且可帮助调整和完善课堂教学、书本及理论知识学习。同时,检验和检查学生的学习成效有助于学生做出相应的调整,不断提高学习效果。探索和创建国际化创新型外语人才培养的实践基地意义重大,可主要从两方面着手这项工作:一方面可与需要这类人才的相关文化、科技、教育、外事组织和机构等合作,建立若干个实践基地,用合同的形式规定各自的责、权、利,并且实践基地配备一定的师资指导专家,专职从事人才培养工作的研究和实施;另一方面,若条件允许和可能,应安排学生在学习期间尤其在高年级阶段赴海外相关组织和机构实习。这就要求学校设法与海外的有关组织和机构合作,建立稳定、长期的实践基地。创建实践基地可以让学生开阔视野,检验所学知识,在实践中学习,也可以检验

或检查我们所培养的国际化创新型外语人才是否能达到用人单位的要求,适应工作要求,承担工作的职责,为学生日后就业以及参与国际事务、国际合作和国际竞争打下良好的基础。探索和创建国际化创新型外语人才培养基地是培养这类人才必不可少的重要一环,意义重大。

(9) 探索和建立国际化创新型外语人才培养的交流与合作机制

人才培养应该在相互学习、相互交流、相互比较、相互借鉴中发展和完善,不能闭门造车,而应"开门办学",学习和借鉴一切有利于和有益于国际化创新型外语人才培养的经验、方法和模式。

首先,加强与国内外同类高校的交流与合作。在人才培养的宗旨、目标与规格、教学理念、课程设置、教材使用、教学模式、教学方法和手段、评估标准和体系、实践基地等方面建立常态的交流和探究机制,共同探讨进一步建设好学科、办好专业的思路和建议。探讨和分析办学中存在的困难与问题,探寻对策与出路。既要重视学习和借鉴国外同类高校有益的经验、方法和模式,更要抓好与国内同类高校的交流、探讨和合作,毕竟国内高校办学背景和环境差异不大,共同点比较多,互相学习、借鉴之处也会比较多。这种交流、合作机制和模式有利于不断发展和完善人才培养的理念、模式和方法。

其次,加强与国内外高校的师资交流与合作。人才培养,教师是关键。师资队伍的质量、理念、视野、知识面、学科和专业水平等直接影响人才培养的质量和水准。加强国内外师资的交流有利于、有益于教师开阔视野。为参考借鉴同行的有益经验或做法,同类院校之间应该建立交流与合作的常态机制,可以互派教师任访问学者,也可以互派教师任教,这远比去学校浮光掠影地参观、考察、观摩要深入得多,有助于彼此加深了解,并通过身体力行的实践体验感悟对方的教学理念、办学模式和办学过程,取人之长补己之短,甚至还可能发现当局者不易注意到的影响教学和管理方面的问题。除了加强与国外同类院校的交流与合作,更不应忽视与国内院校的交流合作。从共同性意义上来说,这比与国外院校的合作更重要、更有意义,因为国情是一致的,共性比较多,相互学习、参考、借鉴,共同探索,各自获益会更多。当然要尽可能避免刻意仿制,否则不利于办出特色,毕竟各个院校的历史、现实状况不尽相同。应该在学习、参考、借鉴的基础上尽可能保持自己的特色,防止千校一面。

第三,加强与国内外高校的学生交流与合作。互派学生到同类高校进行短期或较长期的学习和研究。交流学习、研究有利于学生开阔视野,学习他校之长,体验不同的学习氛围、教学环境,接受和比较不同的教学方法与手段,接触不同教师的教学风格,学习、感悟和体验不同的文化,增强对不同文化的包容度,参与跨文化沟通和交流,为日后融入社会或国际社会奠定基础。同时,学生亦能从交流学习中反思自己学校在办学理念、教学模式、教学管理、课程设置(包括隐性课程)、评估标准与方法等方面需要提高和完善之处,在与他校学生交流、接触或共同生活中发现自己的缺陷和不足,增强学习的动机、主动性和积极性。

第四,加强与国内外高校的学术交流与合作。学科建设和专业发展无论对培养人才、提高教学质量和水平、完善办学模式,还是对促进师资队伍培养和打造高质量的师资队伍,都十分重要。探索和建立与国内外高校常态的学术交流与合作机制意义十分重大。其一,可以经常获取这一学科或专业领域全球最新发展的学术信息,了解和掌握学科或专业的发展现状、新近学术成果。这样做有利于借鉴,为我所用,服务于学校的学科或专业建设,也可避免因学术信息缺失而导致的科研项目、成果落后于他人。其二,可以通过国内外高校的学术交流和合作,学习和借鉴他人的科研和学术成果,拓展师资队伍的学术视野,增强教师开展学术研究的兴趣,提升教师的学术水平,提升整个师资队伍的学术质量,促进和服务于学科或专业的建设和发展。为培养国际化创新型人才,保证学科、专业保持国际发展水平,构建坚实的学术基础,学校应积极参与海内外学术交流,及时获取有关学术会议的信息,关注有关学术活动和相关学术期刊的学术论文与成果,积极派遣教师参加学术会议和学术活动,使他们通过讨论和研讨,不断提升自己的学术水平,发表自己的学术观点、学术成果和学术论文,进而促进学科和专业发展。若条件允许,学校应主动承办相关的学术会议和学术活动。一方面,这可以让几乎所有的教师通过参与这样的学术会议和学术活动获益,让同行了解本校,营造更浓厚的学术氛围,提升本校学术研究的水平;另一方面,可以让更多的同行前来检查检验本校的办学成果、办学经验、学术成果等,发现和诊断本校办学中存在的问题,共同探讨解决问题的办法与途径。同时,亦应不定期地邀请国内外同行来校作学术讲座或报告。若有可能,应与国内外高校开展合作学术研究,或共同合作研究某一课程,或互派教师任访问学者、访问研究员开展对一些共同关心的课题的研究,或探究办学中共同遇到的困难与问题,这必将大大有益于学科建设和学术繁荣,也十分有利于师资队伍建设和教师发展。

(10) 努力探索国际化创新型外语人才培养的教材建设体系

人才培养目标、规格、教学大纲、课程体系、师资队伍等确定之后,还有一个非常重要的任务就是要选用或编写专业特色鲜明的高质量精品教材。

首先,从现有的存量教材中选择本学科、本专业高水准的优秀教材,例如列入普通高等教育"十一五"或"十二五"国家级规划教材、教育部推荐使用教材和教育部年度精品教材的教程或课本等。注意收集和了解主编的学术背景、教学经历、科研成就以及编写队伍的学术素养和专业水平等信息,更要收集和了解教材的特点和使用效果,便于做出准确的选择。

其次,根据人才培养目标和规格及课程设置的要求,组织教师编写相关的教材,因为人才培养目标和规格的某些新的要求,决定了我们必须不断创新课程体系建设。我们的管理者和教师要根据教学大纲要求,以需求分析为基础,以人为本,服务于学习者人格的塑造,充分考虑素质培养和智力发展,遵循针对性、科学性、完整性、系统性的原则,积极倡导健康、奋发向上的人文精神,努力开发和编写国际化创新型人才培养所需的教材(庄智象,2006)。无论是选择现有教材还是自主编写教材,首先要选择或编写语言知识与语言技能课程的教材,这是基础的基础,其次是文化知识课程的教材,然后是专业知识和技能课程的教材。所选用的教材既要充分反映最新的研究成果,又要保持相对的稳定性。尤其是语言知识与技能课程方面的教材,一般应该三年更换一次,以保持教材的时代性,有利于教师不断吸收新的知识和语料并更新教学理念和方法。

第三,关注和研究国外同类院校、学科、专业教材的使用状况。积极引进高水平、高质量的精品教材。国外同类院校的国际化办学已有一定的历史且积累了比较成功的经验,无论是人才培养目标与规格、课程体系建设、师资队伍建设还是教材的编写与使用,都有不少值得我们学习、借鉴的成果和经验。在教材的选用上,国外同类院校的选择范围可能更广,视野更开阔,很少固化在某一本教程上,而往往从同类教程中选择最值得传授或讨论的部分讲授或研讨。通过关注、分析、研究国外同类院校的教材使用,我们可以根据自己的需要与有关出版社合作,引进出版或引进改编出版我们暂时没有能力编写的教材。总之,他山之石可以攻玉,应该充分开发和利用海外的教材资源。

第四,逐步建立完整的教材模块和体系。我们既要选择使用国内现有教材或通过自己不断创新编写教材,又要重视引进海外教材资源,经过若干年的努力、实践、探索和建设,不断完善,逐步建立起比较完整的、符合国际标准的、具有中国特色的国际化创新型外语人才培养的教材建设体系。

三、结语

综上所述,国际化创新型外语人才培养涉及诸多方面,是一项复杂的系统工程,又是一项全新的事业,既无成熟的、现有的经验可以借鉴,又无成功的模式可以仿制。只有认认真真思考和探索办学的途径与模式,脚踏实地地试验、实践,在实践中学习,在实践中探索,在实践中提高和完善,才能走出一条前人没有走过的路,为我国高等院校国际化创新型外语人才培养作出有益的探索,提供一些可借鉴的经验和模式。

参考文献

[1] 曹德明. 以科学发展观为指导,培养创新型国际化外语人才[J]. 外国语,2007,(4):2—5.

[2] 李玉兰. 大学国际化不单是"接轨"[N]. 光明日报,2010-02-03.

[3] 王路江. 面向世界培养有特色的创新型人才[N]. 中国教育报,2007-04-09.

[4] 庄智象. 构建具有中国特色的外语教材编写和评价体系[J]. 外语界,2006,(6):49—56.

[5] 庄智象等. 关于国际化创新型外语人才培养的思考[J]. 外语界,2011,(6):71—78.

——本文发表于《外语界》2012 年第 2 期,标题略有改动。

作者:庄智象、刘华初、谢宇、严凯、韩天霖、孙玉

国际化创新型外语人才培养的教学大纲、课程体系、教学方法与手段探索

　　随着中国融入国际社会、参与国际事务的进程和步伐的加快,国家对外语专业水平好、文化知识素养高、具有国际视野、通晓国际规则、能够参与国际事务和竞争的国际化创新型外语人才的需求越来越迫切。培养英语专业高端人才需要合理分析人才需求和制订战略规划,探索、建立科学合理的人才培养体系和模式,配备高素质国际化师资队伍,构建培养国际化创新型外语人才的课程体系和教材体系,并通过人才培养实践基地建设、国际交流合作等提供机制和体制上的保障(庄智象等,2012)。本文主要通过分析现行英语课程标准和教学大纲指导下的英语教学,从课程体系、教学方法与手段等方面探讨国际化创新型外语人才培养。

1. 国内现行大纲指导下的英语教学综述

1.1 现行中小学英语课程标准指导下的英语教学

1.1.1 《英语课程标准》的出台背景、培养目标、教学要求、教学手段与方法

　　当前指导我国中小学英语教学的文件是《英语课程标准》。2001 年教育部推出《英语课程标准》的义务教育阶段实验稿,2003 年推出高中阶段实验稿。2011 年教育部又颁布了义务教育《英语课程标准》(2011 年版)。《英语课程标准》的制订实施是国家基础教育课程改革的组

成部分,它逐步取代了原中学《英语教学大纲》成为指导我国中小学英语教学的纲领性文件。

根据《英语课程标准》高中阶段实验稿:"高中阶段的外语教育是培养公民外语素质的重要过程,它既要满足学生心智和情感态度的发展需求以及高中毕业生就业、升学和未来生存发展的需要,同时还要满足国家经济建设和科技发展对人才培养的需求"(教育部,2003)。义务教育《英语课程标准》(2011年版)则进一步指出,在义务教育阶段开设英语课程对青少年未来发展具有重要意义:学习英语能帮助他们形成开放、包容的性格,培养跨文化交流的意识与能力,促进思维发展,形成正确的价值观和良好的人文素养;学习英语能够为学生未来参与知识创新和科技创新储备能力,为他们未来更好地适应世界的多极化、经济的全球化、社会的信息化奠定基础。由此可见,上述课程标准从全面培养人才的高度提出了培养目标。

《英语课程标准》将中小学英语学习分为9级,小学、初中阶段应达到的基本要求分别为2级和5级,高中阶段则以7、8、9级分别对应高中毕业、高考和外国语学校高中毕业的要求。课程总体目标为培养综合语言运用能力,涉及语言技能、语言知识、情感态度、学习策略和文化意识五大方面,这五大方面在课程标准中都得到了具体描述。应该说,跟以前的中小学英语教学大纲相比,《英语课程标准》在内容上更为丰富,同时增加了可选择性,对新世纪我国提高中小学外语教学水平、培养人才起到了重要作用。

《英语课程标准》还提出了教学、评价、课程资源的开发与利用以及教材的编写和使用等方面的实施建议。原则性的教学建议主要有:(1)面向全体学生,为学生全面发展和终身发展奠定基础;(2)关注学生的情感,营造宽松、民主、和谐的教学氛围;(3)倡导"任务型"教学途径,培养学生综合语言运用能力;(4)加强对学生学习策略的指导,为他们终身学习奠定基础;(5)拓展学生的文化视野,发展他们跨文化交际的意识和能力;(6)利用现代教育技术,拓宽学生学习和运用英语的渠道;(7)组织生动活泼的课外活动,促进学生的英语学习;(8)不断更新知识结构,适应现代社会发展对英语课程的要求;(9)遵循课时安排的高频率原则,保证教学质量和效果(教育部,2001)。

1.1.2 现行英语课程标准下中小学英语教学的问题与挑战

《英语课程标准》与以往的《英语教学大纲》相比,在理念、目标、课程设置等方面都有了很多革新性的变化(刘道义,2008:94—100),但课程标准的实施暴露出其培养目标的多样性、分层性在实践层面难以得到充分体现。比如,内容标准有语言技能、语言知识、情感态度、学习策略和文化意识五个维度,但教学评价仍只侧重语言知识与语言技能;课程标准设定高中毕业水平为 7 级,高考为 8 级,外国语学校高中毕业为 9级,但实际教学都主要指向高考的要求——8 级(戴炜栋,胡文仲,2009:925—926)。作为面向全国所有中小学生的课程标准,《英语课程标准》如何应对发展不平衡的国情、如何在执行过程中落实差异性,是目前课程标准实施的关键问题;课程标准的实施同时也反映出作为大众教育、全民教育的义务教育如何兼顾英才教育这一一直困扰我国教育界的问题。

1.2 大学英语专业本科教学

1.2.1 《英语教学大纲》对英语专业教学的要求

与中学《英语课程标准》不同的是,现行《高等学校英语专业英语教学大纲》(以下简称《英语教学大纲》)是在 1989 年出版的《高等学校英语专业基础阶段英语教学大纲》和 1990 年出版的《高等学校英语专业高年级英语教学大纲》的基础上,由高等学校外语专业教学指导委员会英语组受教育部委托于 20 世纪 90 年代末修订而成。《英语教学大纲》规定:培养具有扎实的英语语言基础和广博的文化知识并能熟练地运用英语在外事、教育、经贸、文化、科技、军事等部门从事翻译、教学、管理、研究等工作的复合型英语人才。

《英语教学大纲》对英语专业本科学制和各阶段教学目标的描述是:4 年的本科学制中,一、二年级基础阶段的主要教学任务是传授英语基础知识,培养学生实际运用语言的能力,为进入高年级学习打下扎实的专业基础;三、四年级高年级阶段除继续打好语言基本功外,还要学习英语专业知识和相关专业知识,进一步扩大知识面,增强对文化差异的敏感性,提高综合运用英语进行交际的能力。大纲强调"在两个教学阶段中课程的安排可以有所侧重,但应将 4 年的教学过程视为一个整体,自始至终注意打好英语语言基本功"。

《英语教学大纲》将英语专业课程细分为英语专业技能、专业知识和相关专业知识课程三种类型。专业技能课程指综合训练课程和各种英语技能的单项训练课程,如基础英语、听力、口语等;专业知识课程指英语语言、文学、文化方面的课程;相关专业知识课程指与英语专业有关联的其他专业知识课程,如外交、经贸、法律专业知识课程等。

《英语教学大纲》提出课堂教学应以学生为主体、以教师为主导;提倡开展以任务为中心、形式多样的教学活动;注意教学方法的多样性;课堂教学要与学生的课外学习和实践活动相结合;要积极采用现代的、多元的和全方位的教学模式,在充分利用原有电教设备的基础上,积极探索和开发计算机辅助教学。大纲还对测试、评估的方法和内容作了描述。

1.2.2 现有大纲模式下英语专业面临的挑战

从英语教育中学和大学的两个阶段来看,大学英语专业的大纲跟中学英语课程标准在英语人才培养上很难衔接,存在各行其是的情况,而很多外语界专家长期呼吁并积极探索的“英语教学一条龙体系”(戴炜栋,2001)也未在中小学与大学教学大纲的编制衔接上取得突破。尽管大纲在一定历史时期内对高校英语专业人才培养的目标制定、课程设计及教学活动开展等具有规范和指导作用,但因为全国各地区经济发展不平衡,学生入学水平参差不齐,高校的办学和师资条件差异很大,让国内所有高校的英语专业都根据一份统一的大纲办学未必合适。

近年来,社会上出现了一种在潜意识中将英语等同于工具的现象,使人们对英语专业的定位产生了疑虑,忽视了英语专业作为人文学科的地位。特别是扩招后带来的就业压力更是将英语专业的定位推到了风口浪尖。出现这种局面的原因是多方面的。其一,扩招造成英语专业办学的良莠不齐,部分高校英语专业的教学与职业培训无异,只是为就业做准备。正如胡文仲(2008:47)所说:“现在人们往往把社会需求和办教育直接挂钩,按照毕业生就业情况来考虑办什么专业。”其二,大纲中复合型人才的提法、重技能轻知识的培养模式以及英语专业四、八级考试的指挥棒作用,导致英语的工具功能日益显现。其三,多年来我们培养的英语专业学生一般可以较好满足某个外语岗位的基本要求,但与具有创新意识的拔尖人才之间则还有不小距离。因此,面对新时代的要求,英语专业需要认真反思,走出一条人才培养的新路子,使英语专业人才培养更好地满足社会发展的需求。

2. 国际化创新型外语人才培养

2.1 人才培养目标和规格的变化

改革开放三十多年来,我们的英语专业学生不但人数有所增加,而且英语基本知识水平和基本能力与20世纪八九十年代相比也得到了大幅提升。与此同时,英语专业在素质教育、跨文化能力教育、复合型人才培养方面也做了不少努力,取得了一定成绩。

但近年来,传统英语专业受到新设立的翻译专业、商务英语专业的冲击。如何强化英语专业的学科内涵,保持它的竞争力,是国内英语专业界一直在探讨的论题。我们也看到,尽管国内大部分高校的英语专业仍然采用以技能为导向的培养模式,但一些重点高校,如上海外国语大学、北京外国语大学、北京大学、南京大学等,纷纷在现有大纲的基础上,制定了跟自己高校实际情况相吻合的人才培养目标。例如:上海外国语大学"培养具有国际视野、创新精神、外语特长,并具有较强实践能力、能够畅达进行跨文化沟通的高端国际型特色人才";北京外国语大学"培养具有扎实英语语言文学专业基础,宽广的人文社科知识,出色的学习、思辨、创造、合作与领导能力的国际型、通识型精英人才";南京大学培养具有"扎实的英语技能、合理的知识结构、个性化的发展方向、优良的综合素质"等的人才。这些高校已充分认识到英语专业高端人才培养的紧迫性和必要性。

2.2 国际化创新型外语人才的界定

什么样的人才可称得上是英语专业的高端人才?我们认为社会急需的英语高端人才是具有以下四方面能力的国际化创新型人才(庄智象等,2011):

(1)良好的语言基本功。这是外语专业人才首要的业务素质,没有扎实的语言基本功,国际化也就成了空中楼阁;(2)完整、合理的专业知识结构。这要求外语专业人才具有全面的知识结构,通晓国际惯例,熟悉、掌握相关领域专业知识;(3)创新思维能力和分析解决问题的能力。作为外语专业人才,其创新型应该说更多地表现为他们的批判性思维能力以及在学习、生活和工作中独立思考、分析和解决问题的能力;(4)具有国际视野,通晓国际规则,能够参与国际事务和国际竞争。这要求外语专业人才具有较强的跨文化沟通能力,能在国际舞台上平等参与国际事务和国际竞争。当然,在经受多元文化冲击的时候,外语专业人才还需具备较高的政治思想素质和健康的心理素质,以正确、妥当地应对和处理各种情况。

2.3 关于国际化创新型外语人才培养途径和方法的思考

人才培养既有整体性、系统性,又有阶段性。在国际化创新型外语人才一条龙培养的过程中,如果说很多显性效果是出现在高等教育阶段,那么能力与素养的培养则应更多地始于中小学阶段。因此,根据国际化创新型外语人才的培养目标、规格以及内涵界定,我们提出在中小学阶段实施预备英才培养模式,使学生具备以下几方面的能力:首先,学生在中学毕业后具备良好的外语能力,能够在进入大学后快速适应使用外语直接进行专业课程学习;其次,学生具有开放、包容的态度,具有良好的跨文化交际能力与国际意识、国际视野;第三,学生具有良好的自主学习能力、创新的思维能力与良好的分析、解决问题的能力。

这样,在大学阶段延续、拓展中小学阶段预备英才培养模式,使中小学阶段的英才教育与大学阶段的英语高端人才培养顺利衔接,应该是一条国际化创新型人才培养之路,具体培养途径取决于与之相关的课程体系、教学方法与手段等。

2.3.1 课程体系的探索

目前中小学普遍存在着"考什么,就教什么"的应试教育倾向,紧密按照中考、高考的科目分配教学课时,结果学生不得不在各考试科目上平均用力,难以在自己擅长和喜爱的科目上得到进一步提高,创新思维与能力等综合素养也就难以得到培养与提高。要培养国际化创新型人才,在中小学阶段就要重视外语教学,在各个年级尤其是各个学段结束阶段设定更高的教学要求,通过增设必要的课时、提高教学质量来有效实现目标。同时,要注重创新思维能力、跨文化交际能力、国际意识与国际视野的培养,通过显性课程与隐性课程共同打造这些能力。

如果在大学阶段将现行英语专业教学大纲指导下的课程设置与中学教育课程相衔接,则远远不能满足培养国际化创新型人才的需要。现行教学大纲中培养英语专业人才的指导思想强调以技能培训为核心的课程体系,在整体上偏重技能训练,而对于专业知识学习和创新能力培养方面的要求相对较低,这从大纲相关课程学时的分配中就可见一斑。大纲规定:英语专业四年总学时为 2 000—2 200;四年间专业技能课周学时设置为 74,占 67%;专业知识课周学时为 16,只占 15%;相关专业知识课周学时为 20,占 18%。在大纲出台的 21 世纪初,这种以技能培训为核心的课程体系是符合当时实际情况的。即使在现阶段,我们也不能否认它对一般院校英语专业学生培养的指导作用。但是对于已经打下扎实的英语语言基本功,较好地掌握了英语听、说、读技能的中学毕业生而言,他们的目标是从进入大学那天起基本具备将英语作为工具并很快进入学科专业学习的能力。因此,对这一部分学生的培养,在课程设置上除了加大写、译技能的训练力度外,应将更多的精力放在专业知识课程的开设上,以拓宽学生的知识面,培养他们独立思考、分析、解决问题的能力。

基于此,我们认为,在培养国际化创新型人才的课程体系中,应该大大缩减现有英语专业教学大纲中的技能课,增加专业知识课,可适当探索建立以文学、语言学、高级翻译(口笔译)和跨文化研究为主体,以学科教育而不是技能训练为导向,致力于实施人文教育,拓展学科专业知识,提高学习能力、思辨能力和研究能力,培养创新能力的本科课程体系。

2.3.2 教学方法与手段的更新

中学阶段的国际化创新型外语人才培养可通过多种途径更新教学方法与手段,培养中学生的外语能力、创新思维能力、跨文化交际能力、国际意识与国际视野。我们认为可主要选取以下三种途径。

(1)研究、总结我国在国际化人才培养方面取得良好成绩的中小学校的经验,将其上升到理论高度并加以推广。应该说,我国一些中小学校在国际化人才培养方面取得了良好成绩,培养出了一大批优秀外交人才、国际企业人才等,如上外附中、人大附中、南京外国语学校、华东师大二附中等。这些学校注重培养学生的跨文化沟通能力,提供丰富的选修课程拓展学生的国际视野与国际意识,营造多元文化的校园环境,并开展游学、模拟联合国等课外活动,锻炼学生在国际化环境下沟通交流与处理问题的能力。研究、总结这些学校的教育经验对中小学阶段的英才教育以及大学阶段的国际化创新型外语人才培养具有很大的参考价值。

（2）学习发达国家中小学英才教育的经验,尤其是他们在培养学生创新精神和实践能力方面的经验。比如,2008—2010 年连续三年被权威媒体评为美国最佳高中的托马斯·杰弗逊高中对学生的基本技能要求有四项:思考力、问题解决能力、知识上的好奇心和社会责任感。学校通过课程安排尤其是跨学科的课程设计和多个整合大量社会资源的研究项目活动来培养学生上述方面的能力(徐星,2010)。类似经验都值得我们学习。

（3）学习其他国家中小学阶段国际化英才教育的经验。例如,新加坡名校莱佛士书院设有项目让学生与来自全世界其他各地的孩子们共处一室,一起参加诸如团队建设、领导力培训、生存技能训练等活动,学习如何与人沟通和谈判;学校不时邀请各国大使与学生交谈,让学生了解不同的政治体制;学校还建立了一个特别的网站,里面有关于亚洲领导人的介绍,采访政府领导人、内阁部长和企业 CEO 后制成的录像,可供教师和学生使用(徐星,2011)。采取多种教学方式,引人大量社会资源,有效培养学生国际化能力,这些都对我们的中小学英才教育具有参考价值。

我国部分中小学校在教育实践中对于国际化人才培养其实已经有过不少尝试。除前述一些在培养国际化人才方面有较突出成绩的学校外,其他还有不少学校也从事了大量国际化创新型人才培养实践,如引进与使用外教、开展对外交流项目以及引进 IB 或 AP 课程等国际课程。一方面,这些实践是培养国际化创新型外语人才的有益尝试;但另一方面,这些实践在人才整体培养方面尚缺乏明确目标与系统规划。因此,我们倡导在人才培养"一条龙"思想的指导下,大学的理论探索与中小学的实践形成良性互动,优化中小学国际化人才培养方法与手段,共同探索国际化创新型人才培养之路。

大学阶段培养国际化创新型人才应当利用中学的教育成果,注重和倡导国内与国外相结合的教学模式,有效培养具有国际视野、通晓国际规则、能够参与国际事务和竞争的人才。关于国内与国外相结合的教学,我们认为可以通过以下几种途径开展。

（1）借鉴国外高校的部分课程体系。当然,这里的借鉴绝非全盘照搬,而是在参考国外英语专业人才培养的课程设置的基础上,国内高校根据自身人才培养目标有取舍地引进。现在国内开展这类教学实践的大学有宁波诺丁汉大学、西交利物浦大学等,这种国内大学与国外大学合作办学的形式通过引进国外的办学体制和课程体系,进行有特色的英语人才培养。这类学校在英语专业课程设置方面已经大大弱化了技能课程,增加了不少专业知识课。比如,西交利物浦大学语言文化系英语专业的课程包含英语语言研究、实践技能、英语文化研究、交际与传媒等四个课程群,其中国内传统意义上的听、说、读、写译课程只有英语语音、笔译、口译等三门,其他都是文本分析、语言与文学、数字媒体制作、英语国家文化、英国文学、文学研究、媒体和全球危机、西方媒体中的中国、新闻调查等以内容为依托的课程。从西交利物浦大学开设的所有课程来看,本科阶段一共22门,技能类课程只占13%。专业知识课学习一方面可以提高学生的专业知识水平,另一方面也可以让学生通过专业课继续语言学习,在内容学习中习得语言,巩固语言能力,发展和提高语言使用技能。

（2）国内与国外相结合,包括引进国外师资。针对一些前沿性的学科教学,可以找寻国外该领域的专家给国内的学生开设课程,这样能将国际上新的理念、前沿的信息和知识带给国内的学生,以拓宽学生的视野,丰富学生的学科专业知识。比如,宁波诺丁汉大学90%的教师来自国外,这些教师的国籍并不局限于英国、美国,还包括新加坡、印度等,这对国际融合和学生跨文化意识培养具有一定帮助。

（3）国内与国外相结合,也包括走出去,即教师的出国进修和学生的国外高校学习。培养国际化创新型人才,师资是保障。没有合格的教师队伍,人才培养就失去了坚实的基础。因此,承担英语专业拔尖人才培养任务的教师需要具备丰富的英语教学实践经验,是该学科领域的专家。除了语言技能出众外,他们还要具有宽广的国际视野和良好的专业素质,熟悉该学科领域的发展,富有创新意识。只有这样,才能从师资上保证国际化创新型人才的培养。

此外,学生在校求学期间应该有海外学习的机会。致力于国际化创新型英语专业人才培养的高校应该为学生提供更多海外学习的机会。学生只有通过一定时间的国外留学,才能更好地拓宽视野,发展语言能力,借鉴国外高校在相关学科专业领域的发展和培养经验,提升自己的创新能力、学习能力和研究能力。

在教学方法与手段上,除了开展计算机辅助教学外,为培养学生的思辨、创新、研究能力等还需加强课内与课外结合,给学生提供更多参与课外实践活动的机会。通过接触社会,提高学生将语言知识与社会实践相结合的能力,从而提升他们思考、解决实际问题的能力。

2.3.3 教材的与时俱进

教材是教学思想与理念的载体,先进的教学方法、手段也多通过教材来得以推广与传播。培养国际化创新型外语人才,教材建设是其中一个重要组成部分。

中小学阶段培养国际化创新型人才的主干课程在语言知识、语言技能等方面的要求应该比普通课程的要求更高,在教材中应渗透国际化意识与跨文化沟通能力的培养。同时,应专门开设系列相关课程,拓宽学生的国际化视野,培养他们的跨文化沟通能力和创新能力。只是目前国内这类教材的建设还比较薄弱。具体在实践中,国内很多外国语学校和部分重点中学尝试使用了国家课程标准教材以外的其他教材,尤其是引进教材。自2002年以来,全国外国语学校工作研究会还与上海外语教育出版社一起合作推出了专门为外国语学校度身定制的系列教材,这些探索取得了一定成绩。在国际化创新型外语人才培养目标明确后,应在理论指导下进一步加大专门教材的开发力度。

大学阶段应精选国内专家编写的学科专业教材,并注意在技能和知识上做到与中学的“一条龙”衔接。同时,还应该在设置新课程的同时,大胆引进国外优秀教材。与人才定位提升和课程设置变化相呼应,教学材料必然要更新和与时俱进。关于与人才培养配套的专业教材建设具体如何开展,我们将在其他文章中专门探讨。

3. 结语

本研究对现行大中小学英语教学大纲下的英语教学进行了分析,并重点从课程体系、教学方法与手段等方面探讨了国际化创新型外语人才的培养。我们认为,要培养国际化创新型外语人才,应在教学大纲、课程体系、教学方法与手段等方面都形成特色,构建体系;应该注重整体性、系统性和阶段性,通过大中小学英语教学与人才培养"一条龙"的形式来实现。在吸收现有教学大纲、课程体系合理因素的同时,应积极探索从课程体系到教学方法与手段的创新,从而走出一条培养国际化创新型外语人才的新路。

参考文献

[1] 戴炜栋. 构建有中国特色的英语教学"一条龙"体系[J]. 外语教学与研究,2001,(5):322—327.

[2] 戴炜栋,胡文仲. 中国外语教育发展研究(1949—2009)[M]. 上海:上海外语教育出版社,2009.

[3] 高等学校英语专业基础阶段英语教学大纲制订组. 高等学校英语专业基础阶段英语教学大纲[Z]. 上海:上海外语教育出版社,1989.

[4] 高等学校外语专业教学指导委员会英语组. 高等学校英语专业英语教学大纲[Z]. 上海:上海外语教育出版社,2000.

[5] 高等学校英语专业英语教学大纲工作小组. 高等学校英语专业高年级英语教学大纲[Z]. 北京:外语教学与研究出版社,1990.

[6] 胡文仲. 对于我国英语专业教学改革的回顾和再思考[A]. 庄智象. 外语教育名家谈(1978—2008)[C]. 上海:上海外语教育出版社,2008.

[7] 教育部. 全日制义务教育普通高级中学高中英语课程标准(实验)[Z]. 北京:北京师范大学出版社,2001.

[8] 教育部. 普通高中英语课程标准(实验)[Z]. 北京:人民教育出版社,2003.

[9] 刘道义. 基础外语教育发展报告(1978—2008)[M]. 上海:上海外语教育出版社,2008.

[10] 徐星. 如何培养学生的创新精神和实践能力——本刊专访美国托马斯·杰弗逊理科高中校长伊万·格雷泽[J]. 上海教育,2010,(23):28—29.

[11] 徐星. 编织孕育未来领导者的摇篮——专访新加坡莱佛士书院校长郑丽增[J]. 上海教育,2011,(8):30—31.

[12] 庄智象等. 关于国际化创新型外语人才的几点思考[J]. 外语界,2011,(6):71—78.

[13] 庄智象等. 试论国际化创新型外语人才的培养[J]. 外语界,2012,(2):41—47.

——本文发表于《外语界》2012 年第 4 期

作者:庄智象、谢宇、韩天霖、孙玉、严凯、刘华初

探索适应国际化创新型外语人才
培养的教学管理模式

1. 引言

我们前期的调查研究（庄智象等，2011，2012）深化、拓展了对于国际化创新型外语人才规格和培养目标的认识与了解，并且探讨、分析了国际化创新型外语人才培养所需的各种条件，比如课程、师资、教材、教法等。国际化创新型外语人才培养是一项系统工程。本课题的研究表明，我们还需要建设与国际化创新型外语人才培养相适应的教学环境、教学机构以及教学管理模式等，其中教学管理模式是本文着重探讨的主题。鉴于现有外语教学管理模式是在长期实践的基础上经历了若干次改革和调整而建立起来的，有较可靠的系统性、合理性和可行性，本文的主要目的不是另起炉灶，提出全新的教学管理体系，而是比照国际化创新型外语人才培养目标所提出的新要求，思考探索现有管理模式需要改进的地方，使之更加适应国际化创新型外语人才的培养。

2. 培养目标与教学管理

教学管理服务于人才培养目标的实现，是一种手段和保障机制。一旦培养目标确定，就应该实施相应的教学管理模式和手段。我们前期的研究成果已经表明，国际化创新型外语人才应该具有如下素养（庄智象等，2011）：

（1）良好的语言基本功。这是外语专业人才必需的素质，没有扎实的语言基本功，国际化也就成了空中楼阁。

（2）极强的专业知识结构。这要求外语专业人才具有全面的知识结构，熟悉掌握本领域专业知识。

（3）创新思维能力和分析问题、解决问题的实际能力。作为外语专业人才，其创新型应该说更多地体现为他们批判性的思维能力以及在学习、生活和工作中分析和解决问题的能力。

（4）具有国际视野，通晓国际规则，能够参与国际事务和国际竞争。这要求外语专业人才具有较强的跨文化沟通能力，能在国际舞台上平等参与国际事务和国际竞争。当然，在经受多元文化冲击之时，还需具备较高的政治思想素养和健康的心理素质，以正确、妥帖地应对和处理各种情况。

这四点要求可以简要归纳为"外语、专业、创新、国际"四个词组，是针对外语人才应具备的知识和能力所提出的要求。我们在理解外语人才培养规格的时候，首先要目标明确，避免含糊不清。国际化创新型外语人才指的是社会所需要的各类人才，并不仅仅只是科研人员。其中：外语主要是一种交际能力，包含跨文化交际能力；专业是知识和技能的结合，是施展外语能力的平台，是人才的核心要求；创新能力不等同于科研能力。科研能力是指科研人员的工作能力，创新能力则是科研人员的基本素质要求之一。应用型人才虽然并不一定要有科研能力，但是必须具备创新能力。因此，创新能力是各类人才应具备的一种综合素质；国际化是一种素质和视野，是对各类文化的了解和包容，是应对全球化所必需的综合素养。

教学管理是指为了实现教学目标，管理者按照教学规律和特点对教学过程采取管理举措。根据教育部高等教育司 1998 年颁布的《高等学校教学管理要点》对教学管理基本内容的规定，高等学校的教学管理一般包括教学计划管理、教学运行管理、教学质量管理与评价以及学科、专业、课程、教材、实验室、实践教学基地、学风、教学队伍、教学管理制度等教学基本建设的管理。本文在探讨国际化创新型外语人才培养的教学管理时主要依照这一概念框架。

3. 国际化创新型外语人才教学管理模式探索

3.1 更新人才理念

对于国际化创新型外语人才的认识将促发教学管理层实施教学管理改革,因此管理人员要认真学习、更新观念。

首先,教学管理人员要有一种危机意识,要意识到培养国际化创新型外语人才的必要性和紧迫性。教学管理人员要认真领会改革开放以来的新形势对外语人才培养的要求,深刻了解我国人才资源和西方发达国家之间的差距,意识到国际化创新型外语人才对于我国抓住重要战略机遇期、转变经济结构、全面建设小康社会、实现中华民族伟大复兴的巨大推动作用。

其次,作为国际化创新型外语人才教学管理的实施者,管理人员本身要有国际视野和创新精神。所谓国际视野,就是要深入了解西方发达国家的发展史以及人才培养在国家发展过程和各个环节中的作用,同时要比照非洲、南美、东南亚等发展中国家和地区在人才培养上的特点和现状;所谓创新精神,则是指根据人才培养目标,大胆改革现有教育管理体制中不合理的成分,敢于尝试,不畏困难。

3.2 调整课程设置

国际化创新型外语人才在外语、专业、创新、国际等四个方面的知识和能力要求我们在课程设置上做出科学调整,增加有利于培养国际化视野和创新能力的课程。

在外语课程方面,我们以前比较注重听、说、读、写等能力的培养,这主要是基于语言本体角度来考虑教学。今后应该更多从文化学、社会学、心理学等角度出发,把阅读能力发展为获取信息的能力,把说和写的能力发展为表达思想、提出诉求、协调关系的能力。因此,要在传统的语言课程的基础上,增加或者融合一些跨学科、着重提高综合能力的课程,适当削减或者改造语法学、语音学等偏重语言知识的课程。

在专业课程方面,要根据学生的兴趣,增加新闻、外交、经济、贸易等专业必修课和选修课,改变复合型学生专业知识掌握偏弱的现状。尤其要注重利用学生外语能力较强的特点,直接使用外语原版教材,提高学习效率,缩短和其他专业学生的专业水平差距。

创新主要是一种能力,这种能力源自科学的思维方式、扎实平衡的学科知识等。为此,有必要开设科学技术史、逻辑学、批判思维等课程来培养学生的创新能力,也可以尝试成立创新小组,定期开展各种形式的创新设计比赛、辩论赛、课题研究等,着重培养学生分析问题和解决问题的能力。

国际化方面可以开设西方思想史、国别文化、跨文化交流案例等课程,通过"请进来"和"走出去"的方式,为学生提供国际交往的知识和经验。

3.3 改进教学过程

在过去 30 年中,人们对教学过程的认识逐步全面、深入。其中发展说认为,教学过程就是促进学生发展的过程。教学过程的本质就是学生在教师的引导下,有计划有目的地发展自己,使自身达到培养目标的要求(杨斌,2009)。尽管人们对教学过程有这样的认识,在外语专业的课堂上,教师讲课为主的情况还是普遍存在。几乎每一个成功的外语学习者都有这种体会,外语主要不是教会的,而是自己学会的。每周几十节各种类型的外语课程虽然能够使学生得到语言知识的灌输和能力的训练,然而与外语学习规律所要求的大量输入相比,这些课程还是显得相当有限。因此,教师要在指导学生自主学习方面多下工夫,在课堂上指导学生学习,解决学生借助网络和百科全书所不能解决的问题。

在专业课程教学方面,教师要尽量利用学生较强的外语能力,尝试以内容为基础的教学法,以求外语和专业互相补充、齐头并进的教学效果。

创新能力的培养要求教师要做好三方面工作。一是要让学生掌握基本的科学思维习惯,比如了解基本的逻辑推论和悖论,养成客观、实际、科学的学习态度,熟悉简单的离散数学、数理逻辑、统计学、模糊理论等思维工具;二是要让学生学习辩证法,培养批判精神,学会从审视对立的角度发现真理。多组织专题讨论课、辩论赛等活动,引导学生认识问题、分析问题和解决问题;三是要发现学生的兴趣所在,以兴趣为引导,为激发学生的创新能力创造良好的教学环境。

3.4 完善考核机制

教学质量的监控、管理与评价是保证教学计划实施、检验和改进教学质量的主要措施。由于国际化创新型外语人才培养在外语、专业、创新、国际等方面的新要求,教学的考核除了采用传统的考核形式外,还应成立校级教学质量评估小组,针对学生创新能力等新要求设计考评系统,通过召开座谈会、检查性听课等举措,确保评估的客观性。

3.5 加强教师教育

教师教育是为了提高教师授课水平,针对教师授课所需知识、技能等而开展的培训、交流活动。近年来,教师的素质和能力日益凸显其在教学活动中举足轻重的地位。人们认识到与外语教学理论研究和学习者研究相比,教师教育研究长期没有得到应有的重视。随着外语教育界对教学活动认识的发展,教师教育越来越受到政府、学校管理层以及教师群体本身的关注。除了各出版单位组织举办教师研修班以外,教育主管部门也开始介入教师培训。另外,多家出版单位和部分省市教育厅组织了英语教师讲课比赛,以期为广大教师提供一个学习交流的平台,从而引起社会各界对教师教育的重视。

尽管在所有的教师中,外语教师近年来参与培训的频率最高,然而由于国际化创新型外语人才培养是个新生事物,对于其中的教学培养规律我们还认识不足,因此亟待广大教师积极探索,提高个人素质,总结教学得失,尽快形成一套系统的、行之有效的教学模式。

作为国际化创新型外语人才的培养者,外语教师本身应该具备国际视野、创新精神。就这一点而言,教师教育和学生教育的目标是一致的,对于教师发展的要求完全可以借鉴对于学生教学的要求。

此外,由于缺乏成熟的理论探索,教师在如何有效培养学生的国际视野和创新能力方面可以说是筚路蓝缕,急切需要与同行进行及时广泛的交流。因此,举办各种围绕国际化创新型外语人才培养的教学经验交流研讨会显得十分必要。

为了加强与国际同行的交流,外语教师应该定期到教育发达国家学习、实践,把国外先进的教学理念和教学实践模式带入国内。

3.6 建设实践基地

国际化创新型外语人才培养更加注重能力,尤其是创新能力的发展,而这种能力是一种实践性很强的能力。为了塑造创新能力,除了在教室训练以外,学生还应该到社会上去经受磨炼,因而实践基地建设是必不可少的。外语人才的实践基地和理工科人才有所不同。理工科学生可能会长期在实验室工作,而外语人才走出校门后就融入了社会,社会中的各行各业成了他们施展才能的场所。因此,外语人才的实验室就是各类组织、单位和企业等。学校应该根据学生的培养目标,组建各种实践基地,让学生的创新能力从一开始就根植在社会各行各业中。在实践基地中培养创新能力不是闭门造车,而是真正培养社会所需的创新能力。

实践基地的建设本身需要国际化视野。按照《国家中长期教育改革和发展规划纲要（2010—2020年）》(以下简称《纲要》)的要求,学校应扩大政府间学历学位互认,支持中外大学间的教师互派、学生互换、学分互认和学位互授联授。这就要求学校搭建高层次国际教育交流合作与政策对话平台,加强教育研究和教育创新实践领域的国际交流与合作。国际化创新型外语人才的实践基地建设要以《纲要》的精神为指导,让学生在国际大环境中锻炼发展自己的能力。

3.7 改革招生制度

学生的许多优秀素质是从基础教育阶段培养起来的。因此,从这个意义上说,国际化创新型人才的培养不是从零开始的,也不可能从零开始。这样,招生工作就成为国际化创新型人才教育工作的重心之一。在现有高考制度因形式僵化而备受诟病的今天,选拔具备国际化创新型外语人才素质和潜质的好苗子就显得尤为重要。可以说,招生的成功与否将直接决定国际化创新型外语人才培养的效果。

《纲要》提出:完善高等学校考试招生制度,深化考试内容和形式改革,着重考查综合素质和能力;学校依法自主招生,学生多次选择,逐步形成分类考试、综合评价、多元录取的考试招生制度。这些精神对学校教学管理层来说都是值得认真参照的招生理念。

国际化创新型外语人才的招生考试要在综合素质考核上下工夫,要考查学生的基本素养和应变能力,要根据培养目标设计招生考试的内容和形式,要让自主招生成为主流。要探索成立由专家组成的招生委员会,把招生看成国际化创新型外语人才培养工作的重中之重。

3.8 优化学习环境

学校学习环境包括校舍等后勤硬件建设,也包括学习资料、学习氛围、学风等软件建设。关于国际化创新型外语人才培养的学习环境,我们在这里强调两点要求。

一是教学资料要和国际接轨,要做到在知识上和学术上与国际一流大学零距离。这一要求在互联网快速发展与普及的今天,已经变得基本上是一个经济问题。只要学校教学管理层有这样的共识,就很容易通过和大型专业出版公司合作,购买最新最全的电子期刊、电子图书等教学资料。在物流发达的今天,传统的国外出版物也可以像在国外著名大学一样,第一时间送到学生手上,几无时间差。

二是要营造宽松、自由的学习氛围。创造力培养既需要严格的训练也需要宽松、自由的学习,这样才有利于学生培养批评精神,敢于争论,敢于挑战学术权威,乐于接触新生事物。要认真处理好严格培养与宽松环境两者之间的辩证关系。

4. 结论

国际化创新型外语人才培养是个系统工程。在探索人才培养的目标、人才培养的重要性和紧迫性等问题后,我们在本文中主要探讨了与之相适应的教学管理体制与机制。

教学管理也是一门系统的学问。作为我国高等教育人才培养的一个组成部分,国际化创新型外语人才培养在教学管理方面的许多要求与其他类型人才培养是相似甚至是相同的。因而,为了避免不必要的重复,我们主要探讨了与国际化创新型外语人才培养密切相关的几个方面,涉及的内容主要是更新人才理念、调整课程设置、改进教学过程、完善考核机制、加强教师教育、建设实践基地、改革招生制度和优化学习环境等。目前,国际化创新型外语人才培养在国内还处于初创阶段,许多大学的大胆尝试既提供了成功的经验,也导致了失败的案例,总体而言这些探索注定是粗线条的。希望我们对于国际化创新型外语人才培养的探讨能够引起同行对于这个问题的重视,群策群力,把研究引向深入,最终探索出一条符合中国国情、具有中国特色的外语人才培养之路。

参考文献

[1] 教育部高等教育司.高等学校教学管理要点(教育部高教司[1998]33 号)[Z].北京:教育部,1998.

[2] 杨斌.教学过程本质研究 30 年:回顾与反思[J].当代教育与文化,2009,(4):33—39.

[3] 庄智象等.关于国际化创新型外语人才的几点思考[J].外语界,2011,(6):71—78.

[4] 庄智象等.论国际化创新型外语人才的培养[J].外语界,2012,(2):41—48.

——本文发表于《外语界》2012 年第 5 期

作者： 庄智象、孙玉、刘华初、严凯、韩天霖、谢宇

为人、为学、为事业的楷模

——缅怀董亚芬先生

  2011 年 5 月 28 日,我正在美国公差的途中,突然收到同事的短信:复旦大学教授、我国著名的英语教育专家、《大学英语》系列教材总主编董亚芬先生因病医治无效,不幸与世长辞。虽然此前我已得知董先生身患绝症,并与病魔抗争多年,期间几度住院治疗,病情时好时坏,但一次又一次化险为夷,但噩耗传来,我还是一下子惊呆了,这不可能、不可能,我迟迟不肯接受这样一个残酷的事实。不久前董先生再次住院治疗,我和同事前去医院探视,老人家很是乐观,问这问那,尤其是对全国大学英语教学改革与发展更是关注有加,时时挂在心上。董先生的乐观让我们稍稍感到宽慰,受到鼓舞,相信她老人家会挺过来的。然而万万没有想到,她竟然就这么离我们而去,那次的医院探视竟成了永诀。那天,二十多年来,与董先生的相见、相识,董先生的为人、为学、为事业,董先生为我国大学英语教育事业呕心沥血、殚精竭虑,为我国大学英语教材的编写、发展和完善所表现的执著精神和所作出的贡献似一部长篇电视剧,一幕又一幕地在我脑海中展映。

  初识董先生,是在 1986 年 4 月的一天,那时我在《外语界》杂志社任编辑部主任,当时《外语界》刚创刊不久,无论是办刊经验还是在外语界的影响都十分有限,亟待外语界的专家、教授、学者予以更多的关心、支持和呵护,尤其是渴望得到外语界著名教授、权威人士的赐稿,以不断增强杂志的权威性、知名度和影响力。当我获知董亚芬先生正承担着《大学英语教学大纲(文理科本科用)》和大学英语系列教材的编写任务时,便萌发了邀请董先生和项目组成员为《外语界》杂志赐稿的想法。因为此前

《外语界》杂志专栏刊发了介绍和解读《大学英语教学大纲（理工科本科用）》的系列文章，有效地宣传了大纲，为正确理解和解读大纲、贯彻大纲奠定了基础，深受外语界，尤其是大学英语教师的欢迎和好评。然而，教育部委托大学英语文理科教材编审组研制《大学英语教学大纲（文理科本科用）》，其意义、内容、结构、特点等又是此类院校从事一线大学英语教学的教师和领导非常想了解的。那时我仅是一名参加工作不久的青年教师，无论是经历和资历都与董先生相去甚远，前去见董先生，向她约稿，她会见我吗？她会同意赐稿吗？那一天董先生与她的编写组正好在上外附中的招待所会议室召开工作会议，我怀着这种忐忑不安的心情前去见令我仰慕已久的董先生。那时的招待所都是非常简陋的，没想到她的团队选择了这么个工作场所。当我找到会议室，作完自我介绍、简要说明来意后，一个个子不高、脸面清瘦、慈祥可亲的长者站起身来，作了自我介绍。这是我第一次见到大名鼎鼎的董亚芬先生，她的慈祥和善、平易近人一下子拉近了我们的距离。更没有想到的是，董先生对我提出的要求一口允诺：尽全力组织好这一组文章的撰写。短短十来分钟的交流和谈话，董先生对教育事业的认真、执著，对工作的精益求精、待人的热情诚恳，尤其是对年轻人的提携和呵护给我留下了难以磨灭的印象。

董先生是我国大学英语教育的开拓者，她既是大学英语的教学专家，又是大学英语教材的编写专家，可以说，她将自己的一生奉献给了我国大学英语的教育和教材编写事业，并作出了巨大的贡献。董先生的为人、为学、为大学英语教育事业鞠躬尽瘁的崇高境界更是为后人称道。董先生待人诚恳、善良、热心助人，尤其对青年教师的关爱、提携和呵护更是在我国外语界有口皆碑。当年有不少中青年教师是在董先生的带领、指导或推荐下成为外语教育各领域的专家：有的参与了她任总主编的教材编写，在她手把手的指导和帮助下，成为我国卓有贡献的外语教材编写专家；有的在她的推荐和具体指导下，承担了各类教学研讨会、示范课的演讲，逐步成长为课堂教学研究和实践的专家，以及全国大学英语教学的优秀典范和各级教学名师；有的在董先生悉心的指导下，自己有关教学实践和研究成果的论文得以在专业的学术期刊上公开发表，部分获得了国家和教育部的优秀成果奖……不管谁在教学中遇到教学的难题和语理理解或表达方面的困惑，凡求教或求助于董先生的，都无一例外得到董先生耐心的解答，有时她甚至不惜笔墨给予详细讲解。对于教材使用中老师们提出的各种问题，董先生也是耐心细致地一一给予作答,诲人不倦做到极致。对于教材编写,董先生更是全力以赴,面对时间紧、任务重、要求高的困难,常常废寝忘食;每次召开工作会议,少不了挑灯夜战,力求精益求精。董先生在我国主要的外语学术机构中,先后担任过重要的领导职务,如:大学外语编审委员会副主任委员,大学外语教学指导委员会副主任委员,大学英语四、六级考试委员会副主任委员等,对我国外语教学的改革和发展作出了重要的贡献。然而无论是与同事还是与领导相处和合作,她都以自己坚定的理想信念、高尚的人格魅力、大公无私的品德、海纳百川的宽阔胸怀和严谨踏实的敬业精神,团结、激励和影响着周围的同事和合作者。凡工作中出现不同意见或分歧时,董先生总是以和蔼可亲的态度、实事求是的精神、诲人不倦的品格,与同事或合作者探讨,以理服人,以事实说话,从不以势压人,更不以资格而卖老,深得人们的敬佩和称道。不少同志说:董先生学问好,人品好,堪称学界的楷模、学习的榜样。更难能可贵的是,董先生对有关职能部门的领导非常尊重、信任,但若发现有的言论、做法或政策不合实际,违反事物发展规律,或不科学、不合理,董先生则敢于坚持原则,本着对我国外语教育负责的精神,善意地提出不同意见或建议,甚至据理力争。不少领导闻过则喜,欣然采纳了董先生的不少"忠言逆耳"的建议和良策,使我国大学外语的教学改革与发展沿着正确的方向,健康、稳步地朝前迈进。可以说,董先生既是我国大学英语教育的开拓者、捍卫者,也是改革者和促进者,为我国大学教育事业的发展贡献了毕生的精力。

20 世纪 80 年代中期,外教社就因《大学英语》系列教材的编写和出版与总主编董亚芬先生开始了二十多年的交往、合作,并结下了深厚的友谊。当时受国家教委委托,董先生领衔起草《大学英语教学大纲(文理科本科用)》,随后出任根据这一大纲编写的《大学英语》系列教材总主编,并经国家教委指定由上海外语教育出版社承担编辑、出版工作。

《大学英语》系列教材于 1986 年出版试用本,1992 年正式本问世,同年获得全国高等学校第二届优秀教材特等奖和国家教委高等学校第二届优秀教材一等奖,1997 年出版第二版(即修订本),2006 年出版第三版,前后历时超过 1/4 个世纪,使用学生以千万计,总发行量逾亿册,至今销售总量仍保持在百万册以上。20 世纪 80 年代中期至 90 年代的十多年间,全国近千所院校采用了这套教材,她在我国的大学英语教学中发挥了重大作用,其理念之先进、体系之完备、质量之可靠、基础之扎实、规模之宏大、影响之广、历时之久,可以说是无与伦比,不敢言绝后但也应该是空前的,至今她仍然发挥着其不可替代的作用。

董亚芬先生作为教材的总主编,她将全国六所重点高校的几十名中青年骨干教师整合成了一个强有力的编写团队,她的人格魅力成为这个庞大而松散的团队的凝聚力、向心力,激励着整个团队坚持不懈、奋发努力、高效有序运作,打造出了无愧于时代的精品力作。在教材出版过程中,她带领的团队与上海外语教育出版社精诚合作,保证了教材无论是在编辑加工、版式设计,还是装帧质量方面都做到一流,为这套教材成为名副其实的国优精品奠定了基础。

董亚芬先生同时又是我国大学英语教育界的前辈和开拓者,她的执著和追求为我国大学英语教育事业开辟了崭新的天地。董先生一生兢兢业业,克己奉公,不事张扬,淡泊名利,但她的一生见证了大学英语教学改革和发展的历程,也彰显了《大学英语》教材从 20 世纪 80 年代的问世到现今的发展、完善这二十多年的轨迹。

为了表达对董亚芬先生的敬意和缅怀她的事迹,外教社策划了本纪念文集,希望以此传承和发扬董先生淡泊名利、兢兢业业、不事张扬、脚踏实地、一心一意为我国大学英语教育事业辛勤耕耘的精神,也希望通过这本纪念文集能为我国大学英语教育事业留下宝贵的精神财富。

本书共有四部分。

第一部分以时间为纬度,记述了董亚芬先生从学生时代到参加工作后投入教学和教材编写工作直至退休的生活历程,较全面展示了董先生学者的风范、认真负责的工作态度和勤恳敬业的奉献精神。这部分的两位撰稿者分别是董先生的伴侣孔繁人先生和她大学同班同学,同时又是大学英语教材编写和出版的亲密合作伙伴吕佩英先生,他们的著述是对董先生一生最好的诠释。

第二部分收录了外语界部分专家、学者、教师对董亚芬先生的回忆,其中有原教育部领导,也有来自全国大学英语四、六级考试委员会等和董先生一起共事过的同仁,还有教材的编者,以及董先生生前指导和帮助过的青年教师和学生。大家怀着敬仰之情撰写的篇篇短文,寄托了对董先生无尽的思念和对她严谨治学、踏实工作、淡泊名利、无私奉献的一生的崇高敬意。

董亚芬先生的一生,见证了我国大学英语教学的改革与发展,见证了我国大学英语教材建设的历程。为了更好地了解董先生对大学英语教学和大学英语教材建设的贡献,我们在第三部分收录了从 1986 年到

2006 年间,她在《外语界》上发表的 8 篇文章,这 8 篇文章勾勒出了我国大学英语教学发展的全貌和大学英语教材编写的历史。

第四部分是全书的编后记。

我们谨以此书献给将毕生精力奉献给我国大学英语教育事业的敬爱的董亚芬先生!

——本文撰写于 2012 年 6 月,系作者于 2012 年 6 月为《德艺常在风范永存——纪念董亚芬先生》文集所作的序。

抓好网络教学试点，
促进大学英语教学发展

教育部 2004 年初颁布的《大学英语课程教学要求（试行）》(以下简称《课程要求》)指出:"新的教学模式应以现代信息技术为支撑,特别是网络技术,使英语教学朝着个性化学习、不受时间和地点限制的学习、主动式学习方向发展……;各高等学校应根据自身条件和学习情况,设计出适合本校情况的基于单机或局域网以及校园网的多媒体听说教学模式,有条件的学校也可直接在互联网上进行听说教学和训练。读、写、译课程的教学既可在课堂进行,也可在计算机上进行。"同时,《课程要求》建议学生在计算机上学习所获学分的比例应占英语学习总学分的 30%至 50%;明确要求各校实施基于计算机和课堂的英语多媒体教学模式,开展网络教学,较快提高英语综合应用能力,达到最佳学习效果。上海外语教育出版社(以下简称"外教社")受教育部高等教育司(以下简称"高教司")的委托,研制开发了大学英语网络教学系统,并于 2003 年 11 月通过了教育部高教司组织的专家组的评估验收,向全国各高校推荐使用。2004 年初教育部从全国 1 000 余所高校中,挑选了 180 所院校开展大学英语网络教学的试点,其中有 45 所院校被确定使用外教社研制开发的"新理念大学英语网络教学系统"开展网络教学试点工作。为搞好网络教学试点工作,外教社针对这 45 所院校的具体情况,组织了教师培训、学术交流和实施方案的研讨。从思想上、组织上和物质上做好准备,为顺利开展大学英语网络教学、探索新的有效的教学模式打下了坚实的基础。

首先,真正提高对网络教学试点的认识。为搞好试点,外教社和各试点院校组织参与试点的教师和工作人员,认真学习《课程要求》,深刻领会其精神,明确其提出的目标与任务,从全国改革发展的全局,大学英语教学更好地服务于我国改革开放,服务于经济建设和社会发展及各项事业的进步的高度,认识大学英语教学改革的重要意义和紧迫性。以网络教学试点为契机,更新教学理念,探索教学新模式,创新教学方法和手段,改变"费时多、收效差"的状况。运用现代信息技术促进教学的发展,提升教学水平。通过师资和教学资源的开发和整合,有效地提高大学英语教学的效率和效益,从而达到较快提高大学生的英语综合应用能力,尤其是听说能力的目的,培养出更多更好的精通专业、掌握外语、能够有效参与国际竞争的高级人才,更好地服务于我国改革开放、经济建设和社会各项事业的进步。从指导思想上、理论上深刻认识网络教学试点的意义,明确试点的任务。各试点高校根据自身的师资队伍、生源、教学资源、设备和条件等状况制定了各具特色或个性的网络教学试点方案。随后,外教社召开了试点方案的研讨会,邀请计算机专家、英语教学专家和应用语言学专家作学术报告,阐述如何有效地利用现代信息技术,开发和整合教学资源,创新教学模式、教学方法和教学手段,并对各校提交的试点方案进行研讨,帮助其提高和完善,指导其实施。为更好地组织、引导和协调好试点工作,加强学术和试点方案的交流,外教社在各试点院校的支持下,及时出版了《全国高校"新理念"大学英语网络教学试点方案》(以下简称《试点方案》),为推动试点工作的开展,保证试点工作的顺利进行作出了有益的探索。

其次,积极组织和推动《试点方案》的贯彻。网络教学试点是大学英语教学的新生产物,是一项开创性的事业,因此在整个试点过程必然会遇到很多意想不到的困难、矛盾和问题。为保证试点工作的顺利进行,外教社多次召集工作会议,召开学术研讨会,推动和促进试点工作的开展,协调好试点进程中的各种关系,及时解决试点工作中碰到的困难、矛盾和问题,交流新鲜经验,引导试点工作健康、有序地向前推进。在整个试点过程中,实施有效的教学管理,充分调动试点教师的工作热情、积极性和创造性,全程监控每一个教学步骤,实施对比研究(试点班和普通班的全过程对比研究),认真采集有关数据,客观、科学地进行分析、研究,师生密切配合,教学相长,不断加强和完善网络教学管理,开发和整合教学资源,与时俱进,不断充实、丰富课堂教学、网络教学,网络自主学习,人机有效结合,优势互补,有效地整体提高了学生应用英语的能力,尤其是听说能力。试点工作取得了初步的成果,有效地推动了大学英语教学的改革,为进一步推广大学英语网络教学提供了可借鉴的试验模式和新鲜经验。

第三,创新教学理念、教学方法和教学手段,丰富教学资源。大学英语网络教学试点是一项开拓性的工作,没有现成的模式、方法和经验,要想达到《课程要求》提出的目标,较快提高英语综合应用能力,达到最佳教学效果,就必须打破传统的教学理念、教学模式,与时俱进,探索有针对性的、有效的、崭新的教学理念,教学模式,教学方法和教学手段。在为期一年的教学试点过程中,各校积极创新理念,汲取《课程要求》中倡导的教学思想和理念,同时有针对性地采纳国内外同行所提议的和被实践证明是先进的教学理念、模式、方法和手段,突破传统教学理念,突破传统的时间和空间的概念,探索和培育一种适合网络教学要求的教学模式、管理模式。使管理模式能够有效地服务于网络教学,服务于新的教学模式的发展和完善。在教学方法和教学手段上,各校根据自己的实施方案,采取与之相适应的方法和手段,服务于网络教学试点,保证试点有序、有效地开展下去。可以说既遵循了网络教学的一般规律,又不乏各自的特点和个性。通过近一年的试点,各校在创新教学理念、教学模式、教学方法和教学手段方面都有一些值得学习和借鉴的做法和经验。同时,网络试点学校通过教学资源开发、整合,有效地充实和丰富了教学资源,无论是教师资源的开发、充实、整合、利用,还是课件和教学材料的开发、整合都有了相当的发展。从各试点学校的结项报告看,大学英语网络教学试点有益于教学理念、教学模式、教学方法和教学手段的创新,有益于教学资源的开发、整合和共享。

第四,不断总结经验,促进发展和提高。网络教学试点加强了对一些新情况、新问题的探讨和研究。各校在试点过程中不断遇到新的困难、新的问题,外教社和各试点学校及时组织和召开各种形式的工作会议、咨询会议、讨论会和研讨会等,及时探讨解决困难和问题的方法和途径,保证试点工作健康、顺利进行。同时各校在试点过程中不断总结经验,加强了试点学校之间的沟通和经验交流,运用集体的智慧和力量,扫除了试点中遇到的障碍,克服了困难,取得了成绩,积累了经验,从而为发展网络教学作出了有益的探索,为扩大试点和全面推广作出了积极的贡献。

当然在大学英语网络教学试点过程中,不可避免地存在各种各样的问题和不足,有些困难和问题我们仍然没有找到有效的解决方法和途径。由于网络教学试点仅仅开展了一年,实践和经验有待丰富,运作过程有待完善,有很多问题需要进一步探索,如师资队伍、教学模式、教学管理、教学材料、教学方法和手段及网络系统本身都存在着不足,有待进一步探索、提高和完善。外教社出版了《全国高校"新理念"大学英语网络教学试点方案》,受到了广大试点学校的欢迎和好评,也获得了准备开展网络试点学校的赞许。现在我们又选择了二十余所院校的大学英语网络教学试点报告结集出版,旨在为全国大学英语网络教学试点学校提供一个学习、交流、共同求索的平台。希望本书的出版发行有利于大学英语网络教学试点学校的经验总结和交流,有益于大学英语网络教学的推广,有益于《课程要求》的贯彻,有益于大学英语教学的改革与发展。

——本文撰写于 2005 年 8 月,系作者为《全国高校"新概念"大学英语网络教学试点实验研究报告》所作的序。

《21世纪英语学习丛书》评介

　　随着改革开放深入,我国各项事业蓬勃发展、国际地位日益提高,世界各国都十分关注中国的发展和变化。我国同世界各国的经济、科技、文化、教育、政治等方面的交往日益频繁,合作进一步扩大,社会各界对外语人才的需求日益增加,要求亦越来越高。为适应社会发展的需要,社会各界通过各种途径和手段,以各种方式培养急需的各种外语人才(如开设短训班、培训班、速成班或某一门技能的专门训练班),大大促进了外语的普及和水平的提高。但由于这种培养方式往往只能帮助学习者掌握单项的技能或满足某一方面的需要,学习者所掌握的技能往往是单一的,所学的语言知识往往是零碎的、不全面的,知识面往往是较狭窄的。有鉴于此,为能使英语学习者较全面学习和掌握英语语言知识和能力,上海外语教育出版社邀请了我国英语语言教学和研究方面学有专长、造诣颇深的著名学者和专家,编写了一套《21世纪英语学习丛书》。这套丛书计划出版23种26册,目前已出版14种15册,自1997年年初出版第一种至今,几乎全部重印,有的已重印6次,最多的年销售量达5万册之多。这在图书市场不景气的今天是不多见的。这套丛书备受读者青睐,因其有以下六个特点:

　　第一,学术性与实用性并重。《21世纪英语学习丛书》颇具学术价值,又不乏实用性。从书的品种看,丛书不但有学术性很强的语言理论论述,如《现代英语语言学》、《语用学与英语学习》、《英语语音》、《英语语体的文体要略》等,而且有实用性和针对性很强的结合语言技能训练的书籍,如《英语综合能力入门》(上、中、下)、《英语写作》、《交际英语阅读技巧》、《交际英语会话》、《英语听力基础》(上、下)、《英语修辞与写作》、《汉英翻译基础》、

《英汉翻译基础》、《掌握词汇的奥秘》、《通用英语语法》、《简明英语惯用法》、《英美报刊阅读理解入门》等。鉴于学习语言还应结合相关的语言与文化知识，丛书中有《当代英国社会与文化》、《当代美国社会与文化》、《简明英国文学史》、《英语学习和研究方法》、《英语构词》等。从内容看，丛书较好地融合了学术性和实用性。它吸取了国内外最新的语言研究成果，从不同角度反映了国内外英语教学和研究的成功经验。从已出版的《语用学与英语学习》一书看，作者在介绍普通语用学的同时，增加了近年来语用学领域有过深入讨论的新课题：关联理论、社会与语用、文化差异与语用翻译等，又如《汉英翻译基础》是一部专门研究汉译英基础理论、讲解汉译英方法的教科书，是编者集多年翻译研究的心得与丰富的翻译教学法经验，针对中国人学习汉译英的特点和需要进行编写的，新颖实用，方法新、内容新、编法新。该书以系统的中西方心理文化及语言文化对比为基础，上升到思维方式的转变甚至观念系统的转变。作者在书中介绍了社会符号学的方法，将语言的社会符号性的论述融入其中作为理论根据，吸收了语言功能六法，结合对比语言学、语用学、篇章分析学、文体学、文化学、美学和其他相关学科的基本知识，讲述汉译英的理论基础与方法。

第二，语言知识讲解与语言运用能力训练结合，并注重社会文化知识的阐述。《21世纪英语学习丛书》突出中国学生学习英语的特点，既注重语言知识的讲解、传授语言知识、完善学习者的英语知识结构，又十分注意帮助学生训练语言技能，使学习者打下扎实的语言知识和能力基础。例如《英汉翻译基础》着力于传授基本的翻译知识和常用的翻译方法，通过适量的实践帮助学习者掌握翻译技能并达到一定的熟练程度。每一个单元有一篇翻译练习和一篇相应的翻译知识讲解材料，各单元的讲解尽量结合练习中已出现的重点和难点，以解决读者的疑难问题，便于他们掌握运用。又如《汉英翻译基础》注重汉译英的词语处理、句法处理和篇章处理，并根据其重点，通过翔实的译例十分细致地分析解说，帮助学习者巩固加深对翻译理论的认识，学会在翻译理论的指导下进行实践。再如《当代美国社会与文化》介绍了美国的地理、人口、区域划分等历史发展情况，构筑起一个背景性框架，对美国社会与文化的方方面面逐个展开讨论。就"社会类"来讲，它的内容涉及美国的政治、经济、教育、社会保障制度、劳工运动、行业组织、妇女问题和家庭婚姻等；就"文化类"而言，它包括美国的宗教、民族特性、文化区域、价值观念、大众媒体、娱乐休闲、体育活动和民俗节日等,将一个比较全面的"整体性"美国呈现在读者的眼前。

第三,选材新颖,讲解详细。《21世纪英语学习丛书》无论是每部书稿选题的确立,还是语言理论和语言材料都尽可能贴近时代的脉搏,富有新意。观点新、视角新、论述方法新。如《英语修辞与写作》一书,是作者多年教学和科研实践的总结,既反映了国内外英语修辞学研究的最新成果,又结合具体情况提出了个人的见解和主张。又如,《英语写作》一书的选材颇具特色,它在讲一些写作基本原理的基础上选编了比一般国外教材更多的学生作文和各种范文供读者研究。学生作文中有中国学生的作业,也有美国学生的作业,其中有些写得比较好的,可供我们借鉴,也有的是优点、缺点都有,既有可学习参考之处,又可帮助我们更清楚地看到中国学生写作中容易出现的问题。范文除了有助于说明各类体裁、文章特点外,选用时特别注意了其文字的可学性,其中不少选篇都出自当代一些英语语言大师笔下,值得我们反复研读。其中许多句子都值得我们用心模仿,以提高我们用英语表达思想的能力。再如,《交际英语会话》一书有意识地多使用一些较新的词汇,如 video disc、fax、elecommute、overpass freeway、E-mail、cellular phone、ATM、ROM、RAM等,以及时反映一定的时代性。同时在讲解时力求深入浅出,重点、难点、要点详细讲解,并配有实例,便于读者理解和掌握。

第四,针对性强,适合中国学生学习英语的需要。《21世纪英语学习丛书》针对中国学生学习英语的特点,在总结和吸取以往英语教学经验和教训的基础上,广泛听取英语教师和学习者的建议和意见,编写尽可能注意适合中国学生学习英语的需要。具有较强的针对性,富有特色和新意,富有时代气息,可读性强,具有趣味性。如《通用英语语法》一书作者针对中国人学习英语的难点,适当对比汉英两种语言的差异,既有系统性,又有针对性;既有知识性,又有实践性,重在解决实际问题;又如,《英语写作》一书作者特意讨论提高写作能力的重要性和中国学生用英语写作的困难所在,针对中国学生在中级阶段的需要与可能,集中介绍了个人经验短文和个人意见短文两类作文的写作;再如,《语用学与英语学习》一书作者在编写该书的时候,既考虑到这是一本英语学习的参考书,要使用英语语料,同时又注意到在某些章节中适当使用汉语语料;再如,《汉英翻译基础》是一部专门研究汉译英基础理论、讲解汉译英方法的教科书,是编者集多年翻译研究的心得与丰富的翻译教学经验,针对中国人学习汉译英的特点和需要进行编写的。

第五,配有针对性的练习,形式丰富。《21 世纪英语学习丛书》为方便读者自学,几乎在每一册书、每一章节中针对英语学习者的需要,专门设计了十分有针对性的、形式多样化的练习题,供读者自我操练和测试,检查是否已理解和掌握该章节所学习的内容,并在书后附有参考答案,便于自我检测。如:《英语修辞与写作》一书的练习既是各章的复习与巩固,又是各章的继续和提高。各章练习的长度和形式不尽相同,但都包含三个方面的内容:一、问答;二、填空或改写;三、阅读理解或讨论。读者可以根据不同情况采取不同的做法,达到不同的要求。又如《通用英语语法》每章配有练习,练习紧扣正文,形式多样,切合实用;再如,《汉英翻译基础》每章后附有练习,针对性强,书后附有译文,便于读者参考。

第六,专家撰写通俗读物,深入浅出。为了使《21 世纪英语学习丛书》既有较高的学术价值,又能让一般读者读得懂、读得通,出版社在邀请专家和学者承担写作任务时,要求他们尽理使用最通俗的语言阐述深奥的学术理论,力求深入浅出。这套丛书问世一年多来,受到广大英语学习者的好评和欢迎,足以证明专家撰写比较通俗的读物有着得天独厚的优势,容易得到广大读者认同。

以上对《21 世纪英语学习丛书》发表了个人一点不成熟的看法,仅供广大读者参考。不妥之处,请批评指正。

——本文发表于《外国语》1998 年第 5 期

我国外语教学界的一次盛会

——"中国英语教学国际讨论会"在广州隆重举行

中国英语教学研究会和广州外国语学院联合主办的"中国英语教学国际讨论会"于 1985 年 9 月 23 日至 27日在广州外国语学院隆重举行。英国、美国、加拿大、澳大利亚以及港澳等国家和地区的 23 位代表应邀出席了讨论会,其中有 M.A.K. Halliday、Henry Widdowson、Peter Strevens、Alan Maley、William Bright、David Crook 等语言学与英语教学方面的著名专家、学者、教授;国内有 119位代表出席,分别代表 21 个省市、50 多所大专院校,其中有年近八旬的老专家、老教授,也有朝气蓬勃的年轻学者和教师。中国外语教学研究会副会长陈嘉、中国英语教学研究会会长王佐良、中国英语教学研究会秘书长丁往道等在会上作了发言。这次会议,中外学者共聚一堂,交流了教学经验,讨论了国外英语教学的最新动态和中国英语教学的现状及发展趋势。

23 日上午,广州外国语学院院长、国际讨论会执行主席桂诗春教授宣布大会开幕。他向来自全国各地、世界各国和地区的代表和来宾热烈祝贺,欢迎他们共同讨论这一用途最广的语言——英语——在世界上人口最多的国家的教学情况。

中国英语教学研究会会长、国际讨论会主席王佐良教授致开幕词。他说:这次国际讨论会是在中国首次召开的关于英语教学的国际会议。他扼要地回顾了中国一百多年来的英语教学史,简述了中国英语教学与国家现代化需要之间的关系。他认为,要搞好英语教学,为"四化"培养合格人才,必须采用先进的、有效的英语教学方法,以提高我国英语教学的水平。

广东省人大常委会副主任曾昭科、中国国际文化交

流中心广东分会理事长杨应彬、国家教育委员会高教一司外语处代表杨
埙也在开幕式上先后讲话。他们指出：中国人民正在努力进行"四化"建
设,需要学习和借鉴外国的先进经验。外语,特别是应用最广的英语,是
"四化"建设不可缺少的工具。我国需要大量精通英语的人材,所以,教
学改革和教学法的研究已成为英语教学界的当务之急。

丁往道教授代表大会筹备委员会发言,他首先介绍了这次会议的准
备情况,并指出：中国有数百万大、中学学生在学习英语,执教教师均迫
切希望和国外英语教学界的同行们交流教学经验,探讨英语教学的新发
展,以改进中国的英语教学方法。早在两年前,新西兰的晋莱德教授就
和广州外国语学院桂诗春教授以及其他一些中外英语教师酝酿在中国
举行一次国际讨论会,专门讨论中国的英语教学问题。这一设想得到了
中外英语教学界的普遍支持。在原教育部的大力支持下,中国英语教学
研究会和广州外国语学院开始了筹备工作。丁往道教授还简要介绍了
中国英语教学研究会的情况。他说,中国英语教学研究会成立于 1982
年,现有二百多所学校的一万名左右英语教师为会员。研究会的主要任
务是促进英语教学,研究和交流英语教学经验。研究会希望在这次国际
讨论会之后和国外的同行们进行更广泛的接触和交流。

23 日下午起,讨论会就 56 篇论文进行了交流和讨论。论文共分以
下七个专题:

1. The Teaching of English in the Chinese Context

2. Syllabus Design and Materials Development

3. English for Specific and Academic Purposes：International ELT
Projects and In-service Training Programmes

4. Methodology — Reading and Writing

5. Language Acquisition：Social and Cultural Aspects of English
Language Teaching

6. Communicative Approach to Language Teaching

7. Testing

出席讨论会的国外学者介绍了国外英语教学研究的新动向、新发
展,有些内容对我国进行教学研究很有启发。M. A. K. Halliday 教授在
会上作了题为"Applied Linguistics and the Teaching of English in China"
的发言。他说:根据中国英语教学的不同需要和不同层次,应设计相应
的教学大纲,做到学有所用、教有所循。外语教学除了进行各种研究工

作、教师培训和教材设计外,还得借助正在研究中的教学法和新技术。中国近年来已大规模地开展外语教学改革,这次讨论会的召开对促进这一改革亦将有重要意义。在谈到应用语言学问题时,他指出:应用语言学理论应首先为培训教师和教材设计服务。

华盛顿应用语言学研究中心主席、乔治城大学副教授 G. R. Turker 在题为"The Development of a Research Agenda for English Language Educators"的报告中,谈到英语教学研究的前景时指出:我们应集中研究一系列题目,以期至少达到三个目的:

1.更精确地描写、测量或说明外语学习过程中的要求是什么;2.详细说明外语学习的课程、目标、相互关联的事物及其结果;3.描写语言技能消失(language skills loss)的过程、原因、相关事物及其结果,以及阻止语言技能消失的方法。G. R. Turker 副教授还指出,应集中考虑五个中心问题:1.语言水平测试;2.语言技能的消失;3.态度、动力与外语学习;4.双语制与认知发展;5.语言间的技能转换。对这些问题的探讨和研究,将为我们了解复杂的外语学习过程提供新的启示。

美国语言学会会刊 Language 的总编辑 William Bright 教授在题为"The Sociolinguistics of Writing vs. Speech:Relevance for English in China"的发言中,从社会语言学的角度,分析了书面语及口头语的关系。认为汉语历来是一字一义,不同于拼音文字。因此,适当地强调英语书面语对中国学生学习英语单词会有所裨益。

英国应用语言学创始人之一、剑桥沃尔夫逊学院教授、英国贝尔教育基金会总理事 Peter Strevens 在题为"Effective Teaching Matches the Dynamics of Learning:Towards an Integrated Model"的发言中说:在教和学方面,应强调教和学的紧密结合。"信息教学"是有效教学的可靠保证。在教学中,应给予学生大量的信息,提高学生学习的兴趣和积极性,扩大学生的知识面,让他们在信息的海洋里学到知识,同时学会语言。

长期在北京外国语学院任教的 David Crook 对我国当前外语教学中存在的问题提出了诚恳的批评:1.对学生采取填鸭式教学,课程安排的太多,学生没有时间消化和思考;2.学生到图书馆借书非常困难,各学校的图书馆管理也很混乱,这些现象与图书馆缺乏有专业知识的管理人员有关;3.学生写作时,常常大段大段地抄书报,既不说明出处,也不作注释,缺乏独立思考、独立解决问题的能力;4.不少学生对西方社会抱有幻想。

国内三十多位学者结合我国外语教学的现实情况和中国学生学习

外语的特点,就应用语言学、教学理论、教学方法、测试、中国文化与西方文化的差异以及教材编写等问题进行了交流和讨论。

陈嘉教授兴致勃勃地作了题为"A Project for an English Textbook for Chinese Students"的报告。他指出:中国学生在语言背景方面,基本上都讲汉语,对英语教学来说是个有利因素,可以进行"对比分析"。"对比分析"和"错误分析"对大纲设计和教材编写极为有益,希望英语教学工作者能够花些功夫做这方面的研究。

北京外国语学院许国璋教授因事未出席讨论会,请人代读的论文为"China's Modernization and Its English Language Needs",论文中回顾了建国以来的国内英语教学状况,分析了"四化"建设和对英语需要之间的关系,论述了80年代我国理工科大学、综合性大学和外语院校英语教学的新形势和新要求,展示了我国英语教学的前景。

讨论会上,谈到教学法时,不少发言者认为,没有一种"放之四海而皆准"的外语教学法。采用什么样的大纲、教材和教学法,取决于各种主、客观条件(包括师资水平、学生素质、教学设备和社会环境等)。每一种现行的教学法都有各自的长处和短处,怎样博采各家之长,避各家之短,探索出一条适合中国国情和学生特点的最佳教学路子来,是我国外语教育工作者面临的艰巨任务。

这次讨论会上宣读的论文大都是在会前经过反复筛选的精华,反映了我国的英语教学和研究已达到一定的深度和广度。会议决定:这些论文将由北京外国语学院外语教学与研究出版社出版选集。

讨论会于 9 月 27 日闭幕。广东省副省长王屏山同志出席了闭幕式并发表讲话,他祝贺讨论会取得圆满成功,祝贺大会结出英语教学和科研的累累硕果。

——本文发表于《外语界》1985 年第 4 期

理论与实践

外语教学研究的三个层次

　　长期以来,我国外语教学理论研究局限于外语教学法优劣的无休止的争论,缺乏从哲学高度对外语教学的本质和方法等重大理论问题的探讨和研究。更令人不安的是,有相当部分从事外语教学实践的外语教师对语言理论和外语教学理论表现出某种程度的冷漠和无知。这对提高我国外语教学的整体水平、对提高我国外语教学理论研究水平在国际上的地位显然是极其不利的。

　　众所周知,缺乏理论指导的实践是盲目的实践,而理论脱离了实际、脱离了教学实践便也成了无本之木、无源之水。就外语教学而言,任何外语教师在走进课堂之前,必须问一下自己是否搞清楚了两个最基本的理论问题:(一)外语教学意味着什么?（二）外语教学应该怎样进行?

　　第一个问题涉及我们对语言的本质特征、外语教学的本质特征的理解;第二个问题涉及我们对外语教学本质的理解对外语教学实践的影响,即对教学原则和教学方法等方面的理解。这两个问题既互相独立,又密切联系。

　　我们可以把外语教学理论的研究划分为三个层次:本体论层次,又可称为哲学基础层次,专门研究语言本质和外语教学本质、目的及价值等问题;实践论层次,又称教育原则层次,专门研究与外语教学实践有关的基本要求和指导性原则等问题;工具论层次,又称方法论层次,专门研究外语教学实践中贯彻外语教学原则的手段、程序和组织形式等问题。

　　这三个层次相对独立,但又密切联系,关键在于三种不同层次的研究所取得的整体效应。

　　下面我们就以上三个层次所研究的具体内容和方法

作一些简要的阐述。

第一，本体论层次

在这一方面的研究中，我们必须真正搞清语言的本质特征以及外语教学的本质特征。

对语言本质特征的认识，一方面取决于人们的世界观，另一方面取决于方法论，即取决于研究者研究的角度、方法、目的和手段等。

仔细比较一下近代和现代一些哲学家和语言学家们对语言所下的定义，我们可以发现，人们对语言本质的认识往往是比较片面、主观的、具有一定的局限性。下面我们来比较一下自洪堡特以来一些著名语言学家和哲学家对语言所下的定义：

洪堡特：语言是构成思想的工具。

施坦塔尔：语言是对意识到的内部的、心理的和精神的运动、状态和关系的有声表达。

波铁布尼亚：语言是……思想的形式，而且除了语言之外，不可能有别的形式。

以上可以被看做是从语言与人类精神活动的关系来认识语言的本质特征的。持这类观点的人还包括福士勒、施莱歇尔等。

舒哈特：语言的本质就在于交际。

萨丕尔：语言是利用任意产生的符号体系来表达思想感情和愿望的人类特有的非本能的方法。

列宁：语言是人类最重要的交际工具。

以上是从语言功能的角度出发来对语言下定义的。

索绪尔：语言是表达思想的符号体系。

埃宾豪斯：语言是约定俗成的符号体系。

叶姆斯列夫：语言是……纯关系的结构，……是不依赖于实际表现的形式或公式。

以上是从语言的结构特点来下的定义。

乔姆斯基：语言是一种能力，是人脑中一种特有的机制。

从这一点来看，乔姆斯基是从语言的心理和认知基础的角度来认识语言的本质特征的。

梅耶：语言毫无疑问是社会现象。

显然,梅耶是从语言的社会属性来理解语言的。

应该说,从以上五个方面来对语言下定义,都涉及语言的本质特征,但显然是不全面的。即使把它们加在一起,也不能说就已把语言的本质特征概括无遗了。事实上,到目前为止,还没有人给语言下过一个完整的定义。这或许本来就不可能,因为语言涉及的方面实在是太广泛了,人们对它的本质特征认识的提高必然依赖于人类对整个世界认识水平和方法的提高。

然而,就外语教学理论研究而言,对语言本质的认识又实在是非常重要的。它直接影响到外语教学原则的制定、教学方法的设计等等。所以,在讨论外语教学的本质、目的和方法之前,必须对语言的最基本的本质特征和属性有一个比较深刻的认识。目前,我们至少可以肯定语言的如下几个本质特征:

(一)语言是人类最重要的交际工具。语言是社会交际需要和实践的产物。语言在交际中才有生命。人们在使用语言过程中才真正学会使用语言,语言在使用中变化发展,获得新的生命。

(二)语言是一个符号系统。作为符号,语言由两个方面组成:形式和意义。整个语言系统实际上是个符号关系的系统。社会交际的需求构成潜在的意义系统,社会意义系统通过语义系统得到实现;语义系统通过语法系统以语音的形式得到实现。语音系统本身也是一个规则极其严密、丰富的系统。语言系统内部由各种分支系统组成。各分支系统内部的各个符号单位之间都处在纵向和横向(即聚合和组合)关系之中。各个语言单位之间和分支系统之间既相互独立又相互依赖。

(三)语言是人类的思维工具和文化载体。人类思维依赖语言这个工具,而语言又是思维过程和结果的体现。人类的思维方式和规律必然要在语言中反映出来,而语言结构和语言习惯又在一定程度上反作用于思维方式和习惯。语言是文化信息的代码,可以说,一种语言的历史,也就是该民族思维活动和文化发展的历史。

(四)语言具有特殊的生理基础。动物不可能学会人类语言,小孩过了一定年龄就不可能顺利地学会语言等种种现象表明人类大脑中有一套特殊的语言习得和处理机制。

从以上的讨论中我们可以得出结论:任何语言教学,必须考虑到学习主体的生理和心理基础,即年龄和认知基础;必须把语言作为一种交际工具来教给学生,因为只有在实际交际过程中,学习者才能真正理解学习语言的目的,才能真正学会运用语言进行交际;必须把语言作为一种符号系统来教,因为只有通过对语言形式及其组合规律的分析,学习者才有可能更经济更有效地学会该种语言。

不仅如此,外语教学本体论还应该对外语教学具有的实质和特点加以研究,从而使外语教学工作者充分认识到外语教学与母语教学本质上的异同。

实际上,我们立即可以发现,对外语教学本质特征的认识建立在对人类语言本质特征认识的基础上。

首先,外语学习主体是在不同的生理、心理和认知基础上学习第二门语言的(我们这里特指外语)。学习者的年龄、文化背景和原有语言知识及世界知识对外语习得有十分重要的影响。外语教师们观察发现,10岁左右或以下的孩子在自然的外语环境中,能比较自然地、不太费力地"吸收"这一语言。年龄越大,掌握第二语言的速度和掌握的熟练程度受到的影响似乎就越大。其中,我们不能排除生理上,也就是大脑中语言习得机制的变化;同时,我们又必须充分认识到社会心理因素以及学习者原有知识对外语学习过程的影响。社会心理因素,或称情感因素,包括学习者学习外语的动机和态度。如果学习者在学习过程中对外族文化、目的语使用者、外语教师和教学方法抱有消极的态度,那么他的学习的阻力就相对较大,学习的效果就会受到影响。随着年龄的增大,学习者对本国语的熟练程度、语言习惯和意识就越强,对新的语言系统和习惯的获得就越有影响。语言知识的迁移研究证明了母语习惯的确对外语学习有一定的影响。另外,从学习者认知的角度来看,因为语言是人类思维的工具、认识世界的工具,掌握一种语言也即掌握了一种看待和认识世界的方法和习惯;而学习另外一种语言就意味着学习另外一种看待和认识世界的方法和习惯。有些语言学家称其为"语言编码"(encoding)。如果学习者事先了解了编码的内容,学习另外一种语言只需要换一下编码的方式,这与既要学习编码方式,又要学习编码内容的学习者相比较情况当然就不一样了。因此,外语教师不能忽视学习者原有的语言知识和世界知识在外语学习过程中的重要性,并且必须通过一定的方式对此加以利用。

其次,正因为语言是思维的工具、文化的载体,学习一门外语就意味着学习跨文化的交际,学习另外一种思维方式和习惯。语言词汇是文化信息的积淀,语言交际模式和各种习语是社会文化观念和交际习惯的体现,任何偏离习惯的行为都将改变原有的结构所表达的特殊信息,产生新的意义。所以,外语教学过程中,文化传统的讲解和文化知识的传授应是一个十分重要的教学内容。

第二,实践论层次

基于以上我们对语言本质特征和外语教学本质特征的理解,下面我们讨论一下外语教学实践论所要研究的有关内容。

我们前面已经提到,外语教学实践论应该以研究外语教育原则为主,确定外语教学实践的基本要求和指导性原理,其中包括教学大纲的制定、教材编写原则的确定等等。

从不同的角度,我们可以制定出不同的外语教学的原则。

从语言的本质特征和外语教学的特点出发,我们可以提出以下五项外语教学实践的基本原则:

(一)系统原则。根据语言是个符号系统的原理,在外语教学中应突出语法教学的重要作用。语言的系统性在于语言符号间关系的密切联系。外语学习者中介语(interlanguage)研究表明,学习者所掌握的外语知识形成一种连续体(continuum),从初级向高级阶段发展。新的语言知识的输入,再加上适当的交际实践,必然促进这一连续体向高级阶段发展的进程。在语法教学中,语言符号间的聚合和组合关系可作为编织学习者语法知识网络的经纬线。特别有效的是在词义词汇系统的教学过程中用聚合和组合的关系概念来帮助学习者分析和记忆有关的复杂内容。

(二)交际原则。整个外语教学过程中,教师和学生必须时刻记住学习外语的最终目的是为了用外语进行交际,而掌握外语这一交际工具的最有效的途径就是通过交际实践。形式为意义服务,工具为目的服务。

外语交际能力包括准确接受信息和发出信息的能力。接受信息包括听和读,发出信息包括说和写。所以,外语交际能力的培养意味着全面培养学习者的外语听、说、读、写能力。交际能力由两个方面组成:语言知识和交际知识。语言知识的积累可以提高交际能力,交际的实践可以巩固学到的语言知识,这样又可以反过来促进交际能力的提高。但是语言知识的学习是为最终学会外语交际服务的,所以应十分注意语言知识教学和交际技能教学之间的关系。

(三) 认知原则。在外语教学中强调认知原则包含两个方面:一是应充分考虑到学习者原有语言知识和世界知识对外语学习的影响,有意识地对比母语与外语之间结构特点的异同,加深学生对新的语言系统的知识的理解;二是应充分考虑到学习者的学习策略和记忆习惯的作用。研究表明,有的学习者的认知特点倾向于 field-dependent,另一些学习者倾向于 field-independent。而且,不同思维习惯和记忆习惯的人对同样的学习任务有不同的学习策略。外语教学过程中,外语教师应注意引导学习者发挥自己的主观能动性,根据自己的特点,创造性地培养自己的学习方法和习惯。

(四) 文化原则。跨文化意识的培养,是外语教学的一个重要组成部分。词汇是文化信息的浓缩。外语词义的准确理解,需要对外族文化有比较深刻的理解。外族文化知识的获得,一是通过对该族历史文化的研究和学习,二是通过对该族语言文学作品的研读,三是通过对该族文化生活习惯、生活方式等的了解。在外语教学材料的选择中,应特别注意遵循文化原则,选择富有代表性的语言材料,使学习者对外族文化变得越来越敏感。

(五) 情感原则。情感原则包括对学习者学习外语的动机和态度加以引导,以及对学习过程中学习者的其他感情因素(如性格、兴趣、情绪等)方面的培养或控制。一般来说,外语学习者的动机可分为归附型和工具型两种。持归附型动机的学习者希望通过学习目的语,融通该目的语文化,得到该语言社团成员的认同;而持工具型动机的学习者则是为了达到某一短期目的,如通过某一考试、获得某一职位等。研究证明,持前一类动机的学习者成功的比率较高,坚持学习的动力也大。

学习者的个人性格也是外语学习中的一个重要情感因素。认为自己"民主、开放、平静、友好、体贴、乐于助人、聪明、富于逻辑性和幸福"的人,一般来说,其学习的成功性要大于与上述性格相反或相差极大的学习者。另外,在外语学习过程中,由于外界因素的影响,学习者会出现焦虑、沮丧、烦躁不安等情况,外语教师作为教学活动的组织者,应注意对学习者情感因素的控制。

以上,我们从语言本质特征和外语教学特点的角度出发,讨论了外语教学中应遵循的五大基本原则。这五大原则适用于任何目的、任何形式的外语教学。它们应体现在教学大纲的制定以及整个外语教学实践中——尽管在不同的阶段,对不同的原则可有不同的侧重。与此同时,在贯彻以上外语教学的基本原则时,应充分意识到教学目标的相对限定性与学习者学习过程中思维的相对发散性、教学结构的预制性和教学过程中操作的随机性、教学大纲的相对稳定性和教学实施中的相对灵活性、阶段目标的相对独立性和总体系列的相对繁复性等一系列问题。

根据教育学和心理学的原理,外语教学实践论还应研究其他不同性质的教学原则,如阶段性原则、启发性原则等等。另外,外语教育政策的制定,外语教学组织机构、教师培训、语言测试和评估等问题,也是外语教学实践论中的重要课题。

第三,工具论层次

外语教学工具论研究包括外语教学组织形式、教学手段和教学法等的研究。教学形式可以是课堂教学,可以是个别辅导或参加社团生活等;教学手段包括现代化的电化教学、电子计算机辅助教学等。外语教学工具论中最重要的研究内容是外语教学法,教学形式和手段从属于教学法。外语教学法的研究必须基于这样几点认识:(一)教学法服务于教学目的,教学法本身并无优劣,关键是何时何地对谁为何使用;(二)教学法的使用必须具有灵活性和实际可操作性。教学法意味着一种解决问题的途径和手段,并非一套固定不变的程式;(三)现有的大多数外语教学法都是在一定的语言学、心理学和教育学理论的基础上形成的,有其特定的历史条件,我们在"拿来"时,必须考虑到中国外语教学的实际,必须与教学目的与教学条件相适应。

过去的外语教学法的设计和研究存在着许多问题,最明显的有:(一)排他性。许多教学法的设计者都先否定其他教学法的有效性,认为自己的方法最科学。的确,从设计者的理论基础即对语言及外语教学本质的理解上来看,或许是很有效,但对整个外语教学过程来说,显然并无一种完美的教学法;(二)片面性。只强调语言的某一特性,忽视其他方面的因素。如直接法,只强调语言的结构特征,忽视语言的交际本质;(三)繁琐性。有些教学法,如听说法等,对教学的具体步骤都有规定,失去了灵活性,死板、单调,难以调动学习者的兴趣和学习积极性。外语教学法应具有相当的"透明性",应当由一套师生都能领会并自由操作的原则组成。

外语教学法研究目前应该做的两项重要工作是:对原有的所有外语教学法进行整理和研究,去其枝蔓,取其精华,使其更适合不同阶段不同教学原则和目的的需要。同时,随着人们对外语教学本质理解的深入,充分考虑到外语学习主体的认知因素,充分考虑到外语教学外部环境因素的作用,设计出更加切合现代外语教学特点的教学方法。

——本文发表于《外语界》1993 年第 3 期, 标题略有改动。

作者: 庄智象、束定芳

外语教学与相关学科的关系

本文主要讨论两个方面的问题:(一)哪些学科是外语教学相关学科? (二)外语教学与相关学科之间应是一种什么样的关系?

第一个方面的问题主要与外语教学涉及的各种因素有关,而第二个方面的问题取决于我们对语言教学本质的认识程度。

我们先来讨论第一个方面的问题。

首先必须说明的是,任何学科的知识都可能对语言教学产生影响。本文要讨论的所谓外语教学所涉及的因素与相关学科仅指与外语教学密切相关并直接产生影响的因素和学科。

外语教学的内容是语言,如何教语言必然涉及人们对人类语言和语言活动本质的认识。因此,把人类语言和语言活动作为主要研究对象的语言学、社会学和人类学就成为对外语教学至关重要的相关学科,其中担负着对人类语言进行描写、分析和解释任务的语言学更是外语教学相关学科的一门关键学科。语言学分支学科之一的心理语言学由于其研究的重点是人类语言习得和使用过程中的心理机制,因而和外语教学有着更为特殊的关系。

外语教学作为一种教学活动,它既是教育学的研究对象,但由于其本身的特殊性又对教育学有着特殊的要求。一个国家的语言政策、外语教育行政管理,以及师资培训、大纲制定、教材编写、外语测试等都对外语教育活动的成败有重要的影响。

下面,我们来考察一下近年来欧美国家外语学理论研究中对外语教学相关学科以及与外语教学关系的一些具有代表性的观点。

Cambell 认为,语言学、心理学、社会学和人类学理论是外语教学理论的源泉,但是外语教师必须依靠应用语言学家将这些相关学科的理论转化为可以直接运用于外语教学的原则。在 Cambell 看来,语言学家、心理学家、社会学家、人类学家才是真正的理论家,应用语言学家等扮演的是一种"协调者"(mediator)的角色,而外语教师是外语教学的实践者。

Cambell 的观点有两个明显的缺点:1.外语教学仅是其相关学科理论的应用,忽视了外语教学本身固有特别和规律的作用;2.外语教师仅作为语言学应用理论和教育理论的实践者,其自身的主观能动性被忽视。

Spolsky 认为,外语教学法应该有三大主要来源:一是语言描写理论,二是语言学习理论,三是语言使用理论。与其相关的学科有:普通语言学、心理学、心理语言学、社会语言学和教育语言学等。

Spolsky 认为,这一框架还适用于其他语言学的应用学科,如翻译、词典学、语言规划等等。

Spolsky 框架的优点是充分考虑到了语言使用理论与学习理论对外语教学理论的影响,缺点是忽略了社会因素以及其他现实世界和社会环境对外语教学的压力和制约因素。

Ingram 也提出了一个外语教学与相关学科之间相互关系的模式。他认为,基础科学,如语言学、心理语言学、社会语言学、心理学和社会学等学科是理论科学家的研究领域,他们的研究成果给应用语言学家的研究提供了理论依据和洞察力(insights),应用语言学家在此基础上制定了语言教学的原则,并运用在教学大纲、教学目标的制定和教学方法的选择上,而这些内容通过外语教师在课堂教学中实践检验变为应用语言理论之一部分,外语教师的主要工作就是根据应用语言学家的理论进行课堂实践并在实践中获得某些技巧和方法。

Ingram 模式的优点是考虑到社会因素对外语教学的影响,并同时指出,理论学科对应用语言学家的作用主要是提供了对外语教学过程认识的 insights。该模式缺点也很明显:一是应用语言学家和外语教师之间的关系过于分明,显然是各自为政,缺少一种双向影响和启发的合作关系;二是外语教师的地位和作用与现实不相符合,教师好像始终处于一种被动的地位。

Macky 对外语教学与社会环境之间的关系提出了自己独到的见解,他指出,如果用 M.T.S.I.L.分别来代表外语教学过程一个变项,即方法和材料(methods and materials)、教师行为(what the teacher does)、社会文化环境的影响（sociolinguistic and sociocultural influences of the environment）、教学内容（instruction，what the learner gets）和学习者行为（what the learner does），那么从教师教学角度来看，MTI形成一个教学变项三角，而从学习者角度来看，ISL形成一学习变项三角，两者皆受政治、社会和教育等因素的制约。

Macky的模式优点是注意到了政治和社会文化因素对外语教学的制约作用，同时指出了各种因素之间互动关系（interaction）。模式中虽然没有提到相关基础学科，但其重要性不言而喻。缺点是没有说明理论与实践之间的关系。

H.H.Stern在吸收了以上各种模式的长处的基础上，提出了一种独特的外语教学三层次模式。

第一层次是理论基础，包括语言教学史、语言学、社会学、社会语言学、人类学、心理学、心理语言学、教育学等研究成果。

第二层次为中间层次，主要是应用型理论，包括学习理论、语言理论和教学理论。

第三层次为实践层次，包括方法和组织机构。

Stern将各相关学科的研究作为外语教学理论的基础，这一层次的研究成果直接影响第二层次的学习、语言和教学理论的形成，这些理论的形成与环境因素密切相关；第二层次理论的形成对第三层次（也就是实践层次）起着指导的作用。实践层次不但包括各个层次的外语教学实践，同时还包括方法论等。

Stern模式优点很多。其一，全面考虑到了外语教学的相关因素；其二，注意到各个层次各因素之间和互动（interaction）作用；其三，指出了语言理论、学习理论和教学理论与环境因素之间的关系。

然而，我们也发现，Stern模式中关于第二层次的定义比较模糊，中间层次指什么？环境指什么？包括什么内容？学习理论、语言理论、教学理论之间是一种什么样的关系？第三层次的实践层次，把实践的内容和方法论混淆在一起容易引起概念上混乱。

我们认为，外语教学应该是一门自主的学科，它应该有自己的研究目标、研究内容和研究方法，任何相关学科与它的关系只应该是"启发"（implication）的关系，而不应该是"应用"（application）。

就以与外语教学理论直接相关的语言学举例，它们之间的关系也决不应该是一种直接应用的关系。

Widdowson 指出，applied linguistics 可以有两种解释：一种是作为语言学分支的应用语言学，就如历史语言学、民俗语言学一样，应用语言学家们可以从自己的角度出发，研究、观察和描述语言，并可建立本学科的研究原则而不借助语言学理论；另一种是 lingnistics applied，真正将语言学理论运用到目前的研究中去，应用语言学家要做的工作就是应用，他必须时刻注意语言学家在说什么，然后将它运用具体的应用学科中去。

Widdowson 认为，linguistics applied 充其量是一种活动（activity），它的语言理论和描写模式皆来自于语言学，而 applied lingustics 可以有自己描写模式。linguistis applied 的危险是老跟着时髦理论的乐曲跳舞，而 applied linguistics 的危险是可能会在无乐曲伴奏的情况下跳舞。linguistics applied 的中心问题是：现有的语言理论在多大程度上可以用来解决我们关系语言使用的实际问题？ applied linguistics 的中心问题是：怎样设计出相关的语言描写模式？ 决定它们有效性的因素是什么？

我们认为，外语学必须建立自己的语言理论和描写模式，同时必须全面考查所有可能影响外语教学过程的因素，结合外语教学在具体实施过程中的环境因素，制定出外语教学的原则，并设计出贯彻这些原则的方法和手段。

我们认为，外语教学研究可以分为三层次。

第一层次为本体论层次，研究目标是语言和语言使用的本质、外语学习过程的本质。要解决语言和语言使用的本质问题，我们可以吸收普通语言学、社会语言学、语用学等的研究成果，得出语言是个系统、是个交际工具的文化载体的结论。要认识外语学习过程的本质，我们可以借鉴心理学、心理语言学等学科的研究成果，对可能影响外语学习过程的种种因素（如年龄、能力、认知风格、态度、动机等等）一一加以考察，并根据研究成果，制定外语教学实践过程中必须遵循的基本原则。

第二层次为实践论层次，研究目标是外语教学的具体实施，内容包括外语教学的组织机构、教师培训、教学大纲的制定、教材编写、听说读写能力的培养、测试评估等等。

第三层次为方法论层次，研究目标是外语教学的手段和方法。重点是研究不同教学目的、不同特点学习环境中具体教学方法的使用。过去的外语教学法研究，大都受某一特定语言学理论或学习理论的影响，往往没有考虑到特殊环境下可能影响教学方法效果的种种因素，所以出现了偏差，外语教学法的研究应该遵循一定的教学方法与一定的教学目标相结合的原则,具体情况具体分析。

以上的讨论可以用下图来做一小结:

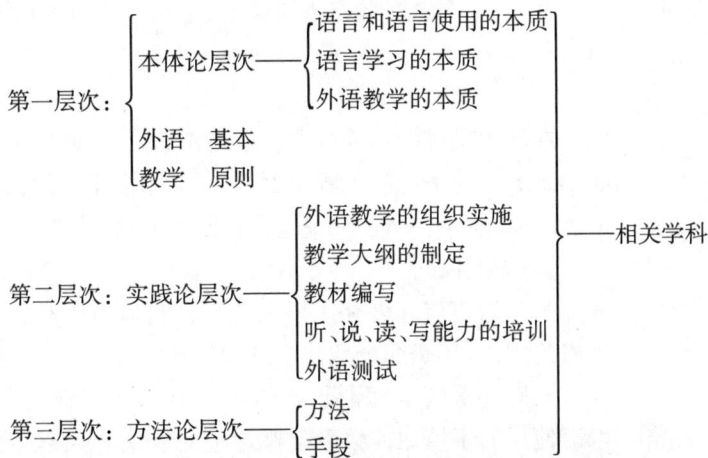

```
              ┌        ┌ 语言和语言使用的本质 ┐
              │ 本体论层次——语言学习的本质      │
第一层次:     │        └ 外语教学的本质       ┘
              │
              │ 外语    基本
              └ 教学    原则

                                ┌ 外语教学的组织实施 ┐
                                │ 教学大纲的制定      │
第二层次: 实践论层次——          │ 教材编写            ├——相关学科
                                │ 听、说、读、写能力的培训 │
                                └ 外语测试            ┘

                                ┌ 方法 ┘
第三层次: 方法论层次——          └ 手段 ┘
```

我们的结论是:外语教学研究是一门独立自主的学科,外语教学涉及的因素十分广泛,相关学科的研究成果对外语教学的影响是一种启发,而不是直接引用,同时,外语教学理论研究成果也可以反过来丰富相关学科的研究。外语教学的研究可分为本体论、实践论和方法论三大层次,各层次都有自己特殊的研究目标和内容。

——本文发表于《外语学刊》1994 年第 1 期, 标题略有改动。

作者: 庄智象、束定芳

外语、第二语言、母语及其他

在汗牛充栋的国外外语教学理论研究文献中，second language 一词的使用频率越来越高，大有与传统的 foreign language 一词平分秋色甚或取而代之之势。

这是为什么？

第二语言与外语有什么区别？它们是同一概念不同风格的用语，还是两个截然不同的概念？

从事外语教学理论研究的人大概都有这样的同感：术语使用的不慎往往会引起概念上的混乱和误解。更令人困惑的是，在介绍和评介国外外语教学理论研究成果时，碰到 second language 是译成我们中国人更能接受的"外语"，还是直译成"第二语言"，以示区别？

实际上，就是在国外外语理论界，second language 一词的使用也存在着混乱的现象。Stern 在其 *Fundamental Concepts of Languege Teaching* 一书中区分"第二语言"和"外语"时指出，第二语言一般指在本国有与母语同等或更重要地位的一种语言。如在美国，TESL 就指教外国移民英语的英语课程；外语一般指在本国之外使用的语言，学习的目的常常是为了旅游和阅读文献等等。Stern 还指出，second language 还可以用作广义，泛指任何一种在母语之后习得的语言，有时还可以与"外语"同义替换。

Ellis 在他 1985 年出版的 *Understanding Second Language Acquisition* 一书的第一章中明确指出，"第二"语言(在本书中)并不意味着与"外"语相区别，第二语言习得(SLA)是泛指，用来指代自然习得和课堂习得两种情况，然而，这两种情况下的习得是否有差异仍是一个有待讨论的问题。因此，在 Ellis 看来，第二语言与"外语"假如要有区别，主要在于是否在"自然"环境下习得的。

William Littlewood 在 1984 年出版的 *Foreign and*

Second Lauguage Learning 一书对该书中术语的使用有一个专门的说明。在谈到"第二语言"和"外语"时他说,人们常常区分"外语"和"第二语言"两个术语。简单说来,"第二"语言在学习所在地有其社会作用(如作为一种通用语或者作为另一社会集团的母语),而学习"外语"主要是为了与本语言社团之外的人接触。然而,在该书的大部分讨论中,我们觉得没有必要区分这两个术语,因而将第二语言作为"外语"和"第二语言"的泛指,但是,从 Littlewood 的书名来看,他本人却没有始终如一地坚持这一标准。

由此我们可以看出,"第二语言"这一术语有两种用法:一是泛指母语之后习得的任何一种其他语言;二是与"外语"相区别,指在本国内作为通用语或其他民族用语的语言。一词多义,这也许就是"第二语言"一词引起混乱的根源所在。

其实,我们知道,second language 与 first language 相对,而 foreign language、non-native language 是与 mother tongue 和 native language 相对的。first language、mother tongue 和 native language 的共同特点是:1.最早习得的语言,常常是在家庭环境中习得的;2.熟练程度高,语言直觉强。三个术语一般情况下同指一个概念。第二组术语,second language、foreign language 和 non-native language 的共同特点是:1.是一种双语现象;2.在掌握的时间顺序上次于第一语言;3.熟练程度一般不如第一语言;4,习得方式一般是学校教育、家庭教育或通过自学。

这两组术语的区别实际上是相对的,有时有的特殊情况往往会模糊这种区别。例如:My native language was Hungarian, but I now use English as my first language。这一情况下,说话者的母语是匈牙利语,英语虽然是他的"第二语言"或"外语",然而,由于生活或工作环境的原因,"第二语言"或"外语"却成了他的"第一语言"。

由此我们可以得出结论,以上这些术语的区别是相对的,因人因时因地而异,并没有什么绝对客观的标准。我们在碰到以上术语时,应该根据语境和其他背景知识作出判断。

在我国,除了少数民族学习汉语、汉族人学习少数民族语言可以把对方的语言称作第二语言外,中国人在中国境内学习的其他语言一般情况下都应称作是外语,这也许是为什么我们在阅读、介绍国外"第二语言"研究成果时,对"second language"的理解和翻译感到困惑的原因之一。实际上,在欧美,70 年代以前,几乎所有的外语教学文献都是用

foreign language 一词来泛指母语之外的其他语言的。

我们认为,鉴于国外外语理论界对 second language 一词用法的不统一,我们有必要严格区别第二语言作为泛指和作为特指的情况,在译成汉语时分别译为"外语"和"第二语言",以示区别。即使直译,也应分别情况,作出说明。

我们的主要依据是,狭义的"第二语言"与"外语"在语境、语言输入、学习者的情感因素、认知基础和掌握程度方面都有着明显的差异。两者不可"同日而语"。

首先,在语言环境方面,第二语言与外语有着根本的差别。第二语言的学习者一般都有一个比较自然的语言环境。周围有众多的该语言的本族语使用者,由于种种原因,他们之间可能会发生各种各样的联系。同时,由于该语言或语言社团可能是官方语言的一种(如英语、法语在加拿大,英语在印度等),新闻媒介、官方文件、广告等等为学习者提供了一个比较真实和自然的语言环境,这些对"外语"学习者来说是无法与其相比的。

其次,从语言输入来看,第二语言学习者一方面有自然的语言环境,另一方面,如果他通过课堂教学学习该语言,教师的语言程度、同学的语言程度等都给他提供了较理想的 comprehensible input,其中包括 foreigner talk、teacher talk、peer talk 等;而外语学习者则不同,他一般不可能得到 foreigner talk 之类的输入,由于外语教师语言水平总体上不能与第二语言教师相比,teacher talk 质量和数量都不如第二语言教学课堂,peer talk 在很大程度上也受到限制。

再者,第二语言学习者和外语学习者在影响学习过程的情感因素方面也有着本质的区别。在第二语言学习环境中,由于第二语言在本语言社团的特殊地位,学习者往往有强烈的学习愿望和动机。如由于英语在印度和一些非洲国家是一种影响择业和提升的重要因素,学习者的工具性学习动机就很强;再如,在美国和德国,这些国家的语言成为移民和外籍工人减少种族歧视、争取同等社会待遇和机会的工具,因此他们学习这些语言有着强烈的归附性动机。所有这些与中国学生在本国学习外语有着根本的差别。这并不是说中国学生缺乏学习外语的动机,但中国学生很少会有对外语学习非常有用的归附性动机,而且就整体而言,中国学生学习外语的工具性动机也不十分明确,这不能不说是中国外语教学的一个严重的缺陷。就情感因素的其他方面而言,如态度、个人性格等,由于语言学习环境的制约,其潜在的对外语学习过程的促进作用也受到极大限制。

更为重要的是,由于第二语言、外语与母语之间的关系的不同,母语知识对另一种语言知识的习得的影响也不一样。大家知道,母语交际能力在学习另一种语言时会发生正负迁移现象,在欧美国家,由于学习者所要学习的第二语言一般都与他们母语有着同源关系,相近的文化背景和相似的语言特征使得他们语言能力的正迁移远远超过负迁移。与此截然不同的是,中国学生所学外语一般由于与母语分属不同语系,文化传统、语言特征,包括语音、语法和文字系统迥然相异,他们学习中所遇到的困难远远超过欧美学生。根据欧美学者的研究,无论学习者有什么样的文化背景和语言背景,无论在什么样的语言环境里学习,其掌握某种第二语言的程序(route)是不变的,学习者的个人差异只会对学习的进度(rate)而不会对程序发生影响。然而,从他们研究的对象(主要是母语为印欧语系语言的学习者)以及从中国学生学习中发现的独特性错误来看,我们有理由怀疑这一结论的可靠性。

最后,由于以上种种原因,第二语言和外语学习者所能掌握的语言熟练程度就大不一样。第二语言学习者往往能达到 native-like 的程度,特别是在口语表达方面,而外语学习者就很难达到相同的程度。我们只要看看中国成千上万的外语学习者花上近十年的时间学习外语而最终都以失败而告终就可以体会到这一点。

这样看来,外语教学有着与第二语言教学完全不同的自身的特点,中国学生学习外语更有其特殊的地方,因此,我国外语教学界必须从中国外语教学的具体情况出发,建立自己的外语教育理论体系,对国外的外语教学理论,尤其是重点为第二语言习得的理论应该采取慎重的态度,在吸收和借鉴过程中应充分考虑到中国学生学习外语的特殊情况。

下面我们来谈谈与第二语言和外语区别有关的另外一对术语:"习得"(acquisition)与"学习"(learning)。

"习得"用于外语学习过程的描述,主要是母语学习过程研究成果对外语教学研究影响的结果。研究者们发现,小孩掌握母语的过程很像一种自然成熟的过程,只要有适当的语言环境,小孩不需任何外在的力量,不需要任何有意识的学习便可顺利地掌握母语。他们称这一过程为习得过程。外语学习研究者们通过观察认为,外语学习者在自然的语言环境中,也可以像小孩一样自然地掌握外语,他们掌握外语的过程实际上也是一种按既定路线（route）习得（acquire）该语言语言知识的过程。原来人们常用的"学习"（learning）一词被用来专指外语学习在正式环境下（如课堂）有意识地学习外语语法知识和使用规则的过程。80 年代初期，美国的 Krashen 提出 Monitor Theory（监控理论），把习得和学习当作一对对立的概念。Krashen 认为习得是外语学习者掌握外语的唯一渠道，习得只有在自然的语言环境下才能产生；学习作为有意识地对语法规则的学习和训练，不可能导致习得。学习的作用充其量只有两个：一是监控学习者语言使用，避免或改正错误；二是满足学习者对语法知识天生的好奇心。这就是外语教学理论中著名的"不接切理论"（Non-interface Theory）。

另外一部分人，如 Sharwood-Smith 等，认为语法教学是帮助学习者获得语言交际能力的捷径。成年人可以在课堂内外练习这些规则，直到能在交际中下意识地使用它们。Sharwood-Smith 认为，语法教学是一种培养学生语法意识（grammar consciousness）的过程，因此，语法教学或学习也可以产生习得，关键不在该不该教语法，而在于如何教更有效。这一观点在外语教学理论中被称为"接切理论"（Interface Position）。

还有一种观点是 Variability Position，即所谓的"应对观点"，以 Bialystok 为代表。他们强调，教学法应与学习过程相适应。课堂教学应考虑学习者特定的目标并提供相应的语言知识。如果学习者的目标是用随意风格（vernacular style）参与自由交谈，他需要掌握的是自动的和未分析过的外语知识（即 acquisition），这可通过强调交际功能的课堂教学达到这一目的，只要有足够的机会练习将正式的语言知识转化为随意风格。如果学习者的目标是为了参与需要正式风格（careful style）和有意识的计划等的语言交际活动（如写作等），他便需要掌握自动并且经过分析的外语知识，而达到这一目标的最好办法就是通过强调语言知识的课堂教学。

关于习得与学习的区别，许多人持否定的态度。Stern 认为，区分习得和学习没有任何理论意义，两者指的是同一个概念。它们的区别是一种风格上的差异，就如与 develop、grow 和 learn 之间的区别一样。

Littlewood 认为，语言学习中无意识和有意识是无法真正明确地加以区分的，因此，习得和学习的区别建立在这个基础上是不可靠的。Littlewood 认为，学习可以作为一个概括用语，其中包括无意识与有意识的学习活动。

Ellis 也认为习得与学习之间不存在本质的区别,习得中包括有意识的学习(conscious learning),两者在部分情况下可以互相换用。

有意思的是,汉语中原来也并没有术语直接与英语中的 acquisition 对应,"习得"一词是为了与"学习"(learning)一词相区别而创造出来的。

我们认为,把外语学习过程完全与母语习得过程等同起来是不科学的。母语习得实际是一种社会化的过程,母语交际能力的获得与其他社会能力、认识能力等的获得是同时的、交织在一起的,母语获得是小孩生长发育和社会化的一部分。而外语学习则一般都是在学习者母语习得已完成以后进行的,其认知基础已发生了根本性的改变。所以,母语习得意义上的 acquisition 在外语习得过程中是不存在的。外语学习过程是否是有意识的,主要取决于学习任务、学习方式和学习目标,学习过程中包含习得和学习不但是完全自然的,而且是必然的。两者没有本质的区别。

最后,我们来简要讨论一下母语知识与外语习得之间关系研究中的几个问题。

第一个问题是:母语知识和外语知识在大脑中究竟是属于两个不同的系统还是同属一个系统?中介语(interlanguage)研究表明,外语学习者在学习过程中不断组建自己的外语系统,逐渐向目标状态接近,每个学习者在不同的学习阶段都有着不同的外语系统。这样看来似乎外语知识和母语知识在大脑中表现为两个不同的系统,但在认知心理学家看来,外语学习过程实际上是大脑中语言知识结构重组的过程,随着输入的外语知识越来越多,学习者大脑中语言知识结构逐渐调整到能够处理两种或更多的语言信息的状态。在认知心理学家看来,外语知识与母语知识应该属于同一个知识系统。根据脑科学研究的最新成果,人的大脑中似乎有个语义中心,而其他相关知识则按不同的获得方式,贮存在大脑的各个不同部位。看来,母语与外语知识的关系问题,还有待于脑科学等相关学科进一步的研究才能确定。

第二问题是:母语知识的迁移在外语学习中作用到底有多大?

有关语言普遍现象和母语知识迁移的研究得出以下几个结论:

1. 当外语中相应的形式为较明显的有标记形式时,母语中的无标记形式会发生迁移;

2. 母语的作用在外语的边缘语法(Peripheral Grammar)中更容易观察到;

3. 一般情况下,母语中的有标记形式不会迁移,特别是当母语中同时具备有标记和无标记形式时;

4. 在外语学习初期,有标记形式可能会发生迁移。

这些观点大部分已被外语教学研究者们接受。但它们主要涉及语法部分。根据 Error Analysis 研究,外语学习者的错误有的是属于语法方面的,有的涉及语用,有的则是由于认知策略的使用不当,如 overgeneralization 等。

语用错误的出现说明学习者的母语交际能力也发生迁移。交际能力的迁移,其实质和程度是外语教学理论需要进一步研究的课题。

第三个问题是母语与外语的差异在多大程度上影响着学习者学习外语的效果和进度。这方面,除了一些零星的议论外,缺少系统的研究。我们觉得,我们中国外语教学界应该对在中国文化背景下学习外语的特点感兴趣,建立有中国特色的外语教学理论,以指导我们的外语教学实践。

——本文发表于《外语教学》1994 年第 2 期

作者: 束定芳、庄智象

外语学习者策略研究与外语教学

学习者策略，是英语 learner strategies 的直译。我们没译成更符合汉语习惯的"学习策略"，是为了不与"学习者策略"之一的"学习策略"（learning strategies）相混淆。这一点我们后面还要提到。

开学习者策略研究之先河的当数 Aaron Carton。1966 年 Carton 在 *The Method of Inference in Foreign Language Study* 一书中首次提到了不同的外语学习者运用不同的推理方法学习外语的现象。1971 年 Carton 发表了第二篇论文，详细讨论外语学习者推理策略。Carton 区分了三种不同类型的学习者推理的策略：1. 语内（intralingual）线索推理，即利用对目标语已有的知识进行推理；2. 语际（interlingual）线索推理；3. 语外（extralingual）线索推理，即学习者利用对真实世界的知识进行推理。Carton 指出，语言学习过程就像一个解决问题的过程，学习者个人的经验和知识在语言处理过程中起着决定性的作用。

1971 年，受 Carton 研究成果及学习理论研究的启发，Joan Rubin 开始着手研究成功的外语学习者的学习策略。1975 年 Rubin 发表了她的研究成果。Rubin 发现，成功的外语学习者在心理特征和学习方法上有着许多惊人的相似之处，其中包括：1. 心理特征，如冒险心理、对歧义和模糊的容忍等；2. 交际策略，如迂回表达、运用副语言（paralanguage）手段等；3. 社交策略，如寻找交流和实践的机会；4. 认知策略，如语义猜测、推理，对语言形式进行分析、归类和综合、监控等等。1981 年 Rubin 提出划分外语学习者策略类别的标准：对外语学习者发生作用的直接程度，按照这一标准，Rubin 把学习者策略分成两个大类：（一）直接影响外语学习的学习过程，如解释和证实，监控、记忆、演绎、概括和实践等;(二)间接影响外语学习的学习过程,如创造实践和使用交际技巧的机会等。

1975 年 Naiman 等人根据 Stern 提出的外语学习者必需的十大学习策略对外语学习者的个人性格、认知风格和策略进行了研究。根据被调查者的问卷答案和建议,Naiman 对 Stern 提出的十大策略进行了修正,列出了成功的外语学习者所采用的五大策略:

1. 通过寻找和利用有利的学习环境积极参与语言学习过程;
2. 树立语言作为一个形式系统的意识;
3. 树立语言作为一种交际和交往手段的意识;
4. 接受并妥善处理外语学习过程的情感需求;
5. 通过推理和监控扩充和修正自己的外语系统。

几乎与 Naiman 等人同时,Wesche 完成了对加拿大公务员培训学校中成年外语学习者学习行为研究的论文。Wesche 的研究证实,成年人学习外语过程所采取的学习策略与 Stern 和 Rubin 等人列举的几乎相同。Wesche 1979 年发表的一篇论文中所提出的一个观点引起了人们的注意:或许是学习者的整体学习行为而不是某些个别的行为造就了不同的学习者。因为她发现:1.学习成绩提高很快的外语学习者比其他学习者采用更多类型和数量的学习策略;2.许多学习行为是在同时发生的。

1976 年 Wong-Fillmore 发表了对五位英语学习者学习行为的研究报告。研究表明,学习者通过一些事先选择好的公式或套语,可以不中断地参与能够提供新的学习材料的语境的语言交际。Wong-Fillmore 指出,这一点对外语学习者来说非常重要,因为通过正在进行的交际双方皆感兴趣的活动,新的语言材料变得容易理解和记忆。作者的研究充分证明了对学习过程有间接作用的社交和交际策略与学习策略之间的相互关系。

1979 年 Bialystok 发表了她对两种功能性学习者策略——推理和功能实践以及两种形式性学习者策略——监控和形式实践对外语学习过程的影响的研究报告。Bialystok 认为,功能实践策略的核心是语言使用,而形式实践策略的重点是语言形式。实验证明,四种策略的运用对某些语言形式的测试有积极影响,但只有功能性策略能影响学习者完成各种外语学习任务。

Tarone 1977、1981 年分别发表的论文着重研究外语学习者的交际策略。Tarone 发现,学习者常常使用以下几种交际策略来保证交际过程的连续性,如编造新词、手势、同义表达、直接请求帮助、沉默、提问性重复等。

1977 年 Hosenfeld 发表研究学习者为协调各种学习者策略而使用的元认知策略(meta-cognitive strategies)的概念。在 1979 年发表的另一篇论文中,Hosenfeld 又首次提出了可以对学习者有意识地进行学习者策略训练的观点。

Wenden 在 1982、1983 年发表的两篇论文中向人们证明了 Hosenfeld 发现的学习者元认知策略对外语学习者策略研究的重要性。Wenden 同时指出,学习者使用元认知策略必须具备五种条件:1.语言知识;2.熟练程度;3.为学习所作的努力;4.语言学习过程中学习者的角色知识;5.完成某一学习任务的最佳方式的知识。

1987 年 Wenden 和 Rubin 编辑出版了 *Learner Strategies in Second Language Learning* 论文集,内容涉及学习者策略研究的历史分类和方法、学习者策略的具体研究、如何训练学习者的学习者策略等等。

1990 年 O'Malley 和 Chamot 出版了 *Learning Strategies in Second Language Acquisition* 一书。这是一本以认知学习理论(Cognitive Learning Theory)为框架论述外语学习者策略的著作。该书详细介绍了当代认知学习理论对外语学习过程的研究成果,并试图将认知理论与外语习得理论结合,解释学习者策略的实质。该书还对学习者策略研究方法和学生的学习策略训练等提出了许多有益的建议。

以上我们对近年国外外语学习者策略研究的情况作了一个简要的回顾。接着我们来讨论一下外语学习者策略的定义和分类、学习者策略所涉及的各种因素以及学习者策略研究的方法。

什么是学习者策略?

根据 O'Malley 和 Brown 等人的定义,学习者策略指学习者为有效地获取、贮存、检索和使用信息所采用的各种计划、行为、步骤、程式等,即为学习和调节学习所采取的各种措施。

用通俗一点的话来说,所谓学习者策略,实际上就是学习者为了获取学习机会、巩固学习成果、解决学习过程中所遇到的问题所作出的种种反应和采取的策略。

在学习者策略分类问题上,一直存在着不同的看法,这实际上主要是由于人们分类时所采用的依据和标准不一致所引起的。

前面我们提到,根据 Rubin 是否对学习过程产生直接影响的标准,学习者策略可以分为：1.学习策略；2.交际策略；3.社交策略。学习策略是对学习者所构建的外语系统的发展产生直接影响的策略，而后面两种策略——交际策略和社交策略——是对此产生间接影响的学习者策略。

学习策略是学习者策略中的一个重要组成部分。根据近年来对学习策略的研究，人们发现有必要区分两种不同性质的学习策略：一是认知学习策略，二是元认知策略，或称协调策略。所谓元认知，就是有关认知过程的知识和通过计划、监控和评估等方法对认知过程的调整或自我控制；而所谓的认知，就是学习者赖以获得知识和概念的大脑活动过程和策略。

在学习者学习策略中，Rubin 列出了六种对外语学习有直接影响的一般性策略：

1. 求解和证实，指学习者用来证实他们对新语言知识的理解的策略。如要求对方举例说明某一词或短语的用法，重复某词以证实理解的准确性等。

2. 猜测和概括式推理，指学习者利用原先获得的语言或概念知识来获得对语言形式、语义意义或说话者意图的明确假设。如通过关键词、关键结构、图表和上下文等猜测词义；通过有关交际过程的知识，如说话者/听话者、交际场所、话题、语域等猜测词义等等。

3. 演绎推理，指学习者寻求和利用一般性规则来学习外语的一种解决问题的策略，如比较母语与外语的异同、寻找同现规则等。

4. 实践，指学习者旨在帮助记忆和检索语言使用规则的练习，如重复某一句子直到熟练、仔细听讲并认真模仿等。

5. 记忆，指与实践相似，但重点在于记忆和检索过程，如做笔记、大声朗读、复习某一语言项目等。

6. 监控，指学习者发现（语言和交际方面的）错误，观察某一信息如何被听话者接受和理解并作出相应的反应的策略，如纠正自己在语音、词汇、拼写、语法和风格方面的错误等。

学习策略内另一种不同性质的策略是元认知策略。

元认知策略用于监督、调节和自我调整语言学习行为。如 O'Malley 列出的计划策略中就包括自我调节、预先准备、预先组织、选择注意目标、减缓输入等。

以上策略对语言学习过程产生直接影响。下面两种策略，即交际策略和社交策略，被认为对语言学习过程产生间接影响。

交际策略重点在于参与某一言语交流活动,表达某一意义或理解说话者意图等。学习者一般在他们的语言知识不敷交际目的之用或遇到被听话者误解时才采用交际策略。

从学习过程来看,交际策略非常重要,因为借助交际策略,学习者才能保持交际渠道的畅通。常见的交际策略包括迂回表达、运用同义或同源词,使用交际套语、利用交际环境阐释要表达的意义等。

社交策略指学习者为创造巩固所学知识和获得语言输入而参加的各种交际活动。这些活动本身并不对学习过程产生影响,它们仅仅给学习者提供实践环境和机会。

将以上的分类列成表式,我们得到:

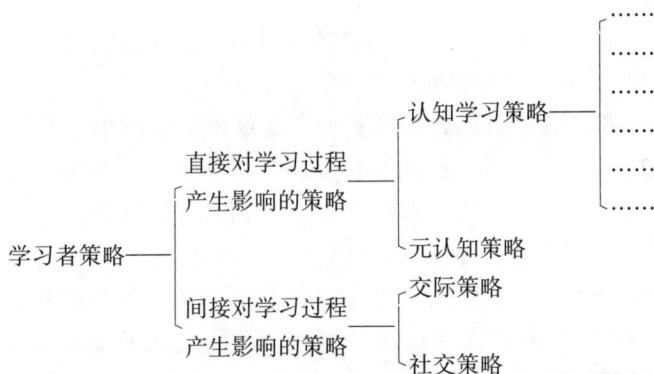

由此我们看出,这种分类方式的优点是直接、明了、概括性强。缺点是无法区分输入和输出策略,交际策略和社交策略中间还缺少协调策略的成分,出现了分类标准不一致的情况。

Naiman 等人对学习者策略进行分类依据的是另外一种标准,即学习者对外语本质和过程的认识和态度。根据 Naiman 等人的观点,学习者策略可以分为下面五类:

1. 积极主动的参与态度,指:(1)积极地对学习机会作出反应,寻求和利用学习环境;(2)在正式的课堂教学之外寻找相关的学习机会;(3)实践。

2. 把语言作为一个系统,指:(1)把母语和外语进行对比分析;(2)对目标语进行分析并作出推理;(3)充分利用语言是个系统这一事实,如将词典上的新词与同类词联系起来学习等。

3. 把语言作为一个交际和交往的工具,指:(1)强调熟练比精确更为重要;(2)寻求与本族语使用者交流的机会。

4. 控制情感因素,包括:(1)克服怕羞感;(2)敢于面对错误;(3)知难而上。

5. 监控外语表达,指通过推理和请求本族语者提供反馈等方式不断修正自己的外语知识系统。

Naiman 等人的分类优点是简洁,从语言和语言学习的本质特征出发,抓住了问题的实质,但缺点是分类过于宽泛,内容不是十分明确。

以上我们可以看出,分类的标准和出发点不一样,分类的结果就不一样。例如,如果我们从语言的听、说、读、写四项技能角度对学习者技巧进行分类,又可分出四种不同的学习者策略来。

当然,分类并不是我们研究某一现象的最终目的——目的在于更好地认识这一现象。因此,对外语学习者策略的分类关键还要看我们研究的兴趣和重点,看我们对某方面问题的认识角度。

外语学习者策略的运用会受到各种因素的制约。其中比较重要的一些因素包括:(1)目标语。目标语与母语的相对距离会影响学习者策略的运用;(2)学习时间长短。短期强化训练和时间跨度较大的学校课堂教学,学习者面临的学习任务不一样,学习者选择的学习策略自然也不同;(3)意识程度。所谓意识程度,这里不仅指对语言知识的明确认识程度,还指对各种认知技巧(元认知)的意识程度。意识程度高的学习者一般来说更善于运用各种学习策略;(4)年龄。学习者年龄不一样,学习方法和效果不一样,这是显而易见的。研究表明,与 1—12 岁的学习者和成年人相比,在相同时间内同等条件下,12—14 岁的学习者学习效果最好。可以认为,年龄因素不但在学习者的生理基础,同时也在学习者的认知基础上造成了一定程度的差异;(5)性别。就生理角度而言,男女学习语言能力并没什么差异,但从社会角度来看,妇女的社会角色和地位对她们的学习动机和态度有着很大的影响;(6)情感因素主要指动机、态度和个性。学习外语的目的、对目标语社团的态度、对教师或学习材料的态度,还有学习者个人的性格特征,这些都在一定程度上影响他们对学习者策略的使用;(7)国籍,即文化背景。学习者文化背景价值取向不同,其学习风格也就不同;(8)外语教学方法。教师的教学态度、语言水平、教学方法也影响着学习者策略的运用。

学习者策略的研究,从 Rubin 等人开始,主要是对成功的外语学习者的学习行为进行观察和调查着手的。后来,研究者们的研究对象是各种各样的外语学习者,研究方法也包括提问、问卷调查、阅读学习者学习日记等。也有的研究者采用"内省"(introspection)的方法,研究本人或他人在完成外语学习任务时所采取的学习者策略。

根据研究的目的,收集研究资料在时间、地点、对象、方式上都有讲究。如为了对学习者学习母语与学习外语的策略进行对比研究,就必须考虑是同时对不同的学习者进行调查,还是对时间相同的学习者在不同的时间进行观察等等。

为了保证所收集资料的有序性和有效性,必要时可对被调查者进行适当的事先指导或培训。如果要通过学习者学习日记获取研究资料,就可事先告诉学生主要记录哪些内容等等。

根据研究的需要,方便起见,可对学习活动中的个别现象进行单独观察研究,也可以对听、说、读、写四种技能同时进行考察。

总而言之,外语学习者策略研究要因时、因地、因人而异,研究的方法只有与一定的研究目标相结合,才可能有令人满意的研究结果。

最后,我们来谈谈外语学习者策略研究与外语教学理论与实践的关系问题,顺便谈谈国外外语教学理论研究对我国外语界的一些启发。

20世纪初以来,外语教学理论研究受各种语言理论和心理学理论的影响颇大,研究的重点主要还在教学过程、教学环境和教学方法上,在很大程度上忽视了外语学习主体——外语学习者本人——在外语学习过程中的主观能动作用。乔姆斯基提出语言能力,主要着重的是这一能力的先天性,忽视学习主体的认知能力在后天语言环境中积极主动作用;海姆斯提出交际能力,研究的重点是交际能力的内涵和相关的社会因素,并不关心学习者如何在社会交往中获得这种能力并利用这种能力获得更多的语言知识。外语教学理论研究实际上应该始终把外语学习主体的研究摆在重要的位置,研究其生理、心理、认知和社会特征对外语学习可能带来的各种影响,并在教学实践中正确处理教与学的关系。

70年代后期以来,人们逐渐意识到了忽视外语学习主体研究对外语教学理论研究的不良影响,开始研究诸如学习者差异、中介语、外语学习者策略等与学习者主体密切相关的现象并取得了令人瞩目的成果,其中外语学习者策略研究在80年代引起了外语教师的广泛兴趣,目前已成为外语教学理论研究的一个重要领域。

语言学习是一个十分复杂的社会和心理活动。说它是社会活动,因为无论是从获得语言输入,还是保证输入和输出的质量角度,都需要学习者职极主动地与他人保持良好的社会关系,具备一定的交际能力;说它是心理活动,因为学习者为了消化和吸收语言素材,保证社会交往进行,学习者需要利用各种认知技巧、解决问题、贮存信息、调用原有知识等。

认知心理学认为,新的信息的接受一般要经过四个阶段:1.选择:选择环境中感兴趣的特定信息,将此贮入大脑(短时记忆);2.习得:学习者积极地将短时记忆中的信息转为长期的记忆;3.建构:学习者努力在贮存于短时记忆中的诸种信息中建立起一种联系,此时大脑长期记忆中的有关信息可以被用来帮助理解和巩固新获得的信息,并提供组织新信息的框架;4.综合:学习者在长期记忆中寻找信息,将此转化为短时记忆,选择和习得决定学习的数量,而建构和综合决定学习的内容和组织方式。

外语学习过程实际上也是一种新信息的摄入和组织。学习者原有的知识显然会对新知识的吸收产生影响,因而产生一系列的重组。学习者选择、习得、建构和综合新的语言知识实际上就是一个运用认知学习策略的过程。

外语学习者策略研究对我们外语教学大纲的制定、教学原则的确定都有一定的启发意义。

语言是形式系统,是交际工具,因此,制定外语教学大纲应贯彻系统原则、交际原则,同时,考虑到语言学习中的情感、认知和文化因素,我们又必须坚持情感原则、认知原则和文化原则。

外语教材的编写、练习的设计除了应贯彻以上五大原则以外,还应注意学习者的记忆特点,注意材料和练习的趣味性和科学性。

外语学习者策略是可以加以训练的。教师的职责一是教给学生知识,二是教给学生如何获取知识的知识,即:一是"鱼",二是"渔"。外语教学过程中,"渔"就是培养学习者的学习策略。

在我国,外语教学理论研究还处在一个引进和借鉴的阶段,缺乏自己的外语教学理论体系。传统的方法——翻译法和后来流行一时的以结构主义语言理论为基础的情景法和直接法等——实际上是把学习者作为语言知识的被动接受者和受刺激而做出反应的语言习惯承受者,教学方法呆板,课堂教学乏味,极少关注学习者的不同社会背景和个人认知特点。结果,大部分学习者视外语学习如劳役,事倍功半,造成巨大浪费,然而,就在这种背景下,还是有不少学习者成功地掌握了一门或多门外语。我们怎么就没想起好好地系统地研究一下他们成功的原因,研究一下他们的学习行为？还有,我国学术界许多老前辈留下了很多年少时学习外语的珍贵回忆,我们怎么就没想到要去整理、发掘、建立我们自己的外语教学理论？这些问题值得中国外语界思考。

——本文发表于《现代外语》1994 年第 3 期
作者： 庄智象、束定芳

怎样写好英语句子

　　英语句子的写作不但要求语法正确,还要讲究有效的表达手段。有效的句子在文章中如同织布的纱,每一根都同整块布息息相关。英语写作也是同样道理。本文拟就如何写好英语句子做一些探讨。

　　首先,要言之有物。防止下笔千言,离题万里。美国前总统尼克松在回答一位记者关于"音乐喜剧"(musical comedy)的现场采访时说的话:"My wife and I of course like musical comedy. We like the theater also. I don't mean by that they should always be old musicals. But I think this musical that they call escapist — I don't look at it that way. I think that after a long day, most of us need a life in the evening. I don't mean by that that sometimes I don't want to go to see a very serious play or something of that sort."

　　显而易见,尼克松的这一段话很混乱,自相矛盾。他不愿意明确回答记者的提问。我们在写作文时,一定要问一下自己,这是我想表达的意思吗? 这样可避免前言不搭后语,空洞无物。

　　其次,尽可能将句子组织得具体明了,尽量避免使用笼统和含糊的句子。例如:

　　原句: <u>There are many kinds of persuasive appeals.</u> The kind of appeal most popular with liquor advertisers is the"bandwagon".

　　修改句: Of the many kinds of persuasive appeals, none is more popular with liquor advertisers than the "bandwagon".

　　原句: <u>D. W. Griffith made movie history by introducing many new cinematic techniques.</u> Some of these techniques were contrast editing, close-ups, fade-outs, and the freeze frame short.

修改句: D. W. Griffith made movie history by introducing such new cinematic techniques as contrast editing, close-ups, fade-outs, and the freeze frame short.

第三,尽可能把句子写得简洁朴素些。随着社会专业分工越来越细,自动化程度日趋提高,为适应社会生活节奏的加快,人们使用语言日趋简洁。许多优秀的作者在刻画人物、表达思想时,总是尽可能做到言简意赅,使读者易于理解。美国著名作家 Mark Twain 在赞扬一位青年作家时这样写道:"I notice that you use plain simple language, short words, and brief sentences. This is the way to write English. It is the modern way and the best way. Stick to it."又如以语言简洁为其写作特点之一的美国著名作家 Hemingway 在回答一位文学评论家,请其给自己的创作理论下定义时说道:"(I) put down what I see and what I feel in the best and simplest way I can tell it."因此,在英语写作中,我们应遵循简洁明了的原则,避免一句句内容堆砌。试比较下列句子:

原句: John told Peter that to achieve more control over the ball he should practice flicking or snapping his wrist because this action is faster in the close shots and placing a shot only requires a slight change of the wrist's angle instead of an acute movement of the whole arm, which gives a player less reaction time.

修改句: John told Peter that to achieve more control over the ball he should practice flicking or snapping the wrist because his action is faster in the close shots. Placing a shot only requires a slight change of the wrist's angle instead of an acute movement of the whole arm, which gives a player less reaction time.

此外,要避免使用冗长多余的复杂句子结构,就必须在文章中不使用那些枯燥的和毫无意义的词、词组和从句。试比较下列句子:

原句: The reason why I am going to propose to John Rick is because I like to hear him telling humour story.

修改句: I am going to propose to John Rick because I like to hear him telling humour story.

原句: The land settlement was an example where the Indians did not receive fair treatment.

修改句：The land settlement was unfair to the Indians.

再举下列一些常见的冗长多余的词语结构,供写英语句子时参考:

regardless of the fact that

(用"although"即可)

due to the fact that

(用"because"即可)

There is no doubt but that

(用"doubtless"即可)

concerning the fact that

(用"about"即可)

these are the kinds of that

(用"these"加上主语即可)

during the time that

(用"while"即可)

in accordance with

(用"by"即可)

with the exception of

(用"exception"即可)

"There is"、"There are"、"It is"等引导的词语往往使用过分频繁,应尽可能略去或用具体的主语替代它们。

有些"who"和"which"从句往往是完全多余的,可以置修饰语于名词前替代它们。即使从句是完全必要的,"who"和"which"也常可省去。例如:

原句：The getaway car, which was red, turned the corner.

修改句：The red getaway car turned the corner.

第四,写英语句子应尽可能避免(a)遁词(circumlocutions);(b)语义重复,(c)大字眼或华丽的辞藻。

(a) 遁词。纠正这一弊端的方法是剔除所有不必要的词语,尽可能删去可有可无的词。

原句：He made his decision after hearing the news.

修改句：He decided after hearing the news.

原句：I am hopeful that we can come to some agreement.

修改句：I hope that we can agree.

原句：Liang shows a great deal of obedience.

修改句：Liang is obedient.

（b）<u>语意重复</u>。这是写作中极易出现的问题,应尽可能避免。

Her speech on flying saucers aroused my deepest feelings and emotions. "feeling"与"emotion"语意重复,可省去其中一词。

In this day and time, people expect to live at least seventy years. "day"和"time"为同一意思,可略去其中一词。

再举一些常常语义重复的词语,供写作时注意避免：

reverted <u>back</u>, <u>new</u> innovation, <u>red</u> in color, <u>fell</u> down, <u>climb</u> up, a <u>true</u> fact, <u>combine</u> together, <u>absolutely</u> essential, individual <u>person</u>, <u>around</u> about that time

（c）<u>大字眼或华丽的辞藻</u>。

原句：Such preparations shall be made as will completely obscure all Federal buildings and non-Federal buildings occupied by the Federal government during an air raid for any period of time from visibility by reason of internal or external illumination.（摘录自第二次世界大战期间美国政府备忘录中的一段话）

后来 Franklin Roosevelt 用简练的英语重写了这一段话,几乎省去一半词语：

Tell them that in buildings where they have to keep the work going to put something across the windows.

可见,简洁朴实的词语和文体比华丽高雅的词语更明快、更有效地传递信息。

第五,尽可能做到句子结构多样化。长短句搭配使用,可以丰富语言的表达手段,增强表达效果和文章感染力。一般可用以下几种手段。例如：

a. 可将数句短句组织成并列复合句和从句或修改成并列句。例如：

原句：Vendenburg was the chief of the volunteer fire department, and he was also the town's only grocer, but he was never too busy in his store to attend a fire.

修改句：Vendenburg, the chief of the volunteer fire department, and the town's only grocer, was never too busy in his store to attend a fire.此句

将头上两句压缩成同位语词组,把最后一句变为主句。

b. 变换自由修饰语(free modifier)的位置。所谓自由修饰语,指的是在句子中可以随意变换位置,但不影响句子的清晰度和意义的修饰语。一般用于修饰名词的介词词组、从句和形容词等位置比较固定,而副词、副词词组、状语从句和众多的分词词组和独立词组在句子中的位置比较灵活。变换这些自由修饰语的位置常可突出句子重点和使句子结构多样化。例如:

(1)副词词组和状语从句根据需要可置首、尾和中间,例如;

(a)Westerners and Arabs still do not understand each other, in spite of two thousand years of contact.

In spite of two thousand years of contact, westerners and Arabs still do not understand each other.

Westerners and Arabs, in spite of two thousand years of contact, still do not understand each other.

(b)The defendant changed his plea to guilty because the prosecutor had built up such convincing evidence against him.

Because the prosecutor had built up such convincing evidence against him, the defendant changed his plea to guilty.

The defendant, because the prosecutor had built up such convincing evidence against him, changed his plea to guilty.

(2)变换分词词组的位置。例如:

(a)The wild goat, grazing peacefully in the valley, were unaware of the approaching hunters.

Grazing peacefully in the valley, the wild goat were unaware of approaching hunters.

(Being)unaware of the approaching hunters, the wild goat grazing peacefully in the valley.

(b)Gasping for air, the diver came to the surface.

The diver gasping for air, came to the surface.

The diver came to the surface, gasping for air.

必须指出的是,分词修饰语可以前置或后置,但是否可以置于句子中间则因句子而异。一般短句容易辨别其所修饰的词语,长句有时因分隔太远常会导致垂悬修饰(dangling modifier)和语意岐义

（ambiguous）。

（3）变换独立词组的位置。由于独立词组一般修饰整个句子，它们常常可以置于句首、句尾或句子中间。例如：

His hair cut close, his arms and legs tanned, his face freckled, Gile seemed the typical country boy in summer.

Gile, his hair cut close, his arms and legs tanned, his face freckled, seemed the typical country boy in summer.

Gile seemed the typical country boy in summer his hair cut close, his arms and legs tanned, his face freckled.

c. 经常变换主、谓、宾的语序。S+V+O 是英语中最基本的句子结构，一旦变换，可能会突出某一部分。例如：Over the fence jumped John and Jack cats he adores.这类句子在大多数写作中很少见，但是这种倒装也是可以的。若上下文允许，这种句子非常有用。请看下列句子：

Throughout Dawson's life his great obsession had been to secure wealth, great wealth, wealth that would enable him to indulge his wildest fantasies. Such wealth he constantly dreamed of; and such wealth he was determined to get at all costs.(*Handbook for Writers*)

句首出现很长的副词修饰语时，语序倒装则并不表示强调，例如：

Across the boulevard where a milk truck scurries to more lucrative fields lies the sea and miles of empty beach. (Spindrift)

d. 经常变换句型。在英语写作中，除了对话外，绝大多数的句子均属陈述句，有时使用一些疑问句、命令句、惊叹句，不但可使句型多样化，而且可收到特有的修辞效果。请看下列句子：

Why do I think network TV does a better job of informing than most newspapers? Albrei, "What's wrong with the press?"

有时还可用修辞疑问句作为段落开头，例如：

What's civilized man? By derivation, he is one who lives and thinks in a city. (Bernard Idding Bell)

祈使句在写作中一般给予指示、命令等，但在特殊的上下文中，还可用来变换句型并可收到较好的表达效果。例如：Observations indicate that the different clusters of galaxies are constantly moving apart from one another. To illustrate by a homely analogy, think of a raisin cake baking in an oven.

不当之处,欢迎批评指正。

——本文发表于《外语与外语教学》1989 年第 3 期

英语作文遣词造句原则探讨

英语专业的学生在学习英语作文时,除了应注意文章的主题和思想内容外,还应力求做到语言准确、简洁、生动。这就要讲究语言的表达手段,如词语的选用和配合、句子的锤炼和组织、运用一定的修辞方式等。本文拟就英语写作中遣词造句应遵循的原则作些初步的探讨。

一、词语（动、名、形容词）的选用

在英语作文中,遣词造句时应尽可能使用具体而又明确且生动描述行为细节的、强有力的动词;刻画事物特性的具体名词、形容词,避免使用须附加名词或修饰词语来做说明的概念模糊、平淡、笼统以及抽象的动词、名词和形容词。

1. 动词的选用。试比较:

原句：His fist *broke the window into many pieces.*

修改句：His fist *shattered the window.*

原句：When John *hit* his record-breaking home-run, the crowd *yelled very loudly.*

修改句：When John *smashed* his record-breaking home-run, the crowd *roared.*

在上述句子中,修改过的句子要比原句具体、明确、生动有力,且更为简练。

在选择动词时,一般应尽可能不用无特点的,诸如"to be"、"to have"、"to get"、"to do"和"to make"等。尽管此类动词在口语中用得较多,写作时则应尽量少用,原因是这类动词在语义上较为空洞、模糊、抽象、缺乏力量。

试比较：

原句：By the time he was forty, Rick had *made* his way to the top of the corporation.

修改句：By the time he was forty, Rick had *battled* his way to the top of the corporation.

原句：The plane *made a slow circle* around the field.

修改句：The plane slowly *circled* the field.

2. 名词的选用。试比较：

原句：She causes *trouble* whenever she goes. (What kind?)

修改句：She causes *car accidents* wherever she goes.

此句的 trouble 最好用具体的事例来阐述，例如 worry、anxiety、discomfort、unhappiness 等等，因为 trouble 一词外延太泛，也较笼统。

凡能够用人物取代的词语，尽可能不要用抽象名词，这样读者会感到更为亲切，语言有生气。试比较：

原句：Careless *camping practices* often cause forest fires.

修改句：Careless *campers* often cause fires.

原句：The *administration* declared the opening of the school sports.

修改句：The *president* (*dean*、*director*、*principal* 等) declared the opening of the school sports.

此句应用具体的职务或姓名来替代 administration，这样更明白一些，因 administration 不够具体。

3. 形容词的选用。试比较：

原句：After hiking six miles, I was *pretty tired.* (How tired?)

修改句：After hiking six miles, I was *exhausted.*

原句：The flowers were *of different colors.* (What kind of colors?)

修改句：The chrysanthemums were *bronze*, *gold* and *white.*

在选择形容词时，应注意选择具体描述事物特点的词语和外延较窄的词语，这样可收到较佳的表达效果。

4. 合并意思相同的词和词组，为使句子更为精炼，避免歧义。应将毫不相干的词语去掉。试比较：

原句：He noticed a large stain *in the rug that was right in the center.*

修改句：He noticed a large stain *right in the center of the rug.*

原句：A dog, *if you fail to discipline him*, becomes a household pest.

修改句：*Unless disciplined*, a dog becomes a household pest.

二、语态的运用

凡可用主动语态表达时,应尽可能使用主动语态,少用被动语态。主动词态一般说来在语气上比被动语态要显得更明确、有力、简练和直截了当。试比较：

原句：My first visit to Beijing will always be remembered by me.

修改句：I shall always remember my first visit to Beijing.

用主动语态取代 there is（are)或 could be heard 等平淡句子结构时,更是如此。试比较：

原句：There were a great number of dead leaves lying on the ground.

修改句：Dead leaves covered the ground.

原句：It was not long before he was very sorry that he had said what he had.

修改句：He soon repented his words.

原句：At dawn the crowing of a rooster could be heard.

修改句：The cock's crow came with dawn.

三、否定的表述

在表示否定意义时,尽可能使用明确的、积极的否定词语,避免使用平淡、含糊不清的词语。例如以副词 not 作为表示否定或对立意义的手段,则很难明确描写出否定的具体内容和作者的具体看法。试比较：

原句：He was not very often on time.

修改句：He usually came late.

原句：He did not think that the study of Latin was a sensible way to use one's time.

修改句：He thought the study of Latin a waste of time.

原句：*The Taming of the Shrew* is rather weak in sports. Shakespeare does not portray Katharine as a very admirable character, not does Bianca remain long in memory as an important character in Shakespeare's works.

修改句: The women in *The Taming of the Shrew* are unattractive. Katharine is disagreeable, Bianca insignificant.

上述原句否定含糊不清,修改句则简单明了地表达了作者的看法。读者一般都想知道作者究竟持何看法,不满足于抽象笼统又含糊的否定,而原句的 not 有局限性。因此,要尽可能采用积极、明确的词语或形式来表示否定的意义。试比较:

not honest	dishonest
do not remember	forget
do not have much confidence in	distrust
not important	trifling
do not pay any attention to	ignored

否定词和肯定词搭配使用,可以使句子结构显得更为有力、语言生动活泼,所表现的语言感染力也随之加强。例如:

Not charity, but simple justice.

Ask not what your country can do for you — ask what you can do for your country.

四、修饰语的选用

在刻画人物或描写情景中,同样要尽可能选择具体、明确的修饰语,给读者以如见其人、其景,如闻其声和如临其境之感。用作修饰语的形容词"good"、"bad"、"mad"、"many"、"more"、"great"、"a lot"、"important"和"interesting"等,以及副词"very"、"really"、"too"和"quite"等语义较笼统,常给人以含糊不清的感觉。试比较:

原句: The scientist became *very very mad* at his assistant for cooking the lab animals.

修改句: The scientist became *furious* with his assistant for cooking the lab animals.

原句: A license is *really important* to anyone who wants to drive a car, hunt ducks or get married.

修改句：A license is *required* of anyone who wants to drive a car, hunt ducks or get married.

除了要使用准确、贴切的修饰语外,还应尽可能用形容词来取代定语从句,这样可以使句子更简练些。试比较：

原句：A characteristic *that tourists have which distinguishes them is* the ever-present camera.

修改句：A *distinctive* characteristic of tourists is the ever-present camera.

五、语序的安排

句子语序安排,要特别注意修饰语的位置,修饰语应尽可能置于靠近被修饰语,这是因为修饰语位置的变化有时能使句子改变意思。例如：

Larry can communicate only in sign language.

此句的"only in sign language"意味着 Larry can not communicate in any other way except sign language, that is his sole means of communication.

Only Larry can communicate in sign language.

此句的"Only Larry"意味着 Larry is the sole person in the group who can communicate in sign language.

语序的错置常常造成曲解句子的意思,甚至闹出笑话来。例如：

原句：Now that it's flu season, you have to learn how to protect yourself from your family doctor.

作者究竟指 you should protect yourself from your doctor, 还是指 from the flu? 此句只要将 how to protect yourself 置于最后就可。这样调整一下,意思就清楚了。又如：

原句：Mr. Alby reported to the employment counselor with two cents in his pocket.

此句作者究竟指 Mr. Alby,还是指 the counselor had only two cents?

修改时,只要将 with two cents in his pocket 放在句首,句子意思就清楚了。有些句子出现修饰语无适当修饰对象,即出现垂悬式修饰语时,就得补充适当的主语。这种垂悬式修饰错误在学生作文中屡见不鲜。试比较:

原句：Waving farewell, the plane began to roll down the runway.(Did the writer mean that the plane was waving farewell?)

此句在 waving farewell 后加上主语即可,例如 we watched as …。

原句：After eating all their vegetable, the plates were washed and dried. (Did the writer mean that the plates ate their vegetables?)

修改句将主语补上,变被动为主动语态就可。如 … the kids washed and dried the plates.

六、句子的锤炼

生动的文章、栩栩如生的描述应该是十分简洁的,不应有多余的词和句子。这并不等于要作者只写短句或略去细腻的描写、刻画,而是指每一词每一句都要言之有物。

1. 避免词语累赘。试比较:

the question as to whether,	whether (the question whether)
in a hasty manner,	hastily
owing to the fact that,	since (because)
call your attention to the fact that,	remind you (notify you)
by the time,	when
long in size,	long

2. 避免过多使用 there is、there are 和 which is、who is。试比较:

原句：In this building there are five elevators awaiting inspection.

此句拟改为 … five elevators await inspection.

原句：His brother, who is a member of the same firm, is my close friend.

修改句拟删去 who is, 改为 His brother, a member … is my close friend.

3. 并列形式句子结构的处理

用相同的句式表达并列的意思,即并列结构。有人以为不用并列结构是为了使句式多样化。诚然,有时为了某种需要可以变化句式,但在并列句内则不宜变化句式。试比较:

原句:Formerly, foreign language was taught by the textbook method; now the laboratory method is employed.

此句拟修改为 ...; now it is taught by the laboratory method.

关联词。例如:both ... and; not only ... but also; either ... or; first, second, third 等,应沿用相同的语法结构。试比较:

原句:It was both a long ceremony and very tedious.

此句可改为 The ceremony was both long and tedious.

原句:Either you must grant this request or incur ill will.

此句只要将 either 置于 must 后意思就清楚了。

4. 句子多样化

尽可能做到句子文体丰富些,句式变化多些。过多使用相同的句子结构或相同长度的句子常常使得文章语言单调、乏味,可读性差。要尽量避免过多使用单调的句型。句子长度、结构、复杂句、简单句等应尽可能多样化些,切忌像下面这一段中频繁使用 S+V+O 之类的句子:

The banana is the most popular fruit in America. The apple used to be the most popular fruit in America. The banana beat the orange for second place in 1964. The banana became "number one" in 1965. The banana is bought by ninety-eight percent of families in America. A person consumes an average of nineteen pounds a year.

当然,注意句型多样化并不意味着为硬凑不同的句型,甚至不顾曲解其思想内容,但无论如何,不要出现一句句子末尾与后续句的句首用同一个词语。例如:

The first president to install a telephone on his desk was Herbert Hoover. Hoover refused to use the telephone booth outside his office.

5. 避免过多使用相同的结构

在一句句子中切忌堆砌很多否定结构、who 或 which 从句、介词短语或不定式短语。例如:

I gave the money to my brother *who* returned it to the bank president *who* said the decision to prosecute was up to the sheriff *who* was out of town.

I went to the store *for* a dozen eggs *for* my mother to look *for* me *for* my lunch.

在英语写作教学中进行批改或讲评学生的习作时,除了要讲评主题思想内容、读者对象、语法外,还要注重语言的表达手段和效果,不断总结一般规律,就能在逐步提高教师的英语教学水平的同时,提高学生的写作水平。要做到措词恰当、语言妥贴需要多方面的修养,注重写作中的遣词造句,无疑是直接提高写作水平至关重要的一个方面。

——本文发表于《福建外语》1989 年 1—2 期

英语作文的词语选择

　　词语选择得是否准确、贴切,对文章是否能收到预期的效果至关重要。由于用词不当导致误解的事例屡见不鲜,由于用词粗心、马虎、不准确、不妥贴致使人们浪费大量的财力、物力,以致光阴白白流逝、机遇和友谊丧失的事例更是举不胜举。有鉴于此,自古以来中外学者均十分重视对讲演和写作中的词语锤炼和选择。本文拟就英语写作中的词语选择问题进行一些粗浅的探讨。

　　在锤炼和选择词语时,除了文章的主题、思想内容、写作目的和读者对象等,我们还必须考虑与之相适应的语言层次(levels of language)。所谓语言层次,一般归结为规范英语(standard English)和非规范英语(substandard English)。规范英语又可分为口语(colloquial language)和书面语(written language)、非正式语(informal language)和正式语(formal language);从语体角度来看,一般又可分为亲昵语体(familiar)和正式语体以及独立于文化层次的语言口语体(colloquialism)。同时在锤炼和选择词语时,要恰如其分地使用贴切的语气(tone)。所谓语气,指的是作者对某一主题及读者所持的看法及态度。除此之外,词语的字面意义(denotation)和内涵意义(connotation)至关重要。此类问题涉及面广,一般称之为语域(register),也就是说,在选择词语时,我们要竭尽全力选择与主题和场景等相适应的、唯一的、恰如其分的、贴切的词语。

　　除了选择正确的词语和恰当的语气外,认真的作者常常挑选一些能给读者以深刻印象的词语。上乘的文章不仅具有强大的说服力,而且语颇隽永。

　　首先,要选择与所描写的事物或情景相适应的最准确的词语,挑选和使用强有力的积极动词(active verb),

丰富多彩的、具体的名词和修饰语。例如，"The big tree was hit by lightning"，就不如"Lightning split our neighbor's thirty-five-foot pine"鲜明、准确、具体、有生气。又如：

模糊："Casablanca" is a *good* movie *with something for everyone.*

清楚："Casablanca" is a *witty*, *sentimental* movie *which successfully combines an adventure story and a romance.*

在日常的写作中，作者往往随意挑选一个笼统或泛指的字眼替代，这样就给读者一个很模糊的印象，这一做法要努力改变。

第二，可考虑选择有生气的新鲜(fresh)和新颖的(original)的词语，不用或少用陈词滥调(clichés)。一个认真写作的人总是尽可能避免使用这类缺乏生机和语言感染力的词语，其原因主要有：(1)这类词语含糊、不确切，例如，"pretty as a picture"；(2)滥用则会使语言缺乏个性特点。Charles Dickens 在描写思绪万千、夜不能寐时，锤炼出令人难以忘怀的词语："As restless as an evil conscience in a tumbled bed"。而一般写作者就可能这样写道："As restless as willows in a wind storm"。因此，在写作中应尽可能使用有生命力的、新鲜的和能够反映个性特点的词语，不用或少用 clichés。

第三，尽量选择简洁、朴素、直截了当、读者容易理解的词语，避免用浮夸的(pompous)或所谓高级的(sophisticated)词语，许多学生常选用大字眼或冷僻的词语，以为华丽的词藻能写出不同凡响的佳作。其实，这样的效果往往很不理想，文体显得不伦不类。例如：As we approached one of the beautiful historic buildings of western New York as yet unscarred by *time's restless talons* and having about it an *intangible aura of antiquity*, we observed a man of *over ample proportions* kneeling beside a lawn mower to *lubricate its creaking wheels*. The act lent a *jarring and anachronistic note* to the peaceful scene. (*Writer's Guide and Index to English*, p.230). 再试比较下列句子：

原句：We were *unable to commence our journey* to your place of residence because of *inclement weather conditions.*

修改句：We could not come because it was snowing.

原句：I *informed* him that his *advice* was *unsolicited.*

修改句：I *told* him to *mind his own business.*

在选择词语时，假如遇到同一词源的词干相同的两个词，可考虑选择词形短的那个词。例如,取 truth、virtue、preventive,舍去 truthfulness、virtuousness 和 preventiveness。选用简洁朴素的词语并不意味着所有的写作都应该是平淡、简单,而是因事、因景而宜。有些专业性的文章就比较复杂,术语自然也用得比较多。

一般说来,在写作中,尤其是普通的叙述文或短文,更可考虑选择简洁、朴素、准确的大众化语言,避免使用矫饰、复杂、故弄玄虚的词语,并且尽可能挑选积极的动词。例如,"She obviously dislikes dogs"要比"Her dislike of dogs is obvious"有力。

第四,直言其事物的专有名词,尽量避免用裹着糖衣的词语即委婉语(euphemism)来替代其原来的确切名词或一语道破的词语。例如:用"laid to rest"替代"buried";"They were under the influence of alcohol"替代"They were drunk";用"underprivileged"替代"poor";"information processor"替代"typist";等等。随着社会文化的发展,有些委婉语已成为过时的、现在看来甚至很可笑的语词。例如,在维多利亚时期,"leg"一词是不宜在斯文的客人面前出口的。因此人们不说"piano legs"而说"piano limbs",鸡腿不说"drumstick"而说"first joint"。

今天委婉语仍然被用于各类作品中,尽管人们已不怎么忌讳年龄、性别、出生、死亡以及身体部位功能等,但是现代的许多委婉语仍然被用来掩盖众多令人不悦或不太体面的事情以及军事或政治舞台上的尔虞我诈、勾心斗角等等。例如,美国中央情报局曾称其暗杀小组(assasination teams)为"Health Alternation Committees",把"brain-washing experiments"叫做"Society for the Investigation of Human Ecology",将"spying"称为"visual surveillance",把"lie"称为"inoperative statements",称"bombing"为"protective reaction","slum"为"inner city","out of job"为"terminated"或"deleted",等等。最近几年,一些有影响的作家谴责委婉语为表达想象的粗鲁或粗俗的概念的一种不太光明正大的手段,并且常常给予人们一种含糊不清的概念,不敢正视现实的感觉,用乔装的外表掩盖事实,给人以错觉。更有甚者,过多使用委婉语常使人对作品的真实性和可靠性产生怀疑并且导致文章繁言赘语、概念抽象等弊端。

第五,选择准确、贴切的比喻以增强语言的感染力。比喻语言(figurative language)往往在散文(prose)体中起着极其重要的修辞作用,是使其意义具体化的最有效的修辞手段之一。常用具体形象来说明通俗浅显的事例或道理,以事物的比较给读者描绘出一幅栩栩如生的画面,道明比较复杂抽象的事物或深奥难懂的道理,给读者以深刻的印象。比喻不仅能帮助作者清晰、具体、经济地阐明其思想,而且能将抽象的概念具体化。例如:

But meaning is an *arrow* that reaches its *mark* when least encumbered with *feathers.* (Herbert Read, *English Prose Style*)

If love makes the world go around, jealousy is the *monkey wrench thrown into the gears.*

Dreams are the *mind's rewriting of reality.*

The factory squatted on the bank of the river *like a huge black toad.*

比喻语言可以使文章增色添味,增强语言的表达效果,但如同任何调味品一样,一旦误用或滥用就可能适得其反。使用比喻要贴切、有新意。不要用陈旧或陈腐的比喻。要在生活中不断有所创新。使用比喻时不要混淆比喻及使用不恰当的比喻。

第六,词语选择力求丰富,避免重复同一词语,给人以单调之感。英语中同义词极其丰富,准确地选择同义词常可使语言表达更为丰富,描述层次分明,增强文章的可读性。试比较下列句子:

原句: According to child psychologists, depriving a *child* of artistic stimulation in the earliest stages of childhood can cause the child brain damage.

修改句: According to child psychologists, depriving *infants* of artistic stimulation can cause brain damage.

删去了多余的词语、避免了不必要的重复并且用同义词 infant 替代了 child,使句子更为简洁、干净利索、描述确切。又如,walk 一词可用 stroll、trip、saunter、stride、pace、tiptoe、amble、march 等词根据具体的动作替代。语的丰富变化或结构的多样化不应损伤文章的简洁明快或描写准确。文章传情达意,使读者易于理解,以沟通作者与读者的信息交流。字面意义相同的一组同义词往往有不同的内涵意义。例如,形容词 famous、renowned 和 notorious 为一组同义形容词,但因其内涵不同,选用时须十分小心,否则会用词不当。

第七,繁言赘语是各类写作中的主要问题之一。我们要用简洁的词语直截了当、具体地阐明观点或表达思想,做到字斟句酌、句句言之有物,并且尽可能将从句压缩为词组,将词组压缩为单词。例如:

原句: She is attractive in appearance, but she is a rather selfish person.

修改句：She is attractive, but rather selfish.

词语 angle、aspect、factor、situation 和 in the case of、in the line of、in the field of 等几乎常常是多余的，例如：

原句：Zhang is majoring *in the field* of biology.

修改句：Zhang is majoring in biology.

原句：Another *aspect of the situation* that needs to be examined is *the matter of* advertising.

修改句：We should also examine advertising.

引导句"there"、"there are"及"it is"常可省去。例如：

原句：*There are* many reasons why we have pollution.

修改句：Pollution has many causes.

原句：*It is a fact that* many people here read very little.

修改句：Many people here read very little.

又如词语"I believe"、"I think"及"in my opinion"等，常常是多余的词语。例如：

原句：*I believe* that nuclear power plants are dangerous.

修改句：Nuclear power plants are dangerous.

有些从句完全可用修饰语替代。例如：

原句：The snow *that fell last night* is already melting.

修改句：*Last night's snow* is already melting.

用单词替代词组则更显得简炼。例如：

原句：The conclusions that the *committee of students* reached are summarized in the *newspaper of the university* that was published today.

修改句：The conclusions reached by the *student committee* are summarized in today's *university newspaper*.

第八，在写作中，一般不要使用俚语、行话和套话。俚语一般局限性较大，仅为某一部分人或某一地区的人使用，往往源自多处。从普通的体育运动到太空旅行都有俚语。例如，冲浪运动（surfing）中的"to wipe out"意为"to fail"，军事用语中的"snafu"源自"situation normal：all fouled up"的首字母，太空飞行中的"AOK"意为"all systems working"，诸如此类。

然而，尽管俚语通常有色彩丰富、新颖和辛辣等表达特点，但在大多数的写作中应以不用或少用俚语为宜。其主要原因是：首先，俚语通常为"小众化"语言，仅限于某一特殊的专业、社会、年龄层次内的交际语；其次，俚语所表达的概念往往很模糊，其意义常常随人而变，因情景而变化；第三，许多俚语已成为套话，在上下文里显得很不和谐。如果在正式的会谈中，突然插进了一句俚语，就会显得不伦不类。俚语多用于会话和非正式的写作中，而且大多数俚语寿命不长，往往昙花一现。

此外，对一般读者，文章里应避免使用行话（jargon）。Sir Arthur Quiller-Couch 在其著名的《论行话》一文中把"jargon"解释为"含糊的和不鲜明的语言，常由抽象、华丽的词语变异构成；遁词，既不短小精悍，又不直截了当"。语言学家给行话下的定义是："混合语（hybrid speech）或混合语构成的方言（dialect）。"行话往往是某一个特殊行业的专业用语，例如，工程行话或教育行话，在行业内部使用还问题不大，但对其他行业的读者或一般读者来说，则隔行如隔山，使用行话就有点对牛弹琴了，造成交际困难。

第九，尽量避免使用方言（localism）、外语和生造的词语。例如：

方言：She *redded* up the house for our *kinfolk*.

一般：She cleaned the house for our relatives.

若一定要用外语则应加注或拼写出其读音。

要正确选择词语，做到用词准确贴切，除了掌握一定选词标准和原则外，还应努力增强语言基本功的训练，以提高语言素质。

——本文发表于《外国语》1989 年第 4 期

浅议英语中的含蓄否定句

众所周知,英语否定句的表现形式通常是在肯定句中插入带有否定意义的词(如 not、never、no、nobody、nothing、nowhere、hardly、scarcely、barely、few、seldom、little 等)或使用带否定意义词缀(如前缀 dis-、non-、un-、in-、il-、ir-、im-,后缀-less 等)的词。这类否定句,从形式上人们一眼就能看出其意义是否定的。还有一类否定句,从形式上看不出任何否定的迹象,而其意义却是否定的,这类句子统称为含蓄否定句(implied negative sentences)。本文拟就这类含蓄否定句进行初步探讨。

从句法手段上看,含蓄否定主要体现在:

(一) 在某些虚拟语气句中,表达某种愿望,而该愿望却与现在或过去的事实相反。这种肯定形式的句子所表示的意义往往是否定的。例如:

1. If I were an electronic computer, I should be able to solve the problem in a few seconds. 含义为 I am not an electronic computer so I can not solve the problem in a few seconds.

2. I wish I could sing better. 含义为 I can not sing very well now.

3. If only we had listened to their advice! 含义为 We did not listened to their advice.

(二) 某些疑问句,尤其是修辞疑问句(rhetorical question),往往含有强烈的否定意义。例如:

1. Can you forget the terrible scene? 含义为 You can not forget that terrible scene.

2. Why should the car be parked here? 含义为 It is not necessary to park the car here.

3. Who would have thought that of him? 含义为 No

one would have thought that of him.

4. What is wrong with these views? 含义为 There is nothing wrong with these views.

（三）在某些带条件的句子中，也常常用这类肯定的形式来表达某种否定的含义，如警告、威胁等。例如：

1. I am damned (dashed, blessed, hanged) if I know. 含义为 I know nothing about it.

2. He can do it, if anyone can. 含义为 If he can not do it, no one can.

3. Do that again if you dare. 含义为 You dare not do that again.

（四）某些表示祈使或愿望的句子，有时用肯定形式表示否定意义。例如：

1. Catch me doing that. 含义为 You won't catch me doing that again.

2. Please be more patient! 含义为 You are not very patient.

3. Would (that) I were a writer! 含义为 I am not a writer.

（五）某些表示感叹或惊讶句子的肯定形式，有时表示委婉含蓄的否定意思。例如：

1. God knows what has become of him! 含义为 No one knows what has become of him.

2. As if anyone would believe that news! 含义为 No one would believe that news.

3. What is the use! 含义为 It is no use.

4. If ever I hear the like! 含义为 I have not heard the like.

除了上述几种表达否定意义的句型外，在英语中还有许多句子是通过某些特定的词语搭配表示否定。这类句子形式上看不到 no 或 not 等否定词，含义上却是否定的，也可列入含蓄否定这一类。例如：

1. anything but

The little bridge is *anything but* safe. （那座小桥决不安全。）

2. rather than

In a clear reference to Baghdad Summit, President Sadat said, "Egypt is always capable with God's help to isolate *rather than* to be isolated."

（萨达特总统说："在真主的帮助下，埃及总能孤立别人而不会被人所孤立。"他这句话很清楚是针对巴格达首脑会议的。）

3. would rather … than

He *would rather* resign *than* take part in such dishonest business. (他宁肯辞职而不愿参与这种不正当的勾当。)

4. less than

…; which is usually *less than* 120 feet deep, …; (……其深度通常不到 120 英尺……;)

5. more than + can（could）

Capitalist system is *more than* they *could* accept. (他们无法接受资本主义制度。)

6. too … to

Though *too* numerous *to* list here, there are some particular points worthy to mention. (虽然不能一一枚举,但还是有几个突出之点值得一提。)

7. the last + 名词 + 定语从句(或 + 不定式)

That is the *last thing he wants*, and you would not succeed by offering it.

(他决不要钱,你想用钱去买通他是绝不会成功的。)

8. keep from, abstrain from, refrain from, restrain from,等。

There are people who can do all fine and heroic things but one: *keep from* talking their happiness to the unhappy.

(除了一件事,人们可以做所有美好壮丽的事情:切勿将自己的欢乐诉说于那些不幸的人。)

The boy was *restrained from* doing any mischief. (那孩子给管束得一点也不能淘气了。)

9. apart from, absent from, far from, 等。

Mary stood *apart from* the other children. (玛丽不与其他孩子站在一起。)

It seemed to introduce a ring of truth that was *absent from* the aunt's tales of infant life.(这使得故事听来像真的一样,而这种口气在姑妈讲的有关孩子生活的故事里是找不到的。)

Far from being content, he felt he had still a bit of work to do.(他远没有自满,他感到还有许多工作要做。)

10. dead to, beware of

To my disappointment, he is a man *dead to* the world. (使我失望的是,他是一个对世事不闻不问的人。)

Let the pupils *beware of* bad company. (学生不要交坏朋友。)

11. give up, prevent from, shut one's eyes to, turn a deaf ear, wash one's hands of, Greek to, off the beaten track, few and far between,等。

He decided to *give up* the monthly allowance he was receiving from his uncle.(他决定不再要他叔叔按月给他钱。)

Bad weather *prevented* us *from* starting.(因为天气不好,我们未能动身。)

The professor *washed* his *hands of* politics long ago.(这位教授很久以前就不过问政治了。)

But they were *Greek to* him — like a legal problem to a layman. (可是这些话他一点也听不懂,就像一个门外汉遇到一个法律上的问题那样。)

This theatre is *off the beaten track*.(这家剧院地处偏僻。)

Holidays are *few and far between*.(假日几乎没有。)

除此以外,英语中还可通过单个词语来表示否定意义,如 blind、dark、bad、avoid、cease、deny、fail、lose、beneath、against beyond、off、except 等。这类词语数量较大,恕不一一举例了。笔者认为,在教学中重视含蓄否定意义的表达,有助于丰富语言的色彩,对外语写作和翻译也有较大的帮助。文中所述不妥之处,请指正。

——本文发表于《外国语》1986 年第 3 期

谈谈汉语"使"的英译

    汉语"使"字是个动词,一般是有主语的,这个主语可以是一个词,也可以是一个短语;如果句子形式上没有主语,则常以它前面的分句作意念上的主语,表示(主语)"使(宾语)……"的意思,因而称为"使动词"。从句法上看,它具有兼语式的特点,即:谓语有两个动词,前一个动词的宾语是后一个动词的主语,前后两个动词不是共有一个主语。在汉语中,"使"字是复现率较高的一个动词。然而,在外语教学中,尤其在英语写作和汉译英的练习中,我们往往会发现,学生(尤其是初学英语者)一见到汉语"使某人或某物怎样"之类的句子时,就千篇一律用英语 make 来翻译。当然,用 make 来表达"使"字并不是不可以,但用 make 表达"使"字只是手段之一。有些句子用 make 来表达就会显得不简练甚至意思不够充分和具体,形式上也显得单调,不如用其他动词或短语来表达更为准确、生动。本文拟就汉语"使"字在译成英语时的表达作初步探讨。

    按照英语的习惯表达方法、词语搭配的含义和上下文的意义,汉语"使"字一般可通过词汇手段和句法手段来表达。通过词语搭配来表达时,一般可采用:

一、具有"致使……"涵义的及物动词

    这类动词又可分为:

    1. 动词+宾语。例如, interest 使……感兴趣、delight 使……高兴、link 使……联系起来、surprise 使……意外、win 使……获得、shock 使……震惊,等等。

最使游客们感兴趣的是参观伦敦的博物馆和画廊。

《英语》第三册第 53 页

What <u>interested</u> the tourists most was to visit the museums and art galleries in London.

必须搞社会主义,使这些好事与社会主义联系起来。

《毛泽东选集》第五卷第 120 页

We must work for socialism and <u>link</u> these fine things with it.

在工地上,钱工(钱工程师)拿出一个《关于组织施工方案》,其中一系列具体细致、内行到家的建议使相随在后的施工人员非常佩服。

柯云路《三千万》

Qian Gong (Mr. Qian the engineer) spread out " The Plan for Organizing Construction ". The specific proposals therein, meticulously worked out based on his expertise, with all their money-saving measures, <u>won</u> the workers' great admiration.

这暴行使全世界公众舆论感到震惊。

《汉英翻译教程》第 97 页

This outrage <u>shocked</u> the world opinion.

2. 动词 + 宾语 + 介词。例如,remind ... of、bring ... into、reduce ... to、turn ... into 等等。

但是她那密实的,一剪子铰不透的黑发,她那宽阔的骨架,那圆润丰满的肩膀,使他想起了一个在脑海里从未淡薄过的影子。

李国文《月食》

Her bushy black hair, too thick to be cut with scissors, her powerful build and her round shoulders <u>reminded</u> him <u>of</u> a woman's figure which had been deeply engraved upon his heart.

现在,干部比较成熟了,水平提高了,希望不要用很长的时期,基本上把领导工作中的主观主义反掉,努力使主观与客观相结合。

《毛泽东选集》第五卷第 95 页

Today, the cadres are more mature and their political level is higher, and it is hoped that it will not take long for them basically to overcome subjectivism in their task of leadership and <u>bring</u> the subjective <u>into</u> correspondence with the objective through their efforts.

地震使所有的房子成了废墟。

《汉英翻译教程》第 95 页

The earthquake reduced all the houses to ruins.

3. 动词 + 间接宾语 + 直接宾语。例如, give、keep、afford、procure 等等。

空气是这样的清香,使人胸脯里感到分外凉爽舒畅。

柳青《创业史》

The air was fresh and fragrant; it gave people a feeling of exceptional coolness and comfort.

纽约人正在努力工作来满足城市的需要,使它继续成为西方世界的文化、工业和贸易中心。

《英语》第四册第 120 页

New Yorkers are working hard to meet their city's needs, to keep it a centre of culture, industry, and commerce in the western world.

接到来函使我大为高兴。

钱歌川《翻译的技巧》

Your letter has afforded me much pleasure.

我要尽量使你获得好条件。

(同上)

I will try to procure you the best term I can.

4. 动词 + 宾语 + 动词不定式。动词不定式充当宾语补足语。例如:

但是我们一方面取之于民,一方面就要使人民经济有所增长,有所补充。

《毛泽东选集》第五卷第 394 页

But while taking from the people we must at the same time help them to replenish and expand their economy.

……,发扬了民主,开展了批评与自我批评,使得我们互相了解更多了,思想更加统一了,使得我们有了共同的认识。

《毛泽东选集》第五卷第 143 页

Democracy has been promoted and criticism and self-criticism carried out, which has enabled us to know each other better, think more along the same lines and <u>arrive</u> at a common understanding.

虚心使人进步,骄傲使人落后。

《汉英翻译教程》第 95 页

Modesty <u>helps</u> <u>one</u> <u>to go forward</u>, whereas conceit <u>makes</u> <u>one</u> <u>lag behind</u>.

5. 动词 + 宾语 + 形容词或副词或分词。例如:

不管他怎样想方设法也不能使机器开动。

《英语》第三册第 139 页

No matter how hard he tried, he could not <u>start</u> <u>the machine running</u>.

我们必须使房子保持整洁。

《汉英翻译教程》第 96 页

We must <u>keep</u> <u>the room</u> <u>clean and tidy</u>.

那消息使得我漠然地感到不安。

钱歌川《翻译的技巧》

The news <u>left</u> <u>me</u> <u>vaguely uneasy</u>.

除动词外,英语中还有许多名词、形容词、现在和过去分词也含有"使"的涵义,如 surprise 表示使人吃惊的事情,confusing 使人感到糊涂的,interesting 使人感到高兴的,delighted 使人愉快的,painful 使人痛苦的,irritative 使人不愉快的,等等。

二、某些名词或形容词转化的动词

如:anger *n.* 愤怒——→to anger 使愤怒;cloud *n.* 云——→to cloud 使布满着云;corner *n.* 角落——→to corner 使走投无路;cripple *n.* 跛子——→to cripple = to make … a cripple 使跛;orphan *n.* 孤儿——→to orphan 使成孤儿;widow *n.* 寡妇——→to widow 使成寡妇;wreck *n.* 失事,遭难——→to wreck 使车、船失事;dry *a.* 干的——→to dry = to make … dry 使……变干;narrow *a.* 狭窄的——→to narrow = to make … narrow 使……狭窄;blind *a.* 盲目的——→to blind 使……失明;等等。例如:

这种一而再、再而三的辩解使钱工终于愤怒了。

柯云路《三千万》

The repeated explanations eventually <u>angered</u> Qian Gong.

三、某些名词或形容词加前缀而转化成的动词

如加前缀 en-的词：enrage 使……大发雷霆，enslave 使……成为奴隶，endanger 使……处于危险之中，enable 使……能够，ensure 使……保证，enrich 使……富裕、使……丰富，endear 使……受喜爱等；加前缀 be-的词：becloud 使……糊涂，benumb 使……麻木，becalm 使……平静等；加前缀 ad-及其变体的词：adjust 使……变得合适，assure 使……安心、使……确信、使……有保证。

土地改革，使我们在民主主义的基础上同农民结成了联盟，使农民得到了土地。

《毛泽东选集》第五卷第 198 页

The agrarian reform <u>enabled</u> us to form an alliance with the peasants on the basis of democracy and <u>enabled</u> them to obtain land.

美国南北战争以北方最后战胜南方而告终，这就使得废除美国的奴隶制度有了保证。

《英语》第四册第 257 页

The American Civil War ended in the final victory of the North over the South, and thus the abolition of the slave system in the U. S. A. was <u>assured</u>.

某些形容词加上后缀-en，也可成为动词，含有"使"的意思。如：broaden 使……扩大，deepen 使……加深，widen 使……加宽等。

研究地理能使我们思想开阔。

《英语》第四册第 187 页

A study of geography broadens our mind.

四、某些介词短语

如：to one's joy 使人感到欣慰的是；to one's satisfaction 使人满意的；to one's disappointment 使人失望的；to the amusement of 使……感到有

趣。这些介词短语往往表示结果,它们同表示感情的抽象名词结合时,表示令人喜、怒、哀、乐,可置于句首或句末,修饰整个句子。

使我高兴的是,他已经脱险了。

钱歌川《翻译的技巧》

To my joy, he was quite free from danger.

使我失望的是,他竟不同意我的计划。

(同上)

To my disappointment, he did not consent to my plan.

乔蒙德利歪戴着帽子走来走去,使笼子外面的人感到有趣。

《英语》第四册第 218 页

Cholmondely walked back and forth with a hat tilted on his head to the amusement of those watching outside the cage.

五、前置以表示目的时的不定式短语

例如:

为了使虚构显得完美无缺,基辛格自己的飞机停在机场显眼的地方,使记者受骗,相信他在巴基斯坦。

《英语》第四册第 176 页

To bring the fiction to perfection, Kissinger's own plane was parked in conspicuous place at the airport, so as to deceive the newsmen into believing that he was still in Pakistan.

六、某些关联词、习语的固定搭配

如 so that、so ... that、so as to、in order to 等,它们常常表示原因或目的。

冬天我们把花放进温室,使它们不受寒风吹打,夏天我们把花放在阴凉处,使它们不受烈日曝晒。

《英语》第三册第 157 页

In winter we put the flowers in the green house <u>so that</u> they might be safe from the cold wind. In summer we put them in the shade <u>so that</u> they might be safe from the hot sun.

……,丁猛对自己个别谈话中的批评,是那样中肯、那样坦率,使张安邦真有些感动。

柯云路《三千万》

His（Ding Meng's）words were <u>so</u> fair, sincere and straightforward <u>that</u> Zhang Anbang was rather moved.

这次党的全国代表会议应该根据实际经验,认真地讨论这个计划草案,使它的内容能够比较妥当,而成为切实可行的计划。

《毛泽东选集》第五卷第 139 页

The present National Conference should discuss this draft plan conscientiously in the light of our practical experience <u>so as to</u> make it relatively sound in content and therefore workable.

他为着使连长不要再吃批评,便先送远的,后送近的,路经营部和团部门口他没有进去,一直向军部的驻地走去。

吴强《红日》

<u>In order to</u> spare the company commander further criticism he was delivering the copy that had farthest to go before he delivered the others, he was making straight for Army Headquarters without stopping on the way at Battalion and Regimental Headquarters.

七、句法手段及其他手段

1. 被动语态。例如:

这一点现在就必须向党内讲明白,务必使同志们继续地保持谦虚、谨慎、不骄、不躁的作风,务必使同志们继续保持艰苦奋斗的作风。

《毛泽东选集》第四卷第 1376 页

This must be made clear now in the party. The comrades <u>must be</u>

taught to remain modest, prudent and free from arrogance and rashness in their style of work. The comrades <u>must be taught</u> to preserve the style of plain living and hard struggle.

2. 当表示因果关系时,汉语"使"字译成英语时往往可以省略,不必用具体的字眼或短语来表达。例如:

这样,使他不能不讲现实主义。人家讲现实主义,我们也讲现实主义。

《毛泽东选集》第四卷第 1104 页

Therefore, he has to be a little realistic. He is being realistic, and we are realistic too.

综上所述,我们不难看出,英语中表达"使"字动词的手段是极其丰富的,并不仅仅限于使用一个 make。笔者认为,在外语教学中重视"使动词"的表达,有助于丰富语言的色彩,对外语写作和翻译会有更大的帮助。

——本文发表于《外国语文》1987 年第 3 期

他山之石

语言知识与运用能力

观点的影响,无论好坏,并不依赖于其术语是否完全被人理解,通常实际是由人们为适合有关不同情况而采用不同的词语重新进行解释所决定。这不应该成为一件令人吃惊或遗憾的事情。一种观点的影响越大,其依附性就越小,这在其概念的特定语境中是够明显的了。所有的解释毕竟都是为了重新组织观点的内容,以便按照解释者自己的参照构架(frame of reference)规定基调。交际能力的观点也是如此。它在应用语言学和语言教学法的影响下经过了改写、解释、利用和定基调,大大促进了这一领域的创新活动。其中有些出自对这一概念的一知半解,有些则完全曲解了其本意。这无关紧要,许多新鲜的菜肴往往源自配错的菜谱。我们并不谴责这些,而是称其有创造性。

然而同其他有影响的观点一样,有时候它启发人们去重新认识原文的来源,仔细检查我们可能遗漏的或解释错的意思和可能寻求同我们目前所关切的事情相关的意思。我认为海姆斯最初建构的交际能力的概念引起了诸多问题,这些问题最近几年产生于第二语言习得研究和语言课程的设计中。本文旨在探究这些问题。

我在撰写这篇论文的过程中,使我很遗憾的是,我发现本文论题的一部分已在 David Taylor 的一篇刊载在最近一期的《应用语言学》杂志上的文章(Taylor, 1988)中先登了。该文仔细检查了能力的概念,给人以深刻的印象。其他一些学者也对我在这里提及的有关问题发表了看法。我的参考书目表明了这一点。因此,这篇论文尽是别的先生们的高见(我还应该补充说也有其他女士们的高见)。我只是用线将它们连接起来。

我们可以从每个学生都接受训练这一公认的看法开

始。海姆斯提出交际能力的概念是对乔姆斯基作出的反应。这一概念的提出照例是一种进步。它包括了语言的诸方面,而不是狭窄地仅仅包括语法。这说明了这样一个事实,精通一门语言比懂得如何组织正确的句子要复杂得多。"这里有许多使用规则……"是一句很熟悉的引用语。但是,必须承认,两个概念(如 Feyerabend 曾注意到的)并不是真正相等的。乔姆斯基和海姆斯演的是两出戏。这里有许多使用规则等等是事实,但乔姆斯基并没有否认这一点。他只不过对语言使用不感兴趣而已,确实他对语言不那么真正感兴趣。他对语法有兴趣,就他本人而言,正如他自己所说的,语言是一种衍生物,而且也许不是一种非常有趣的概念(Chomsky, 1980: 54)。其他一些语言学家受了乔姆斯基榜样的鼓舞,当然也纷纷响应。例如,Neil Smith 在伦敦大学学院所作的首次讲座上告诉我们:"语言学不是研究一门语言或诸门语言的,至少这不是它的中心,语言学是研究语法的"(Smith, 1983: 4)。

这样,关键就在于海姆斯的语言学是研究语言的,而乔姆斯基则不然。因此,乔姆斯基的能力概念同实施语言行为、交际行为或其他行为毫无关系,所以确实也根本不适合海姆斯的体系。对乔姆斯基来说,能力是某种远比语言抽象的知识,它是语法规则、参数(parameters)或原则的一种知识体系,语言仅仅是作为思维外壳的物证。这些思维的抽象过程是如何在语言使用的实例中得以实现的,或它们是怎样同语言的其他诸方面或其他表示抽象概念的知识相联系的则完全,超出了乔姆斯基探究问题的范围。乔姆斯基援引了模数(modularity)的概念,仅此而已。

再者,对乔姆斯基来说,能力是一种低于语言水平的、深深扎根于脑际的语法知识。它不是一种处事的能力,甚至也不是一种组织句子或理解句子的能力。因为知识可能不被理解而存在,并且如同乔姆斯基所坚持的那样,实际行为仅仅是一种证据而已,并非是知识存在的标准。对海姆斯来说,则恰恰相反,能力(competence)是一种处事的能力,也就是使用语言。对他来说,语法知识是一种源泉(resource),而并非是一种本身就存在的智力结构的抽象认知外壳(cognitive configuration)。因此,这种知识是如何付诸使用的才是主要问题,而且是交际能力必要的一个组成部分。

因而,海姆斯的交际能力可以解释为"一个人的智能"。正如他所说的那样,"它依赖于[缄默的]知识和能力的运用(Hymes, 1972: 282)。海姆斯重新恢复了乔姆斯基如此谨慎地从他的解释中排除的东西。海

姆斯在确定交际能力的四个参数(可能性、可行性、适合性和实际行事中的可证实性)后说:

Knowledge also is to be understood as subtending all four parameters of communication just noted. There is knowledge of each. Ability for use also may be related to all four parameters. Certainly, it may be the case that individuals differ with regard to ability to use knowledge of each: to interpret, differentiate, etc. The specification of ability for use as part of competence allows for the role of noncognitive factors, such as motivatious, as partly determining competence.

(Hymes, 1972: 282-283)

就这四个参数的每一部分来看,能力存在两个方面:一方面是知识,而另一方面则是技能。这样海姆斯就把乔姆斯基的能力概念扩展成两个方面。他包括了除语法之外的语言各方面的知识——可行性、适合性和实际运用的知识,而且他包括了运用能力。因此这个模式有八个组成部分,而乔姆斯基的模式仅有两个组成部分。这样,在原则上我们应该可以这样认为,例如构成可行性知识的东西与一种可行的能力截然不同;构成适合性惯例的知识与一种适合的能力完全不一样,等等。我不知道人们将如何着手去处理此事,而且海姆斯没有给我们多少暗示。问题在于总是仅仅为模式提供特征的一览表(如果这些东西真的完全可以称作模式的话)是很难弄清特征之间可能存在关系的。在这篇论文中,我不奢望对所有各种关系之间的可能性进行系统的探索,而是集中在一两个问题上,特别是集中于探讨知识与能力之间的关系上。仅这一点就足够我们思考的了。至于两个概念之间的区别和关系问题,最近几年来正以各种方式出现在应用语言学和语言教学法中。

首先请考虑一下这一个问题:是否有人可能掌握了海姆斯所称的可能性,即一种语言规范特性(properties)的知识,而不具备适合性的能力呢? 我们期望得到交际语言教学法(communicative approach to language teaching)支持者毫不含糊的肯定(yes)。因为从表面看来,那么多的学习者似乎正处于以结构为基础的教学而使交际法首先得到推崇的状态中:学习者很有知识,但他们明显地缺乏运用它们的技能,即恰当的使用。看来乔姆斯基也正是同样设想了这样一种事态或(更为确切些说)这样一种智力状态。他说:"我认为一个人具有很好的语法能力而不具备语用能力,从而不具备恰当地使用一种语言的能力,尽管语言的句法和语义上完美无缺,这在原则上是可能的"(Chomsky, 1980: 59)。但是这里仍有混乱之处。我们应该注意,首先,乔姆斯基在使用术语方面前后不一,因为语法能力他指的是一种知识,但是很显然语用能力他指的是一种技能(ability)。他不曾像海姆斯那样去设想一种适合性的知识,也确实不曾想过语法能力的问题。因此,我们现在会提出这样一个问题:原则上具备语法能力而没有语用能力是否可能;也就是说,按照海姆斯的话,我们是否可以想象人们按照可能性参数去处理语言时不考虑其恰当地使用?这里的回答似乎又将是肯定的。现在我们又回到了假设的语言教学预先设计的交际模式的缺点上来。因为经过思考后,它确实是交际法试图矫正的事态。这并不是在结构主义统治下受难的学习者的没有行为结果的全部知识。行为结果很多,但它不是在语用方面那种令人满意的结果。课堂上充满着获取语法能力的生机。问题在于它在使用过程中常常不考虑适合性。换句话说,用我自己的术语,所促进的是表明语言的习惯用法(usage)而不是认识它的运用(use)技能。

那么,相反的情况又怎么样呢?我们是否可能具备了语用能力,即恰当地使用语言的能力,而不具备语法知识或根据语法知识组织或分解句子的能力呢?对交际语言教学的过分热情可能导致这样一种状况,这就是佐证。

学习者能够在相关的语境中运用的所有词语,但是无法将它们分解成语言结构的组成要素。语法能力不一定从使用中推导而来,因此使用本身就是有限制的。正如 Bialystok 所说的:"因为假定知识是可以分解的,那么某些用法可以由那些知识组成,而无法用那些知识来构造的用法则是不可分解的"(The assumption is that if knowledge is analysed, then certain uses can be made of that knowledge which can not be made of knowledge that is analysed)(Bialystok, 1982: 183)。因此,学习者可能在语境相关的情况下掌握所有词语。因此可以说,相当大的部分没有被分解成语法知识。人们确实可能指出,正是极度重视语言表达和外部语境(external context)之间的关系,阻碍了建立语言表达之间内在联系的进程。

当然,我们谈的是各种趋向。有些语法可能意外地从交际活动中分解出来,恰如由于过分注重形式,因而产生了源自集中分解的语用副作用。这只不过程度不同罢了。然而,这里我们似乎有自相矛盾的东西。如果我们同 Bialystok 一样假定,把语言分解成语法成分是考虑到语言灵活地适应于不同的使用范围,那么得出教学法导致这样分解的结论可能是合理的。结构法确实至少其潜在效果比转移分解注意力和将全部表达方式(holistic expressions)同一成不变的语境理解范围联系在一起的方法要更多些交际。换句话说,如果运用语言知识进行有效交际的能力依赖于知识分析的程度,那么结构法似乎在某种程度上为发展交际能力提供了基础。而交际法至少在其某些表现形式上是无法达到的。

但是,如同乔姆斯基阐明的那样,分解的和没有分解的知识当然需要进行使用。也许有这样的情况,被分解越多的语言,交叉(across)用法范围的潜在可归纳性就越强。不过潜力一定要实现。Bialystok 承认了这一点。她提到了无意识(automacity)的因素,"学习者掌握了通向与知识相关的途径就不考虑其分解的程度了"(Bialystok, 1982:183)。在后来与 Sharwood Smith 合写的一篇论文中,她谈到:"一方面,语言能力被说成是牵涉知识体系;另一方面,它又涉及对这些体系的支配(control)"(Bialystok & Sharwood Smith, 1985:106)。

现在把叙述概括一下,把术语搞清楚了,我们似乎可得出下列看法。对乔姆斯基来说,competence(能力)就是知识;对海姆斯来说,(能力)competence 是知识和技能(ability);Bialystok 和 Sharwood Smith 认为技能(ability)是知识与支配。既然 Bialystok 和 Sharwood Smith 用不同的词语重新陈述了海姆斯的区分,这点已很清楚,那就让我们把能力概括为知识与技能两个组成部分,来调整这个术语。原则上,这些全部符合海姆斯的四个参数。这些,一方面可以依次重新系统地阐述为语法能力(可能性参数);另一方面可以阐述为语用能力(其他全部参数)。知识可以用可分解性的不同程度来描述,技能可用可理解性的不同程度来描述。现在我们已能作出大胆的概括:结构法用集中分析的方法来说明能力的某一个方面,但是这样做有碍于理解;而交际法把注意力集中在理解上面,相对忽略了分析的方法。这样,这些概念使得我们能够就各种不同的教学实践进行一般特性的描述。至此,已可说是万事大吉了。不过,还可以对这些概念考虑得更周密些。

请首先考虑一下可分解性的概念。人们可以根据学习者的族际语(interlanguage)来讨论这一概念,并且按照要求讨论把语言材料归纳成规则的问题,如同乔姆斯基和海姆斯所做的那样,在本质上把能力看作表示抽象概念体系的知识(knowledge of abstract system)。但是,那样问题就产生了:语言知识的系统性和用规则进行约束又到何种程度呢? 当然语法是很明确的,不过操本族语者知道其语言的分析性语法规则形式要比大量可灵活运用的词汇少得多。Bawley 和 Syder 把这些称作词汇化的句子词干(lexicalised sentence stems),并且认为,一般老练的说英语者所掌握的词汇化的句子词干语料可达成千上万(Pawley & Syder, 1983:192)。可见,这种句子词干语料是能力(competence)相当大的组成部分,因此不能作为非主要的东西(incidental)而置之不理。其他姑且不论,随着规则作为循序渐进和独特重点功能的出现,单词句词组(holiphrastic expressions)在第一语言的发展中被描述得十分重要(Peter, 1983),确实有可能被视作儿童语言习得的基本单位。因为儿童往往将语言从直接的上下文联系中分离出来,并把语境的特征归纳成语法,这就是例证。

这些词汇化的句子词干当然不同程度地受句法修饰的支配。在此范围的一端,有不能拆开的固定词组和用悬垂句法现象(suspended syntactic animation)合成词条。这些知识如同如此之多的词汇知识一样,是一个记忆问题。在此范围的另一端,我们具有可以自由调节的作为句子组成部分的搭配词组。因此,在生成规则合理应用中,我们具有可变的标准(scale of variability)。能力必须是了解该标准如何应用的问题,何时分析是适当的,何时是不适当的。Pawley 和 Syder 比较详细地讨论了这个问题,指出:"操本族语者不会全面地运用语法规则的创造性潜力……。要是他们确实这样干了,他们就不会被认为是像本族语者那样的支配语言了(control of the language)"(Pauley & Syder, 1983:193)。

但是,请注意这里所指的支配并不与 Bialystok 和 Sharwood Smith 所谈论的支配相同。它不是在训练使用语言能力中所掌握的知识贫乏的问题,而是缺乏对语言本身内在作用知识掌握的问题。英语语法的过度使用会导致例如用 goed 替代 went,或用 He explained me the problem 替代 He explained the problem to me。这是公认需要矫治的。不过,完全相同的原则适用于类似的短语。例如:Before you leap, look; All that has ended well is well; By hook or crook;等等。区别当然在于:后者的例子是符合语法规则的;前者的例子是不符合语法规则的。但是就操本族语者的标准来看,它们仍然不是英语。任何运用这些一成不变的惯用词语句法变体的人仍然会被认为在语言方面不合格。

对可分解性范围的无知和对语法规则可变化运用的无知造成了没有能力。人们可能认为海姆斯的行事参数包括这一方面的无能:由过度使用语法规则产生的词语符合语法规则,但不合常规。海姆斯说:"一句句子可能符合语法,但同时累赘、圆滑、罕见"(A sentence may be grammatical, awkward, tactful and rare)(Hymes, 1972:281-282)。但是我认为这种表达不仅仅罕见,偶然可能出现,而且是不符合习惯用法,违反语法规则的、不可能的,操本族语者深知此理。这种表明知识、表明惯用法例句(instance of usage)的句子(我用自己的一个术语)是符合语法的,不过在语言上是蹩脚的结构,请注意在语法上是蹩脚的结构(ill-formed)。这不是从可接受性上去判断,我现在谈的是良好的语言结构,我主张把这一概念运用于各种可分解的语言形式特征中去。这些特征不仅仅是句法方面的,也是词汇方面的,并且在两者之间是不确定的。这些特征既有要整体去记忆的,也有要分解归纳为规则的。

我一直在谈论规则应用中的变异,当然这使我想起了 Labov,他早已论证了语言内在形态类型的环境制约着某些特定音位的变体的外表(Labov, 1972)。我所说的一切就是同样存在着对句法规则的应用起制约作用的词汇类型语言环境,了解这一点是精通一门语言必不可少的一部分。但是 Labov 也谈论变异的外部条件,使用语言的不同语境是如何偏爱某些形式而厌弃某些形式的。Bialystok 和 Sharwood Smith 也指出了这两个变异的根源(尽管说来也奇怪,他们根本没有提及 Labov),并且一方面把他们称作认知的变异(cognitive-variability),另一方面又把他们称作支配(control)的变异。然而,内在类型(kind)讲的是可分解性(analysability)和海姆斯的能力的知识组成部分;外部类型讲的是可理解性(accessibility)和技能组成部分。

两者之间的关系提出了一个经验主义的问题,它把我们带回到了早就引用过的乔姆斯基关于把行为的可靠性作为知识佐证的意见。因为如果有人——无论是初出茅庐的语言学习者或是完全没有经验的本族语使用者——缺乏语言行为的准则,都不可能肯定这是因为有人知识贫乏,有人对词汇的无知,或由于过多的句法分析或者分析不够,或是因为语境条件还不允许有效获得知识,或是因为语境条件确实还不至于如同人们表现自己掌握革新一样,允许将公认的准则转向故意的变异。正如 Suzanne Romaine 评论的那样,关于操本族语者掌握交际能力的问题,同"掌握规则不完全或根本不是一回事;大概"完全"(complete)掌握必须包括理解和表达(production)。这可能涉及某一规则内在作用的诸多方面,其中某些方面人们可能先于其他方面而掌握,还有与语言使用规则

外语教育探索

有关的社会范畴……"（Romainer，1984：78-79）。我仅想再说一说，对有能力的成年人来说，规则的使用不完全相同或根本不是一回事，而内在功能和社会范畴的因素仅同"完全"掌握这一定义有关，要是这样一个概念确实能够得到令人满意的解释的话。因为如同 Rickford（1987）曾指出的那样，操本族语者能力的概念是难以理解的：社会范畴的因素，如参加谈话者和话题构成不断变化的接受条件，人们所熟悉的规范必须按照它们在不同的情况下所能行得通的标准继续进行修正。能力，它似乎是一个滑头的家伙。对学习者和使用者来说，它都是一个模糊的概念。一谈到把能力（competence）看做是一种技能（ability）或人们能实际地运用他们的语言，你就会陷入困境。如同海姆斯所说："说明使用技能为能力的一部分要考虑到非认知因素的作用，例如，各种动机、一定程度的决定能力。"但是你不得不充分考虑到个人的差异、不同的情况、态度等等，因此说明也就成为不可能的了。掌握基础知识之所以很保险，恰恰是因为它是基础的，事实上也无需表层的东西。它同语境因素的社会现实是隔绝的。也许乔姆斯基利用语法知识理想化地描述听说者的能力是明智的，因为这看来几乎是你能使它令人信服的唯一办法。

因此，知识和技能之间的关系是描述学习者和使用者语言的实验工作中的难题。当然，也是语言教学的难题。例如，谁的能力和在何种情况下，我们可以称"能力"并提供给学习者作为参考？再者，我先前已曾提过，如果分析的知识原则上为使用的更大概念作准备的话，那么注重形式的结构教学法在某一个方面可以自称是交际的。当然问题在于，它并不由此而促进必要的使用技能，而且许多知识似乎是由一大堆公式、全部或部分随时可以合成备用的词汇单元组成。因此，并非所有的方法都是依赖于分析的。

也许这确实微乎其微。可能是语言的运用包括从某一预先合成单元的贮存中挑选，然后用可能有关的规则加以调整，以适合具体的语境。这一可能性是由 Gleason 和 Vihman 提出的（载单行本论文集），他们提供了表明这样一个过程在第一和第二语言习得中很活跃的证据（Gleason，1982；Vihman，1982）。在这一点上，我曾经在以前的一篇论文中引用过 Gleason 的话（Widdowson，1984），但是这里不妨再引用他的话：

We have in recent years become enthralled with the admitted power of generative systems, that memory as an important process, and the possibly vast store of memorised units we each call upon every day, have somehow fallen into disrepute ... work on second language acquisition indicates that second learners begin not so much with generative system as with chunks, prefabricated routines, or unopened packages, as they have been called ... the importance of routines in language acquisition, in second language learning, and in everyday use of non-exceptional speaker, has yet to be recognised. It is probably safe to say that we are not as endlessly creative as we are wont to think. (Gleason, 1982: 355)

这种语言运用和习得的一揽子观点当然是同认知和控制的本质变异完全一致的,规则可变化地应用,因为这些预先公式化的单元要求适应各种程度,以符合句法的约束和语境的要求。

但是,如果我们接受了这一观点,那么交际能力就不是精通组织句子的问题了,而是在需要的时候能够运用这些规则从零开始组合词句。它远远胜过精通部分预先组合的句子形式、程式化的结构和一套规则的问题。因此说,能够应用规则,根据语境的需要进行任何调整都是必要的。这种观点的交际能力实质上是适应性的问题。规则是非生成的,但是可调节的和有用的。这就是为什么乔姆斯基的概念不能具体化为交际能力的系统。

如果这样一个交际能力的概念被采纳的话,那么语言教学的内涵意义可能是什么呢? 人们大概会为起作用的规则提供词汇同现(co-occurrence)形式,使他们适应于语境要求的交际目的。这些形式最初可能仅仅是一组意义明显、与语境相联系、无需任何语法上的调整的词汇。接着,当词汇联系和语境不能确立意义,语法规则会被请来帮助,改写和调整任何句法适合度所需的词汇。这样,规则的有用性和它们必备的交际功能就清楚了。当获得意义的方法必不可少时,那么分析也就开始了。我认为,这个方法是真正的(确实是真正的)交际教学方法。

海姆斯当初提出交际能力的概念是针对语法能力概念的。要是有人始终不渝地坚持他提出的内含意义,如同我在这篇论文中小规模实施的那样,我认为就达到了需要把语法从它的突出地位进行转移和考虑对词汇提出正当要求的认识。语言学也许是同语法有关,而不是同语言有关。但是语言研究和教学涉及的范畴远不止那些。语法需要找到自己的地位。"这里有许多使用规则……"。但是,使用规则或还有其他一些什么都是没有用的,除非它们能够实在地起作用,除非其使用的范围和条件被充分理解。

——本文发表于《外语界》1990 年第 2 期

译自《应用语言学》1989 年第 2 期。原作者：H.G. Widdowson。

论交际语言教学

语言本质与语言行为

语言教师要感谢乔姆斯基对斯金奈倡导的狭隘的行为主义刺激—反应语言和语言学习观点的抨击。正是乔姆斯基动摇了斯金奈建立在语言学习理论基础上的听说法语言教学。除了上述引用的术语外，我们将这种教学方法同刺激（stimulus）、反应（response）、操练（drill）、句型（pattern）、巩固（reinforcement）、掌握（mastery）以及四种技能（听、说、读、写）联系起来。按此顺序，它们被当做各自分立的技能来对待，似乎它们周围几乎存在着一圈边界线，可以无视各种技能的复杂性或它们之间相互联系而独立发展。在改变美国语言学研究方面，乔姆斯基为使第二语言教学更加向交际法发展，帮助人们扫清道路，正从使其专心致志的表层结构为特点的研究，转向理解句子的方法研究方面。但是交际语言教学远不止这些。

乔姆斯基以往和现在的注意力在于解释句子。他谈及语言能力时，总要提及一种语言理想的说话者和听话者句子水平的语法能力。同美国结构主义语言学派对语言能力的反应一样，转换语法将语言学的范畴限制在语言研究的范围内，把它从产生语言的社会环境中分离出来。另一方面，交际能力远远超越句子水平的语法能力，并且它同社会的影响息息相关。交际能力在众多的环境中同实际说话者和听话者的解释、表达、意义理解关系密切。

交际首先是说话者和听话者、作者和读者之间的意义转换（negotiation of meaning）。在我们日常身临其境的许多人际事务中,这种情况也许是显而易见的,在印刷品、广播、电视和其他大众传播渠道中,情况同样如此。语篇(text)(书面的或口头的)只有得到读者、听话者或看电视者的解释才富有意义。这种解释依赖于解释者对篇章内容理解的语境(context)。为什么语境存在? 语境指的是什么? 语境意味着什么? 换句话说,语境具有何种功能?

在语境探究(inquiry)方面,语言功能分析具有悠久的历史。然而,如上所述,深受 20 世纪中期第二语言教学影响的美国结构主义语言学家忽视了语言研究中的语言(意义)方法。因而这些结构主义者试图解释话语,并且试图将话语同 Who、When 和 Why 等的语境放在一起考虑,置话语于理论语言学范围之外。这样,它就成了一种形式分析(formal analysis),即语言表层结构分析,为 50 年代和 60 年代发展起来的教学材料和测试材料提供了基础。今天,许多此类材料仍然被广泛应用。

然而,出于对交际能力的关注使我们正视了语言运用的语境。意义一度受到了重视,理解和解释问题被视作交际课程的中心,也就是说,语言使用、语境或语言背景不能再忽视了。

然而,对这种社会相互影响的研究还没有得到足够的重视。人类行为的研究不是一门精确的科学,由于人类本身在从事这项研究,以致使其变得更为复杂。

《纽约时报》的一篇关于计算机技术的报告证明,使计算机听话和解释语言为何困难。尽管计算机长期来一直被使用于说话和行为,但是辨认语言被证明为难以达到的目标。计算机还不具备婴儿的理解能力。根据该报告:

[computers] have trouble distinguishing the noise of crumpling paper from the sound of a human voice. Even when they have learned a word, they often cannot recognize it when it is spoken by two different people .... Systems actually in use today generally can recognize only individual words. They also generally only work with one speaker, who must train the system by repeating the words to be recognized several times. Also the systems are limited to vocabularies of several hundred words at most, usually far less.

据此,计算机要达到可以同人们进行谈话一样对人讲话或可以打出听写的最终目标仍然还很遥远。

这本应如此,所以也不足为奇了。解释语言,我们依赖的不仅仅是语言形式。我们一般也了解谁是说话者、在何处说话、为何说话,并且相应地解释信息。理解人们如何讲话,他们这样讲意味着所必需的背景整体各个部分的关系并不仅仅源自语言学。要理解发生在整个社会环境中的作为人类行为的语言,我们必须借助于具有大量训练的有效范围的整体的各个部分的关系,其中包括哲学、社会学、人类学、心理学、文艺评论和交际理论。对语言和语言行为探究的范围不断扩大,理解交际能力和交际语言教学不能仅仅指望语言学。语言教师应该自我提问:它不是理论语言学吗? 更确切地说,就是要从交际能力的概念中学习一些东西。

第二语言习得研究

上述引用的理论观点不仅使我们改变了对语言和语言行为的看法(perspective),而且直接促进了对第二语言学习或习得实践的研究。交际语言教学法得到这种研究的指导和支持。

当今方法论学者的研究目标同 40 年代和 50 年代风靡一时的理论目标形成了强烈的对比。那时很多人认为借助于语言学(或语言理论)和心理感(或学习理论)可以理解第二语言学习,这些原则全部被视作是解答语言学习问题和改进课堂教学方法问题的钥匙。例如,Yele 教授 Nelson Brooks 1960 年出版的那本很有影响的书《语言和语言学习》是以最低限度了解语言规则的第一语言习得的刺激—反应、巩固模式为基础的,更为甚者,他主张在教授听和读之后将阅读和写作的教学活动分开进行。根据是,这一程序反映了母语习得。然后用他自己的话说,他的理论是"largely an act of faith; research to prove the validity of its basic principles is scanty"。

今天,我们更加意识到需要提倡建立在观察课内外语言学习基础上的教学。70 年代第一和第二语言的习得研究领域发展得很快,人们不再满足于仅仅观察句子水平的语法结构。如上所述,研究人员正集中研究语篇的功能与特点。

话语分析(Discourse Analysis)。许多教师对话语和话语分析感到迷惑不解。当我向一些研究生助教询问该词的定义时,我才发现他们实际上对此竟是如此迷惑不解。这些是他们的回答:My only knowledge of this would be a linguistic one; syntax, morphology, phonetics. Analyzing speech patterns and importance of elements. Analyzing the surface and the deep structure of the language (我只知道该词是一个语言学术语；句法、词法、语音。分析言语形式和成分的重要性，分析语言的表层和深层结构)。

至少有一位学生说了实话："从来没有听到过。"然而，有些学生清楚地理解了该词语和它的内涵：把言语视作比词或句子单位更大、更富有意义的单位，注重全部语境，话语分析全部篇章中的语言使用，而不是句子结构分析。

然而，话语分析是分析超越单句式一句话的相互联系的写作和言语。它研究语言的语用功能（pragmatic function）。

注重话语分析，研究人员仍然必须注意研究言语行为——学习者如何随心所欲地运用他们的语言形式以迎合语言功能。因此，按其定义，作为第二语言学习者已经用第一语言进行了交际，在第二语言学习中没有真正的初学者。学习者已经很熟悉语言功能，并且已经培养了各种语境功能的策略，既熟悉又新鲜。

然而，单一的形式可以并且必定起着多种功能。形式同功能的关系很大程度上（a good bit）取决于语言行为中参与者的创造性（creativity）和他们的合作。交际总是双向行为。

学习者的策略。注意语境或话语中语言的使用，研究人员可以更好地理解不同学习策略和教室环境可以布置得有利于促进语言学习的方法的学习策略。下列问题亟待解答：

1. 那些同同学和教师相互影响最大的学习者是否必定是在交际的第二语言使用中取得最大进步的人？Saville-Troike（1984）报告的资料表明，在某些情况下，在一些把英语当做第二语言来学习的孩子中，最不善于社交的孩子学到了最多的英语词汇和语法项目，并且在用英语课程中取得了最好的成绩。这并不意味着最不善于社交的学生同较好的学生画等号，事实上有些学生很差。这仅仅意味着擅长与同学进行交际的学生不一定是第二语言学习优秀成绩的取得者。Cummis（1979）发表了同样的看法。

2. 各种类型的错误对交际会产生什么影响？如何最有效地评估这种影响？对课堂教学又意味着什么呢？

3. 课堂教师全部使用第二语言必定能保证学习者有一个丰富的语

言习得环境吗？对任课教师讲话的分析表明（例如，Guthrre，1984）课堂上的互相影响不在于话讲得多，而在于进行交际；不在于量多，而在于质好。这种质量依次同教师对学习程序的看法，同交际、同教师所起的作用、同教师在课堂上对交际的量和本质产生深刻影响的看法紧密相关。

语言模式和对语言异体的看法

在交际语言教学中，教师的看法问题同另一个主要问题紧密相关，即语言模式和对语言变体所持的态度问题。互相理解（mutual intelligibility）的问题往往是全部交际或交际能力讨论的焦点。人们学习语言是为了能够进行恰到好处的交际，即用社会能够接受的方法同他人进行交际。使用语言的社会环境决定了语言学准则（norm）取舍的社会态度，或语言变体和试图强加某些准则——提供"语言监督"（linguistic watchdog）——所有这些因素在制定第二语言学习者的目标时，是必须加以考虑的。

语言准则（language norm）。对把英语作为外语或二语的教师来说，选择适当的语言标准常常是头等重要的事情。Kachru（1984，1985）指出，对当今世界日益增多的英语使用者来说，社会接受的语言变体既不是 RP（Received Pronunciation 或"BBC 英语"），也不是 GA（General American），而是许多区域性规范语言中的一种。这种情况发生在哪里？主张排斥外埠规范而排斥区域内语言规范从观点上看是不可取的。更重要的是，随着把英语当做第二、第三或第四语言人数的继续增长，"本族语言"概念的有效性本身就令人怀疑了。理解能力、接受能力问题和容忍错误在非本族语者的英语变体中被日益广泛地用于交叉文化和交叉语言，并且是世界上一个新的很重要的方面。英语向全球扩展的事例展示了使用语言本质和语言一般变化的前景。这一前景对理解交际能力概念很重要。

对语言学习者的看法。与语言变体看法相关的问题一般来说当然是对语言学习的看法问题。这些看法总的说来，在支持学校或支持学习课程方面（或缺乏这种支持）得到了反映，Busnardo 和 Brana（1987：16-17）在向巴西英语教学提出这一作为参考的问题时说道：

What justification is there for the teaching of foreign languages, and of English in particular, in a country with vast educational native-language literacy problem? Reflecting on our own experience as professors of English at one of the major Brazilian universities, we have attempted to formulate an answer to this question, taking into consideration certain broad issues, issues which some may judge better left to sociology or educational philosophy, but which we have come to see as central to any serious reflection on the role of foreign language teaching and learning in countries such as Brazil. In this reflection on the nature and implications of English language teaching within a concrete Third World context, our starting point is a complex of education principles that we believe complement and support certain recent views on the nature of language, language acquisition and use, and the role of language in society.

在下列原则的基础上,他们对巴西大学程度的英语教学又接着概括提出了一个建议:

First, language is never acquired in a vacuum, and the solution to many of the problems associated with the teaching and learning of English in Brazil depends upon the development in both teachers and students of a critical and comparative understanding of the target culture — this is, in fact, one of the most urgent "needs" to be met. Secondly, language teachers must take themselves seriously as educators in Brazilian context, and to this end they should not be naive to the social and educatioal consequences of certain language teaching materials and methodologies. Thirdly, one of the best justifications for the teaching and learning of foreign languages is the development of a sensitivity, not only to the processes and pains of language acquisition and use, but above all to the understanding and interpretation of human differences, essential to the mature evaluation of one's own language and culture.

这些观点将对巴西和世界上其他一些国家产生什么影响仍然有待于观察。无论是语境、语言的设计者还是语言教师都必须自我提问:第二语言的交际能力对学习者是否是一个现实的目标? 社会、政治和经济的力量是否会成为达到其目标的明显或隐藏着的障碍? 同样,在学校、工作场所和街道,对不操我们自己语言变体者的容忍程度又如何呢?

大纲设计

现在我们来讨论交际语言教学中的第四个主要问题,即大纲设计。同有些方法论者所暗指的相反,交际语言教学同意念/功能大纲并非同义。大纲设计的功能方法有待于继续探讨。按照欧洲初级水平(Vanek,1975)的范例,大纲设计者愈来愈注重教学材料内容和顺序的语言功能,然而他们所面临的问题至少是双重的:(1)充分描写语言功能,但他们又如何认识不存在的语言功能呢? (2)到目前为止,还没有从实际无限的可能性中选择功能顺序可行的准则。然而,任课教师需要理解的很重要的一点是,无论是结构为基础的,还是功能为基础的,大纲仅仅是一览表而已,列出特征分类而已。大纲描述了第二语言课程期望达到的目标,但是大纲并不论述如何最有效地达到此目标。

这并不是说功能分析对教材开发不重要。相反,它是纠正长期以来以牺牲意义和目的的结构偏见最受欢迎的矫治方法。根据语言的功能估价学习者的需求和特别是英国教育委员会(British Council)领导的整个专用英语(ESP)运动把交际语言教学引向一个重要的开端,Costa(1987)在《交际语教学首创性》(*Initiative in Communicative Language Teaching*)一书中披露了这一努力,并且描述了为巴西一年级的计算机科学学生设计的阅读教程。她特别提到了课程设计必不可少的方面是专用英语教师和计算机科学系经常性的相互影响。

另外一个这样的开创是,芬兰全国课程设置大规模的改革。美国在最近重新设计中等学校第二语言课程时,袭用了欧洲部分国家已采用了相当一段时间的功能方法。在这方面纽约州首屈一指。在其他语境中,如上所述,最聪明的方法论学者也许是那些建议大纲设计将结构和功能方法组合为一体的人。这一组合可以保留结构的核心,然后按其功能选择有关结构。这样就可融为一体了,或远可能将功能和结构的特点同第二语言主题或经验的核心紧密相连。无论在哪一种情况下,对功能的具体介绍都应该反映学习者第二语言交际目的。

然而,交际语言教学并不仅仅注重讲解语言的结构和功能的策略。首先,它要求学习者积极投入活跃的和相互影响的交际中去。交际的课堂教学不仅允许学习者分析语言而且允许学习者体验语言。第二语言习得的研究已经根据大量材料证明了在交际能力的发展中交际经验(实践)的重要性。也就是说,大纲应该不仅仅是我们要求学习者学习的计划,而且应该是我们要求学习者做到的计划,学习者智觉、体觉(physical sense)和心理感觉经验的总和则是最实在的。换句话说,第二语言经验应该涉及学习者的每一个方面,它们应该是感情方面的、智力方面的又是体力方面的。

当然,这需要行动、相互影响,并且首先进行交际。这一至关重要的组成部分在语言教学中常常被遗忘。课堂教学的语言分析和语言体验最恰当的平衡依赖语境中学习者和教师双方的共同需求。例如,它将根据年龄、学习者认知的发展、他们的期望和所处社区第二语言相互影响的机会而变化。然而,如果用交际能力衡量教学目标的话,那么,我们必须认真注意提供使用语言的机会。

我在 1972 年研究结果的解释中,十分谨慎地提出了自己的观点并提议在我教授成年人外语语境中至少 20% 的课堂时间应该用于交际活动。这些活动的重点是意义交际而不是形式交际。然后我声称,后来的研究似乎支持了我的观点,比例也许比这要高得多。这并不意味着采用"只要能理解就行(Any thing goes as long as you get your message across)"的语言教学方法。这意味着寻找使学习者投身于交际活动的方法。这样随后产生的对形式和准确的注意力就同交际的体验联系起来了。目前的问题是,许多所谓的交际活动,其实根本不是交际。语法过多地隐现在议事日程中(Grammar too often remains the hidden agenda)。(1983 年 12 月 *TESOI* 季刊 Raimes 的文章"ESL 教学的情况与革命"的理论倾向于此,成为检验第二语言教学中的混乱和不同看法之间区别的标志。然而学者们提出了更多的语言概念和创造性的功能问题。在更为实际些的文章中,Savignon (1983)建议第二语言交际课程应由五个部分组成并且描述各种相关的学习活动。)

语言测试

教材的选择当然同测试紧密相关。交际语言教学探索解答我们第五和最后的主要理论、研究和方法问题的背景。这个问题各地的任课教师并不生疏。

今天,第二语言教学进行大量探讨的标志——专心于语言测试,并不是一个最近现象。第二语言教学职业对测试和测试理论的重视已经同听说教学法一起从简单成分合成发展为一种崭新的方法,并且继续发展成为 70 年代和 80 年代史无前例的一种方法。如同一位第二语言研究者者指出的:"With the exception of psychology, the rightful home of human measurement, there is probably no other academic field so heavily involved in testing"(Jones, 1982：43)。同这相一致的观点,毫无疑问地认为测试已经渐渐地占据了第二语言教学和课堂设计的全部十分重要的位置。然而,教学和测试的相互联系是一个不容被忽视的事实。因此,教师和行政管理人员应该意识到对这些复杂的问题和语言测试以及如何使用语言测试作出明智的选择很重要。

被称作心理测验结构主义学派(psychometric-structuralist)时期的第二语言测试现代史(Spolsky, 1968)以运用心理测验技术(于是产生了 psychometric)评价学习者掌握语言分离结构的广泛兴趣为标志。对语言水平"客观"和"科学"衡量的重视是从 50 年代开始发展起来的,一直延续到 60 年代。由于开设了许多语言标准化测试课程,这一时期的第二语言测试确实给人留下深刻印象。在这一时期,现代语言学会(MLA)的外语水平测试和托福(TOEFL)同时展开。

无论是标准化的大规模测试还是教师编制的课堂测验和测试,评估的程序总是将教学方法和教学目的紧密联系在一起。教师出于不同的目的使用不同的测试手段:检查学习者的理解能力和技能的发展;促使学习者准备功课和坚持及时完成作业;奖赏优秀学习者和让其知道存在的不足。组织所教课程期末测试用于评估学习者的成绩。不但学习者本人关注测试结果,而且那些为训练支付费用的人们,无论是本地学校的董事会、政府机关或私人商业公司都对测试结果倍加关注。所有的人都希望知道其为此所花的时间、金钱和精力的效益。

交际能力概念最重要的含意,毫无疑问是衡量有效地使用语言达到交际目的的能力的各种测试需求。60 年代发展起来的这种语言结构分离式测试(discrete-point tests)不仅不充分重视复杂性而且不重视交际背景动力的质量(dynamic quality)。有时,在强调语法准确性时,它们也起着反对交际能力所需的策略作用,并且妨碍了更多交际课程的发展。在基础教材中,设计出覆盖所有语法要点的语言教程,然后测试学习者掌握这些要点的程度。这样,用于交际的时间则所剩无几。

然而,一切都在发展中。《交际语言教学的创举》(*Initiative in Communicative Language Teaching*)收入了三个正在进行的交际测试发展项目的报告。它们展示了某一个具体语境中的语言水平估价报告,并且全面估量了加拿大、英国和美国中等学校和大学所作出的测试努力。

在其中的第一个报告中,Swain 描述了她和安大略教育研究学院现代语言中心的同事们对法语环境学生交际行为进行的全省范围评估所使用的测试单元。她的讨论包含了交际语言测试数项一般原则的提纲。这一提纲指导他们开展测试并且描述了进行大规模测试所遵循的评分程序。在第三个报告中,Freed 阐述了久负盛名的宾夕法尼亚大学按水平要求出台了四学期学习外语的规定。她引用了这一改变的动因,即教师们承认即使在学习四学期以后,许多学生仍然无法达到用外语进行富有意义的交际的水平,并且需要建立一套衡量学生成绩的统一的标准测试方法。

在任何情况下,都应该强调交际能力教学和测试的相互关系。三位作者都强调了这样一个事实,即交际语言能力测试的价值同课堂教学方法和目的所具有的影响以及同学习者所取得成绩的评估一样重要。显而易见,教师和课程管理人员向评估者提出了挑战,以发展更能反映交际第二语言使用的测试和评估方法;评估者依次作出回答。这个态度不再是"我们教授能够测试的内容"(We will teach what we can test),而是:我们将寻求那些对发展学习者技能至关重要的评估方法(We will find ways to evaluate those skills that are important for learners to develop)。

发展可靠和有效衡量交际能力的任务被公认为不是易事,但是由于这种努力而产生的问题对指导当前的研究历来十分重要,下列是问题的一部分:

(1)如何将语法能力同长期建议的其他交际能力结合起来(即社会语言能力、语言能力、处事策略能力)?

(2)什么样的语言准则才适合特定语境的学习者?

(3)测试方法会对衡量语言产生何种影响?

(4)有效的交际能力测试能否符合大规模测试课程的要求?

(5)对寻求发展新颖课程的教师和学校来说,大规模测试的责任是什么呢?合乎学习者交际需要的责任又是什么呢?

结　论

　　英语教学论坛出版以来的 25 年中,语言观和语言学习观点发生了显著的变化。随着这些变化,出现了论述语言教学的新术语(phoneme、pattern、drill)和其他描述听说法极为重要的话语(discourse)、语篇和语文。随着对交际语言理解的加深,产生了同交际语言教学课程和方法有关的众多的革新。源自课堂内外的第二语言习得的资料被用来替这种革新作出明智的判断。

　　这并不是说所有标有"交际"标签的教材和方法事实上符合了学习者交际语言使用的要求。听说主义(audiolingualism)对教学方法和教材的影响仍然一直进行着全面渗透,以至于使句子水平语法的分离式特征极频繁地继续成为教学和测试的核心。

　　那么,今天的语言教师需要什么呢? 不仅仅是现成的教学方法,而是正确评价语言自身的表达方法和意义创造以及变化的方法。他们需要知道学习者体力、心理和智力符合要求并且其兴趣远远越超课堂。具有这样一种正确判断,他们才能应付自如地对授课方法和教材作出明智的抉择。把交际作为目的最有效的课程应是:应能使学习者把语言的经验当做人与物及事件之间的联系网络。

——本文发表于《国外外语教学》1989 年第 3 期

　　译自《英语教学论坛》(English Teaching Forum) 1987 年 10 月。原作者:(美) Sandra J. Savignon。

课程设计的语用基础

　　要是对学习英语有十分肯定的见解的话,那就是对学习的最佳方案没有相同的意见。英语教学作为一门艺术,其现状最明显的特征是人们对之缺乏显而易见的一致看法。这反映在对课程的需求、各种不同门类课程的设置,以及该领域中纷繁的理论和研究方法的出现等状况中。实质问题是不同的方法以及与其相关的教学法来源于对英语学习的性质所持的各种截然不同的观点。在这种形势下,那些负责各种课程开设的人正面临着一个主要的窘境:如何确定设计各类课程的主要原则。这些原则必须体现当今我们的最佳思想并且用通用的术语加以界定,以使这些原则能成为全世界课程设计的出发点,目的在于为那些在设计合符教学形势要求的课程的人寻求课程设计的语用基础。

结构法与交际法

　　目前,决定各种课程设计的不同教学方法所持的不同观点,不仅仅反映在应该教的内容方面,而且也反映在学习过程的动态方面(dynamics)。结构语法教学法(structural-grammar approaches)重视学习作为英语语法体系出发点的语言规则。这个方法是原子论的(atomistic)观点——将注意力聚集于单句。这些句子展示了某一个特殊规则的功能的例证——例如,过去式问句形式的构成。衡量的标准始终是支配语法体系的抽象规则,而不是语言使用的实际情形;所关心的不是有关意义产生或意义译码的语用学,而是从有关正确句子构成的语言材料中已经概括出来的规则。对这些规则阐述的详尽程度随不同的课程而变化,但是帮助学生构造正确句子是共同的目标,而正确的句子本身又是语言规则学习的体现。

同结构语法教学法有关的方法是以教师为中心的方法。教师被认为应负责解释规则,提供规则例证和给予学生应用规则的实践。这些教学方法强调熟记、句型操练、句子转换操练和纠正一切错误的重要性:强调正确性远比语境意义重要。结构语法教学法通常同听说法联系在一起,语言习得被看做是一个习惯形成的过程。在这一过程中,这些习惯是将保证构造出语法正确的句子的语法规则逐渐输到头脑中去。

考察此后的一些方法,人们会发现一幅轮廓很模糊的画面。交际法人们已讨论得很多并且在某些教学情景中很有影响,但是值得注意的是,真正的交际课程却寥若晨星。同结构语法注重掌握决定理想语言体系的规则相反,交际法把语言学习视作在语言使用情景中发展语言使用能力的过程。在课堂上,目的是复制实际社会语言的使用和使学生认识到依靠什么方法意义才能生成和被理解。语言被看做富有意义的话语,因此,基于这一性质,语言若不与语言使用的现实生活情况的语境特征相联系,便无法对其进行考察。关心交际语言的使用便要求人们超越单句的界限,检查语言的动态。

同这一教学法有关的方法论强调学习过程的积极性质和在赋予书面语和口语以意义的过程中学习者的参与。这一语言学习的新观点在以作业为基础(task-based)的活动中所运用方法的一些术语里得到了反映。在这些活动中,教师无须像结构方法论那样强加于人(intrude)或进行公开的控制(control)。对学生的错误也减少了忧虑,这意味着教师没有必要监控(monitor)课堂上表达的所有语言。同样,这也意味着像双人操练、笔头作业和小组活动等方法可以广泛地使用,目的是保证学习者的认知参与以理解语言形式是如何获得意义的。

"中间道路"的课程

正如以上所述,完全坚持上述观点的交际课程可谓凤毛麟角。相反,人们发现,试图在结构语法的倡导者和交际法的鸿沟之间架设一座桥梁的课程设计者在选择一种兼收两家思想的教学法。现在大多数组织原则为意念或功能类型的课程也全面地注意在实现这些功能中所使用的语法形式。同样,按语法主线组织的课程会尽可能体现语法形式功能的应用。因此在这些课程中,这两种学习语言方法的价值都得到了含蓄的承认。然而,这些课程冒着使得学习的整个过程比学生所必须经过的过程更为复杂的风险,并且也许更为危险的是忽视意义产生的语用学——语言的实际运用很难像结构和功能法所描述的并企图使人相信的那样整洁。

这种课程的教学方法同折衷法相似,像多种选择法,测试阅读理解悬而未解的问题(open question)或巩固掌握语法要点的句型操练等传统技巧同语言活动中心并不明显的作业为基础的活动并存。这些不同的技巧反映了对语言学习过程动态完全相反的观点,主要分歧点是进行语言学习所必须具备的条件和教师在这一过程中应起的作用。在实践中,根据一些完全不同的教学方法的要求,突然进行教学方法的转变是很困难的。那将使学生接受的预期对其作出反应的信号互相矛盾;理论和教学方法缺乏一致性会使该课程的连贯性受到破坏并且带来脑力上的沉重负担。

自然学习

学习者为中心的教学方法,如 Krashen 和 Terrell 的自然法以及 Prabhu 的程学序教大纲近来很引人注目。这两种教学法试图寻求能与很自然地掌握语言的过程相协调的教授语言的方法。在 Krashen 和 Terrell 的实例中,这意味着要求学习者表达之前给予学习者吸收语言的时间。这两种方法均注重学习的情感因素和避免用语言学术语解释各种活动的益处。根据 Prabhu 的教学法,后一点是至关重要的。他认为制定教学大纲时不坚持用语言学术语分类,仍然可以达到语言教学的目的。这两种教学法的问题是,它们似乎并不始终充分地考虑解决办法。尽管人们都一致认为,只有当人们由于对所参与活动的结果真正感兴趣而全神贯注时,语言的习得才能获得最佳效果,但是常识告诉我们,要设计一门衔接得很好的语言学习课程,就必须对行为目的有一个清楚的认识。作者们急欲强调通过解决问题活动(Problem-Solving Activities)来激发学习者的兴趣以取得较佳效果和通过做作业来发展能力,可是他们忽略了一个极为重要的问题:如何按照语言和与语言学习有关程序的状况来给课程分级。

我们很难拒绝这一看法:作者们宣称自己的方法有所创见未免失之坦诚——现在已经出现的实际材料的样例似乎并没有摆脱已经众所周知、牢固确立的结构/意念/功能课程而另辟蹊径。对调整课程活动以适合学习者能力水平和学习者的正规语言知识的需要,羞羞答答令人难于理解。如果活动将是有意义的和恰如其分的,那么它们必须进行调整以适合学习者目前语言能力容许的接受能力和课程目的所限定的语言扩展目标,转而强调语言学习的心理因素未必一定意味着放弃那些其内容同语言和行为目的协调一致并组织得很好的课程。

基本原则

你可能会说:"诚然,对于当前的各种教学方法有各种严肃的批评,它们用各种截然不同的方法探讨教授英语的问题。但是对于该主题的思考处于这样一种骚动的情况下,我们又怎样去着手设计高质量的课程呢?"在我看来,眼前的道路在于将当今代表最佳思想的那些同课程设计有关的一般原则和目的分离开来。在无休止地就结构语法、听说法、意念/功能教学法、交际教学法和自然学习法的有关优点的争论中被遗忘的是:全世界不同门类的个别课程的成功与否,说到底,取决于课堂上实际运用中的趣味性、适合性和可接受性。毫无疑问,每一教学方法都强调语言的某一个重要方面。无论怎样,一门课程严格的测试往往能成功地创造出一个动态的学习环境。在这一环境中,一部分学生的语言抱负可望实现。如此之多为全球教科书市场所设计的课程不尽如人意的原因是,这些课程没有充分迎合学习者们目前的兴趣和文化,以及他们的语言和言语行为的具体需求,或是因为它们不适合最有效的教学法和各种实际的教学情况。

要想设计好课程的一个原则是:必须考虑到影响学习者的一切因素,仅仅把语言内容阐述充分和提供选择课程材料去教授这些项目是不够的。一门课程不可能建立在语言需要和课程内容简单相等的基础上。课程设计的概念必须扩大至结合影响学习的全部因素。就实际设计而言,这意味着将提供课程材料和使学习者全身投入的有关教学方法。正如 Widdowson（1983：91）曾经强调指出的那样,这种关切必须是我们教学方法的中心:"语言学习者的兴趣是语言使用过程本身的内在部分,不是要求学习者具备的,因而使得他们更能接受教学的思想状况。"

看来没有提出明确教学目的的课程材料也许能更为有效地为激发真正的语言学习机制提供基础。正如 Krashen 和 Terrell（1983：19）指出的:"我们专心致志于正在表达的东西,我们就学到了知识,而不在于怎样表达。"这种"专心致志"只有充分激起学习者的兴趣和取得成果的愿望才会产生。

当今的课程设计必须同样反映学习一门外语意味着学习一种新的行为模式的意识。这在不同程度上涉及个人理解和适应不同文化准则的过程。Wilkins（1986：9）很有说服力地阐述了这一观点:"每一种语言将我们对周围世界一定程度上不同的观念加以编码,有效地学习一门语言意味着你必须能够理解那种观念,即使不被采纳。使用外语意味着参与同我们所说语言的社会准则不同的社会行为形式。"

体现在课程目的中的学生长远目标将很自然地决定需要融进课程材料中的文化敏感性（cultural sensitization）作用的类型和程度。

谈到文化的重要性时,有一点较少谈及,即该课程必须适合学习者自己的文化。课程材料应该进行裁剪以适应这部分学习者的年龄、兴趣、社会阶层、财力、生活方式和志向。此外,对所教授课程中的社会和语境强加的文化约束（cultural constraints）必须加以充分重视。这样做,我们可以创立一些最具情趣的、恰如其分的和贴切的课程。

就教学方法论和教学法而言,我们对现实思想的评论提出:最新的课程必须注意语言体系用于交际目的的方法。同时,还应该考虑制订一个教学计划,这个计划应该使学习者意识到语言形式的意义是如何根据交际时的语境按语用方式进行编码和译码的。正如我们在影响学习因素的讨论中已经指出的,能否达到语言课程的目的将受体现以作业为基础教学材料和活动的影响。然而,材料和教学方法有必要,而且必须适应物力和人力的现状——设备和教师——和学习者的特点。鉴于设计课程将面临各种各样的情况,课程设计的模式永远不应该太刻板。

传统的需要分析法在需要和课程内容之间划了一个简单的等式。

我们知道,学习一门外国语的文化和情感方面的现代意识需要一个更好地体现全部因素的模式。鉴于课程的文化内容必须谨慎地进行控制以得到所有参与和指导该语言课程者的认可,因此即使学生的需要也无法给予明确规定。正如 Widdowson 指出的那样,语言内容和在某一门课程中发展起来的技能必须能够把学习者送上独立获取其生活环境需要的语言行为的道路:"所包括的内容应该能使学习活跃起来,以便为学习者课程结束后达到自己的目的做好准备,也就是使他们能够运用在语言学习中使用的方法在语言的实际使用中继续学习语言。"

这样认识意味着课程设计不是一个简单地编制语言项目或技能目录的过程和按目的选择合适课文的过程。相反,这意味着要考虑学生语言和行为条件(terms)的全部情况,考虑可以使用的约束和教学方法,以及同学习英语有关的学习者的近期和长远目标。掌握了这些情况,还意味着要设计清晰的、有条理的适宜于教学的课程,包括适用于规范的、交际的、语用的和文化的多方面的语言学习。同时,指出了学习情感方面的有关问题如何决定材料和教学方法的选择。

为了阐明课程设计过程中的关键因素和同课程设计实际有关的问题,我设计了一份图表。该图表可以用作设计课程的出发点。主要的需要考虑之点或要素在下面方块一栏内,从 1—7;接着四个标有 A、B、C、D 的方块系指关键性的实际课程设计的诸方面。后者这些方块下面的数字表示那些主要因素强烈影响着每一独特可行方面的抉择。我不以为这一程序模式在我们设计课程时荟萃了所有的模式。现实很少像我们所描绘的那样整齐划一。然而,我希望该模式将为他人提供一个设计课程有用的方法,并激励人们去思考这个如此直接影响我们学生生计的主题。

1. Learners' present level of competence(学习者目前的能力)
2. Course objectives(课程目的)
3. Reasons for studying English and long-term learning aims(学习英语的原因和长期学习目标)
4. Resource limitations that affect classroom activity(影响课堂活动的资料限制)
5. Sociocultural factors and learning habits of relevance to English teaching(社会文化因素和与英语教学相关的学习习惯)

6.	Learners' age group, present life-style, and interests（学习者的年龄群，现实生活方式和兴趣）
7.	Aspects of target culture that will interest learners and can be exploited in materials（使学习者感兴趣的和能够在材料中加以利用的目的文化诸方面）

A.	Language and procedures to be covered by the course（该课题所包括的语言和程序）

1,2,3

B.	Emphasis on particular skills（强调某些技能）

1,2,3,4

C.	Methodology to be used; type and sequencing of activities（使用的教学方法；活动的类型和顺序排列）

4,5,6

D.	Themes for course materials and texts choice of suitable textbooks（课程材料和课文的主题；合适教科书的选择）

2,7

——本文发表于《国外外语教学》1990 年第 1 期

译自《英语教学论坛》(*English Teaching Forum*) 1989 年 1 月。原作者:(科威特) George S. Murdoch。

文化与阅读理解

    直到20世纪60年代中期语言学家才意识到文化在语言教学中的重要性。在此之前,他们的注意力仅局限于语言形式体系(aspects)。从索绪尔(Saussure)到乔姆斯基(Chomsky)等诸多的语言学家研究了纯(pure)理论和无多大实际意义(abstract)的形式语言,他们都不考虑一种语言的社会文化(socioculture)体系。乔姆斯基认为,语言学应首先关心"理想的说听者,及与之完全相适应的语言社团,完全精通这门语言的人……"。他把语言学习看作是一种单独的训练,视语言为自足的(self-sufficient)体系,把语言的功能看作是静止的,将语言同社会存在分隔开来。

    即使在乔姆斯基的鼎盛时期,也有人对其理论持怀疑态度。霍凯特(Hockett)(1968)就排斥乔姆斯基的理论,因为该理论将一种自然语言(natural language)简化为一种人造语言(artificial language)。他指出:"由于对语言作了错误的解释,因此代数语法形式的数学语言学也是错误的"(Since languages are ill-defined, mathematical linguistics in the form of algebraic grammar is mistaken)。60年代中期,随着语言教学法和社会语言学的显著发展,语言研究呈现了一种新的趋向——语言研究同文化和其产生作用的社会研究结合了起来,不再与客观现实脱离。在最近几十年中,一些杰出的语言学家,例如莱多(Lado)、布鲁克斯(Brooks)、里弗斯(Rivers)和察斯特恩(Chastain)等均赞同斯特恩(Stern)(1983:250)的观点:"文化理解和交叉的文化比较是语言教学法必不可少的一个组成部分"(Cultural understanding and cross-cultural comparisons are a necessary component of language pedagogy)。

语言与文化

语言不是真空的,它深深地扎根于人们的文化中,并且反映该社团的全部信仰和情感。马林诺夫斯基(Malinowski)(1964)曾论述:"语言必定扎根于文化现实、部落生活和人们的风俗习惯之中……。"不论及语言、话语的大概念,人们就无法解释语言。每一种语言均有特定的词汇条目,两种不同的语言其词汇概念也是不同的。例如,在乌尔都语中,有五个表达英语中"米"(rice)字概念的词汇,即 chaval(生米)、bhat(煮饭)、palao(炒饭)、biryuni(肉米饭)、zarda(甜饭)。

在任何一种语言中,词的意义不是独立的,它受到社会习俗的制约,根据萨丕尔(Sapir)的观点,语言"完全是经验的符号表示"。心理学家奥斯古德(Osgood)认为,人们言语的全部意义是其在成长的文化环境中所获得的一种经验的结果。由于语言和文化之间的这种相互关系,在两种不同的语言中,要想找到完全对等的词语是很困难的。例如,英语spoon-feeding(填鸭式的灌输)一词,乌尔都语中就没有对等词。同样,英语中也没有阿拉伯语中 munafiq 一词的对等词,hypocrite(伪君子)一词并不能完全确切地传达其细微的意义差别。有时,即使词语之间的字面意义相符,但它们之间的内涵意义仍然可能不同,或它们所唤起的情感联想不同,例如母亲(mother)一词,在一种文化中可能有非常强烈的另外一种内涵意义。在这种文化中,该词的内涵意义很容易理解,即孩子们被看作是属于部落或氏族的,而不属于各自的父母(Rivers, 1968:265)。

文化与阅读理解

在阅读外文时,我们摄取三层意义:词汇意义、句法或语法意义和社会文化意义。至于词汇意义或语法意义,学生可以借助于词典或语法教科书,而要领悟其社会文化意义,对外语学习者来说则是最困难的。因为社会文化意义涉及到该社团的价值观、信仰和其他各种观点。阅读是一项涉及面广并且是很复杂的技能,并不是一项简单的译码工作,仅仅理解文章的表层意义（surface meaning）是不够的。按照威多森（Widdowson）的观点，阅读是"作者和读者之间的一种相互作用（interaction）"。如果不领悟目的语的文化，那么，就不可能产生这种相互作用。有效的阅读要求读者对目的语文化持一种好感的态度（sympathetic orientation）。如对目的语文化持蔑视态度，常常妨碍学生阅读理解能力的提高。费恩·S·尤塞夫（Fathi S. Youself）在题为《交叉文化测试：文艺复兴反响的一个方面》（Cross-cultural Testing：An Aspect of the Renaissance Reaction）的报告中评论说，学生"不情愿、不能理解或接受目的语文化"影响了有效地学习目的语，因此，教授一门外国语就成了很棘手的问题，在文化偏见很严重的国家尤其如此。所以，帮助学生冲破本族文化的束缚，激励他们去理解目的语文化，对有效地进行外语教学至关重要。

外语教学的目的之一是，使学生通过了解操另一种语言的人的生活和思想，促进国际间的理解和合作。如果对另一民族的文化持敌视态度，那么这一目的就不可能实现。学习外语并不仅仅能使学生培养其对该语言的文化的理解能力，而且能使他们通过接触伟大的思想和文学，促进其本身的文化修养，因为文化学习常常被解释为"发展高级能力、想象力、审美观和智力的一种训练"。

许多语言学家对外语教学中采用不受文化束缚的阅读材料提出了疑问，如教科书根据学生熟悉的主题编写，反映其本族文化，这样做就破坏了语言的完整性，将语言同社会环境割裂开来。语言和文化是不可分割的，不能只学语言不学文化或学习其文化而不了解其语言。艾贝多尔杰瓦德（Abdoljavad）、杰法珀（Jafarpur）等人（1980）所进行的实验表明，在阅读理解能力方面，学习目的语文化阅读材料的学生，要比仅学习本族语文化阅读材料的学生强得多。

教师的作用

由于大多数学生生活在单一的语言（monolingual）和单一的文化（monocultural）环境中，因此常常受到本族语"文化的束缚"。这就使外语教师承担了巨大的教学责任——帮助学生消除对其所教授的语言的文化偏见,培养对不同社会行为的容忍性。教师应该使学生深刻地认识到,观察事物的方法多种多样,文化差异并不一定涉及正确与错误的道德问题。

作为一名外语教师,必须具有理解其所教授的语言的文化和学生本族文化的能力。这种双重文化的理解能力,对于辨别各方面的文化背景是必不可少的。如果不对文化背景进行必要的解释并直接介绍给学生,学生就可能无法理解。这种能力还能帮助教师消除由于外国文化中自身观点问题所造成的各种误解。

由于许多外语教师并不直接接触外国文化,因此,他们应该通过严格的阅读训练弥补这一缺陷,即用研究文学的方法进行必要补充,批判地阅读文学名著,分析其不同的解释及可能产生的偏见和宣传的目的,因为文学是文化的宝库。对文化的了解也可以通过各种媒体获得,例如报刊、广播、电视等,若有可能的话,他们还应该同操本族语者进行友好的接触。

最后,但非常重要的是,在课堂上进行对一种文化内容的介绍时,外语教师必须持完全中立的态度,不要给学生造成在向他们兜售外国文化的印象。所采用的方法应该是知识性的、有分析的和客观的,正如里弗斯(Rivers)(1968:271)所说的那样:"教师在教授文化时,无论他是外国人或是操本族语者,都不应该是沙文主义者;他必须克服任何力图证明一种文化比另一种文化优越的想法。教师在课堂上既不要强化学生的偏见,也不要攻击学生所具有的根深蒂固的偏见。教师的目的不应是改变任何一种体系。"

在课堂上教授文化

语言教师的首要任务是教授语言,因此他们应该把与语言相关的文化内容作为必不可少的一部分融入语言学习过程中。因为教授文化内容应该同教授语言结构和词汇紧密地结合起来,不然的话,就背离了语言教学的根本任务。通过语言的使用,教师应该帮助学生掌握话语的正确语体,了解人们的社会态度和社会行为。这样才能激励学生去观察各种文化之间的异同,并且能引导他们逐渐消除对另一种文化的反感。

无论学生的水平如何,教材始终应该是受文化约束的。用外语表达学习者所熟悉的本族文化的教科书不利于激发学习者的好奇心和学习积极性,从而语言学习的任务也就难以完成,因此恰当地选择教学材料是语言学习获得成功的关键。

对话：在初级阶段,对话常常被认为是介绍文化内容、行为模式的一种极好的媒介物。对话的语言和情景都应该是很自然的并且要易于理解,它应该建立在目的语的得体化及和语言学习者的年纪与兴趣相一致的基础上,而且应该包括本族文化和非本族文化之间的类同和差异的各个主要方面。学生应该记住对话并且进行演练。通过扮演角色的活动,学生应能够自然地进入对话中的各种角色,从而对所学语言国的文化比用数小时的评论和讲解能获得更深刻的理解。

请看以下对话是怎样帮助教师向学生传授文化内涵意义的。

Paul：Hello. How are you?

Don：Fine, thank you. How are you?

Paul：Fine, thanks. Oh, excuse me — here's my bus. Goodbye.

Don：Good-bye.

对话应该按学生的语言水平选择,这一对话中的问句是零起点,所以要求交换操练。几乎所有文化都有这一对话中的类似情景,但是,就社会行为而言,仍然有重大的差异,教师应该就对话中反映出来的文化模式、英语为本族语者独特的方面进行解释,并同本族文化进行比较,帮助学生了解两种文化的异同。

图片与电影：传授文化知识的另一个方法是用图片说明课文。教师应该审慎地选择图片,以避免目的语文化的某些方面同外语学习者的文化相抵触。图片应该描绘文化行为的一个主要方面,展示其现代生活的风貌。如果没有现成的图片资料,教师应该自己画一些展示该民族文化的草图。

电影也是一种强有力的反映文化生活的媒体,它向人们生动地展现了外国文化的各个方面。教师应该讲解电影所展示的文化内容,因为仅仅进行观察,常常会使学生误入歧途。

随着学生语言水平的不断提高,教师应该用事实和解说性的材料替代对话和图片。此时,应该通过语言媒体教授文化。用由短篇小说、诗歌、戏剧节选和选自主要报刊的文章组成的教科书作为课堂的主要教学材料。阅读材料应该是用现代语言反映当代人们的观点和社会现实。

此外,教师应该经常邀请操本族语者给学生讲课,并且应该鼓励学生就文化问题和自己迷惑不解的问题进行学习研究。在高年级,学生基本上将通过学习文学去理解目的语文化。文学通常反映人们的生活和文化。因此,学习外国文学能使学生通过艺术手段体验目的语文化。

结　论

阅读而不理解纯粹是一种浪费。理解能够激发学习兴趣。缺乏理解,则兴趣大减。在教学中,我们发现,有时学生认识一个句子或一篇文章中的所有词语,又能分析语法结构,但仍然不解其意。造成这种状况的原因之一,是缺乏对目的语文化的了解。因此,教阅读的教师应该帮助学生熟悉目的语的文化,在教授语言中必须教授文化,学生的文化知识越丰富,理解篇章内容的能力也就越强,学习外语的信心也就越足。不注重文化学习,而期望学生提高阅读效率仅仅是美好的幻想而已。但这并不是说,学生应该一头埋进外国文化,而放弃学习本族文化。学习外国文化也并不意味着按其文化来创造学习者的生活,而是应该仅仅限于学术兴趣。

——本文发表于《外语界》1988 年第 3 期

编译自《英语教学论坛》(*English Teaching Forum*) 1988 年 4 月号第 44—46 页。

英语作为外语教学的
信息处理方法

在整个 20 世纪 50 年代和 60 年代初期,语言教学界普遍接受行为主义的教学方法。那时,听说法盛行,人们持这样一种观点:只有当刺激与反应结合起来时,学习才能有效地进行。然而在过去 15 年左右的时间里,严格的行为主义学习观点逐渐转向现在的学习心理学受认知理论支配的见解。这些理论的目的在于解释学习富有意义的材料的过程。认知主义者认为,这些材料不能用后果反射的条件作用运算数值(Operant Conditioning)来解释。

认知心理学家们把学习过程解释为重新组织认知结构的过程。他们认为学习是一种积极的过程,这就是人对自己所处环境的不断理解。知识的获得并不是只取决于学习的对象或学习者本身,而更多的是在于这种理解。例如,感性认识并不是被动地吸收外界的刺激,它是一种相互作用,使外来的刺激经过选择并且与人类本身所具有的认知结构联系起来。人所领悟到和学到的东西依赖于他所具有的认知结构及其可能适应的新的信息。

信息处理模型

认知主义者们在讨论富有意义的言语材料习得时,常常提及信息处理记忆模型。这个模型将大脑比作计算机,在该模型中大脑和计算机都解决信息处理和信息储存,短期记忆相当于计算机的"随机存储器"(Radom Access Memory),长期记忆相当于计算机的"读出存储器"(Read-Only Memory),这个模型种类繁多,不过下列简化了的一种则是主要的组成部分。

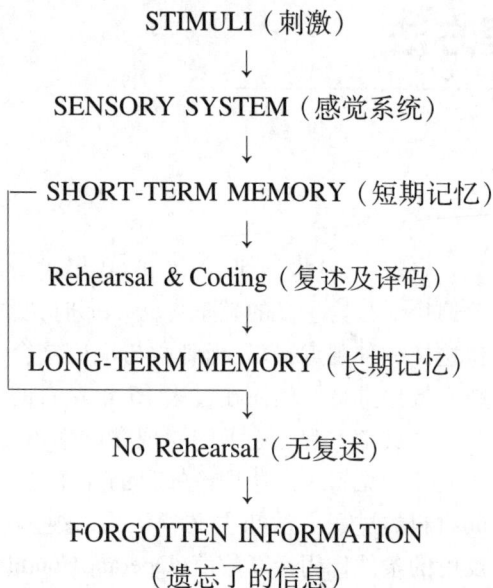

STIMULI（刺激）

↓

SENSORY SYSTEM（感觉系统）

↓

┌── SHORT-TERM MEMORY（短期记忆）

│　　　　　↓

│　　Rehearsal & Coding（复述及译码）

│　　　　　↓

└── LONG-TERM MEMORY（长期记忆）

↓

No Rehearsal（无复述）

↓

FORGOTTEN INFORMATION
（遗忘了的信息）

　　在这个模型中，物理刺激，例如声音、光线、温度等传入人的感觉系统，又从感觉系统进入短期记忆或储存系统。储存项目很有限（大约七个部分），在任何点上都是从几秒钟到几分钟。短期记忆对干扰非常敏感，要是新的信息输入了，它就把旧信息"推出去"（push out）。这样一来，如果好的信息没有复述、译码（code）并传入长期记忆系统，那信息很快就会被遗忘。由于短期记忆采用的主要译码是音响译码，因此，复述一般采用言语重复的形式。复述的主要目的之一似乎是为了把信息在短期记忆的系统中保留足够的时间以便进行译码并且输入长期的记忆系统。在短期记忆系统中，信息可能被"推出去"和遗忘，而在长期记忆系统中，信息显然不会被忘却，它存在于大脑之中，关键在于找到它并将它取出。长期记忆永久性地储存着大量的信息。

课堂应用

　　这种心理学模型对我们教师在课堂教学中究竟会产生怎样的影响呢？我们怎样才能帮助学生记住重要的信息？或者作为一个认知主义

者来说,我们如何帮助学生用某种随时回忆信息的办法把信息注入到长期储存系统中去呢?

1. 入门学习(Initial Learning)。教师要做的第一件事情是要确保信息清晰、正确地注入短期记忆系统,因此教师必须使学生注意力高度集中,也就是说,教师必须诱发出一种定向的反应。对此可以用各种方法来实现:可以大声宣布:"注意! 本堂课的结束前要对这方面的内容进行小测验!"也可使用更为巧妙的方法,例如:选择富有激情内容的例子;使用引人注目的画面(图表、图片、彩色字母等),或变换讲话的音量与语调等。

一旦教师集中了学生的注意力,他必须确保学生具有健全的吸收新信息的认知结构系统。要不然,学生就根本学不到新东西。达到这一目的的方法之一是把论题拿出来讨论并召开集思广益的"诸葛亮"会议。在会上,学生会直率地将他们已经掌握的有关该主题的全部背景知识贡献出来。这样,教师就可了解到学生掌握了多少背景知识,因而教师能够选定该课程的突破口。这种讨论形式也有助于取得全班的平衡,也就是说,学生可以互相学习,大家都从相同知识水平的基础上开始学习新课程。

如何运用入门学习方法的一个具体例子是:我最近教授一批自然科学专业的一年级大学生的高级阅读课。在这个班上,我的目标是学生应该学会鉴别和理解他们在阅读中可能遇到的新词的定义。我希望这能帮助他们理解所有的阅读文选,并节省时间,因为如果他们能辨认和理解文章中所提供的定义,就无需再借助词典弄懂该词的意义了。

上课一开始,我在黑板上用很大的印刷体字母写上"STRIKE"一词,并给学生下列句子,以使学生理解其意义:"The employees of this university are on strike"。在那时,也正好确有这种事情。事实上,罢课极有可能波及到该校教师与学生,使学校瘫痪。因此,"罢课"这个词显然对学生有着强烈的含义并且吸引了每一个人的注意力。然后,我们集思广益,写出建立在他们真实的和直接经验基础上的该词的定义,并讨论各种不同的定义和每一定义的主要组成部分。

2. 记忆。一旦信息适当地进入短期记忆系统后,接下来就是要确保它们输入长期记忆系统。为此,可采取若干种方法:

a. 首先,材料应该对学生富有意义并尽可能建立在他们已掌握的知识基础上。在长期记忆中,联系越密切,需要信息时,追溯也就越容易。我们可以这样比拟:长期记忆好比一个文件柜。它帮助学生把新的信息串联起来并把它们吸收进已经形成的体系中去。

在上面提到的班级里,我选择了"STRIKE"一词下定义,因为在那时,这个词对学生来说非常有意义。该词也是建立在学生已有的知识基础上的,因为学生知道该词在西班牙语中的意义,并且在那时,他们也置身于该词所表示的意思之中。

b. 其次,教师应该有系统地传授知识。大量的研究表明,长期记忆的信息是有组织或有系统地存储的。因此,用有系统的形式教授新知识可以使学生不必在记忆之前再进行组织了。教师可以使用"高级体形式",即可以提供即将要介绍的信息的大体的总的看法(概要形式),以后再补充详细的内容;或者教师可以先使用较低水平的等级,然后逐步建立较高水平的等级。至关重要的问题是介绍中要系统化、条理化。

在讨论定义的课程上,我使用一种学生将来要学的高级体系,将各类定义列入简要的提纲:

(1) 正规的定义:a)真实的定义;b)字面上的定义

(2) 非正规的定义:a)功能性定义;b)描写性定义;c)过程类型定义

然后,我们开始由一般到个别解释概要的定义并逐渐增加新的信息。首先,我们讲解正规与非正规定义之间的区别。然后,我们就真实含义和字面意义定义之间的区别特点进行讨论。最后,扼要地区分一下功能性定义、描写性和过程类型定义之间的差别并分析每一类型的例句。

c. 最后,新知识应该少量地介绍以使学生消化和经常进行复习。分散操练比填鸭式灌输更能促进学习,复习能促进全面学习,也有助于减少遗忘。

在定义课上,我们给学生布置与课堂内容有特殊联系的家庭作业。家庭作业中有新的文选,让学生辨别定义及其组成部分等等。这些新文选的主题同学生在其他课程中读到的紧密相关,因此这些材料对学生来说很有意义,而且将来也比较容易地转换到新情景中去。同样,在该课程的其他教学单元中,那些定义还在有关阅读文选里一再出现。例如,接下来的单元是比较和对比,在这一单元中好几篇阅读材料都有被比较的词语定义。在阅读这些文选时,我要学生辨别定义、指出组成部分的类型,等等。

3. 传递。尽管教育直接的和很明确的目标是帮助学生学习新的东西并将这些东西记住一个时期,然而,大部分知识的长远目标应该是可转换的。由于学生校外生活的环境很难与课堂的环境相同,因此学生必须能把所掌握的技能和知识应用到现在和未来的学习中去。教师如何来帮助学习提高这种转变能力呢?

a. 一个重要的方法是教授一般规律和原则,而不是细节。大量的研究表明:各种原则记忆时间较长且较容易转换。这种方法的范例可以用来教授前缀和后缀。不只是简单地给一个词下定义,如"unchanged",指"没有经过演变的事情",而是要解释前缀否定词根"change",后缀则把它转化成过去分词,在这种情况下作形容词用。

b. 教师应该指出已经介绍的信息和相同的信息之间的异同之处,这会促进积极的转换而避免消极的转换。再回到"STRIKE"一词定义的例子上来,我曾指出我们所给的定义仅仅是"STRIKE"可能表示的某一种意义,从这里开始,接下来我们给予其他几种常见的定义以使学生在阅读中碰到该词时能够选择适当的词义。

c. 最后,教师应该提供许多不同的例句,运用学生也许会碰到的真实的情景并且应该使学生尽可能多实践。上定义课时,教师可以把若干件物品带到课堂上,将学生分成若干小组并就同一物品写出若干种不同的定义(正规的、非正规的、结构上的和功能性的等等)。也可以用做游戏的方法,让一个小组读出一件物品的定义,其他小组要能猜出该物品是什么。

结束语

概括地说:根据认知学习理论,教师在备课和上课时应把许多事情牢记心间。首先,向学生传授的知识——刺激物应该是有吸引力的,有启发性的,并要适合学生水平,使得新信息清晰地、正确地输入短期记忆。一旦该材料进入短期记忆,教师应该提供复述的机会(即例句、练习等),使学生将材料理解,然后输入长期记忆。但是,即使如此,教学过程仍然没有终结。教师应经常复习已教过的新材料,将它们与新信息联系起来,帮助学生组成新的联想并把他们掌握的知识运用于新情况。按照认知主义者的观点,学习是一种积极的、连续不断的过程。大家都拥有的认识结构体系不是静态的结构,而是根据新信息不断进行调整的组织体系,以适应我们所处环境时刻变化所造成的冲击。

——本文发表在《外语界》1985 年第 3 期

译自《英语教学论坛》1984 年第 1 期。原文作者:(西班牙) Cheryl L. Champeau De Lüpez.

一种改进教师提问的体系

　　语言教师提问很多。事实上,在英语作为第二语言(ESL)的课堂里提问是最常见的话语类型之一(Sinclair & Coulthard, 1975)。有一项研究表明,一位 ESL 教师仅在 50 分钟的一堂课里就提问 427 次(White & Lightbown, 1984)。在研究 ESL 教师的提问中,Long 和 Sato(1983)发现,教师们向被提问者就已知信息的显示性问题(display question)进行提问要比向被提问者就新信息的参考性问题(referential question)进行提问要多。在一项有关的研究中,Brock(1986)认真调查了显示性问题和参考性问题的作用。她发现,参考性问题往往诱发出比较长、在句法上较为复杂的回答,而且这些回答富有意义,有效地包含了更多起连接作用的词或词组。这些词和词组在帮助操非本族语者卓有成效地进行交际方面起着重要的作用。参考性问题有效地促进语言学习者使用更为复杂的句法结构的一个原因是,参考性问题一般要求比较有创见的回答,而显示性问题仅仅检查记忆而已。参考性问题要求完成推理、评价、鉴赏和其他多种复杂的认知工作。

　　Brock 发现,教师们能够学会变化对学生提问的类型,拟包括较多的参考性问题,从而增加课堂上交际的价值。帮助教师改进提问技巧的培训方案目前使用着两种有一定认知难度的主要类型,即 Bloom(1956)和 Gallagher、Aschner(1963)类型。这些类型提供了对最广泛使用的课堂教学的认知复杂性层次(hierarchy)的描述。但是它们并不是用来设计作为改进教师提问的培训手段,也不是具体用来开发语言课堂的。结果,它们很难适用于分析英语作为第二语言课堂教师的提问。因此,本文打算描写具体训练教师使用更为概括不同认知难度的参考性提问体系。当前在西雅图地区已有很多学校使用这种体系,它能适用于不同年龄层次的群体或不同水平的层次,既适用于有经验的教师,也适用于新教师。本体系包括三个主要部分:提问的分类;帮助鉴别问题类型的主要词语一览表;了解课堂话语问题类型项目表。

提问在英语作为第二语言课堂中的功能

在过去的十年中,学习原理的研究着重于学习过程中学习者所起的积极作用。Frank Smith(1971,1975)提出了这个以学习者为中心的重要陈述之一。他把学习描述为假设形成、检验和修改的过程。学习者面临着新信息或新任务时,必须改变其内在知识表示的状况,使新信息适应旧信息所作的努力是学习的核心。继 Smith 之后,Zamel(1981)把课堂上的相互影响描述为信息和反馈的循环圈(circular loop)。按照她的观点,课堂交际取决于经常性的信息沟通。在这中间,教师的提问起着至关重要的作用,"如果我们教师期望得到某一个具体的语言行为,那么就必须确保学生能懂得我们的提问……,(我们)必须密切注意信息的清晰性——学生是否清晰地理解所提的问题"(Zamel,1984:141)。这意味着教师必须明白正确地理解某一个具体问题对学生内在知识的表示可能提出的要求的性质。教师仅仅知道某一个问题的几个可以接受的答案的范围是不够的。相反,他们必须正确评估学生回答一个具体问题所作出努力的认知困难程度。

在使用交际法的课堂上,要求教师了解提问的作用特别重要。在这种课堂上,显示性提问可能寥寥无几,而参考性提问则比比皆是。这些参考性提问可能在认知困难方面的差异甚大。有研究表明,提问的认知层次对学生的回答有着显著的影响。Wilson(1973)在第一语言教学的研究中,发现回答的认知复杂程度主要取决于提问的认知复杂程度。Dillon(1981)和 Smith(1978)发现,认知困难层次低的记忆和辨认提问一般较之要求学生表明意见或解释的高层次提问诱发出的回答要简短些。Cole 和 Williams(1973)发现,教师提问的认知层次还决定了学生回答的句法复杂性程度。提问认知复杂性的低层次一般同句法比较简单的回答有关。

这些研究表明,不同类型的提问对学习者和学习过程的影响有着重大的差别。有些提问只要回忆一下简单的词组、课文的某一个细节或词汇意义项目就可,而还有一些提问可能要求学生系统地提出和表达一个观点或对某一事件或阅读段落进行评论。诸如此类的差异不仅影响学生回答的认知复杂性程度,而且也影响学生回答的语法复杂性程度。这些提问困难层次的重大差别因 Thomas Barrett 提出的提问分类而受到关注,而且已适用于英语作为第二外语的课堂教学。

提问的分类

这个分类将提问分成五种性质复杂的层次:(1)字面理解(literal comprehension);(2)重新组织(reorganization);(3)推论理解(inferential comprehension);(4)评估(evaluation);(5)鉴赏。这些类型是根据每个层次对学生认知要求难度的增加而安排的(Bloom,1956)。第一层次和第二层次的提问可能类似一项直接源于课文的测试信息情景,必须回忆或重新组织。一般来说,这些是显示性问题。如果学生能够正确回答第一和第二层次的问题,没有受过提问技巧训练的教师也许会觉得这一堂课上得很成功。然而其不足之处又迫使我们去思考,在理解和交际中去体验,从而致力于积极处理输入(input)。此外,这种低层次的认知回答可能用相对简单的语法结构来表达。通过包括在课文中的第三、第四、第五层次的提问,教师们可使学习者更好地参加处理输入、交际、组织和表达自己的观点。

每一等级的层次可分成问题类型的次要分类(subcategory)。在次要等级的单一层次内,这些次要分类不按难度顺序排列。

下列分类大纲包含了主要层次和次要分类,并附有每一主要层次认知任务的简要说明。在大纲中,"课文"指的是书面课文和英语口语。

提问认知难度分类

1.0 字面理解:要求学生注意课文中明确阐述的观点和信息。

1.1　辨认：要求学生找出或识别课文中明确阐述的信息。

1.11　识别细节

1.12　识别要点

1.13　识别结果

1.14　识别比较

1.15　识别因果关系

1.16　识别人物性格

1.2　回忆:要求学生回忆课文中明确阐述的信息。

1.21　回忆细节

1.22　回忆要点

1.23　回忆结果

1.24　回忆比较

1.25　回忆因果关系

1.26　回忆人物性格

1.27　回忆作者的文章结构

2.0　重新组织:要求学生分析、综合或组织信息;包括引用、小结和释义。

2.1　分类

2.2　略述

2.3　小结

2.4　综合

3.0　推论理解(inferential comprehension)：要求学生运用课文中明确阐述的信息和亲身经历及知识,推测并形成假设。

3.1　推测支撑(supporting)细节：要求学生猜测可能包容在课文中的信息。

3.2　推测要点

3.3　推测结果:要求学生猜测除已明确阐述的事件以外可能会发生的事情,包括猜测课文结束后的延续事件。

3.4　推测比较

3.5　推测因果关系

3.6　推测人物性格

3.7　推测作者的文章结构

3.8　预测结果:要求学生在仔细阅读一部分课文后,推测课文的结果。

3.9　解释比喻语言

4.0　评估:要求学生用课文中的信息和概念同教师或其他权威人士所提供的材料以及学生本人的知识和经验进行比较,以形成各种各样的判断。

4.1　判断现实和幻想:要求学生回答"Could these events really happen?"的问题。

4.2　判断事实或意见:要求学生评价作者或说话者的能力以便提供结论的论据和作者或说话者的用意(说服、传达信息等)。

4.3　判断适合性和有效性:要求学生将课文同有关材料相比较,以便表达赞同或反对。

4.4　判断适合性:要求学生确定该课文中哪一部分最为重要(例如,解释人物性格、测定结果等)。

4.5　判断价值、合意性和可接受性:要求学生在价值体系、道德准则和亲身经历等的基础上作出判断。

5.0　鉴赏:要求学生按照个人的标准和文学体裁(literary form)、文体(style)、风格(genre)、理论以及评论方法等把课文同情感效应和美学效应联系起来。

5.1　对课文的情感效应:要求学生把兴趣、厌烦、激奋等感情联系起来。

5.2　鉴别人物或事件

5.3　对作者或讲演者的语言的内涵和外延用法的反应。

5.4　对比喻的反应

不同层次提问的形式

提问的表层语法形式未必反映提问的认知难度层次。例如,问句"Who stole the car?"可能是字面理解提问的第一层次,课文直截了当地提供了答案。如果学生必须推论或推测,那就可能是第三或第四层次的提问了。尽管提问的形式和它们分类层次之间不存在什么关系,但是某些关键词组同层次有关。下面的关键词组一览表能帮助教师鉴别提问的层次，从而加强对提问的控制。

同分类一起使用的关键词组

层次 1.0　字面理解
　　1.1 辨认：Find ...
　　　　　　Show me ...
　　　　　　Locate ...
　　　　　　Identify ...
　　　　　　Point out ...
　　　　　　Read the line that ...
　　1.2 回忆：Tell me ...
　　　　　　State ...
　　　　　　List ...
　　　　　　Recall ...
　　　　　　Describe ...
　　　　　　What caused ...
层次 2.0　重新组织
Compare ...
Contrast ...
List ...
Paraphrase ...
Classify ...
Divide ...
Summarize ...
How is ... different from ...
How is ... the same as ...
层次 3.0　推论理解
Pretend ...
Suppose ...
Could ...

How could ...

What might have happened if ...

If we assume ... , what might ...

What would the consequences be if ...

What are the implications of ...

层次 4.0　评估

Should ...

In your opinion ...

What part of the story best describes ...

Do you believe ...

Would you have ...

Is it right that ...

层次 5.0　鉴赏

Do you know anyone like ...

What did you think when ...

Did you（dis）like ...

分类的用法

　　与前几种不是为教师课堂使用而设计的认知难度分类不同,这个分类经过 2—3 个小时的训练便能使用。首先,教师应该分析课堂的实际相互影响,无论是身临其境的还是放录像的相互影响。这一训练的目的在于熟悉等级,并且学会辨别提问的不同类型,各组教师可以一起来做,讨论具体的提问并且根据等级的层次尽可能把提问分成更多的类型。如果一时难于确定某一具体提问的层次,教师们应该继续讨论该课文中将进行提问的其他问题。这样分析的目的并不是将每一个提问都进行分类,而是逐渐熟悉分类和具备大多数课堂提问分类的能力。

　　在第二个训练阶段,教师应该分析一下自己的班级,如果有录像的话,它可为教师提供研究自己提问技巧最好的方法。录像为获取课堂上每一提问层次使用频率的意识尤为重要。

　　理解了提问层次之后,教师可以准备作为课文教案一部分的该分类具体层次内的提问。经过实践,教师可以将这些提问同课堂讨论结合起来,从而加强教师对提问层次的控制,有效地提高教师提问的技巧。

作为使用分类训练的一部分,教师可能需要一份记录各种提问类型的项目表(checklist)。此表是一份包括该分类所有主要层次和次要类型(subcategory)的样本项目表(sample checklist),其较为简单的形式只包括主要层次。提问时,检查的记号要打在适当的位置。项目表为教师听课或观看录像课时做好记录提供了一种高效率的方法。

除了教师提问以外,学生之间的互相提问和学生向教师提问也可以用该分类来进行分析。例如,在课堂上讨论学生的口头陈述似乎是令人厌烦的重复且枯燥无味,这也许是因为学生对陈述者的提问局限于回忆性和辨认性的提问。这个分类便是为确定要否鼓励学生扩大提问范围提供了一种体系。

结束语

人类交际的复杂性使得语言教学成为教育的最大挑战之一。提问的认知难度受到众多语境(contextual)因素、感情因素和人际关系因素的影响,包括讨论和阅读的题材、班级里人与人的关系、人们各自对背景知识的设想、课程目标和最终目的以及其他可变因素。幸运的是,课堂上相互影响的提问可以重复陈述、修正和澄清。但是永远也不应该因为学生不理解而放弃提问,因为误解也提供了学习的机会。教师应该要求学生掌握语言和认知能力。学生从缺乏知识过渡到具有理解能力之际,就是语言习得产生之时。意识到提问的认知复杂性,教师可以更好地就他们的提问向学生提出的挑战进行评估,因而可以更好地决定如何帮助学生应付这些挑战。

——本文发表于《外语界》1989 年第 3 期

译自《英语教学论坛》(*English Teaching Forum*) 1989 年第 1 期。原作者:James W. Tollefson。

阅读技能课

宋卡亲王大学的英语教师，同其他国家英语非官方语言的教师一样，面临着一个艰巨的任务，即使学生必须具有读懂英语为本族语言的人所编写的各种教材的基本水平，例如化学教材、生物教材、政治学教材等等。尽管其他技能——听、说、写——也应该提高，然而，最基本的技能是阅读。

由于学时控制在二至四个学期，1974 年开始我们一直教授大学专业英语（EAP, English for Academic Purposes），而不是教授普通英语课程。通过大学专业英语的教学，学生具备了最基本的阅读各门学科英语教材的技能。我们的阅读技能课程是为教授大学专业英语而设置的。阅读技能课程仅仅是整个科技英语课程中的一个部分。科技英语课程包括句法、写作以及科学描述。然而，这些课程的学习又促进了阅读能力的提高。

内于科技题材包含着各种概念，这就需要人们仔细详尽地阅读。一个熟练的读者必须同时兼有几种技能：必须能快速阅读，同时透彻地理解主题思想。因此，我们设置了阅读课程教学大纲，向学生介绍四种不同的阅读方法：略读（Skimming）、查阅（Scanning）、通读（Comprehensive Reading）和评读（Critical Reading）。待学生掌握了这些技能以后，教师就可以训练他们记笔记了。记笔记是这门课程的最终目的，所有侧重科技方向的学生都必须学习这门课程，尽管他们的学时二至四个学期不等。

在这篇文章里，为了阐述明了，我将按逻辑步骤介绍阅读技巧。不过，请注意，这些技巧不能按照我这儿的顺序介绍给学生，似乎应该按照阅读材料的适度和学生的需要为顺序。

略读

鉴于每一专业领域都有许多与该领域有关的材料,因此教师也必须有选择地向学生传授知识。略读技巧能使学生只选择阅读那些值得一读的东西。

略读方法

1. 预习(Preview)

2. 纵览(Overview)

3. 概观(Survey)

运用预习方法,学生可以了解书或文章是否由某一方面专家所撰写以及内容是否是自己所要寻找的。在纵览中学生可以了解题材设计的目的和所涉及的范围,并且可以找到自己所特别感兴趣的部分。通过概观学生能了解阅读材料内容的大意。

然而,略读是一种帮助学生运用快速阅读、选择阅读来了解阅读材料大意的技巧。由于我们的学生在阅读用他们本国语言所编写的教科书时已经养成了略读的习惯,所以在我们的课程中没有把着重点放在略读上。

查阅

查阅可以帮助学生迅速查寻他想从阅读材料中所知道的某一特定资料。这种查寻方法就好比在词典中寻找一个词的意义、在索引的标题下寻找所需的文章、从课文中寻找某些问题的答案一样。

查阅步骤:

1. 牢记所要找出的特定资料;

2. 抉择哪些线索有助于获取所需信息;

3. 尽可能快地向下移动视线,寻找线索;

4. 阅读含有线索的部分,找出所需信息。

这种方法可以训练学生注意线索,帮助他们找到某一特定的资料。这些线索可能是一个词或几个词、标点符号、字母顺序、数字等等。为了迅速获取所需的信息,学生还要学会快速移动视线,只寻找线索。要掌握查阅技巧需要大量的实践,因此教师应该鼓励学生在整个课程中任意运用这一技巧。在课堂上学生对这一技巧是感兴趣的,而且这一技巧能使课程不枯燥。

通读

由于科技教材包含着大量信息,其中大部分是例证,因此学生必须慢慢地、仔细地阅读,以获取所需的信息并理解题材的内容。通读需要综合各方面的知识和各种技能。这些技能在我们的课程中是受到重视的,因为它们能帮助学生在阅读科技教材时有效地处理所面临的各种问题。

为了能读懂科技题材的东西,学生必须学会并运用下列技能:

1. 词汇识别;
2. 句子理解;
3. 段落分析;
4. 插图解释。

这些技能下面将详细讨论。

1. 词汇识别。学生在阅读英语作品时,因经常碰到一个棘手的问题,即无法确定词义,因而也就无法理解所阅读的东西。为帮助他们解决这个问题,我们教授给学生三种有用的方法:

a. 最简单的方法是在词典中查寻该词的意思。从某种程度上说,这是最好的方法,因为词典提供了该词的确切意义,因此教师必须教会学生有效地使用词典。

b. 第二个方法是运用单词分析的手段来解释词义。教师要教会学生把单词拆分成很小的成分:词干、前缀和后缀。在整个课程中,我们频繁地向学生介绍常用的词干和后缀的意义。这样教师就可以教会学生运用把单词拆分成两小部分的办法,找出疑难单词的意思。然后解释每一部分的意思,最后确定整个单词的意思。

c. 最后一个方法是利用上下文内容的线索,从上下文内容中推测出单词的意思。教师要教会学生发现线索,指出上下文内容能提供一些定义和对比叙述。学生可以利用这两点猜出所不认识单词的意思;描写情景的上下文内容也许还可能使学生运用自己的经验和想象力猜测出单词的意思;而且学生还能够从上下文内容推论出单词的意思。

教师要鼓励学生运用词语分析,寻找上下文内容线索的方法,确定不认识的词汇意义。因为这些方法不打断阅读思路。如果学生不能有效地运用以上两种方法中的一种方法确定词义,那么就只得借助词典了。

2. 句子理解。阅读英语教科书、文章或者其他作品时,会常常出现尽管学生认识句子中的每一个单词,但是仍然无法理解整个句子意思的情况,尤其是碰到长而复杂的句子时更是如此。为使学生理解这种类型的句子,我们提出四个方法:

a. 分析句子;

b. 识别标点符号线索;

c. 辨别同义替换用词(Reference Terms);

d. 辨别起连接作用的词语(Signal Words)。

四种方法详细叙述如下:

a. 分析句子。学生不理解句子时,应该先把句子拆分成几个部分,再分析句子。为了使学生能正确地这样做,教师必须教会他们识别各种句型。具备了这些知识,学生就能通过寻找主要动词和主语(仅仅是主语,不包括修饰语)分析复杂句。如果主要谓语带有宾语或者补语,学生必须找出宾语(不包括它的修饰语)或者补语,最后再看修饰语。这一程序可以帮助学生理解句子结构。

b. 识别标点符号线索。标点符号同词汇一样帮助传达作者的思想。因此,学生必须识别标点符号的意义及其用法。在整个课程中,我们鼓励学生运用他们所具有的标点符号的知识,帮助他们理解词组和句子。

c. 辨别同义替换用词。同义替换用词是用来替代类似的词。这样,作者就不必要多次重复一个单词。教师应该鼓励学生搞清每一处所应用的同义替换用词的意义。

d. 辨别起连接作用的词语。起连接作用的词语可以是一个单词或词组。它们在句子中、句子之间或段落之间起连接作用。泰国学生一般不了解这些词语在英语中的重要性,这种倾向限制了学生对所阅读材料的理解。因此,我们教导学生要更加重视起连接作用的词语,并尽可能了解它们在每一场所中的作用。

我们向学生介绍起连接作用的词语是哪些表示:

a. 并列：和、也、除了等等；

b. 因果关系：因此、由于、结果等等；

c. 条件：如果、既然、除非等等；

d. 转折：但是、虽然、尽管等等；

e. 比较：同、不同、同样等等；

f. 疑惑或假设：可能、也许等等；

g. 强调：首先、真正地、实际上等等；

h. 事件的次序：第一、后来、最后等等；

i. 例子和重述：例如、那就是、也就是等等。

3. 段落分析。有时学生理解所阅读文章中的每一句句子,但是仍然不明白整篇文章讲些什么东西。这是因为学生不知道这些文章是如何组织的,因此我们要帮助学生了解这些材料是如何组织成文章的。我们采用以下方法来教会学生掌握这一知识：

a. 寻找主题；

b. 寻找要点；

c. 寻找主要例证；

d. 寻找次要例证。

4. 插图解释。

大多数科技题材的文章都附有插图,以便帮助读者理解所表达的思想。例如：解释和描述过程、评价和引用论据经常使用图解,包括画线、图形、表格、街区示意图以及照片。我们的学生已经从别的课程中学过这些图解,因此我们只要让他们练习运用查阅的方法迅速正确地解释图解就行了。

评读

理解所有的句子和段落并不意味着学生透彻地理解了阅读材料的内容。学生必须学会评价阅读。评价阅读能帮助学生领会作者的意图,区分例证和观点,评价所表述的观点的可靠性,进一步解释观点。最后从所表述的观点中得出结论或了解其蕴含的思想内容。

为能进行评价阅读,学生必须学会：

1. 检查阅读材料的可靠性；
2. 区分例证与观点；
3. 从阅读材料中推出结论。

检查阅读材料的可靠性。这包括查阅，即寻找作者的姓名和资格、出版者的名称和材料来源、出版日期等。这样所获取的信息能帮助学生鉴别这些材料是否值得一读。

区分例证与观点。教师应该训练学生学会辨别所表述的内容是例证还是观点。这一技能可通过实践来获得。

推论。推论阅读可以用来预测结果，证实因果关系，确定事件的确凿结果。教师应该教会学生运用推论和了解事实或事件的方法来得出结论。

以上所讨论的阅读技巧能帮助学生理解所阅读的东西。然而，要从阅读中获得更多的东西，学生还应该在阅读时记笔记。记笔记能帮助学生更好地理解，同时记住所阅读的东西。在我们阅读课程的最后阶段，我们通过以下几个方法训练学生记笔记。

1. 记录要点；
2. 缩减语言内容；
3. 整理笔记。

记录要点。学生只需记录主要观点和重要细节。

缩减语言内客。学生应该缩减语言内容，作简要笔记。这可以通过几个途径达到。

a. 删掉一些词语。例如：冠词、动词"是"（to be）和"有"（to have），无关紧要的形容词、副词等等；

b. 运用符号和数字来代替词组；

c. 运用规范的和自己创造的缩写词；

d. 运用首字母缩略词；

e. 运用表格、图表和曲线。

把笔记整理成容易理解的形式。由于记笔记没有统一的形式，教师要鼓励学生以任何符合他们需要的方式做笔记。可以用图表形式、表格形式、曲线形式或者记一些单词、词组和句子。

最后，我们尽可能让学生在阅读时掌握一切可运用的技巧。我们也让他们选择一种或几种所需要的技巧进行大量实践以处理他们的阅读材料。自从设置这门课程以来，我们看到，学生的阅读能力有了显著的提高,因此我们渴望同其他大学英语专业教师交流这方面的经验。

——本文发表在《外国语言教学资料报导》1983 年第 1 期

　　这篇文章是泰国宋卡亲王大学副教授阿鲁尼·威赖亚特(Arunee Wiriyachira) 写的关于专业英语阅读技能课的教学经验。原载《英语教学论坛》(English Teaching Forum) 1982 年第 3 期。

作文疑难问题：分析与矫治

迄今为止，对英语作为外语的学生在写作中碰到的种种困难的调查仍然着重于语法和词汇。然而，随着近来社会语言学研究高潮的到来和人们对话语分析和篇章分析兴趣的日趋浓厚，人们更为关注作文超句子(supra-sentential)方面的问题。中高级英语作文的教师对此问题的兴趣越来越浓，这是因为他们认识到，学生感到更为困难的不是语法和词汇，而是实际上的修辞困难。由Kaplan (1966)创始的、进了大量研究的对比修辞已将英语目的语同学生的本族语进行了比较。

学生语言功力不足

然而，修辞手段的差异并不是困难的唯一原因，Kharma (1985)和其他一些学者提及了诸多的其他原因。我认为，主要原因是学生外语功力不足。

鉴于对一个问题的分析往往包含了相当部分的矫治要素，在本文中，我将首先诊断上述两个原因，然后提出一些改善目前这种状况的建议，特别应注意的是，英语作为外语(EFL)在政府的所有公立学校中作为一门教授五至八年的学科这样一种状况。这种状况存在于包括中东在内的世界上许多国家之中。

首先，我想指出，一个修完了学校所有课程的学生可能对英语句子结构并不感到有多大困难，但是却可能无法正确地写出一个段落来。看来，这类学生的困难并不仅仅在于对构成英语话语基础修辞原则的无知，而且在于下列两个方面的贫乏：(1)写作各类长句的能力，这要掌握各种并列和从属句的连接词;(2)恰当使用衔接手段和衔接词语的语义知识,尤其缺乏用于建立句子同句子之间纽带(联系)的衔接手段知识。

长句问题,假如我们检查一下任何初级和中级 EFL 课程的话,也许会发现,用于讲解和操练的最长的句子一般是两个并列简单句或由一个主句和一个从句构成的复杂句。尽管这类句子是必需的和十分有用的,但是它们无法传达正在成熟的学生们想要表达的颇为复杂的思想,而且事实上他们已用母语表达了十分复杂的思想。现在所需要的是由众多各类独立句和从句组成的句子,组织这类句子是学生们发现自己力所不能及的。本族语和目的语长句结构的差异常常使得学生感到困难重重。例如,本族语可能喜用并列句而不太用从句,闪含语系闪语族中的阿拉伯语和希伯来语就有这种情况,其他语言也可能有其偏爱。

衔接手段问题

与语言功力不足的另一个原因相关的是衔接手段。英语使用众多的衔接手段,除了用衔接手段将段落连接起来外,还大量用于长句和句子内部的衔接。这些衔接手段可以是并列连接词,诸如 and、but 等;也可以是从属连接词、副词、形容词和代词等。例如 that、because、when、which、who 等,副词例如 similarly、certainly 等,词组如 as a matter of fact、in conclusion 等。这些衔接手段包含了非常广的意义:附加说明、对比、比较、强调、让步、举例、原因、结论、结果等。

这个问题的两个主要原因是:首先,到第二阶段结束(即 EFL 的中级水平)外国学生一般在惯用法和语言运用方面的训练还不到炉火纯青的地步;其次,学生的本族语水平已达到可以运用众多的手段来表达相同的意思。

蹩脚的修辞

上面所提及的困难的第二个主要原因与学生本族语和英语(作为外语来学)之间的修辞方法的差异有关。除了上述的喜用并列句或从句以及衔接手段的使用不同外,更重要的差别也许是:与段落基本概念、构成段落的方式和展开主题以及组织整个话语和展开主题思想的差异有关。

然而,英语的段落是说明文写作的主要单位,有些语言(例如古代的阿拉伯语)从来没有这样的单位,只是最近才开始采用西方段落的概念。其他语言可能具有不同的话语单位概念。

英语段落中主题的展开是亚里士多德的线性(Aristotelian-linear),主题句通常在句首,采用诸多不同的方法展开主要观点,例证、定义、比较、原因与效果等。为了达到连贯和统一的目的,摒弃不相干的材料,禁止任何离题的话语。更为重要的是,要充分展开主要观点,即重要论据材料无一遗漏。这是一种过分简单化的方法,但是就这一简要的论述已是够确切的了。

如同 Kaplan(1966)和其他一些学者所指出的那样,其他语言不使用这一展开主题的相同方法。事实上,它已经暗示了在这一领域中存在着很大的差异。很多学者和教师将英语和他们的本族语进行了对比修辞研究并得出了这样的结论:修辞差异不仅存在,而且对外国学生的英语写作产生消极的迁移影响。

矫正步骤

现在我们来讨论这个关键性的问题:我们可以采取一些什么样的实际步骤来改善这种情况呢?

我的建议将分为两个部分:首先,预备第三级水平,然后第三级水平。

预备第三级水平。这一级水平需要为正确的写作做一些准备工作,正确写作将是第三级的主要任务。准备工作可按下列方式进行:

1. 经常用阅读材料有系统地介绍一些英语的主要修辞特点。这些修辞特点不应只局限于粘合手段的应用,而应该包括段落整体结构的布局和展开主题思想的各种方法。

2. 勤做笔头练习,要求学生应用适当的衔接手段把句子连接起来。这种练习不一定只局限于两句句子,而必须扩展至两个句子以上的练习并且操练运用并列句和从句的技巧。必须给这种练习打分,以向学生提供各种衔接手段为起点,以不提供任何衔接手段为终点。学生最终应能自己增补各种衔接手段。

3. 在这一阶段,标点练习也是至关重要的。标点符号应该有系统地进行介绍,讲解其功能并进行大量的操练。这种操练可能有数种类型,以最容易的开始。

4. 这一阶段另一有用的练习是将打乱的句子(scrambled sentence)重新组织成适合的段落。这个练习可以先从记叙述文和描述文着手,以后再用于说明文段落。毋庸置疑,这些练习和语言应该控制在学生力所能及的范围内。

5. 可以对不分段落的文章进行研究并将其分成二至三个段落。此练习也许可以在中级水平结束时做,以后接着做。

第三级(大学)水平。预备第三级提及的大多数类型的练习,在大学较高水平阶级仍然应该继续做,尤其是在精读课程入门阶段,如果设精读课的话。然而在这一水平上,应全力集中于完整篇章和段落整体结构及展开主题思想的各种手段的训练上。"修辞逻辑和语法逻辑一样,都是我们必须教给学生的技能"(Kaplan, 1967)。因此,该水平上的训练应该基于文章最小单位的段落上,如同教授段落的最小单位句子一样。达到这一目的的方法很多,其中一些方法描述如下:

1. 典型段落。阅读和仔细分析在主题句中所表现出来的采用某一种展开主题思想的修辞手段。数种辨认和复写练习可以用于按记忆复写同一段落或用不同的主题模仿相同的段落训练。这里推荐几种技巧:

· 辨别或写出主题句和支撑句(supporting sentences)。

· 辨认或写出衔接或转折手段以及每一个手段的功能。

· 辨认或写出标点符号。

· 填补遗漏的句子部分,尤其是遗漏的从句部分。

· 辨认或写出文章的开首句子的种类和段落中的句子结构。

· 写新段落时,主题句要上下遥相呼应。

· 最后,新段落应基于新的主题,同时应尽可能采用同一的展开手段。

· 这种训练应持续进行,直至展开段落的全部修辞手段学完。

2. 应用同样的方法讲解和操练采用修辞技巧展开段落的其他典型手段。根据英语修辞规则,在这一入门阶段我们应该将重点放在掌握写作段落的艺术上。通过运用上述预备第三级小标题下提及的练习,使用衔接手段、照应和标点符号方面的常见错误应减少到最小限度或完全消除。

3. 为了帮助学生摈弃其在母语写作过程中养成的习惯,特别是如果教师已经注意到了这种习惯已迁移至英语写作中,这也许是使用对比修辞的合适地方。这一步骤应在学生进入写作段落以上的篇章训练之前就采用。当然,为了解决段落和较长篇章中使用转折手段的问题,这一步骤应持续采用,使用和分析学生从本族语翻译过来的文章也许有助于对比修辞训练。

4. 将一主题扩展为数个段落的过程应该是缓慢的和有系统的。这一方面的问题通常没有得到足够的重视,那种认为能够正确写作段落的学生无需进一步训练,同样能够写作更长的文章,如同认为一旦学生掌握了句法结构就能写出正确的段落,同样是错误的。此时所需的训练可以运用前面极力倡导的几种技巧。不过其他技巧仍然是必需的,例如:

a. 三个段落的典型文章也许可以用来帮助学生辨认整篇文章的结构,区别段落之间的转折手段和照应手段,帮助学生理解每一段落的功能和包括用于使文章浑然一体的各种句法和词法手段以及其他一切手段。

b. 在较长篇章水平上,所有曾推荐给段落训练的相同练习,此时此刻也许可以使用了。

c. 在这一水平上,列提纲训练写作的技巧应该成为主线,首先让学生就阅读过的或讨论过的文章列出提纲来,然后请他们填补教师列出的提纲中所遗漏的部分。最后,他们应该能够就布置的短文写作列出提纲来。

d. 在较高水平时,应该训练学生辨别域或风格之间的差异。语体层次(levels of formality)、说话的方法和词语的选用等的文化差异也是很大的。因此,这一专题同样也应该进行训练,适合于不同的个人、官方或商业信件的不同形式的话语,适应于报刊的不同文章、短论、社论或短篇文章的不同形式的话语,符合完全不同于文学写作的科学写作的话语,同科研论文、报告和论文或其他学术写作相一致的各种话语都应有特殊的表达方法。一种或诸种不同的写作方法的介绍和训练完全取决于具体情况和学生们的专业。这样,他们就择其实际所需学习不同的写作方法。

5. 最后,学生进行任何写作都应该有目的、有特定的说话对象。尽可能实用,学生会觉得自己正在写作一些有特殊作用的和会引起读者反响的东西,实际生活中的反馈是产生写作强大动力的重要因素。

——本文发表于《国外外语教学》1989 年第 1 期

译自《英语教学论坛》(*English Teaching Forum*) 1986 年第 3 期。原
作者:(科威特) Nayef Knarma。

如何教授学生不仅写得正确而且生动有力

在教授中国学生英语写作中,我发现即使很一般的中国学生都要比我教授过的大多数美国学生在某一方面实实在在地高出一筹,即在写作时,他们能运用相当多的词汇合符语法规则地描述和评论自己所选择的主题。

然而26年来,我发现,我曾教授的大多数选修大学写作的美国学生来上首堂课时,往往难以分清名词和动词。因此教师首先得给他们讲授一些基本语法知识。至今我们有些教师常常为在写作课上不得不这样做而感到遗憾。相反,我的中国学生却已经掌握了大量的语法规则和词汇。一般他们在二年级时就能写出几乎没有语法错误的文章,这的确让人吃惊。但是,他们不善于利用自己所具有的这一优势。很多学生把他们已掌握的语法规则和词汇专门用于检查错误,而很少用于事物的描述和主题的论述。但是,恰恰只须运用这些语法规则和词汇,学生就能把仅仅是"没有错误"的平淡之作修改成描写生动、有创见的、连贯性强、有力耐读的作品。

如何解决这些问题

"没有错误"的平淡之作同生动、有力耐读的作品毕竟大相径庭。我曾要求我教授的北京第二外国语学院的学生选择他们熟悉的任何一个风景点进行描写。现请看这位学生的描述: Five miles away from my home town there is a temple called Mrs. Tang's temple in the mountains. It lies on the sharp cliff which is rather strategically located and difficult to access.

要是仅仅要求没有错误的话,除了第二个 temple 的小写有问题外,这一段话应该说写得很好,语言结构也不错,而且词汇和句法都是高级的,恰到好处:请看这个词组"strategically located and difficult to access",轮廓分明的悬崖峭壁被刻画得栩栩如生。不过,请将学生的原文同下面的修改文比较一下:On a sharp cliff five miles away from my home town lies Mrs. Tang's Temple, strategically located and difficult to access.

我把词语进行了压缩(把 32 个词压缩至 20 个,压缩了 37.5%)并保留了原文条理清楚、描写详细的特点和较好的句法结构和词汇。去掉了既不生动又多余的词语(there is),重复的 temple … temple 和意义重复而且位置不当的 in the mountains 及无关紧要、没有生机的连接词(which is)。

在教授英语写作中,我发现几乎所有学生使用的语法规则同出版的写作手册中的实例是一致的,标准、规范。如果我们仅要求学生写的东西读上去像一位操本族语者的话,那么几乎没有一个学生值得我们花费时间去修改他们的文章。不过,一般来说,上述修改过的那一段话更能取悦于爱挑剔的读者。然而这些改变都是遵循语法规则的。对于这些规则,中国学生较之英美学生更能理解。

另外一位学生是这样描写山的风景的:"In front, it was the sharp slope of a cliff."试比较我的修改文:"The front cliff sloped sharply."我又一次压缩了 35% 的词语,用有力的栩栩如生的动词 slope 取代了软弱无力、多余的 was,而这个 slope 又是取自学生文中的静态的名词 slope。

在学生把作文正式交上来前,我们有针对性地选择一部分学生,尽可能说服他们就同一个内容同时写出几个描述文。但是,我们决不同他们进行漫无边际的讨价还价,一般不强求他们这样做,如果学生出于无奈,那么他们仅仅是为了应付你,交差罢了。一般是写不出高度质量的作品来的。因此我们尽可能调动学生的积极性,发挥其主观能动性和创造性,进行创造性的写作(creative work)。

在教授写作中,我还发现这样一种情况:学生一般对自己复杂的行文沾沾自喜,视为佳作和高级的文体;而往往轻视表达直截了当、简洁有力的描述,视其为低级的。下面一段话,该学生若想给读者留下简练的印象而不是词汇,尤其是 architectures 的话,他应该写得更生动有力并且简洁一些:The Summer Palace is one of the biggest and oldest parks in

China. It is the most beautiful park in Beijing as well. In the park, there are many famous architectures which make it quiet different from other parks.

在这一点上,在我阐述写作原则时,所有的学生都十分注意我动"手术"的地方所留下的记号,例如: The Summer Palace is one of the biggest and oldest parks in China. *It is* the most beautiful park in Beijing as well. In the park, *there are* many famous architectures which make it quite different from other parks.

当然,我会解释只有中国式的英语(Chinglish)允许 architecture 用复数,而且我会帮助学生分清 quiet 和 quite 的区别,但是这种"错误"是否是大错误呢? 非要教师一一改过来不可呢? 请看我的修改文: Many famous architectural features distinguish the Summer Palace, one of the biggest and oldest parks in China, from just any other park. (压缩了43.6%)。

如果我们仅仅把有问题的 architectures 和 quiet 标出,然后把卷子发还给学生,这样的修改一般对学生写作技能的提高无多大帮助,最多只能帮助学生把语言运用得更好一些。事实证明,这样做白白浪费了教师许多精力:因为这样的错误,学生只要仔细一点完全能自己发现,并有能力将其改正,一般无需教师一一指出。到了社会上,如果他们要写一些至关重要的东西时,例如申请工作、为某个委员会起草报告等等,那时他们明白了其中的利害关系,自然会十分用心和谨慎。一般上述错误是可以避免的。

在教授写作时,我并不十分主张运用"高级"的语法结构,而且反对在语法上故弄玄虚。因为,课外无论是操本族语者还是操外语者,很少有人十分注意不显示主语的动词不定式的名词补足语的格使用得是否恰当(the proper case for noun complements of infinitives with no expressed subjects)。然而,语法教科书常常强调的却是那些难以理解的问题,而且教师们通常也喜欢对这些价值不大的东西进行测验,似乎这样做能干净利索地把学生分成不同的层次。然而真正的技能掌握常与这种简单的定量分类方法相抵触。在写作课的教学过程中,教师应当把注意力放在长期的写作技能的培养上,而不是短期的辅助性技能,如拼写、标点及一些并不影响交际的语法问题等。

语法原则说明

一般我仅需用有限的、一些基本的语法规则和词汇去描写内容比之更为丰富、复杂的主题。长期来,我是一直按下列原则修改学生作文的,即:

1. 尽可能选择表示强有力动作的行为动词,避免使用名词(如文中slope 那样)。

2. 尽可能少用、不用被动语态和动词 to be 的其他形式。

3. 找出动作的执行者、主语中动作执行者的名称和动词行为之间的联系。

4. 避免使用语助词,因为语助词常使本来能表达得更为生动有力的话变得平淡乏味、无力。

5. 尽可能避免不必要的重复。

6. 要简洁明了,尽可能避免繁琐的行文。

请看下列例证(阿拉伯数字指上述原则的次序)。

学生的原文:

There is a beautiful park near my house. The name of the *park* is Tian-Tan *Park*, which *was built* several hundred years ago. It *is* the biggest park in Beijing. The *Tian-Tan Park is* famous not only for its beauty but its quietness as well.

我的修改文:

Near my house *stands* Tian-Tan, the biggest park in Beijing, built several hundred years ago and famous now for not only its beauty but also its quietness. (compressed by 38. 63%)

学生的原文:

There *is* a place where dreams of paradise remote *are transformed* into reality. It *is* very much the real China, embracing all of the traditional Chinese goods, culture and history.

我的修改文:

This place *transforms*[1] dreams of a remote paradise into reality. It *embraces*[1] all the traditional Chinese goods, culture, and history. (compressed by 33%)

学生的原文:

Nanking *is situated*[2] amidst one of China's most splendid natural settings. *It*[5] sits in a basin formed by the Yangtze River on the north and the Tsechen Mountains on the other side.

我的修改文:

Nanking *sits*[1] amidst one of China's most splendid natural settings, in a basin formed by the Yangtze River on the north and the Tsechen Mountains on the other side. (compressed by 12%)

学生的原文:

After its natural scenery, the dominant feature of Nanking *is*[2] the Yangtze River Bridge.

我的修改文:

Second only to the natural scenery, the Yangtze River Bridge *dominates*[1] Nanking. (compressed by 14%)

学生的原文:

Nanking's climate *is marked*[2] by intense dry heat during summer months, the origin of its reputation as one of the "five furnaces of the Yangtze."

我的修改文:

Intense dry heat in the summer *earns*[1] for Nanking its reputation as … (compressed by 20%)

学生的原文:

Beijing zoo lies in western suburb near my home. It *is*[2] the biggest zoo[5] in China. *The Beijing Zoo*[5] attracts a lot of people especially children everyday.

我的修改文:

The biggest in China, Beijing Zoo, in the western suburb near my home, attracts many people every day, especially children. (compressed by 29%)

学生的原文：

There runs a river before my house. It *is*[2] an east to west *river*[5] and connected with the Yangtze River, not very long but deep.

我的修改文：

A river, not long but deep, runs before my house and *connects*[1] with the Yangtze. (compressed by 48%)

学生的原文：

On the river-bank *there*[4] are many willow trees with their branches bending into water.

我的修改文：

Many willow trees *bend*[1] their branches into the river. (compressed by 40%)

学生的原文：

It *is*[2] small mountain village surrounded by a clear river winding through a deep valley, with willows and reeds along it's banks.

我的修改文：

A clear river *surrounds*[1] a small mountain village and winds through a deep valley, with willows and reeds along its banks. (compressed by 8.69%)

如何付诸实践

这里所说的并不是我个人的什么创造发明,大多数教师都知晓这些原则,但他们往往轻视它们。即使教科书中有这些原则,教师们也把它们放到一边,冷眼相待或束之高阁。然而学生通常较易理解这些原则也乐意接受。但是他们在使用这些原则时就显得不那么得心应手了。教师要帮助学生熟练运用这些原则。有时,我用整整一堂课的时间仔细检查摘自学生作业中的例句(如本文中的那些句子)。首先从我已作修改的一些例句着手,然后我给学生另外一些实例让他们在黑板上作修改。通常学生很快就能修改完这些句子。当他们懂得了进一步完善我已经修改过的作文的方法时,他们尤其高兴,充满自信心。

然而,这决不意味着我必须改写每一个段落。要是我这样做了,就可能使学生养成依赖性的习惯。一般学生不太愿意修改写好的东西。当教师一定要他们修改时,他们往往显得不那么乐意,即使修改也只是局部小修小改,几乎总是改动几个词语,从来没有全局性的改动,如整段整句地删改、增添新的内容等。他们情愿牺牲一两分而让教师替他们改正拼写、标点及一些词汇选择等"小错误"。教师应坚持让学生自己发现错误并进行修改,也可要求学生之间展开讨论,彼此评论各自的作文,取长补短。这样做的效果比教师充当唯一的评卷人要好得多。在将作文交上来之前,要尽量要求学生做到:既要满足读者的需要,使他们满意,也首先要使自己满意。要尽最大努力将作文修改得自己觉得满意后交上来(其中包括拼写、标点、语法、词汇及一些技术性的问题)。有一次,我浏览了一个很聪明的学生的作业,同往常一样,他在第一页上就至少拼错了五个单词。我不再像以前那样标上记号,把他的 A 级降为 C 级,而是把作业本还给他并告诉他:"要是在四小时内将所有的拼写错误改正过来,我仍将给你文章内容所应该得到的 A;不然的话,不及格。"他犹豫了一会儿,意识到这样对他有益,便愉快地接受了我的要求。

在给学生作文评分以前,我们有时要退还好多作业本,其中不但有拼写错误和语法错误的,而且有需作牵涉到内容的实质性的修改的。事实上,像这个学生的问题并不罕见,而且有一批"同谋犯"。长期以来,教师把注意力过分地放在纠正一些学生能自己发现并改正的错误上,仅注意了作文的正确性,忽视了写作的生动和有效性,现在应把注意力转移到做更艰苦的工作上来,即不仅要求学生写得正确,而且更应要求写得生动、有力、耐读,有较强的连贯性。

——本文发表于《福建外语》1986 年第 3 期

译自《英语教学论坛》(English Teaching Forum) 1985 年第 3 期。原作者:(美)路易·克鲁。

句子组合
——教授写作行之有效的方法

在过去的 15 年中,人们就句子组合练习对学生写作能力的影响作了大量的研究。这些研究多数集中在把英语作为母语的人身上,那么,对教授英语非本族语者的写作有何实际作用,本文打算就下列问题进行一些探讨。

句子组合法

句子组合除了作文练习的修辞内容以外,还进行从单句练习到以整个篇章结构为特色的作文练习;要求重视文章中的转折、衔接、语气、风格和技术问题。这些练习的难点在于决定用多少数量的句子进行组合、句子组合的要求,以及可能解答的几个方法。

最简单、最基本的练习形式是给学生两个句子,并给予如何将两个句子组合成一句的具体指令。这种类型的例句练习叫做"提示"或"指令"练习,现举例如下:

Directions: Combine the sentences in each group into only one sentence, using the word in parentheses ( ) to join them.

1. (a) John went to the library.

    (AND)

   (b) Mary went home.

2. (a) The students were happy.

    (BECAUSE)

   (b) The students passed the test.

3. (a) The woman bought a new camera.

    (WHO)

   (b) The woman took a vacation.

以上例句,根据学生运用两个句子的情况,有两个正确答案。以下可能是正确的答案:

(1) John went to the library and Mary went home.

　　OR

Mary went home and John went to the library.

(2) The students were happy because they passed the test.

　　OR

Because they passed the test, the students were happy.

(3) The woman who took a vacation bought a new camera.

　　OR

The woman who bought a new camera took a vacation.

在学生达到最高水平时,教师可以给他们一组句子,学生可以选择任何方法将它们组合,创作出有意义的段落来。这种"开放"型练习的例句(From Daiker, Kerek and Morenberg, 1979)如下:

Directions: Combine the following sentences into an effective paragraph.

1. Anteaters are mammals.

2. Anteaters are foud in tropical America and Africa.

3. Anteaters have long snouts.

4. Anteaters feed on white ants.

5. White ants are also called termites.

6. The ant bear, the three-toed anteater and the silky anteater are common type of anteaters.

7. These common types have mouths.

8. The mouths are small.

9. These common anteaters have tongues.

10. These tongues are long.

11. The tongues can be extended to catch insects.

12. Anteaters have claws.

13. The claws are long.

14. The claws are hooked.

15. The hooking is for digging insect nests.

16. The claws are strong.

17. The claws are sharp.

18. The strength and sharpness are for self-defence.

19. The anteater generally sleeps during the day.

20. The anteater is a nocturnal animal.

21. The anteater's tail is curled around him.

22. The tail protects him from the enemies.

显而易见,这种类型的练习可能有好几种解答方法,其中一例如下:

Anteaters, found in tropical America and Africa, are mammals which have long snouts with which they feed on white ants, also called termites. The ant bear, the three-toed anteater, and the silky anteater are common type of anteaters which have small mouths and long tongues which can be extended to catch insects. Anteaters have long-hooked claws for digging insect nests. For self-defence, the claws are long and sharp. The antearer is a nocturnal animal which generally sleeps during the day with his tail curled around him to protect him from his enemies.

句子组合和英语的外语教学

由于把英语作为外语的学生的语言技能和英语是母语者的语言技能不同,如何在把英语作为外语的课堂中运用句子组合练习呢? 主张对操本族语者采用句子组合法的倡导者认为,句子组合向学生提供了将口头表达的语言写下来的机会。Zamel(1980)认为,要学生具备必需的语言能力的基本看法,导致了对英语非本族语者采用句子组合练习产生异义。简言之,她认为,要是学生还不具备必需的语言能力的话,句子组合练习就不可能;人们也不应该期望提高学生的句法写作技能(Zamel,1980)。在我看来,如果我们运用句子组合来帮助学生发展基础语言能力,那么我们就无需顾虑这种对英语非本族语者应用句子组合练习的批评。

如上面指出的那样,按照所教授的结构、句子组合的性质(提示的或者开放的)、许多句子的组合以及若干种可能性的答案,教授某一种结构的练习时,可以根据学生的水平由易到难进行。例如,对刚刚学定语从句的学生,教师给他们的句子组合练习要严格控制,并且只有一种答案。对英语程度较高的学生,为了使他们复习已学的句子结构和熟悉句子组合的方法和目的,也可以使用这种练习。例如:

Directions: Combine each pair of sentences into a single sentence. Make the second sentence into a relative clause using the word in parentheses ( ).

(1) (a) The man is my father.

(WHO)

(b) The man is standing near the door.

(Answer: The man who is standing near the door is my father.)

(2) (a) The necklace belonged to my mother.

(WHICH)

(b) I am wearing the necklace.

(Answer: The necklace which I am wearing belonged to my mother.)

一旦学生掌握了严格控制的练习,他们就可以转向一些不很严格控制的、操练同样语法结构的练习。这种类型的练习可归为"有意义的"练习,比较接近真实的交际。例如:

Directions: Combine each sequence of sentences into a singie sentence with at least one relative clause.

(1) (a) The woman speaks English fluently.

(b) The woman got a job as a translator.

(Answer: The woman who speaks English fluently got a job as a translator.

OR

The woman who got a job as a translator speaks English fluently.)

(2) (a) The Basques live in the mountains.

(b) The mountains separate Spain from France.

(c) The Basques were never conquered by the Romans.

(Answer: The Basques, who live in the mountains which separate Spain from France, were never conquered by the Romans.

OR

The Basques, who were never conquered by the Romans, live in the mountains which separate Spain from France.)

在学生达到最高水平时,教师可以给学生一组长句,要求学生把这些句子组成有实义的段落,也许还要提示他们其中要包含有好几个定语从句。由于这些练习控制在学生所具有的知识范围之内,它们仍然必须被看做是受控制的练习,而不是随意写作。

鉴于句子组合练习的难度可以变化很大,所以这种方法可以用来满足各种英语程度的等生,从初、中级(托福250—350)到高级(托福480以上)。句子组合练习突出的先决条件是学生易于超越最简单的句型进入包含诸如修辞词组和从句、名词性的和其他嵌入句的句型,运用控制的或者是提示的句子组合练习,教师可以向英语程度较低的学生教授基本结构,例如定语从句和状语从句。对程度较高的学生运用控制不很严格的练习,可以使他们熟悉这些同类结构。对高材生,教师可以运用控制的练习把比较难的结构(例如名词性结构)介绍给学生。这样,句子组合操练就成了语法课程和写作课程的核心。

句子组合可以成为专用英语(ESP)课程的一种特别有效的辅助手段。长期以来,英语研究人员和英语教师一直意识到在不同学科领域内所应用的词汇和语法结构是有很大差别的,例如工程学和其他学科的差别,又例如经济学和社会学的差别。为有具体专业方向的学生而设置的专用英语课程,要把句子组合练习的基点放在学生必须知道的专业范围内的词汇和句法结构上。在缺乏正规课程的情况下,教师可以考虑把某些打算给学生念的教科书中的句子拆成简单句,再让学生把这些句子组合起来。这样就创造了一套句子组合练习。

句子组合对英语作为外语学生的益处

早期的研究表明,凡受过包括名词性结构的句子组合训练的英语作为外语的学生,他们所写的作文中所含有的名词化的词要比把英语作为外语而受控制的学生用得多。Buckingham 和 Gonzo(1977)的报告说,句子组合训练的结果,使英语作为外语学生的作文句法流畅,语法正确程度提高。Bulter(1980)说,运用把基点放在句子组合上的新教材,其结果是"在学期结束时,估计比往年多 10% 以上的学生已在准备学习大学一年级的英语了"。他又指出,大部分留级生,以往这门课不及格,现在通过了;并且他断言,"这意味着好多学生弄清了以往无法学习的概念并且掌握了技能"。句子组合法证明它对教授中级和高级程度的 EFL 语法非常有效;在过去四年中,我运用句子组合法于写作课中,也证明非常成功。经过十周的句子组合训练,对学习写作变化的客观估价表明,写作质量全面提高,句法正确、语言流畅。

是什么使句子组合法如此成功呢? 有一点,就是各种语言程度的学生似乎都喜欢做这种练习。这种最简单的练习——机械性的练习——客观上保证成功,这样学生就有自信心。不很严格控制的练习是比较复杂的,这些练习被许多学生当作语言谜语和语言游戏,他们似乎渴望提出建议并且渴望讨论各种答案的长处;也许是因为他们认为这不是在讨论他们自己的习作,于是整个班级就投入到讨论语法的正确性、讨论不同答案的相对有效性了。一般说来,在所有的学生都各自埋头完成自己作文的情况下,这种讨论通常是没有多少收益的。但课堂讨论也要具备在大多数练习的原文预先交给学生的情况下进行,这又使我想起了句子组合的另一个优点,即迫使学生运用在写作中也许要回避的结构。最严格控制的、提示性的练习,对迫使学生运用规定的结构特别有效,比较长的、控制不很严格的练习则为学生提供了提高写整个话语单位所需要的技能,例如段落——包括转折方法、技术性问题、衔接和重点等。

结束语

句子组合是一种教授英语为本族语者写作很成功的方法。我深信,用这种方法对英语作为外语的、语言熟练程度不同的学生,教授语法和写作也同样有效。句子组合的重点放在句法结构上(词组、从句和句子),它已成为教授学生如何组织句子的最佳方法之一;成为从仅仅辨认句子的句法单位到把这些句子单位组织成复合句的最佳方法之一。句子组合练习不仅向学生提供了运用句法结构方面的实践,而且带来了用术语说就是语法的正确性、句子种类的多样性,甚至于结构和衔接的全面提高。句子组合课程是灵活的,可以从严格控制的练习到相对自由的练习,从完全机械性操练到相对创造性的练习,从合并两句句子到把一组三到六句句子合并起来的练习,等等。这些句子便组成一个相应的段落。学生喜欢句子组合。他们很喜欢讨论一项练习的过程和不同答案的长处。句子组合不能解决教授英语作为外语学生的全部语法和写作问题,但是这种方法是有远大前途的。在我的课堂上它是一种真正起作用的方法。

——本文发表在《外国语言教学资料报导》1983 年第 4 期

根据《英语教学论坛》(*English Teaching Forum*) 1983 年第 1 期编译。
原文作者:(美)苏珊·替特弋佐。

开放型语言实验室

我们设计的语言实验室是建立在开放型教室结构基础上的。不同年龄者,从学龄前到大学,成年人和不同语言水平或听、说、读、写技能参差不齐的人都可以使用这种语言实验室系统。它还可供不同语群(heterolingual group)使用,而它所需设备的费用要比传统实验室少。

这些开放型的实验室有众多的控制台可供学生使用。设计这种控制台应视学生的年龄不同而有所侧重。学生年龄越小,控制台的视觉、趣味色彩应该越浓。在该实验室中有六个控制台,有些控制台可以合并或再增设一些控制台。下面是这类实验室的平面图:

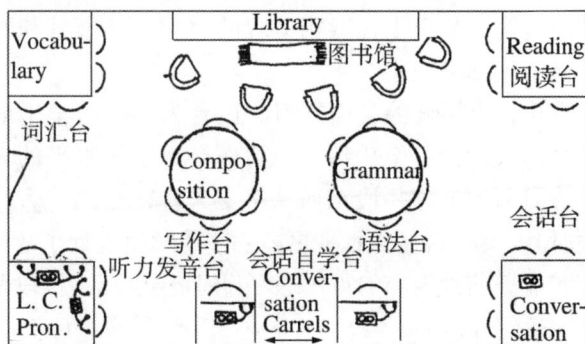

听力发音台的录音带是必不可少的。听力训练用的录音带录有最简单的成对的句子或少量的句子供程度较低的学生使用。对于程度高一些的学生,可向他们提供录有故事、段落和讲座的录音带。该台要求学生把录音内容听写下来或口头讲出来。发音录音带有众多的词句供学生模仿。为学生反馈所提供的录音带事后可以用来检查学生的作业。语言学习机(1anguage master)对听力练习和发音练习非常有用。书面的词组、句子和段落也可以用来作为发音练习的作业。我们的这种练习提供空白录音带,以便教师和学生精听并检查他们的发言。

会话台是为单个、成对或成组学生操练口语而设的。单个学生可以讲一些供操练口语的图片内容或者选择所提示的一个即席演讲题目,或者使用一盘录有电话或会话中只有一个人声音的录音带进行练习。成对或成组的学生可以选一张卡片,描述一种情景进行扮演各种角色的活动,或者可以完成录音带上或卡片上描述各种活动进行的某一部分会话。他们可以进行某一个问题的辩论或进行互访。在该台所进行的练习应该进行录音,以便事后再听并查其错误。

语法台与传统语言实验室的作用。这个台有录音练习——重复;替代和变换练习——主要操练前堂课所学的内容。此外,还有用来检查教学效果的书面练习。

阅读台由两个部分组成。一个部分训练阅读技巧,向学生提供小段的阅读材料。学生用它来完成测试理解,抓住中心思想和阅读速度的书面练习。对初学者可采用图片进行测试理解能力的训练;另一部分是一个图书馆。我们鼓励学生每周随便阅读一些材料,在一个时期阅读一个专题的内容。与学生程度相适宜的书、杂志、报纸和画报都收集到图书馆里供学生阅读。

写作台有不同的各类练习。该台为年幼的学生或不熟悉目的语写作体系的人设计了笔头练习。写作台为中等水平的学生设计有控制的写作练习(例如,把一段东西从第三人称变为第一人称或把现在时变为过去时)。写作台还为水平更高一些的学生设计了故事开头、图片描写、回信和业务信件内容的写作练习,并且还设计了按段落写作故事梗概和小品文等写作练习。

词汇台上有操练词缀法和词根意义的构词法练习,有操练同义词和反义词的练习和游戏。根据水平高低而有所不同:水平低一些的学生可以鉴别图片或者选择图片中所发生的事情进行正确描述;水平高一些的学生可以根据词语的上下文来确定定义。这个台还设有词语游戏,例如纵横填字字谜、混淆词语(jumbled words),以及板书游戏,例如乱涂(scribble)、搜寻(probe)等等。

我认为这六个台包括了一门外语课程或第二语言课程的基本需要。要是把阅读台和词汇台合为一体,再增设一个单独游戏台,这样教师也许会感到更加轻松自在。此外还可增设一些台,例如可以增设一个交叉文化台(cross-culture station)和学习技巧台等等。总之,可以根据学生和教学内容的需要进行增减和合并。

操作程序

我们发现下列操作程序工作效果良好。

第一天,发给每个学生一套附有完整练习的文件夹,记录纸也放在文件夹中,记录纸上留出台和日期的空白。练习做完后教师给每一练习题打分。凡答得好的题给两分,答得符合要求的题给一分,答得很差的题不给分。

在多数课堂上,教师制定一些指标还是有必要的。我们要求学生每周能做所有的台的练习。一旦学生完成了所有的练习,就可以选择自己所喜欢的节目,就可以按自己喜欢的程序做所规定的台的练习(设备有限的台必须排出日程表)。在确定每周最低限度作业量时,教师必须给予较差的学生足够的时间去完成基础训练的内容。程度较好的学生会有做额外作业的时间,教师可以多给他们一些练习或指导他们进行课外阅读。

开放型语言实验室的优点

这种类型的语言实验室在许多方面要比传统的语言实验室更为实用。同后者一样,它适合个别需要。学生可以做适合自己水平的练习;可以复习课堂上没有完全掌握的内容或者继续做比课堂上更难的练习。教师可以自由自在地在学生中间来回走动,提出建议,给予必要的提示和帮助等。

开放型的语言实验室强调培养学生独立工作的能力。这种实验室是以学生为中心,而不是以教师为中心。自由选择练习和自由选择做练习的顺序是鼓励学生把学习和研究视为己任。这一点对培养学生独立思考问题、分析问题和解决问题的能力尤为有效。

与让学生仅仅练习听和说的传统语言实验室不同,这种开放型语言实验室使用范围广,并着重训练学生掌握语言的各种技能,是一种综合性语言技能训练的实验系统。事实上,对大多数学生来说,更多需要的是综合性语言技能的训练和提高,它能激发学生学习语言的兴趣,并对语言学习有较大的促进作用。它提供了发展综合技能的训练,它可以移动并且使师生双方之间得以个别接触。目前使用语言实验室的人很多,室内很拥挤。有鉴于此,一种开放型的、更具有人情味的、形式多样、内容丰富、气氛活跃、充满生机的新型的语言实验室当然是深受欢迎的。

——本文发表在《外语电化教学》1986 年第 1 期

根据《英语教学论坛》(*English Teaching Forum*) 1980 年第 3 期编辑。原文作者:(美)考特尼·查德韦尔。